Stimmen zu *PyTorch für KI und ML*

Ein hervorragender praxisorientierter Leitfaden für Entwicklerinnen und Entwickler, die mit KI arbeiten wollen, statt nur darüber zu lesen. Verständlich, konkret und konsequent auf PyTorch ausgerichtet – genau das Buch, das ich mir als Anfänger gewünscht hätte.

– Dominic Monn, CEO, MentorCruise.com

Ein Buch, das man lesen sollte, wenn man als Full-Stack-KI-Praktiker arbeiten möchte. Es vermittelt einen umfassenden Überblick und zeigt anhand konkreter Beispiele, wie sich unterschiedliche KI-Modelle und -Anwendungen von Grund auf entwickeln lassen.

– Dr. Pin-Yu Chen, leitender Wissenschaftler bei IBM Research

Ein lesenswertes Buch für Entwicklerinnen und Entwickler, die in KI und Machine Learning einsteigen wollen. Generative KI wird anhand praxisnaher Codebeispiele in PyTorch vermittelt.

– Margaret Maynard-Reid, ML-Ingenieurin bei M Couture 3D

Laurence schlägt überzeugend die Brücke zwischen Theorie und Praxis. »*PyTorch für KI und ML*« ist nicht nur ein Buch, sondern eine praxisorientierte Reise durch das moderne Machine Learning – von den Grundlagen bis zu großen Sprachmodellen, klar und fokussiert geschrieben.

– Vishwesh Shrimali, KI-Ingenieur in der Automobilbranche

Laurence gelingt es wieder einmal, komplexe KI-Konzepte auf das Wesentliche zu verdichten und sie aus einer klaren Entwicklerperspektive zu vermitteln. Diese PyTorch-Ausgabe macht Machine Learning für eine breite und starke Entwicklergemeinschaft zugänglich.

– Laura Uzcátegui, Mitgründerin von DynG AI, Inc.

Ein hervorragendes Buch für alle Entwickler und Informatikstudierende, die den Einstieg in die KI wagen wollen. Laurence kombiniert gut erläuterten PyTorch-Code mit sauber erklärten Grundlagen und Abbildungen, die das Verständnis wirklich steigern. Behandelt werden unter anderem Computer Vision, Zeitreihen und NLP – insgesamt ein praxisorientierter Überblick, der ein tragfähiges Fundament im Machine Learning legt.

– Louis-François Bouchard, Dozent für KI, Mitgründer & CTO, Towards AI

Laurence' bewährter Ansatz »Erst Code, dann Theorie« senkt spürbar die Schwelle für den Einstieg in die Materie – gerade für Entwickler mit wenig Zeit. Für die vielen Leserinnen und Leser seines Bestsellers »*AI and Machine Learning for Coders*« ist diese PyTorch-Fortsetzung ein direkter Weg zur generativen KI. Von LLM-Feintuning über RAG bis hin zu Stable Diffusion – dieses Buch ist ein wichtiges Upgrade für die aktuelle KI-Welle.

– Ammar Mohanna, KI-Berater und Dozent

Laurence ist es gelungen, ein Buch zu schreiben, das Entwicklerinnen und Entwickler schnell in der sich rasant entwickelnden Welt der generativen KI abholt. Er ist ein hervorragender Lehrer, der auch komplexe Konzepte klar und verständlich erklärt, sodass sie für Lernende auf unterschiedlichsten Kenntnisständen zugänglich bleiben. Die durchgängigen, praxisnahen Codebeispiele schaffen eine solide Grundlage, die Kreativität anregt und den direkten Einstieg ins eigene Entwickeln ermöglicht.

– *Roya Kandalan, PhD, Wissenschaftlerin in der generativen KI-Forschung*

PyTorch für KI und ML

PyTorch für KI und ML

Das Praxisbuch für generative KI und Machine Learning

Laurence Moroney

Übersetzung von Jørgen W. Lang

O'REILLY®

Wir hoffen, dass Sie Freude an diesem Buch haben und sich Ihre Erwartungen erfüllen. Falls Sie Anregungen, Wünsche und Kommentare haben, lassen Sie es uns wissen: **service@rheinwerk-verlag.de**.

Informationen zu unserem Verlag und Kontaktmöglichkeiten finden Sie auf unserer Verlagswebsite **www.dpunkt.de**. Dort können Sie sich auch umfassend über unser aktuelles Programm informieren und unsere Bücher und E-Books bestellen.

Autor: Laurence Moroney
Übersetzung: Jørgen W. Lang
Lektorat: Alexandra Follenius
Buchmanagement: Julia Griebel
Copy-Editing: Sibylle Feldmann, *www.richtiger-text.de*
Satz: III-satz, *www.drei-satz.de*
Herstellung: Stefanie Weidner, Frank Heidt
Covergestaltung: Susan Brown, Michael Oréal, *www.oreal.de*
Druck: mediaprint solutions, Paderborn

PEFC
PEFC/04-31-0810

Dieses Buch wurde mit mineralölfreien Farben auf PEFC-zertifiziertem Papier aus nachhaltiger Waldwirtschaft gedruckt. Der Umwelt zuliebe verzichten wir zusätzlich auf die Einschweißfolie. Hergestellt in Deutschland.

Bibliografische Information der Deutschen Nationalbibliothek:
Die Deutsche Nationalbibliothek verzeichnet diese Publikation in der Deutschen Nationalbibliografie; detaillierte bibliografische Daten sind im Internet über *http://dnb.dnb.de* abrufbar.

ISBN Print: 978-3-96009-285-8
ISBN PDF: 978-3-96010-967-9
ISBN ePub: 978-3-96010-968-6

1. Auflage 2026
Authorized German translation of the English edition of *AI and ML for Coders in PyTorch: A Coder's Guide to Generative AI and Machine Learning*, ISBN 9781098199173 © 2025 Laurence Moroney. This translation is published and sold by permission of O'Reilly Media, Inc., which owns or controls all rights to publish and sell the same.

Dieses Buch erscheint in Kooperation mit O'Reilly Media, Inc. unter dem Imprint »O'REILLY«.
O'REILLY ist ein Markenzeichen und eine eingetragene Marke von O'Reilly Media, Inc. und wird mit Einwilligung des Eigentümers verwendet.

Rheinwerk Verlag GmbH • Rheinwerkallee 4 • 53227 Bonn
service@rheinwerk-verlag.de

Inhalt

Vorwort

Liebe Leserin, lieber Leser,

KI steht kurz davor, alle Branchen umzukrempeln. Dafür muss aber fast jede KI-Anwendung für ihren jeweiligen Einsatzzweck angepasst werden. Ein System zum Lesen von Krankenakten unterscheidet sich von einem System zum Auffinden von Fehlern in einer Fabrik, das sich wiederum von einer Produktempfehlungs-Engine unterscheidet. Damit KI ihr volles Potenzial entfalten kann, benötigen Ingenieure Werkzeuge, mit denen sie die beeindruckenden Fähigkeiten der KI an die Millionen konkreten Probleme anpassen können, die es zu lösen gilt.

Als ich das Google-Brain-Team leitete, begannen wir mit der Entwicklung von DistBelief, einem C++-Framework für Deep Learning. Wir waren begeistert von der Möglichkeit, Tausende von CPUs für das Training eines neuronalen Netzwerks zu nutzen, beispielsweise 16.000 CPUs für das Training eines Katzendetektors für YouTube-Videos ohne Beschreibung. Wie weit ist Deep Learning seitdem gekommen? Was damals als hochmodern galt, läuft heute auf Ihrem Laptop! Wie das mit PyTorch funktioniert, erfahren Sie in diesem Buch. Auch die Frameworks zum Erstellen von ML-Modellen zur Implementierung von KI sind heute deutlich weiter.

PyTorch hat ebenfalls bedeutende Fortschritte gemacht und ist so konzipiert, dass es leicht zu erlernen und trotzdem leistungsstark genug ist, um auch von Forscherinnen und Forschern genutzt zu werden. Sein großer Funktionsumfang kann bei der Entwicklung einer Vielzahl von KI-Tools helfen – von einfachen Modellen über das Transferlernen (*Transfer Learning*) bis hin zur Feinabstimmung modernster generativer KI-Modelle.

Heutzutage sind dank Frameworks wie PyTorch Millionen von Programmierenden zu KI-Entwicklerinnen und -Entwicklern geworden.

Laurence Moroney hat maßgeblich dazu beigetragen, dass Entwickler mit KI in TensorFlow und PyTorch erfolgreich sind. Ich hatte das Privileg, mit ihm mehrere Spezialisierungskurse bei DeepLearning.ai und Coursera zu unterrichten, darunter auch ein bevorstehender Kurs zu PyTorch.

Zu Beginn unserer Zusammenarbeit schickte Laurence mir einmal diese Nachricht per Slack:

> Andrew sang a sad old song
> fainted through miss milliner
> invitation hoops
> fainted fainted
> [...]

Auf Deutsch in etwa:

> Andrew sang ein trauriges altes Lied
> wurde ohnmächtig durch die Frau Hutmacherin
> Einladung Reifen
> ohnmächtig ohnmächtig
> [...]

Hierfür hatte Laurence ein LSTM (*Long Short-Term Memory*) mit traditionellen irischen Liedern trainiert und damit diese Zeilen erzeugt. Im jetzigen Zeitalter der Post-Transformer-Netzwerke können wir weitaus anspruchsvollere Inhalte erstellen – von Gedichten über Code bis zur Analyse von Dokumenten! Dieses Buch behandelt beides und hilft Ihnen dabei, sich auf moderne KI vorzubereiten.

Und wenn die KI der Türöffner zu solchem Vergnügen ist, wie könnte man da nicht mitmachen wollen? Sie können erstens an spannenden Projekten arbeiten, die die Menschheit voranbringt, zweitens ihre Karriere vorantreiben und drittens kostenlose irische Liedtexte erstellen. Ich wünsche Ihnen beim Erlernen von PyTorch viel Erfolg.

Mit Laurence als Lehrer erwarten Sie große Abenteuer.

Lernen Sie weiter!

Andrew Ng
Gründer, DeepLearning.AI

Einleitung

Willkommen zu *PyTorch für KI und ML*. Meine Reise in die Welt des *Machine Learning* (ML) begann vor vielen Jahren mit Sprachen und Frameworks wie Lisp und Prolog. Danach führte mich mein Weg zu Google, wo ich bei der Einführung und Weiterentwicklung von TensorFlow half. Diese Erfahrungen bildeten die Grundlagen für mein vorheriges Buch, *AI and Machine Learning for Coders*.

Seit der Veröffentlichung des Buchs wurde bei Treffen mit der Community in Gesprächen über KI immer wieder die Frage gestellt, ob man seine Zeit in PyTorch investieren solle oder nicht. Zuerst kam mir die Frage seltsam vor, aber je öfter ich sie hörte, umso mehr Nachforschungen stellte ich an.

Dieser Gedankengang führte mich schließlich an den Punkt in meiner Karriere, an dem PyTorch, einst ein Rivale meiner eigenen Arbeit, heute etwas ist, für das ich mich mit ganzer Leidenschaft einsetze. Warum? Weil es eine perfekte Balance bietet: Einerseits besitzt PyTorch die Leistungsfähigkeit und Flexibilität, die Researchers oder fortgeschrittene Engineers brauchen, um Grenzen zu überschreiten. Andererseits ist es einfach genug, um sich als Entwicklerin oder Entwickler damit vertraut machen und die eigene Reise in die Welt des Machine Learning beginnen zu können.

Dieses Buch soll Sie als Programmierer oder Programmiererin genau darauf vorbereiten. Es ist zugänglich genug, auch wenn Sie noch nicht alles verstehen. Gleichzeitig vermittelt es Ihnen die fortgeschrittenen Konzepte, die nötig sind, um tiefer in die Materie eintauchen zu können. Das Ziel ist, Sie zu ML- und KI-Entwicklern zu machen, ohne dass Sie hierfür einen Doktortitel brauchen!

Ich hoffe, dass Sie das Buch nützlich finden und dass es Ihnen das Selbstvertrauen gibt, sich auf diese wunderbare und lohnende Reise zu begeben.

Wer dieses Buch lesen sollte

Wenn Sie sich für KI und ML interessieren und schnell eigene Modelle entwickeln möchten, die aus Daten lernen, ist dieses Buch genau das richtige für Sie. Möchten Sie in gängige KI- und ML-Konzepte wie Computer Vision, Natural Language Processing und Sequenzmodellierung einsteigen und erfahren, wie neuronale Netze trainiert werden, um Probleme in diesen Bereichen zu lösen, wird Ihnen dieses Buch ebenfalls gefallen. Und mitten in dem ganzen Wirbel um generative KI krempeln wir die Ärmel hoch und erkunden, wie das mit Transformer- und Diffusionsmodellen funktioniert.

Vor allem aber: Wenn Sie den Einstieg in dieses wertvolle Gebiet der Informatik bisher aufgeschoben haben, weil es Ihnen zu schwierig erschien – insbesondere da Sie annahmen, dafür alte Analysis-Bücher entstauben zu müssen –, dann machen Sie sich keine Sorgen: Dieses Buch verfolgt einen Code-first-Ansatz und zeigt Ihnen, wie einfach der Einstieg in die Welt des maschinellen Lernens und der künstlichen Intelligenz mit PyTorch ist.

Warum ich dieses Buch geschrieben habe

Meine ernsthafte Auseinandersetzung mit künstlicher Intelligenz begann im Frühjahr 1992. Als frisch gebackener Diplomphysiker lebte ich in London während einer schweren Rezession und war seit sechs Monaten arbeitslos. Damals startete die britische Regierung ein Programm, um 20 Personen in KI-Technologien auszubilden, und suchte Bewerber. Ich war der Erste, der ausgewählt wurde. Drei Monate später scheiterte das Programm kläglich: Es gab zwar reichlich theoretische Ansätze dazu, was mit KI möglich wäre, aber nur wenige praktikable Wege, sie tatsächlich umzusetzen. Man konnte einfache Inferenz in Prolog formulieren oder Listenverarbeitung mit Lisp vornehmen. Ein klarer Pfad für den tatsächlichen Einsatz im industriellen Maßstab fehlte jedoch. Kurz darauf folgte der berühmte »KI-Winter«.

2016 arbeitete ich dann bei Google an einem Produkt namens Firebase. Google bot damals allen Entwicklerinnen und Entwicklern Schulungen zu Machine Learning an. Ich saß in einem Raum, hörte Vorträge über Analysis und Gradientenabstieg – und fühlte mich schlagartig ins Jahr 1992 zurückversetzt. Der Bezug zur praktischen Umsetzung fehlte mir auch hier. Ich gab dieses Feedback weiter und setzte mich dafür ein, ML anders zu lehren: Der Code sollte im Vordergrund stehen, insbesondere für Programmierende. Google griff diese Idee auf, ebenso Meta mit der Veröffentlichung von PyTorch.

Um Entwicklern den Einstieg zu erleichtern, setzten beide stark auf leicht zugängliche, hoch abstrakte APIs. Mir wurde klar, dass ein Buch nötig sein würde, das genau diesen Ansatz verfolgt und den Zugang zu ML erweitert. Dieses Thema sollte nicht länger nur Mathematikerinnen oder Promovierten vorbehalten sein.

Ich bin davon überzeugt, dass eine breite Nutzung und der Einsatz dieser Technologie für reale Anwender zu einem starken Aufschwung von KI und ML führen wird, der einen weiteren KI-Winter verhindert und die Welt zu einem deutlich besseren Ort macht. Die positiven Auswirkungen sind bereits sichtbar: von Googles Arbeit zur Erkennung diabetischer Retinopathie über Forschungsprojekte an der Penn State University bis hin zu PlantVillage, das Landwirten per Mobile-App bei der Diagnose von Maniokkrankheiten hilft, oder Ärzten ohne Grenzen, die TensorFlow-Modelle zur Erkennung von Antibiotikaresistenzen einsetzen. Und das ist noch längst nicht alles!

Mit dem Aufkommen generativer KI und der Entwicklung von `transformers` und `diffusers` als eigenständige Bibliotheken steht uns die nächste große KI-Welle bevor. Dabei steht PyTorch im Zentrum dieser Entwicklungen. Aus diesem Grund war es an der Zeit, meine Arbeit auf den neuesten Stand zu bringen und zu zeigen, wie einfach der Einstieg in die Entwicklung von KI und ML ist.

In diesem Sinne: Willkommen zu diesem Buch über KI und ML für Programmierende in PyTorch. Ich bin gespannt, was Sie damit erschaffen werden.

Wie dieses Buch strukturiert ist

Dieses Buch besteht aus zwei Hauptteilen. In Teil I (Kapitel 1 bis Kapitel 11) geht es um den Einsatz von PyTorch zur Erstellung von ML-Modellen für eine Reihe verschiedener Szenarien. Beginnend mit den Grundlagen – der Erstellung eines neuronalen Netzwerks mit nur einem Neuron –, führt es weiter über Computer Vision und natürliche Sprachverarbeitung (NLP) bis zur Sequenzmodellierung. Teil II (Kapitel 12 bis Kapitel 20) beschäftigt sich mit generativer KI: von der Funktionsweise der Transformer in Anwendungen wie ChatGPT bis hin zu Diffusers zur Bilderzeugung wie Midjourney. Die meisten Kapitel sind in sich abgeschlossen. Sie können also gezielt etwas zu einzelnen Themen lesen oder das Buch von vorne nach hinten durcharbeiten.

Technologien, die Sie verstehen sollten

Die erste Hälfte dieses Buchs soll Ihnen zeigen, wie Sie PyTorch für die Erstellung verschiedener Architekturen nutzen können. Die einzige wirkliche Voraussetzung hierfür ist, dass Sie Python verstehen und hierbei besonders die Python-eigene Schreibweise für die Verarbeitung von Daten und Arrays. Außerdem ist es hilfreich, einen Blick auf NumPy zu werfen, eine Python-Bibliothek für numerische Berechnungen. Wenn Sie sich damit noch nicht auskennen, ist das kein Problem. Beides ist leicht zu erlernen, und im Wesentlichen können Sie sich das, was Sie brauchen, wahrscheinlich unterwegs aneignen (wobei einige Teile der Array-Schreibweise vielleicht etwas schwer verständlich sind).

Onlineressourcen

Dieses Buch nutzt und unterstützt eine Reihe von Onlineressourcen. Ich empfehle Ihnen, zumindest auf der O'Reilly-Webseite nach Büchern Ausschau zu halten, die dieses Buch ergänzen. Außerdem sollten Sie die Augen nach aktuellen Veränderungen und Weiterentwicklungen der in diesem Buch besprochenen Themen offen halten. Den Code zu diesem Buch finden Sie auf der begleitenden GitHub-Seite (*https://github.com/lmoroney/PyTorch-Book-FIles*), die ich analog zur Entwicklung der Plattform aktuell halte.

Typografische Konventionen

In diesem Buch werden die folgenden typografischen Konventionen verwendet:

Kursiv
: Bezeichnet neue Begriffe, URLs, E-Mail-Adressen, Dateinamen und Dateiendungen.

`Festbreitenschrift`
: Wird verwendet für Codebeispiele sowie innerhalb von Absätzen, um Programmelemente wie Variablen- oder Funktionsnamen, Datenbanken, Datentypen, Umgebungsvariablen, Anweisungen und Schlüsselwörter zu kennzeichnen.

`Festbreitenschrift (fett)`
: Markiert Befehle oder anderen Text, die wörtlich von Nutzern eingegeben werden sollen.

`Festbreitenschrift (kursiv)`
: Kennzeichnet Text, der durch nutzereigene Werte oder durch vom Kontext bestimmte Werte ersetzt werden soll.

Tipp
Dieses Element markiert einen Tipp oder einen Vorschlag.

Hinweis
Dieses Element kennzeichnet einen allgemeinen Hinweis.

Verwendung der Codebeispiele

Zusatzmaterial zum Buch (Codebeispiele, Übungen etc.) finden Sie zum Download unter *https://github.com/lmoroney/PyTorch-Book-FIles*.

Dieses Buch soll Ihnen bei Ihrer Arbeit helfen. Ganz allgemein gilt: Wenn in diesem Buch Beispielcode angeboten wird, können Sie ihn in Ihren Programmen und Dokumentationen verwenden. Sie müssen sich dafür nicht unsere Erlaubnis einholen, es sei denn, Sie reproduzieren einen großen Teil des Codes. Schreiben Sie zum Beispiel ein Programm, das mehrere Teile des Codes aus diesem Buch benutzt, brauchen Sie keine Erlaubnis. Verkaufen oder vertreiben Sie Beispiele aus O'Reilly-Büchern, brauchen Sie allerdings eine Erlaubnis. Beantworten Sie eine Frage, indem Sie dieses Buch und Beispielcode daraus zitieren, brauchen Sie keine Erlaubnis. Binden Sie einen großen Anteil des Beispielcodes aus diesem Buch in die Dokumentation Ihres Produkts ein, brauchen Sie wiederum eine Erlaubnis.

Wir freuen uns über eine Erwähnung, verlangen sie aber nicht. Eine Erwähnung enthält üblicherweise Titel, Autor, Verlag und ISBN, zum Beispiel: »*PyTorch für KI und ML* von Laurence Moroney (O'Reilly), Copyright 2026 Rheinwerk Verlag GmbH, ISBN 978-3-96009-285-8.«

Falls Sie befürchten, zu viele Codebeispiele zu verwenden oder die oben genannten Befugnisse zu überschreiten, kontaktieren Sie uns unter *kommentar@oreilly.de*.

Danksagungen

Ich möchte mich bei den vielen Menschen bedanken, die zur Entstehung dieses Buchs beigetragen haben.

Zunächst bei Andrew Ng, der nicht nur das Vorwort zu diesem Buch geschrieben hat, sondern auch meinen Ansatz zur Vermittlung von KI und Machine Learning von Anfang an unterstützt hat. Gemeinsam haben wir mehrere Spezialisierungskurse auf Coursera entwickelt und damit Millionen von Menschen den Einstieg in ML und KI ermöglicht. Großen Anteil daran hatte auch das Team von deeplearning.ai, das mir geholfen hat, ein besserer Machine-Learning-Praktiker zu werden – insbesondere Tommy Nelson, Nick Lewis, Miguel Magana, Muhammad Mubashar und Dapinder Dosanjh.

Mein Dank gilt außerdem dem Team von O'Reilly, ohne dessen Engagement dieses Buch nicht möglich gewesen wäre: Jill Leonard, Nicole Butterfield, Aleeya Rahman, Kristen Brown, Doug McNair, Kate Dullea, Sue Klefstad, Kim Sandoval und Angela Rufino. Ihre Unterstützung und Ausdauer haben dieses Projekt entscheidend vorangebracht.

Ein besonderes Dankeschön geht an das hervorragende Team meiner technischen Gutachter: Louis-François Bouchard, Pin-Yu Chen, Jialin Huang, Roya Norouzi Kandalan, Margaret Maynard-Reid, Dominic Monn, Vishwesh Ravi Shrimali und Laura Uzcátegui. Ihr Feedback hat die Qualität dieses Buchs deutlich gesteigert.

Am wichtigsten von allen ist jedoch meine Familie, die dem Ganzen Sinn verleiht: meine Frau Rebecca Moroney, meine Tochter Claudia Moroney und mein Sohn Christopher Moroney. Danke euch dafür, dass ihr mein Leben bereichert habt – weit mehr, als ich es mir je hätte vorstellen können.

TEIL I

Mit PyTorch ML-Modelle erstellen

KAPITEL 1

Einführung in PyTorch

Geht es um die Erstellung *künstlicher Intelligenz* (KI), bilden *Machine Learning* (ML) und *Deep Learning* einen guten Startpunkt. Gerade am Anfang können die vielen Optionen und neuen Begriffe leicht überfordern. Um Ihnen als Programmiererin oder Programmierer den Einstieg zu erleichtern, habe ich dieses Buch geschrieben. Dabei werden wir Code schreiben, um ML- und Deep-Learning-Konzepte zu implementieren. Wir werden Modelle erstellen, die sich wie Menschen verhalten, und uns mit Szenarien wie *Computer Vision*, der Verarbeitung natürlicher Sprachen (*Natural Language Processing*, NLP) und vielem mehr beschäftigen. Auf diese Weise werden diese Modelle zu einer Form synthetischer oder künstlicher Intelligenz.

Aber was genau ist mit Machine Learning eigentlich gemeint? Bevor wir weitermachen, sehen wir uns das am besten kurz aus der Sicht eines Programmierers an. Im verbleibenden Teil dieses Kapitels werde ich Ihnen dann zeigen, wie Sie die nötigen Werkzeuge installieren – von PyTorch selbst bis hin zu den Umgebungen, in denen Sie Ihre PyTorch-basierten Modelle programmieren und debuggen können.

Was ist Machine Learning?

Bevor wir auf die Details eingehen, wollen wir betrachten, wie sich maschinelles Lernen aus der traditionellen Programmierung heraus entwickelt hat. Zu Beginn untersuchen wir, was traditionelle Programmierung ausmacht und wo ihre Grenzen liegen. Anschließend sehen wir, wie sich ML entwickelt hat, um mit diesen Grenzfällen umzugehen, auf diesem Weg die Möglichkeit schuf, neue Szenarien zu implementieren, und damit viele Konzepte der KI erst ermöglichte.

In der traditionellen Programmierung geht es um das Schreiben von Regeln, die in einer Programmiersprache ausgedrückt werden. Diese Regeln werden auf Daten angewandt, wodurch wir Antworten zurückbekommen. Dieses Prinzip gilt für so gut wie alle Situationen, in denen wir etwas mit Code ausdrücken können.

Nehmen wir zum Beispiel ein beliebtes Spiel wie Breakout. Der Code bestimmt die Bewegung des Balls und ermittelt den Spielstand sowie die verschiedenen Bedingungen zum Gewinnen oder Verlieren des Spiels. Stellen Sie sich hierzu ein Szenario vor, in dem der Ball von einem Stein (*Brick*) abprallt, wie in Abbildung 1.1 gezeigt.

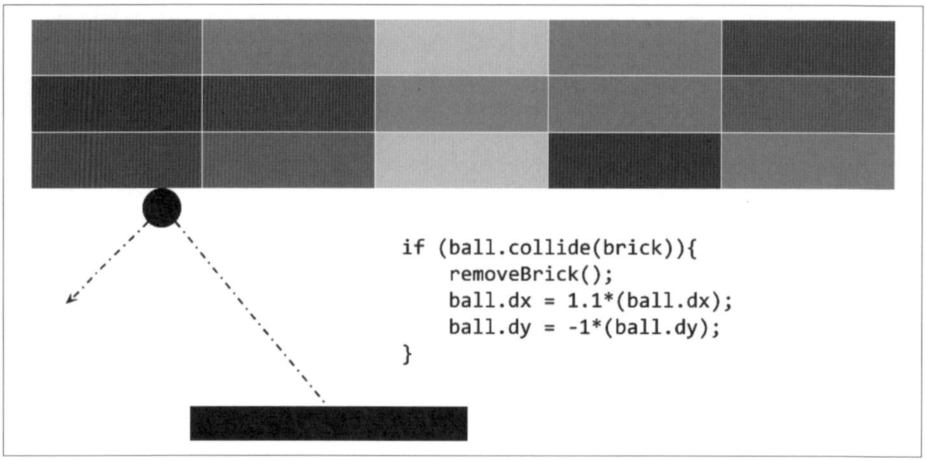

Abbildung 1.1: Code in einem Breakout-Spiel

Hier kann die Bewegung des Balls durch seine Eigenschaften `dx` und `dy` ermittelt werden. Trifft der Ball auf einen Stein (`ball.collide`), wird dieser entfernt, die Geschwindigkeit des Balls wird erhöht, und seine Bewegungsrichtung wird verändert. Der Code funktioniert auf Basis von Daten über die Spielsituation.

Alternativ können wir uns das Beispiel einer Finanzdienstleistung vorstellen. Angenommen, Sie haben Daten über das Unternehmen, wie den aktuellen Aktienpreis (`price`) und die Gewinne (`earnings`). Mit Code wie dem in Abbildung 1.2 können Sie ein hilfreiches Verhältnis namens *Kurs-Gewinn-Verhältnis* (KGV) berechnen, bei dem der Kurs durch den Gewinn dividiert wird.

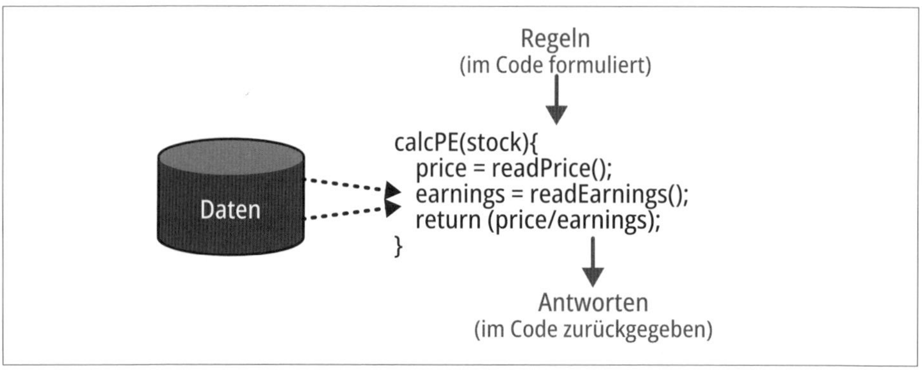

Abbildung 1.2: Code in einer Anwendung für Finanzdienstleistungen

Dieser Code liest den Preis und den Gewinn. Anschließend gibt er das Ergebnis der Division des Preises durch den Gewinn zurück.

Als Schaubild würde diese Art der traditionellen Programmierung ungefähr so aussehen wie das in Abbildung 1.3.

Abbildung 1.3: Überblick über das Vorgehen in der traditionellen Programmierung

Wie Sie sehen, werden die Regeln in einer Programmiersprache ausgedrückt und auf Daten angewendet. Als Ergebnis erhalten Sie Antworten zurück.

Grenzen der traditionellen Programmierung

Das in Abbildung 1.3 gezeigte Konzept bildet seit seiner Einführung das Rückgrat der Softwareentwicklung. Es besitzt allerdings eine klare Einschränkung: Es kann nur Szenarien implementieren, für die Sie die Regeln bereits kennen. Was aber können wir in anderen Situationen tun? Es ist schlicht unmöglich, den nötigen Code zu schreiben, weil er einfach zu komplex ist.

Nehmen wir beispielsweise das Erkennen von Aktivitäten. Fitnesstracker, die unsere Bewegungen erkennen können, sind noch relativ neu. Das liegt nicht nur an der Verfügbarkeit billiger und kleiner Hardware, sondern auch daran, dass die hierfür nötigen Erkennungsalgorithmen früher einfach nicht umsetzbar waren. Aber warum?

Abbildung 1.4 zeigt einen recht naiven Algorithmus zur Bewegungserkennung. Er misst die Geschwindigkeit der Person. Liegt das Tempo unter einem bestimmten Wert, können wir daraus schließen, dass die Person sehr wahrscheinlich geht (`status=WALKING`).

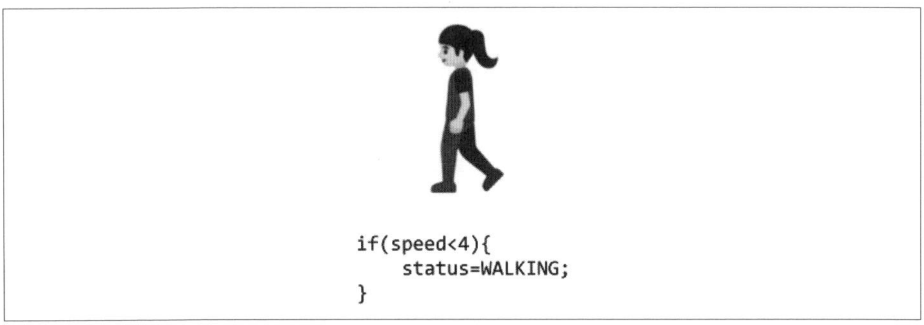

Abbildung 1.4: Algorithmus für die Bewegungserkennung

Davon ausgehend, dass unsere Daten die Geschwindigkeit wiedergeben, können wir den Algorithmus erweitern, um zu erkennen, ob die Person rennt (`status=RUNNING`, siehe Abbildung 1.5).

```
if(speed<4){
    status=WALKING;
} else {
    status=RUNNING;
}
```

Abbildung 1.5: Den Algorithmus für das Erkennen von »Rennen« erweitern

Liegt die Geschwindigkeit unter einem bestimmten Wert (hier etwa 6 km/h bzw. 4 Meilen pro Stunde)[1], geht die Person, ansonsten rennt sie. Auch das funktioniert noch einigermaßen gut.

Soll der Algorithmus auch Radfahren – eine weitere beliebte Fitnessaktivität – abbilden, *könnte* dieser wie in Abbildung 1.6 aussehen.

```
if(speed<4){
    status=WALKING;
} else if(speed<12){
    status=RUNNING;
} else {
    status=BIKING;
}
```

Abbildung 1.6: Den Algorithmus erweitern, um auch das Radfahren zu erkennen

Es ist mir klar, dass ich hier stark vereinfache, weil der Algorithmus nur die Geschwindigkeit misst. Manche Menschen laufen schneller als andere, und vielleicht sind Sie außerdem bergab zu Fuß schneller als bergauf mit dem Fahrrad, aber im Großen und Ganzen funktioniert der Algorithmus noch. Was passiert aber, wenn wir eine andere Sportart implementieren wollen, zum Beispiel Golfspielen (siehe Abbildung 1.7)?

1 Anm. d. Ü.: Eine englische Meile (wie in den Codebeispielen verwendet) entspricht ca. 1,6 Kilometern.

Abbildung 1.7: Wie können wir einen Algorithmus für das Golfspielen schreiben?

Spätestens jetzt stecken wir fest. Beim Golfspielen könnte die Person ein paar Schritte gehen, anhalten, eine Aktivität ausführen, ein wenig weitergehen, anhalten und so weiter. Aber wie können wir diese Methodologie nutzen, um herauszufinden, ob die Person Golf spielt?

Der Versuch, diese Aktivität mit traditionellen Regeln zu beschreiben, führt in eine Sackgasse. Aber vielleicht gibt es ja einen besseren Weg.

Und genau hier setzt Machine Learning an.

Vom Programmieren zum Lernen

Sehen wir uns noch einmal das Schaubild zur Illustration an (siehe Abbildung 1.8). Hier haben wir verschiedene Regeln, die auf die Daten angewandt werden und uns eine Reihe von Antworten liefern. Für die Bewegungserkennung enthielten die Daten die Geschwindigkeit, mit der die Person sich bewegte. Davon ausgehend, konnten wir Regeln formulieren, die eine bestimmte Aktivität (hier: Gehen, Rennen, Radfahren) erkennen. Bei dem Versuch, die nötigen Regeln zum Erkennen von Golfspielen zu finden, kamen wir allerdings nicht weiter.

Abbildung 1.8: Der Verlauf traditioneller Programmierung

Was aber passiert, wenn wir dieses Schaubild aus einem anderen Blickwinkel betrachten? Was wäre, wenn wir anstelle der *Regeln* die *Antworten* angäben und sie, zusammen mit den Daten, benutzten, um herauszufinden, wie die Regeln lauten?

Abbildung 1.9 zeigt, wie das aussehen könnte. Im Prinzip zeigt dieses Übersichtsschaubild bereits die Definition von *Machine Learning*.

Abbildung 1.9: Eine Änderung des Blickwinkels führt zur Definition von ML.

Was hat das für Folgen? Anstatt herausfinden zu müssen, wie die Regeln lauten, können wir eine große Menge an Daten sammeln, die unser Szenario beschreiben, und diese mit entsprechenden Kennzeichnungen (*Labels*) versehen. Danach kann der Computer die Regeln finden, nach denen bestimmte Daten auf bestimmte Labels abgebildet werden, während für andere Daten ein anderes Label zutrifft.

Wie könnte das nun aber für unsere Aufgabe der Aktivitätserkennung funktionieren? Wir könnten uns etwa alle Sensordaten für diese Person ansehen. Besitzt die Person ein Wearable (zum Beispiel einen Fitnesstracker), das Informationen wie Puls, Ort und Geschwindigkeit misst, und wir sammeln eine Menge Instanzen dieser Daten, während die Person verschiedene Aktivitäten ausführt, dann hätten wir am Ende Daten, die besagen: »Gehen sieht so aus.«, »Rennen sieht so aus.« und so weiter (siehe Abbildung 1.10).

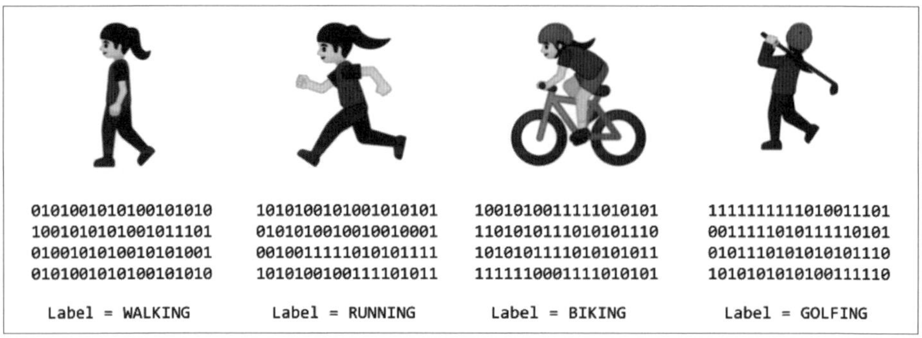

Abbildung 1.10: Vom Programmieren zu ML: Daten sammeln und mit Labels versehen

Damit verändert sich unsere Aufgabe als Programmierer: Anstatt herauszufinden, wie die Regeln lauten, um die Aktivitäten zu ermitteln, müssen wir den Code schreiben, der die Daten auf die Labels abbildet. Danach können wir die Szenarien erweitern, die wir mithilfe von Code implementieren können.

Und genau jetzt kommt ML ins Spiel. Zunächst brauchen wir allerdings ein passendes Framework – wie PyTorch. Im folgenden Abschnitt sehen wir uns an, was PyTorch ist und wie es installiert wird. Weiter unten in diesem Kapitel schreiben Sie Ihren ersten Code, der wie in unserem vorherigen Szenario lernt, das Muster zwischen zwei Werten zu erkennen. Obwohl dies nur ein einfaches »Hallo Welt!«-Beispiel ist, basiert es auf dem gleichen grundsätzlichen Codemuster, das auch in extrem komplexen Szenarien zur Anwendung kommt.

Das Feld der KI ist groß und abstrakt, und es umfasst alles, was Computer dazu bringt, wie Menschen zu denken und zu handeln. So lernen Menschen neues Verhalten etwa durch Beispiele. Wir können uns maschinelles Lernen also als Einstieg in die Entwicklung künstlicher Intelligenz vorstellen. In einem Bereich des Machine Learning namens *Computer Vision* lernt ein Computer, wie ein Mensch zu sehen. In einem anderen Bereich, dem *Natural Language Processing* (Verarbeitung natürlicher Sprachen, NLP), lernt er, Texte wie ein Mensch zu lesen. Mit ML sind noch viele weitere Anwendungen möglich. In diesem Buch werden wir uns allerdings nur mit den Grundlagen von ML beschäftigen, und dafür benutzen wir das PyTorch-Framework.

Was ist PyTorch?

PyTorch ist eine Machine-Learning-Bibliothek. Sie basiert auf dem zuvor entwickelten Open-Source-ML-Framework und der dazugehörigen Skriptsprache *Torch*, die ihrerseits auf der Skriptsprache Lua basiert. Im Jahr 2017 wurde die Entwicklung von Torch zu PyTorch verschoben, einer Portierung des Frameworks nach Python.

Daher wird PyTorch bei der Installation oft auch als `torch` bezeichnet.

Ursprünglich wurde PyTorch von Meta AI entwickelt, später aber zur Linux-Foundation ausgelagert. So sollte das Vertrauen der Entwicklerinnen und Entwickler in die Bibliothek gestärkt werden, weil sie nicht von oder für ein großes Tech-Unternehmen entwickelt wird. Neben dem TensorFlow-/Keras-Ökosystem ist PyTorch eine der beliebtesten ML-Bibliotheken.

Mit dem Aufkommen generativer KI, insbesondere der Bereitstellung von generativen Text- und Bildmodellen als Open Source, ist die Beliebtheit von PyTorch regelrecht explodiert. Es wird oft für das Training von Modellen eingesetzt (das wir in Teil I dieses Buchs behandeln), aber auch für die Inferenz von Modellen (über die wir in Teil II dieses Buchs sprechen).

Man kann PyTorch auch als Ökosystem aus verschiedenen Bibliotheken betrachten, die jeweils auf bestimmte Situationen spezialisiert sind. Die wichtigsten Bibliotheken und Anwendungsbereiche sind:

TorchServe
: Ein einfach zu benutzendes Werkzeug, mit dem Sie PyTorch-Modelle in großem Maßstab bereitstellen können. Es wurde so entworfen, dass es in unterschiedlichen Umgebungen laufen kann, und ist dabei nicht von einer bestimmten Technologie abhängig. Es unterstützt Merkmale wie Multimodel-Serving, Logging, Metriken und die einfache Einrichtung von REST-Endpunkten, über die Sie die Inferenz von Modellen über eine Vielzahl verschiedener Clients durchführen können.

Verteiltes Training
: Für den Fall, dass größere Modelle nicht auf einen einzelnen Chip oder Rechner passen, gibt es Technologien und Techniken, mit denen diese auf mehrere Geräte verteilt werden können. Die `torch.distributed`-Bibliotheken bieten einfache und native Unterstützung für eine asynchrone Ausführung über mehrere Geräte hinweg.

Mobilgeräte

Eine wichtige Plattform für Inferenz sind natürlich Mobilgeräte. Es ist wichtig, dass Sie Ihre KI-Projekte auf Android- und iOS-Geräten bereitstellen können. Dies unterstützt PyTorch anhand von PyTorch Mobile.

Vortrainierte (pretrained) Modelle

Eine aktive Community aus Forscherinnen und Entwicklern hat ein reichhaltiges Ökosystem an Modellen erstellt, die Sie einfach mit einer Zeile Code und verpackt in der `torchvision.models`-Bibliothek nutzen können.

Abbildung 1.11 gibt einen Überblick über das PyTorch-Ökosystem.

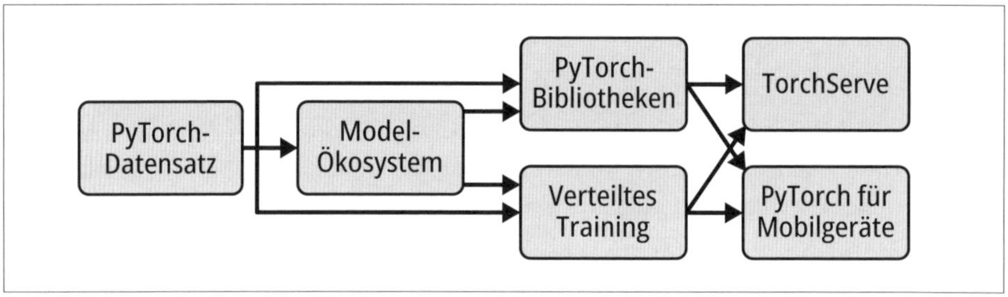

Abbildung 1.11: Das PyTorch-Ökosystem

Den Prozess der Erstellung von ML-Modellen nennt man *Training*. Hierbei nutzt der Computer eine Reihe von Algorithmen, um etwas über die Eingaben und ihre Unterschiede zu lernen. Soll ein Computer beispielsweise lernen, Katzen und Hunde zu unterscheiden, können Sie eine große Zahl von Katzen- und Hundebildern verwenden, um ein Modell zu erstellen. Anschließend nutzt der Computer das Modell, um herauszufinden, was einen Hund von einer Katze unterscheidet. Sobald das Modell trainiert ist, wird der Prozess, zukünftige Eingaben zu erkennen und einzuordnen, als *Inferenz* (Ableitung) bezeichnet.

Beim Training von Modellen gibt es verschiedene Vorgehensweisen, die wir in diesem Buch behandeln werden. Grundsätzlich können Sie zwischen den folgenden drei Optionen wählen:

- Das Modell von Grund auf selbst erstellen.
- Ein bestehendes Modell nutzen, weil es für Ihre Zwecke ausreicht.
- Teile eines anderen, bereits (vor)trainierten Modells verwenden und darauf aufbauen.

Der letzte Punkt auf dieser Liste wird als *Transfer Learning* bezeichnet, das wir später im Buch noch genauer behandeln werden.

Es gibt viele Möglichkeiten, ein Modell zu trainieren. In den meisten Fällen verwenden Sie wahrscheinlich einen einzelnen Chip, und zwar unabhängig davon, ob dies eine CPU (*Central Processing Unit*), eine GPU (*Graphics Processing Unit*) oder etwas Neues namens TPU (*Tensor Processing Unit*) ist. In anspruchsvolleren Arbeits- und Forschungsumgebungen können Sie verteiltes Training nutzen, bei dem die Aufgaben parallel auf mehreren Chips ausgeführt werden. Auch dies wird von PyTorch anhand der `torch.distributed`-Bibliotheken unterstützt, wie in Abbildung 1.11 gezeigt.

Das Herzstück jedes Modells sind seine Daten. Wie bereits gesagt, brauchen Sie eine Menge Beispiele für Katzen und Hunde, wenn Sie ein Modell erstellen wollen, das diese erkennen und unterscheiden kann. Aber wie können Sie die Beispiele verwalten? Im Laufe der Zeit werden Sie feststellen, dass diese Aufgabe deutlich mehr Programmierung erfordert als die Erstellung der Modelle selbst.

Glücklicherweise besitzt das PyTorch-Ökosystem eine Reihe eingebauter Datensätze, die Ihnen diese Aufgabe erleichtern. Auch diese werden wir im Verlauf dieses Buchs erforschen.

Neben der Erstellung von Modellen brauchen Sie auch Möglichkeiten, um sie anderen Menschen zur Nutzung verfügbar zu machen. Für diesen Zweck enthält PyTorch Serverbibliotheken, mit denen Sie Modellinferenz über eine HTTP-Verbindung für Cloud- oder Webnutzer bereitstellen können. Um Modelle auf mobilen oder Embedded-Systemen auszuführen, gibt es PyTorch Mobile, das Werkzeuge für die Modellinferenz auf Android und iOS zur Verfügung stellt.

Damit Sie mit der Erstellung und Nutzung von ML-Modellen anfangen können, zeige ich Ihnen als Nächstes, wie Sie PyTorch installieren!

PyTorch verwenden

In diesem Abschnitt sehen wir uns die drei Hauptwege an, PyTorch zu installieren. Wir beginnen mit der Installation über die Kommandozeile Ihres Entwicklungsrechners. Danach zeigen wir, wie Sie PyTorch mithilfe der beliebten PyCharm IDE installieren und nutzen können, und zum Schluss werfen wir noch einen Blick auf Google Colab und wie Sie damit über ein Cloud-basiertes Backend in Ihrem Browser auf Ihren PyTorch-Code zugreifen können.

Installation von PyTorch auf der Kommandozeile

Das *Py* in PyTorch steht für Python. Wir brauchen also eine bereits eingerichtete Python-Umgebung. Wenn Python bei Ihnen noch nicht installiert ist, empfehlen wir Ihnen dringend einen Besuch der Python-Website (*https://python.org*) für die Einrichtung und die Learn-Python-Website (*https://learnpython.org*) zum Erlernen der Sprachsyntax.

In Python können Bibliotheken auf vielerlei Weise installiert werden. Offiziell wird aber empfohlen, den Befehl `pip` zu verwenden, wie hier gezeigt:

```
> pip install torch
```

Sobald alles läuft, können Sie mit folgendem Code Ihre PyTorch-Version ermitteln:

```
import torch
print(torch.__version__)
```

Anschließend sollten Sie die in Abbildung 1.12 gezeigten Ausgaben sehen. Damit wird die aktuell laufende Version von PyTorch angezeigt. In unserem Fall ist das Version 2.4.1.

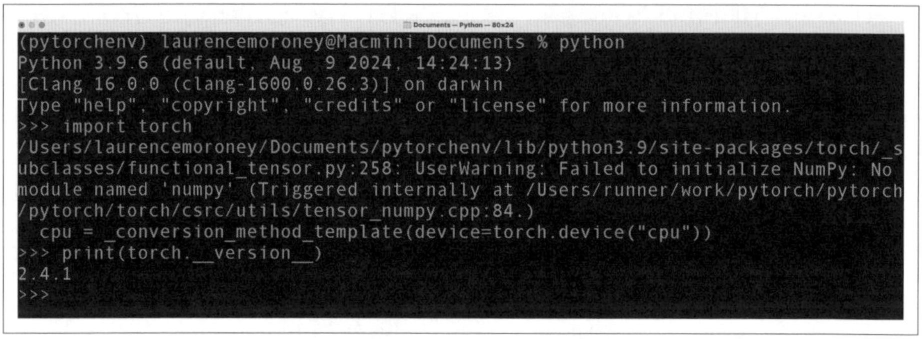

Abbildung 1.12: PyTorch in Python ausführen

> Wenn Sie Abbildung 1.12 genauer betrachten, erkennen Sie, dass `torch.device` den Wert `cpu` hat. In diesem Beispiel habe ich PyTorch nativ auf meinem Mac installiert. Standardmäßig ist es so konfiguriert, dass die CPU verwendet wird. Für komplexere Modelle ist das aber nicht optimal. Dort ist möglicherweise ein Beschleuniger (*Accelerator*) wie eine GPU oder Metal nötig. Auf die Installation von PyTorch für Beschleuniger werden wir später im Buch genauer eingehen.

PyTorch in PyCharm verwenden

Für die Erstellung von PyTorch-Modellen nutze ich besonders gern die kostenlose Community-Version von PyCharm (*https://oreil.ly/I2mP2*). Einer meiner Hauptgründe liegt darin, dass sie die Verwaltung von virtuellen Umgebungen sehr einfach macht. Das heißt, Sie können Python-Umgebungen nutzen, in denen die Versionen von Werkzeugen wie PyTorch genau auf ein bestimmtes Projekt abgestimmt sind. Brauchen Sie beispielsweise PyTorch 1.x in einem Projekt und PyTorch 2.x in einem anderen, können Sie beide voneinander getrennt in virtuellen Umgebungen laufen lassen. So müssen Sie sich nicht mit der Installation und Deinstallation von Abhängigkeiten herumschlagen, wenn Sie zwischen beiden wechseln wollen. Außerdem kann PyCharm Ihnen dabei helfen, Ihren Python-Code Schritt für Schritt zu debuggen – ein Muss, besonders wenn Sie gerade erst mit Python anfangen!

In Abbildung 1.13 sehen Sie beispielsweise ein neues Projekt mit dem Namen *example1*. Ich gebe an, dass ich eine neue Umgebung einrichte, die Conda (ein System zur Paketverwaltung) nutzt. Wenn ich das Projekt anlege, erhalte ich eine neue, saubere virtuelle Python-Umgebung, in die ich jede gewünschte PyTorch-Version installieren kann.

Sobald das Projekt angelegt ist, können Sie es über den Dialog *File → Settings* öffnen und den Eintrag für »Project: *<Ihr Projektname>*« aus dem Menü auf der linken Seite auswählen. In diesem Menü finden Sie Wahlmöglichkeiten, mit denen Sie die Einstellung für den Python-Interpreter und die Projektstruktur anpassen können. Wenn Sie den Menüpunkt *Python-Interpreter* wählen, wird angezeigt, welchen Python-Interpreter Sie verwenden und welche Packages in dieser virtuellen Umgebung installiert sind (siehe Abbildung 1.14).

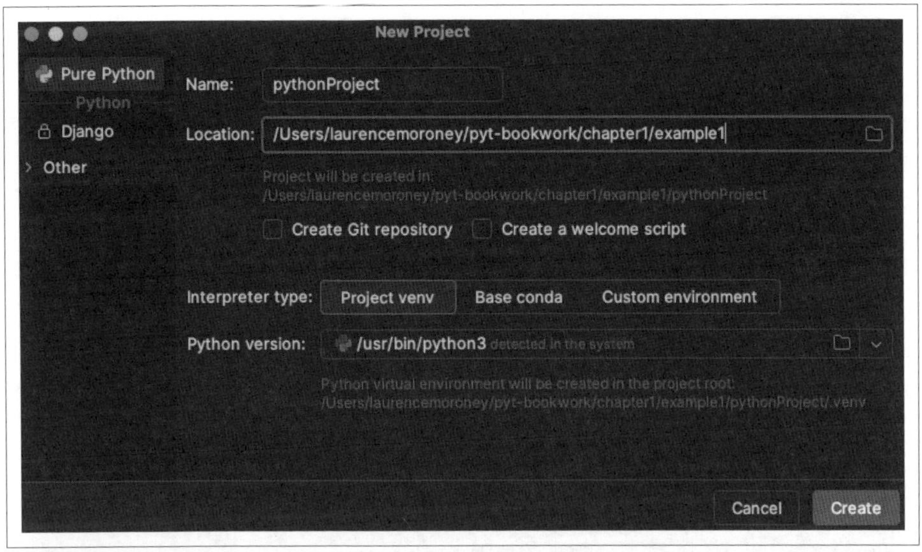

Abbildung 1.13: Eine neue virtuelle Umgebung mit PyCharm anlegen

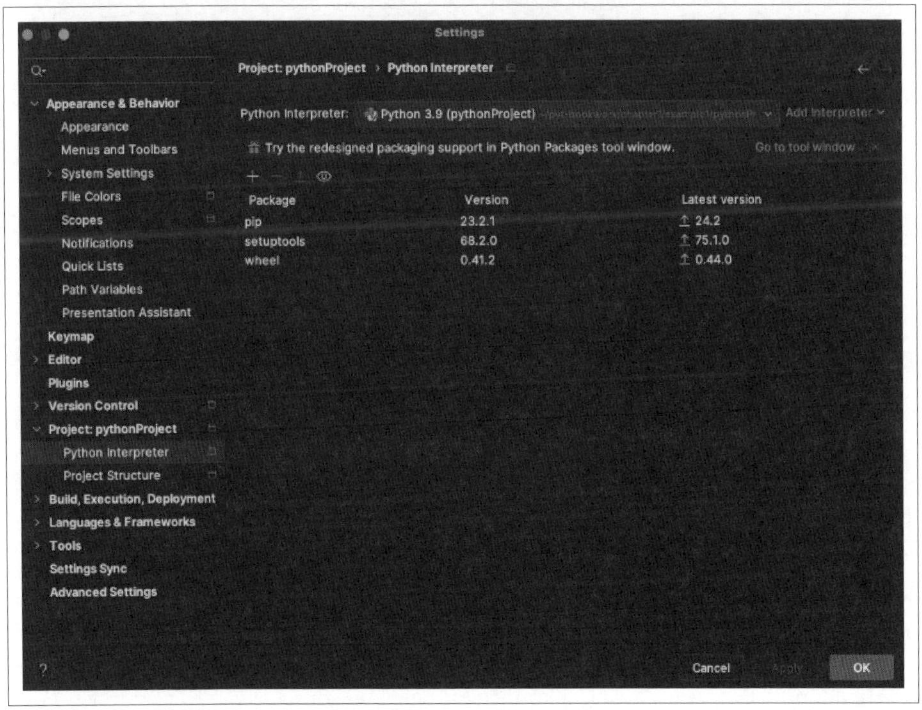

Abbildung 1.14: Der virtuellen Umgebung Packages hinzufügen

Durch Klick auf den +-Button oben links im Fenster wird ein Dialog geöffnet, der die aktuell verfügbaren Packages auflistet. Geben Sie »torch« in das Suchfeld ein, werden alle verfügbaren Packages angezeigt, deren Name *torch* enthält (siehe Abbildung 1.15). Beachten Sie: Obwohl die Technologie PyTorch heißt, lautet der Name des Packages *torch*.

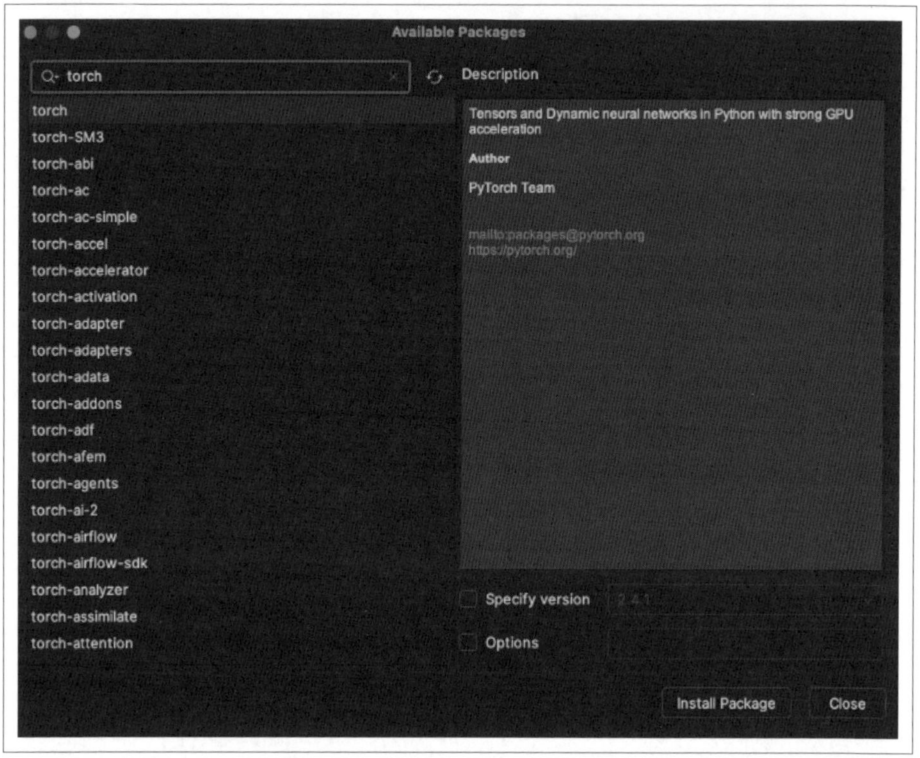

Abbildung 1.15: Installation von torch mit PyCharm

Sobald Sie *torch* oder ein anderes Package ausgewählt haben, können Sie auf den *Install Package*-Button klicken, und PyCharm erledigt den Rest. Sobald *torch* installiert ist, können Sie Ihren PyTorch-Code in Python schreiben und debuggen.

PyTorch in Google Colab verwenden

Die für den Einstieg vermutlich einfachste Möglichkeit ist die Verwendung von Google Colab (*https://oreil.ly/c0lab*) mit einer gehosteten Python-Umgebung, auf die Sie über einen Browser zugreifen können. Besonders praktisch an Colab ist die Möglichkeit, GPU- und TPU-Backends zu nutzen, wodurch Sie Ihre Modelle mit modernster Hardware kostenlos trainieren können.[2]

Wenn Sie die Colab-Website öffnen, erhalten Sie die Möglichkeit, frühere Colabs zu öffnen oder ein neues Notebook (siehe Abbildung 1.16) zu beginnen. Klicken Sie auf den + *New notebook*-Button, wird der Editor geöffnet. Hier können Sie Code oder Text eingeben (wie in Abbildung 1.17 gezeigt). Danach können Sie den Code durch einen Klick auf den *Play*-Button (den Pfeil) links im Fenster ausführen.

2 A. d. Ü.: Zwar stellt Google eine kostenlose Version von Colab zur Verfügung, dennoch ist es in der Praxis oft sinnvoller, für »Recheneinheiten« zu bezahlen, um Modelle beispielsweise schneller trainieren zu können. Mehr dazu weiter unten im Buch.

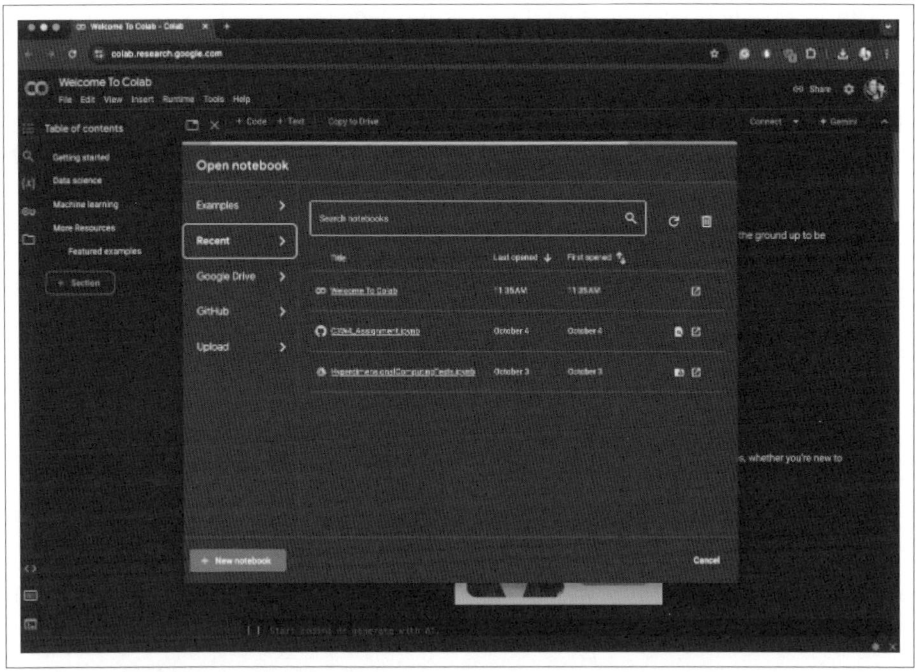

Abbildung 1.16: Einstieg in Google Colab

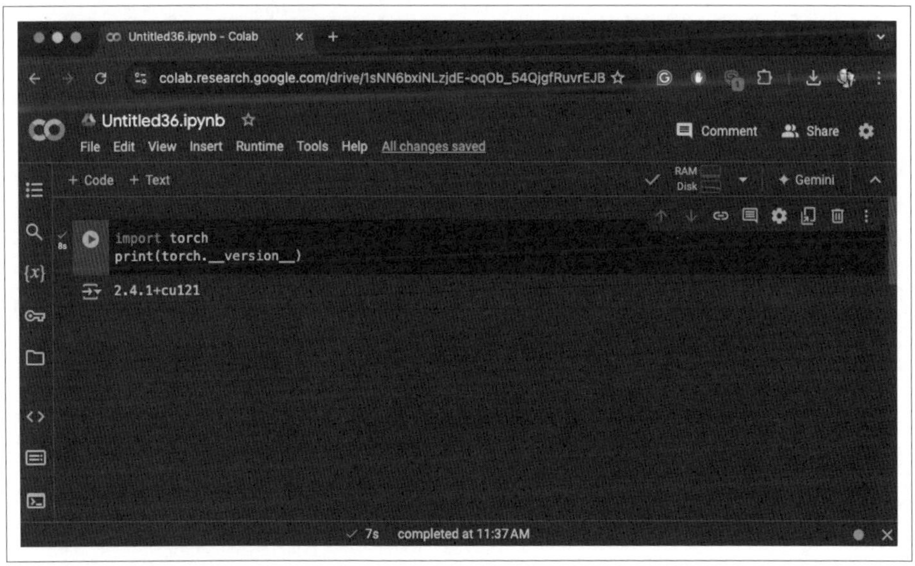

Abbildung 1.17: PyTorch-Code in Colab ausführen

Es ist grundsätzlich eine gute Idee, die PyTorch-Version zu überprüfen, um sicherzustellen, dass Sie die korrekte Version für Ihre Aufgabe verwenden.

In Abbildung 1.17 lautet die gezeigte Version 2.4.1+cu121. Jetzt fragen Sie sich vermutlich, was es mit dem *cu121*-Teil auf sich hat. Das *cu* steht für *CUDA*, Nvidias Bibliothek für beschleunigtes Machine Learning auf GPUs. Die Meldung sagt also aus, dass PyTorch 2.4.1 inklusive der Beschleunigung für CUDA in der Version 12.1 installiert ist.

Oftmals sind die in Colab enthaltenen Versionen der verschiedenen Bibliotheken eine oder zwei Versionen älter als die aktuell verfügbaren – inklusive PyTorch. In diesem Fall können Sie sie per `pip install` aktualisieren. Hierfür reicht ein einfacher Kommandozeilenbefehl, in dem Sie die gewünschte Version wie hier gezeigt angeben:

```
!pip install torch==<gewünschte Versionsnummer>
```

Sobald Sie diesen Befehl ausgeführt haben, verwendet Ihre aktuelle Colab-Umgebung die gewünschte PyTorch-Version. Hierbei sollten Sie allerdings vorsichtig sein, denn es kann sein, dass für die installierte PyTorch-Version keine CUDA-Treiber installiert sind. Das kann dazu führen, dass die Berechnungen nun auf der CPU ausgeführt werden.

Einstieg ins Machine Learning

Wie Sie in diesem Kapitel bereits gesehen haben, arbeiten Sie beim Machine Learning mit Daten. Diese werden mit Labels (Beschriftungen, Beschreibungen, Markierungen) versehen. Sie wollen herausfinden, nach welchen Regeln die Daten mit ihren Labels übereinstimmen. Das einfachste Beispiel, wie dies in Code umgesetzt werden kann, zeigen wir Ihnen jetzt.

Nehmen wir diese zwei Zahlenfolgen:

```
x = -1, 0, 1, 2, 3, 4
y = -3, -1, 1, 3, 5, 7
```

Zwischen den Werten von x und y besteht eine Beziehung (wenn x beispielsweise -1 ist, dann ist y -3; wenn x 3 ist, ist y 5 und so weiter). Sehen Sie, worin die Beziehung besteht?

Nach ein paar Sekunden haben Sie wahrscheinlich erkannt, dass die Regel $y = 2x - 1$ lautet. Aber wie sind Sie darauf gekommen? Hierfür gibt es verschiedene Wege. Meistens wird aber beobachtet, dass x bei jedem Schritt um 1 erhöht wird, während y um 2 wächst. Das heißt also, $y = 2x \pm$ irgendetwas. Danach sieht man sich an, was passiert, wenn $x = 0$, und stellt fest, dass $y = -1$ ist. Die Antwort könnte also $y = 2x - 1$ lauten. Schließlich schaut man sich die anderen Werte an und stellt fest, dass die Hypothese »passt« und die Antwort tatsächlich $y = 2x - 1$ ist.

Der ML-Prozess läuft ganz ähnlich ab. Betrachten wir hierzu etwas Code, mit dem ein neuronales Netzwerk die Antwort für Sie finden kann.

Hier sehen Sie den vollständigen Code unter Verwendung von PyTorch. Keine Sorge, wenn er für Sie jetzt noch keinen Sinn ergibt. Wir gehen ihn gleich Zeile für Zeile durch:

```
import torch
import torch.nn as nn
import torch.optim as optim
import numpy as np

# Modell definieren
model = nn.Sequential(nn.Linear(1, 1))
```

```
# Verlustfunktion und Optimizer festlegen
criterion = nn.MSELoss()
optimizer = optim.SGD(model.parameters(), lr=0.01)

# Trainingsdaten
xs = torch.tensor([[-1.0], [0.0], [1.0], [2.0], [3.0], [4.0]],
                  dtype=torch.float32)
ys = torch.tensor([[-3.0], [-1.0], [1.0], [3.0], [5.0], [7.0]],
                  dtype=torch.float32)

# Modell trainieren
for _ in range(500):
    optimizer.zero_grad()
    outputs = model(xs)
    loss = criterion(outputs, ys)
    loss.backward()
    optimizer.step()

# Vorhersage
with torch.no_grad():
    print(model(torch.tensor([[10.0]], dtype=torch.float32)))
```

Die ersten Zeilen sorgen einfach dafür, dass die richtigen Bibliotheken geladen werden. Wir können also direkt mit dieser Zeile weitermachen:

```
model = nn.Sequential(nn.Linear(1, 1))
```

Vermutlich haben Sie schon von *neuronalen Netzwerken* (NN) gehört. Und Sie haben wahrscheinlich auch schon Schaubilder gesehen, die NN durch Schichten von miteinander verbundenen Neuronen erklären, ähnlich wie in Abbildung 1.18.

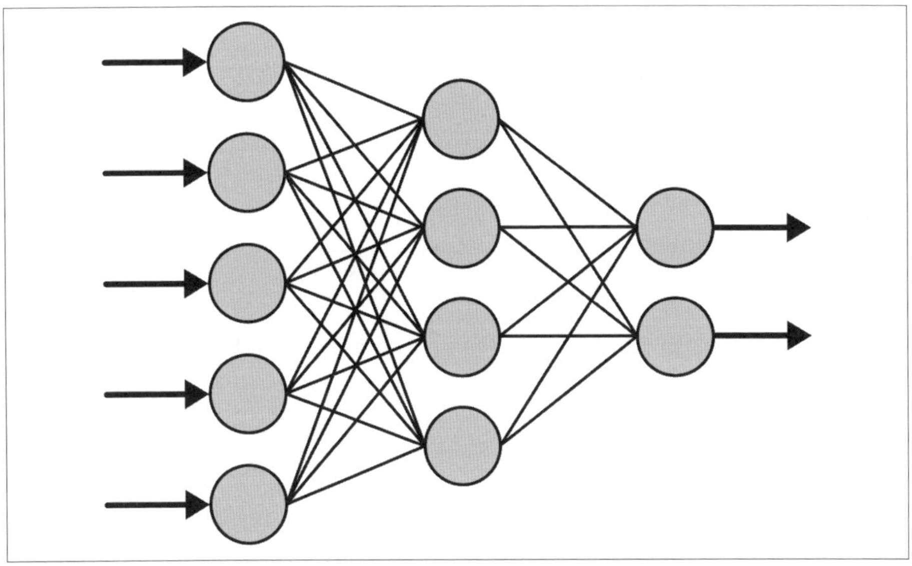

Abbildung 1.18: Ein typisches neuronales Netzwerk

In dieser Darstellung gilt jeder Kreis als ein *Neuron*, und jede der Spalten mit Kreisen ist eine *Schicht*. Das neuronale Netzwerk in Abbildung 1.18 hat also drei Schichten: Die erste enthält fünf Neuronen, die zweite vier und die dritte drei Neuronen.

Die Schichten sind so angeordnet, dass sie aufeinanderfolgen. Dabei fließen die Daten von links nach rechts.

Wenn Sie sich nun unseren Code ansehen, bemerken Sie, dass wir hier eine Folge (*Sequence*) von etwas definieren. Dabei enthalten die Klammern die Definition unserer Folge:

```
model = nn.Sequential(nn.Linear(1, 1))
```

Bei der Verwendung von PyTorch werden die Schichten mit einem `Sequential` definiert, in dem Sie angeben, wie die jeweilige Schicht aussehen soll. Unser `Sequential` enthält nur eine Zeile. Dieser Code definiert also ein neuronales Netzwerk, das aus nur einer Schicht besteht.

Danach nutzen wir die `torch.nn`-Bibliotheken, um festzulegen, wie die Schicht aussehen soll. Dabei können Sie aus einer Vielzahl verschiedener Schichttypen wählen. Hier verwenden wir eine Schicht vom Typ `Linear` (bei der eine Zeile als $y = wx + b$ definiert ist), mit der eine *lineare* Beziehung definiert oder gelernt werden kann.

Für unsere `Linear`-Schicht wurden die Parameter `(1, 1)` definiert. Das heißt, ein Merkmal dient als Eingabe, und ein Merkmal wird wieder ausgegeben. Das bedeutet, dass unser NN aus einer einzigen Schicht besteht, die ein einziges Neuron enthält.

Anders gesagt, das `Sequential`, das unsere `Linear`-Schicht mit den Parametern `(1,1)` enthält, sieht letztlich aus, wie in Abbildung 1.19 gezeigt.

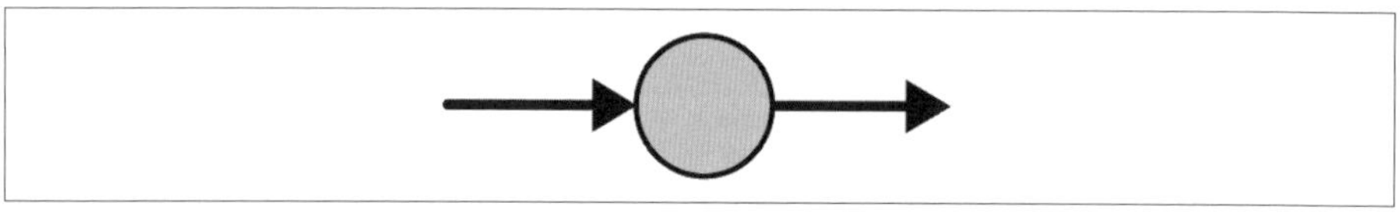

Abbildung 1.19: Ein NN mit einer Schicht, die ein Neuron enthält

Auf den nächsten Zeilen fängt der Spaß erst richtig an:

```
# Verlustfunktion und Optimizer festlegen
criterion = nn.MSELoss()
optimizer = optim.SGD(model.parameters(), lr=0.01)
```

Grundsätzlich wissen Sie vermutlich, dass Machine Learning eine Menge mit Mathematik zu tun hat. Und wenn Sie seit Jahren keine Analysis mehr gemacht haben, war das vermutlich eine anfängliche Hürde für Sie. Genau zu diesem Teil kommen wir jetzt, denn Mathematik ist das Herz des Machine Learning.

Hierbei hat der Computer *keine Ahnung* von der Beziehung zwischen x und y. Also stellt er eine Vermutung an. Er könnte beispielsweise raten, dass $y = 10x + 10$. Hierfür muss er messen, wie gut oder schlecht seine Vermutung war – und das ist die Aufgabe der *Verlustfunktion*.

Der Computer kennt bereits die Antworten, wenn x die Werte `-1`, `0`, `1`, `2`, `3` und `4` hat. Die Verlustfunktion kann diese also mit den Antworten für die vermutete Beziehung vergleichen. Rät der Computer, dass $y = 10x + 10$, dann hat y den Wert `0`, wenn x den Wert `-1` hat.

Die korrekte Antwort lautete -3, was ein bisschen danebenliegt. Ist x dagegen 4, wäre die vermutete Antwort 50, während die korrekte Antwort 7 lautet. Das ist bereits ziemlich weit vom richtigen Ergebnis entfernt.

Mit diesem Wissen kann der Computer eine neue Vermutung anstellen. Das ist die Aufgabe des *Optimizers*. Hier finden die komplexen Analysis-Operationen statt. Glücklicherweise übernimmt PyTorch für Sie diese Arbeit im Hintergrund. Sie müssen nur den richtigen Optimierer für Ihr Szenario auswählen. Wir haben uns hier für `sgd` entschieden, was für *stochastic gradient descent* (stochastischer Gradientenabstieg) steht – eine komplexe mathematische Funktion, die aus dem vorherigen Versuch und dem Ergebnis der Fehlerberechnung (des *Verlusts*) für diesen Versuch die Werte für einen neuen Rateversuch errechnen kann. Der Optimizer soll den Verlust im Laufe der Zeit immer weiter verringern und damit die vermutete Formel immer mehr der korrekten Antwort anzunähern.

Als Nächstes formatieren wir unsere Zahlen einfach in dem Datenformat, das die Schichten erwarten:

```
# Trainingsdaten
xs = torch.tensor([[-1.0], [0.0], [1.0], [2.0], [3.0], [4.0]],
                  dtype=torch.float32)

ys = torch.tensor([[-3.0], [-1.0], [1.0], [3.0], [5.0], [7.0]],
                  dtype=torch.float32)
```

Beim ML wird Ihnen das Wort *Tensor* immer wieder begegnen. Es gibt unter anderem dem TensorFlow-Framework seinen Namen. Stellen Sie sich einen Tensor als eine Möglichkeit vor, Daten wie in einem Array zu speichern, das für flexible Array-Größen optimiert ist. Damit PyTorch unsere Werte versteht, laden wir sie in Tensoren, die für die x- und y-Werte stehen.

Danach beginnt der *Lernprozess* mit der Trainingsschleife, wie hier gezeigt:

```
# Training des Modells
for _ in range(500):
    optimizer.zero_grad()
    outputs = model(xs)
    loss = criterion(outputs, ys)
    loss.backward()
    optimizer.step()
```

Wenn Sie sich noch nicht mit ML auskennen, ist dies vermutlich der Teil, der am schwersten zu verstehen ist. Daher gehen wir ihn am besten zeilenweise durch.

Wie Sie wissen, sieht der ML-Prozess aus, wie in Abbildung 1.20 gezeigt.

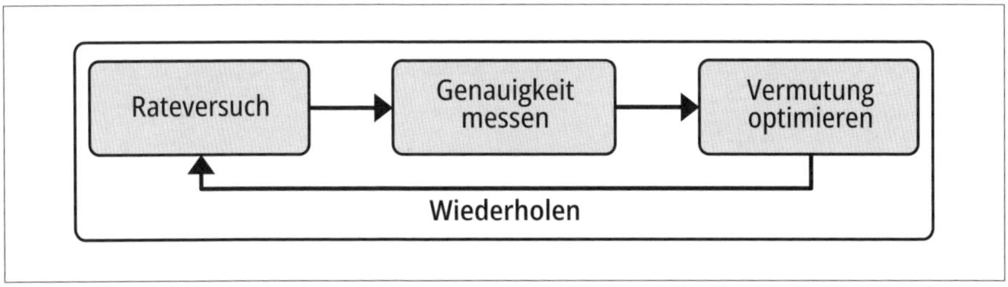

Abbildung 1.20: Der ML-Prozess

Der gezeigte Code implementiert das wie folgt:

```
optimizer.zero_grad()
```

Diese Zeile besagt: »Finde die Nullstellen des Gradienten.« Zur Analysis des Lernprozesses gehört es, sich an einer Kurve entlangzubewegen, um ihr Minimum zu finden. Und dafür brauchen wir den Gradienten dieser Kurve. Die Kurve wird berechnet, wenn wir unsere Genauigkeit messen. Daher müssen wir sie am Anfang jeder Schleife zurücksetzen:

```
outputs = model(xs)
```

Diese Zeile erstellt ein Array der Ausgaben, die wir für Eingabe-x-Werte berechnen. Obwohl wir dem Computer die korrekten Antworten in unserem y-Array bereits gegeben haben, wollen wir die Genauigkeit der Vermutungen messen, die der Computer für die Parameter angestellt hat, die diese Linie definieren. Beim ersten Schleifendurchlauf werden die Parameter w und b innerhalb des Neurons mit Zufallswerten initialisiert. Unsere Vermutung könnte also beispielsweise $y = 10x + 10$ lauten.

```
loss = criterion(outputs, ys)
```

Anschließend vergleicht diese Zeile die Ausgaben (unsere Vermutungen) mit den korrekten Antworten, um den *Verlust* zu berechnen. Das ist im Prinzip ein Wert, der angibt, wie gut oder schlecht unsere Vermutung war:

```
loss.backward()
```

Diese Zeile enthält den wichtigsten Teil des Lernens, in dem ein Prozess namens *Backpropagation* (oder »Fehlerrückführung«) abläuft. Hier werden die Berechnungen des Optimizers und der Verlustfunktion kombiniert, um die Gradienten für die neuen Parameter zu ermitteln. In unserem Fall ist der Fehler von der Annahme $y = 10x + 10$ sehr groß und liegt nicht einmal in der Nähe unserer gewünschten Werte. Aber die Berechnungen des Verlusts geben uns eine Richtung (bzw. einen Gradienten), in die wir uns bewegen sollten, um uns den gewünschten Ergebnissen anzunähern.

```
optimizer.step()
```

Die Codezeile schließt die Aufgabe ab, indem sie die Modellparameter auf die Werte aktualisiert, die wir auf Basis der Gradienten im vorherigen Backpropagation-Schritt berechnet haben.

Dieser Vorgang wird nun 500 Mal (der Fachbegriff hierzu lautet *Epoche*, später mehr dazu) wiederholt, um einen Satz Parameter für unser einzelnes Neuron zu finden, das uns y-Werte liefert, die möglichst nah an den gewünschten Werten liegen sollen. Passen die Parameter, kann der Computer den y-Wert auch für x-Werte ermitteln, die er nie zuvor gesehen hat. Er hat also die Beziehung (die Regel) zwischen den von uns gelieferten x- und y-Werten gelernt.

Abbildung 1.21 zeigt den Prozess in Aktion in einem Colab-Notebook. Sehen Sie, wie sich die Verlustwerte im Verlauf der Zeit verändern.

```
Loss = 5.648553371429443
Loss = 4.501745700836182
Loss = 3.59830641746521
Loss = 2.886361837387085
Loss = 2.325101137161255
Loss = 1.8824143409729004
Loss = 1.5330373048782349
Loss = 1.2570961713790894
Loss = 1.0389515161514282
Loss = 0.8663007616996765
Loss = 0.7294626832008362
Loss = 0.6208212375640869
Loss = 0.5343837141990662
```

Abbildung 1.21: Das neuronale Netzwerk trainieren

Wir können sehen, dass sich der Verlust über die ersten zehn Durchläufe von `5.64` zu `0.86` verändert hat. Das heißt, bereits nach zehn Versuchen funktioniert das Netzwerk bereits sechsmal besser als beim ersten Versuch.

Und das hier passiert beim 500sten Durchlauf (oder der 500sten *Epoche*) (siehe Abbildung 1.22):

```
Loss = 1.1965369594690856e-05
Loss = 1.1720051588781644e-05
Loss = 1.1479209206299856e-05
Loss = 1.1243268090765923e-05
Loss = 1.1012628419848625e-05
Loss = 1.0786318853206467e-05
Loss = 1.0564602234808262e-05
Loss = 1.0348104297008831e-05
Loss = 1.0135480806638952e-05
Loss = 9.927043720381334e-06
Loss = 9.723284165374935e-06
Loss = 9.52379559748806e-06
```

Abbildung 1.22: Das neuronale Netzwerk trainieren – die letzten Durchläufe

Beim Training von Modellen wie diesem wird Ihnen häufig der Begriff *Epoche* begegnen. Eine Epoche steht für einen vollständigen Schleifendurchlauf aller Daten während des Trainingsprozesses.

Wir können erkennen, dass der Verlust nun bei 9.52×10^{-6} liegt. Der Verlust ist inzwischen so gering, dass das Modell ziemlich genau »weiß«, dass die Beziehung zwischen den Zahlen $y = 2x - 1$ ist. Das bedeutet, die *Maschine* hat das Muster zwischen den Werten *gelernt*.

Soll unser neuronales Netzwerk versuchen, einen neuen Wert vorherzusagen, können wir Code wie diesen verwenden:

```
# Vorhersage
with torch.no_grad():
    prediction = model(torch.tensor([[10.0]], dtype=torch.float32))
    print(prediction)
```

Im Machine Learning begegnet Ihnen oft der Begriff *Vorhersage*. Diesen sollten Sie sich aber nicht wie einen Blick in die Zukunft vorstellen! Wir verwenden den Begriff, weil wir es mit einem bestimmten Maß an Unsicherheit zu tun haben. Denken Sie noch einmal an unsere zuvor besprochene Idee zurück, bestimmte Aktivitäten zu erkennen. Wenn sich die Person mit einer bestimmten Geschwindigkeit bewegt, dann ist es *wahrscheinlich*, dass sie geht. Auf ähnliche Weise lernt das Modell etwas über das Muster, das zwischen zwei Dingen besteht, und sagt uns, wie die Antwort wahrscheinlich lautet. (Später lernen Sie *Inferenz* kennen, bei der das Modell eine Antwort aus vielen auswählt und daraus ableitet (engl. *to infer*), dass es die richtige gefunden hat).

Wie, glauben Sie, fällt die Antwort aus, wenn wir das Modell anweisen, y vorherzusagen, wenn x den Wert 10 hat? Sie denken vermutlich zuerst, es sei 19. Das stimmt aber nicht ganz. Das Modell wird einen Wert wählen, der *sehr nah* an 19 liegt, und hier ist der Grund dafür: Erstens lag unser Verlust nicht exakt bei 0. Er wich ein winziges bisschen davon ab. Also müssen wir davon ausgehen, dass auch die vorhergesagte Antwort etwas neben dem perfekten Ergebnis liegt. Zweitens wurde unser neuronales Netzwerk nur mit einer sehr kleinen Datenmenge trainiert – in unserem Fall lediglich sechs Paare aus (x,y)-Werten.

Das Modell enthält nur ein einzelnes Neuron. Es lernt ein Gewicht (*weight*, w) und einen Bias (eine Verzerrung, b). Es gilt: $y = wx + b$. Das sieht genauso aus wie die gewünschte $y = 2x - 1$-Beziehung, in der das Modell lernen sollte, dass $w = 2$ und $b = -1$ ist. Angesichts der Tatsache, dass das Modell nur mit sechs Datenpunkten trainiert wurde, hätten wir nie erwartet, dass die Antwort exakt diese Werte sind. Viel eher wären wir von sehr starken Näherungen ausgegangen.

Jetzt sollten Sie den Code selbst ausführen, um zu sehen, welche Ergebnisse Sie erhalten. Bei mir war es 18.991. Wahrscheinlich unterscheiden sich Ihre Antworten leicht, weil das neuronale Netzwerk zu Beginn mit Zufallswerten initialisiert wird.

Sehen, was das Netzwerk gelernt hat

Wir arbeiten hier offensichtlich mit einem sehr einfachen Szenario, in dem wir x-Werte auf y-Werte abbilden, die eine lineare Beziehung zueinander haben. Wie in den vorherigen Abschnitten schon gesagt, besitzen Neuronen Parameter für Gewicht und Bias. Daher reicht ein einzelnes Neuron aus, um eine Beziehung wie diese zu lernen; wenn $y = 2x - 1$, dann ist das Gewicht 2 und der Bias 1.

Mit PyTorch können wir uns die gelernten Gewichte und Bias ansehen. Folgender Code gibt die Werte aus:

```
# Die erste (und einzige) Schicht
# des Sequential-Modells ausgeben
layer = model[0]
# Gewichte und Bias lesen und ausgeben
weights = layer.weight.data.numpy()
bias = layer.bias.data.numpy()
print("Weights:", weights)
print("Bias:", bias)
```

Sobald das Netzwerk den Lernprozess abgeschlossen hat, können Sie die von der Schicht gelernten Werte (oder Gewichte) ausgeben. In meinem Fall sah die Ausgabe so aus:

```
Weights: [[1.998695]]
Bias: [-0.9959542]
```

Wir haben also gelernt, dass die Beziehung zwischen x und y lautet: $y = 1.998695\ x - 0.9959542$.

Das entspricht schon ziemlich genau unseren Erwartungen ($y = 2x - 1$). Wir könnten argumentieren, dass es sogar noch näher an der Realität liegt, weil wir davon *ausgehen*, dass die Beziehung auch für andere Werte gilt!

Zusammenfassung

Dies ist Ihr erstes »Hallo Welt«-Programm im Machine Learning. Und wenn Sie jetzt denken, wir würden hier mit Interkontinentalraketen auf Spatzen schießen, um eine lineare Beziehung zwischen zwei Werten zu finden, dann haben Sie vermutlich recht. Das Coole daran ist aber, dass das in diesem Kapitel erstellte Codemuster auch für wesentlich komplexere Szenarien verwendet wird. Beispiele dafür werden Sie zum ersten Mal in Kapitel 2 sehen. Dort erforschen wir einige Grundtechniken des maschinellen *Sehens*, der sogenannten *Computer Vision*. Hierbei lernt die Maschine, Muster in Bildern zu »sehen« und zu erkennen, was sie enthalten!

KAPITEL 2

Einführung in Computer Vision

In Kapitel 1 haben wir Ihnen die Grundlagen des Machine Learning gezeigt und Ihnen eine Einführung in die Programmierung mit neuronalen Netzwerken gegeben, um Daten mit Labels abzugleichen. Auf dieser Basis haben Sie gelernt, wie man die Regeln ableiten kann, anhand deren Dinge unterschieden werden können.

In diesem Kapitel gehen wir den nächsten logischen Schritt, indem wir das Gelernte auf Computer Vision anwenden. Hierbei lernt ein Modell, bestimmte Bildinhalte zu erkennen, sodass es »sehen« kann, worum es sich handelt. Wir beginnen mit einem beliebten Datensatz, der Bilder von Kleidungsstücken enthält, um daraus ein Modell zu erstellen, das die Objekte »visuell« unterscheiden kann.

Die Funktionsweise der Computer Vision

Computer Vision ist die Fähigkeit eines Computers, Dinge zu erkennen, anstatt nur ihre Pixel zu speichern. Stellen Sie sich hierzu verschiedene Kleidungsstücke vor, die aussehen können wie die in Abbildung 2.1. Die Bilder sind nicht sehr komplex und enthalten eine hohe Anzahl an Variationen eines bestimmten Objekts. Sehen Sie sich beispielsweise die beiden Schuhe an. Trotz großer Unterschiede handelt es sich bei beiden um Schuhe!

Abbildung 2.1: Kleidungsstücke als Beispiel

Der Datensatz enthält eine Reihe verschiedener Kleidungsstücke. Für Sie ist der Unterschied zwischen einem Hemd, einem Mantel und einem Kleid klar erkennbar, und Sie wissen grundsätzlich, was das für Dinge sind – aber wie würden Sie das jemandem erklären, der noch nie Kleidung gesehen hat? Was ist mit einem Schuh? Abbildung 2.1 zeigt zwei Schuhe. Wie würden Sie jemandem angesichts der vielen Unterschiede erklären, warum beide als Schuhe gelten? Dies ist ein weiterer Bereich, in dem die regelbasierte Programmierung, wie wir sie in Kapitel 1 besprochen haben, nicht weiterkommt. Manche Dinge lassen sich mit Regeln einfach nicht beschreiben.

Diese Probleme betreffen Computer Vision selbstverständlich genauso. Sie haben natürlich inzwischen gelernt, wie Dinge unterschieden werden können: indem Sie eine Vielzahl verschiedener Beispiele gesehen und Erfahrungen mit ihrer Verwendung gesammelt haben. Kann ein Computer auf die gleiche Weise lernen? Die Antwort lautet ja – aber mit Einschränkungen. In diesem Kapitel werden Sie anhand eines Beispiels kennenlernen, wie man einem Computer beibringen kann, Kleidungsstücke zu unterscheiden. Hierfür nutzen wir den sehr bekannten Fashion-MNIST-Datensatz.

Der Fashion-MNIST-Datensatz

Einer der grundsätzlichsten Datensätze für das Lernen und für Leistungsvergleiche von Algorithmen ist der Datensatz *Modified National Institute of Standards and Technology* (MNIST), der von Yann LeCun, Corinna Cortes und Christopher Burges erstellt wurde. Er enthält Bilder von 70.000 handgeschriebenen Ziffern von 0 bis 9 als 28 × 28 Pixel große Graustufenbilder.

Fashion MNIST (*https://oreil.ly/f-mnist*) wurde als direkter Ersatz für MNIST entwickelt, das aus der gleichen Anzahl von Einträgen, den gleichen Bildgrößen und der gleichen Zahl von Kategorien (oder »Klassen«) besteht.[1] Anstelle der Ziffern 0 bis 9 enthält Fashion MNIST Bilder von zehn verschiedenen Arten von Kleidung.

Ein Beispiel für den Inhalt des Datensatzes sehen Sie in Abbildung 2.2, wobei jeweils drei Zeilen einen bestimmten Kleidungstyp enthalten.

Fashion MNIST enthält vielfältige Kleidungsstücke – Hemden, Hosen, Kleider und einer Menge verschiedener Schuhe eingeschlossen! Wie Sie sehen, sind die Bilder außerdem monochrom. Das heißt, jedes Bild besteht aus Pixeln mit Werten zwischen 0 und 255, was die Verwaltung des Datensatzes erleichtert.

In Abbildung 2.3 sehen Sie die Vergrößerung eines dieser Bilder aus dem Datensatz.

Wie jedes Bitmap-Bild besteht es aus einem rechteckigen Pixelraster. In unserem Fall beträgt die Rastergröße 28 × 28. Dabei hat jedes Pixel einen Wert zwischen 0 und 255, das durch ein Quadrat in einer bestimmten Graustufe dargestellt wird. Damit das leichter zu sehen ist, habe ich das Bild hier vergrößert, sodass die Pixel besser erkennbar sind.

1 Wir verwenden hier nach Möglichkeit den Begriff »Kategorien«, um Verwechslungen mit den Klassen der objektorientierten Programmierung zu vermeiden.

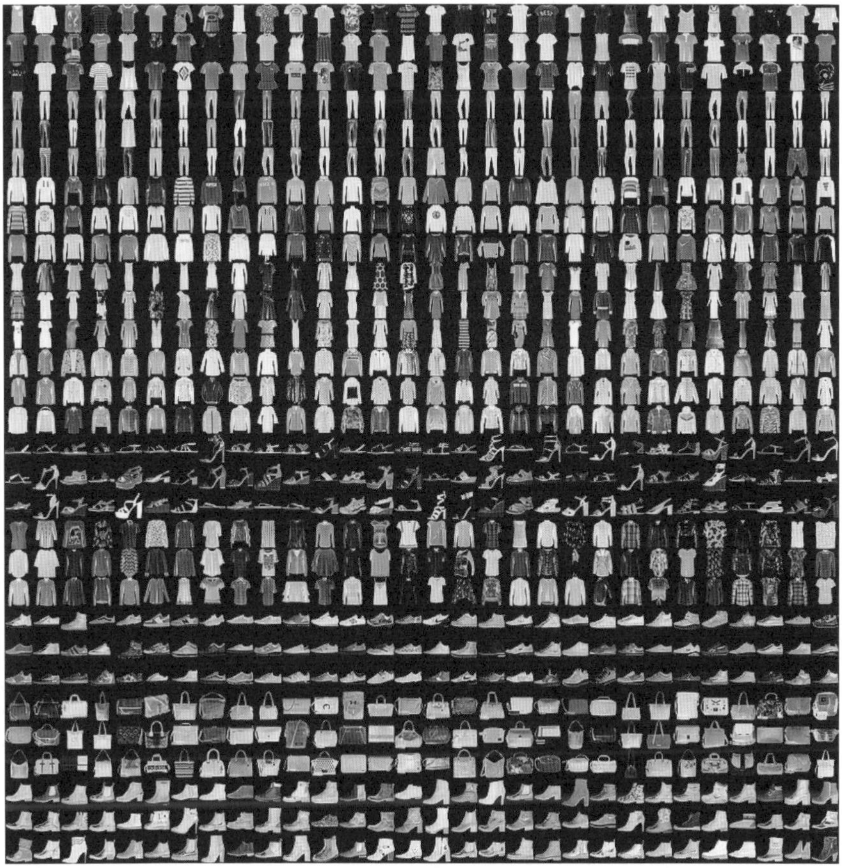

Abbildung 2.2: Den Fashion-MNIST-Datensatz erforschen

Abbildung 2.3: Vergrößerung eines Bilds aus dem Fashion-MNIST-Datensatz

Im folgenden Abschnitt wollen wir uns anschauen, wie wir diese Pixelwerte zusammen mit den Funktionen aus Kapitel 1 verwenden können.

Neuronen für Computer Vision

In Kapitel 1 haben wir Ihnen ein einfaches Szenario vorgestellt, in dem ein Rechner anhand von *x*- und *y*-Werten die Beziehung $y = 2x - 1$ gelernt hat. Hierfür haben wir ein einfaches neuronales Netzwerk verwendet, das aus einer einzelnen Schicht bestand, die ein einziges Neuron enthielt. Bildlich dargestellt, könnte das so aussehen wie in Abbildung 2.4.

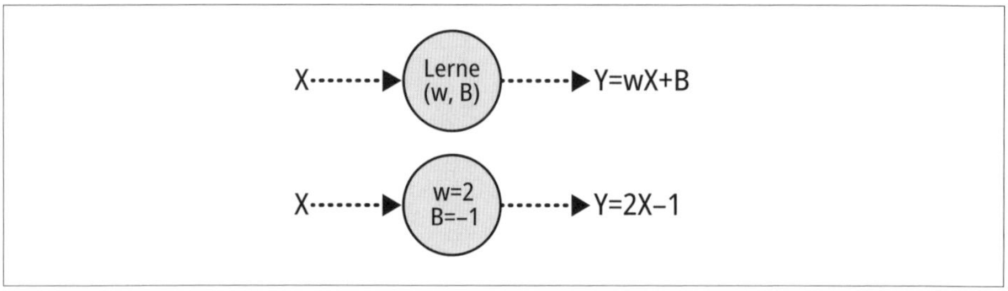

Abbildung 2.4: Ein einfaches Neuron lernt eine lineare Beziehung.

Jedes unserer Bilder enthält also einen Satz von 784 Werten (28 × 28) zwischen 0 und 255. Dabei kann jeder dieser Werte unser *x* sein. Wir wissen außerdem, dass unser Datensatz zehn verschiedene Typen von Bildern (Kategorien) enthält. Diese betrachten wir als unser *y*. Wir wollen jetzt lernen, wie die Funktion aussieht, in der *y* eine Funktion von *x* ist.

Wenn wir davon ausgehen, dass wir 784 mögliche Werte für *x* haben und dass das *y* zwischen 0 und 9 liegt, reicht eine einfache Gleichung wie $y = mx + c$ nicht aus, um die Beziehung zu beschreiben. Das liegt an der großen Vielfalt möglicher Werte, während unsere Gleichung nur Werte auf einer Linie ausgeben kann.

Wir *können* aber auch mehrere Neuronen zusammenarbeiten lassen. Dabei lernt jedes Neuron bestimmte Parameter. Und wenn wir eine Funktion haben, die diese Neuronen miteinander verknüpft, können wir sehen, ob das Muster zu unserer gewünschten Antwort passt (siehe Abbildung 2.5).

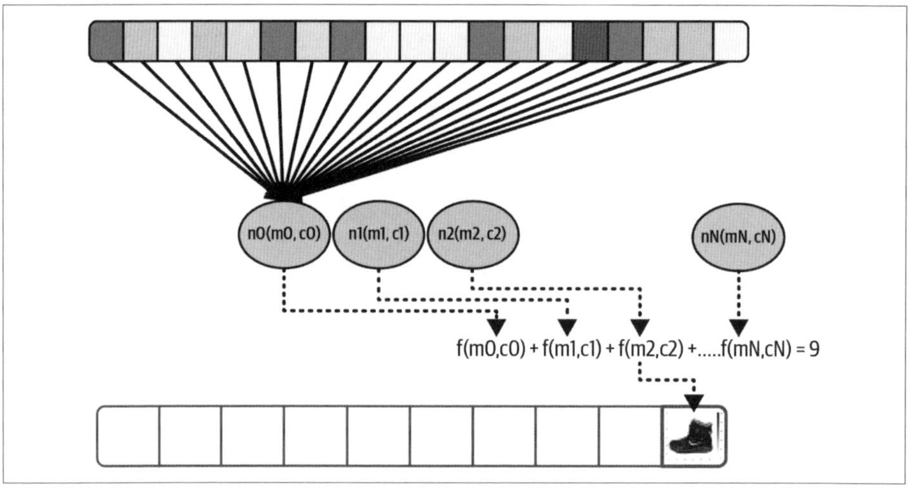

Abbildung 2.5: Das Muster für ein komplexeres Beispiel erweitern

Die grauen Kästen oben in der Abbildung stehen für die Pixel des Bilds – unsere *x*-Werte. Wenn wir das neuronale Netzwerk trainieren, laden wir die Pixel in eine Schicht aus Neuronen. Abbildung 2.5 zeigt das beispielhaft für das erste Neuron. Tatsächlich werden die Werte aber in alle Neuronen geladen. Bedenken Sie, dass Gewicht und Bias (*w* und *B*) jedes Neurons zunächst mit Zufallswerten initialisiert werden. Wenn wir anschließend die Summe der Ausgabewerte der Neuronen bilden, erhalten wir einen neuen Wert. Das machen wir für jedes Neuron der Ausgabeschicht. Dadurch enthält Neuron 0 den Wert für die Wahrscheinlichkeit, dass die Summe der Pixel auf das Label 0 passt, Neuron 1 enthält den Wert für die Wahrscheinlichkeit, dass die Summe der Pixel auf das Label 1 passt und so weiter.

Mit der Zeit wollen wir den Wert mit der gewünschten Ausgabe zur Deckung bringen. Für dieses Bild ist das der Wert 9, was auch dem Label für den Halbstiefel (*Ankle Boot* im Original) in Abbildung 2.3 entspricht. Anders gesagt: Dieses Neuron sollte den größten Wert aller Ausgabeneuronen haben.

Bei zehn verschiedenen Labels sollte eine zufällige Initialisierung also in 10 % der Fälle die richtige Antwort liefern. Von da aus können sich die Verlustfunktion und der Optimizer an die Arbeit machen – Epoche für Epoche (oder Schleifendurchlauf für Schleifendurchlauf). Dabei werden die internen Parameter jedes einzelnen Neurons so angepasst, dass das nächste Ergebnis besser als 10 % ausfällt. Nach und nach werden Sie beim Ausführen des Codes merken, wie Ihr neuronales Netzwerk durch diesen Verbesserungsprozess lernt, die verschiedenen Objekte zu unterscheiden.

Das neuronale Netzwerk entwerfen

Bleiben wir bei unserem Beispiel und erforschen wir, wie sich das in Code ausdrücken lässt. Zuerst sehen wir uns an, wie das in Abbildung 2.5 gezeigte neuronale Netzwerk aufgebaut ist.

```
self.linear_relu_stack = nn.Sequential(
    nn.Linear(28*28, 128),
    nn.ReLU(),
    nn.Linear(128, 10),
    nn.LogSoftmax(dim=1)
)
```

Wie Sie sich erinnern, haben wir in Kapitel 1 ein `Sequential` verwendet. Dem Namen nach ist es möglich, mehrere Schichten in Folge anzugeben, auch wenn wir in Kapitel 1 nur eine einzelne Schicht genutzt haben. Hier wollen wir jedoch mehrere Schichten definieren.

Die erste definierte Schicht[2] hat den Typ `Linear`. Sie besteht aus Neuronen, die eine lineare Beziehung zwischen ihren Ein- und Ausgaben lernen. Wie zuvor geben wir für eine `Linear`-Schicht zwei Parameter an: die Eingabeform und die Ausgabeform. Praktischerweise entspricht die Ausgabeform der Anzahl der Neuronen, die in dieser Schicht verwendet werden sollen. In unserem Fall sind das 128. Die Eingabeform wird als (28 × 28) definiert, was den Dimensionen eines Fashion-MNIST-Bilds entspricht.

2 A. d. Ü.: Die Eingabeschicht, über die die Daten in das Netzwerk gelangen, wird von PyTorch implizit auf Basis des ersten Parameters der ersten verborgenen Schicht (28 × 28) definiert.

In Abbildung 2.5 ist die Eingabe als *verborgene Schicht* dargestellt. Dabei bezieht sich das *verborgen* einfach darauf, dass diese zwischen der Ein- und der Ausgabeschicht liegt und damit vor dem Benutzer versteckt (*hidden*) wird. Daran muss man sich erst einmal gewöhnen. Die verborgene (oder mittlere) Schicht ist die erste Schicht, die Sie definieren, und in Abbildung 2.5 sehen Sie, dass sie sich in der Mitte des Schaubilds befindet. Das liegt daran, dass wir auch die Daten abgebildet haben, die in diese Schicht »hineinlaufen«. Außerdem sollten Sie daran denken, dass Bilddaten aus Datensätzen wie Fashion MNIST normalerweise eine rechteckige Form haben. Das kann eine Schicht aber nicht abbilden. Daher muss das Bild zunächst zu einem 1-D-Array »verflacht« werden, wie oben in Abbildung 2.5 zu sehen ist. Den nötigen Code hierfür werden wir Ihnen gleich zeigen.

Für diese erste `Linear`-Schicht legen wir fest, dass die internen Parameter für 128 Neuronen mit Zufallswerten initialisiert werden sollen. An dieser Stelle werde ich oft gefragt: »Warum 128?« Dieser Wert ist vollkommen beliebig – es gibt keine feste Regel dazu, wie viele Neuronen benutzt werden müssen. Beim Entwurf der Schichten müssen Sie eine passende Anzahl an Werten festlegen, damit Ihr Modell tatsächlich lernen kann. Mehr Neuronen bedeuten, dass Ihr Modell langsamer läuft, weil es mehr Parameter lernen muss. Mehr Neuronen können außerdem dazu führen, dass das Netzwerk die Trainingsdaten gut erkennt, neue Daten aber nicht. (Dieses Phänomen heißt *Überanpassung* bzw. *Overfitting*. Wir gehen später in diesem Kapitel näher darauf ein.) Andererseits können zu wenige Neuronen dazu führen, dass dem Modell eine ausreichende Zahl an Parametern zum Lernen fehlen.

Hier werden Sie die Vor- und Nachteile von Lerntempo gegenüber Lerngenauigkeit untersuchen müssen und im Laufe der Zeit damit experimentieren, um die richtigen Werte zu finden. Dieser Prozess wird üblicherweise als *Hyperparameteroptimierung* (*Hyperparameter Tuning*) bezeichnet. Im Machine Learning ist ein *Hyperparameter* ein Wert, der für die Kontrolle des Trainings verwendet wird. Die internen Werte der Neuronen, die trainiert/gelernt werden, bezeichnet man dagegen einfach als *Parameter*.

Wenn Sie ein neuronales Netzwerk mit PyTorch und einer `Sequential`-Schicht definieren, legen Sie nicht nur die Schichten des Netzwerks und die Typen der verwendeten Neuronen fest, Sie können auch Funktionen definieren, die auf den Daten ausgeführt werden, während sie die Schichten des neuronalen Netzwerks durchlaufen. Diese werden als *Aktivierungsfunktionen* (*Activation Function*) bezeichnet. Die Aktivierungsfunktion finden Sie in der folgenden Codezeile als `nn.ReLU()`. Hierbei handelt es sich um Code, der für jedes Neuron einer Schicht ausgeführt wird. Dabei unterstützt PyTorch eine Reihe von Aktivierungsfunktionen »von Haus aus«. Häufig wird in verborgenen Schichten die `ReLU`-Funktion eingesetzt, was für *Rectified Linear Unit* (»nach unten begrenzte lineare Einheit«) steht. Dies ist eine einfache Funktion, die nur dann einen Wert zurückgibt, wenn dieser größer 0 ist. In unserem Fall wollen wir verhindern, dass negative Werte an die folgende Schicht weitergereicht werden, die sich auf die Summierungsfunktion auswirken könnten. Anstatt hier eine Menge `if-then`-Code zu schreiben, können wir die Schicht einfach mit `ReLU` aktivieren.

In der nächsten Zeile folgt eine weitere `Linear`-Schicht, die als *Ausgabeschicht* dient. Wenn Sie sich die definierte Form (128, 10) ansehen und sich das als »Eingabegröße, Ausgabegröße« vorstellen, erkennen Sie, dass die Schicht 128 »Eingaben« (die Anzahl der Neuronen der davorliegenden Schicht) enthält und zehn »Ausgaben«. Was sind diese zehn Ausgaben? Wie Sie wissen, enthält der Fashion-MNIST-Datensatz zehn Bekleidungskategorien.

Jedem dieser Neuronen wird nun eine dieser Kategorien zugewiesen. Diese Neuronen enthalten letztlich die Wahrscheinlichkeiten, ob die Eingabepixel auf diese Kategorie passen. Wir müssen also herausfinden, welches der zehn Neuronen den höchsten Wert hat. Vielleicht fragen Sie sich, wie diese Zuweisungen funktionieren und wo der Code ist, der besagt, dass ein bestimmtes Neuron für »Schuh« steht und einer anderes für »Hemd«. Um diese Frage zu beantworten, sehen Sie sich noch einmal unser $y = 2x - 1$-Beispiel aus Kapitel 1 an. Hier hatten wir eine Reihe von Eingabedaten und einen Satz an bekannten korrekten Antworten als *Referenzdaten* (*Ground Truth*). Fashion MNIST funktioniert auf die gleiche Weise. Wenn wir das Netzwerk trainieren, stellen wir die Bilder als Eingabe zur Verfügung. *Außerdem* geben wir an, wie die entsprechenden Ausgabeneuronen aussehen sollen. Dadurch kann das Netzwerk »lernen«, dass, wenn es einen Schuh sieht, die Ausgabeneuronen, die nicht für einen Schuh stehen, Nullwerte haben sollten. Neuronen, die für einen Schuh stehen, haben dagegen den Wert 1.

Wir *könnten* außerdem eine Schleife über die Ausgabeneuronen ausführen, um den höchsten Wert zu finden. Hier erledigt das die Aktivierungsfunktion `LogSoftmax` für uns.

Beim Training unseres neuronalen Netzwerks haben wir also zwei Ziele. Wir möchten ein 28 × 28-Pixel-Array als Eingabe verwenden. Außerdem sollen die Neuronen in der verborgenen Schicht Gewichte und Bias (w- und B-Werte) besitzen. Miteinander kombiniert, bilden sie die Pixel auf die Ausgabewerte der zehn Neuronen ab.

Der vollständige Code

Nachdem wir die Architektur des neuronalen Netzwerks erkundet haben, wollen wir uns jetzt den vollständigen Code für das Training eines Modells für den Fashion-MNIST-Datensatz ansehen.

Hier der Code:

```
import torch
import torch.nn as nn
import torch.optim as optim
from torchvision import datasets, transforms
from torch.utils.data import DataLoader

# Den Datensatz laden
transform = transforms.Compose([transforms.ToTensor()])

train_dataset = datasets.FashionMNIST(root='./data', train=True,
                             download=True, transform=transform)
test_dataset = datasets.FashionMNIST(root='./data', train=False,
                             download=True, transform=transform)

train_loader = DataLoader(train_dataset, batch_size=64,
                          shuffle=True)
test_loader = DataLoader(test_dataset, batch_size=64,
                          shuffle=False)

# Das Modell definieren
class FashionMNISTModel(nn.Module):
    def __init__(self):
```

```
        super(FashionMNISTModel, self).__init__()
        self.flatten = nn.Flatten()
        self.linear_relu_stack = nn.Sequential(
            nn.Linear(28*28, 128),
            nn.ReLU(),
            nn.Linear(128, 10),
            nn.LogSoftmax(dim=1)
        )

    def forward(self, x):
        x = self.flatten(x)
        logits = self.linear_relu_stack(x)
        return logits

model = FashionMNISTModel()

# Verlustfunktion und Optimizer definieren
loss_function = nn.NLLLoss()
optimizer = optim.Adam(model.parameters())

# Das Modell trainieren
def train(dataloader, model, loss_fn, optimizer):
    size = len(dataloader.dataset)
    model.train()
    for batch, (X, y) in enumerate(dataloader):
        # Vorhersage und Verlust berechnen
        pred = model(X)
        loss = loss_fn(pred, y)

        # Backpropagation
        optimizer.zero_grad()
        loss.backward()
        optimizer.step()

        if batch% 100 == 0:
            loss, current = loss.item(), batch * len(X)
            print(f"loss: {loss:>7f}
                    [{current:>5d}/{size:>5d}]")

# Trainingsprozess
epochs = 5
for t in range(epochs):
    print(f"Epoch {t+1}\n-------------------------------")
    train(train_loader, model, loss_function, optimizer)
print("Done!")
```

Gehen wir das Stück für Stück durch. Zuerst überlegen wir, woher die Daten stammen. Die `torchvision`-Bibliothek enthält eine Sammlung von Datensätzen, aus der wir das gewünschte Fashion MNIST laden können, wie hier gezeigt:

```
datasets.FashionMNIST
```

Im ersten Codeblock finden Sie die folgenden Anweisungen:

```
train_dataset = datasets.FashionMNIST(root='./data', train=True,
                             download=True, transform=transform)
test_dataset = datasets.FashionMNIST(root='./data', train=False,
                             download=True, transform=transform)
```

Vielleicht fragen Sie sich jetzt, warum wir *zwei* Datensätze benutzen. Das ist ganz einfach: Ein Datensatz wird für das *Training* verwendet, der andere fürs *Testen*. Die Idee dahinter ist ebenso leicht zu verstehen: Wenn Sie ein neuronales Netzwerk mit einem bestimmten Datensatz trainieren, wird es zu einem Experten für genau *diesen* Datensatz. Damit kann es aber noch keine *anderen* Daten verstehen oder klassifizieren, die es bisher nicht kennt. Im Fall von Fashion MNIST könnte das Modell bei der Unterscheidung einer Untermenge von Schuhen und Hemden also ausgezeichnet funktionieren. Sieht es allerdings neue Daten, scheitert es womöglich. Daher gilt es als gute Praxis, einen Teil der Daten zurückzuhalten, mit denen das Modell *nicht* trainiert wird. Fashion MNIST enthält insgesamt 70.000 Datenpunkte, aber nur 60.000 davon werden tatsächlich für das Training verwendet, die übrigen 10.000 sind für das Testen vorgesehen. Wenn Sie sich den oben stehenden Code sorgfältig ansehen, wird Ihnen auffallen, dass der Unterschied zwischen den beiden Zeilen der Parameter `train` ist. In der ersten Zeile hat er den Wert `True`, in der zweiten den Wert `False`.

In den Datensätzen finden Sie außerdem den Parameter `transform`. Er gibt an, welche Transformation auf die Daten angewandt werden soll. Er wird wie folgt definiert:

```
transform = transforms.Compose([transforms.ToTensor()])
```

Üblicherweise arbeiten neuronale Netzwerke mit normalisierten Werten (zum Beispiel solchen, die zwischen `0` und `1` liegen). Die Pixel in unserem Bild haben dagegen Werte von `0` bis `255`, die die Farbtiefe angeben. `0` steht dabei für Schwarz und `255` für Weiß. Alles dazwischen sind Graustufen. Um die Daten für unser neuronales Netzwerk vorzubereiten, sollten wir diese Graustufen auf Werte zwischen `0` und `1` abbilden. In PyTorch erledigt der oben stehende Code das automatisch. Die Anwendung des `transform`-Parameters »übersetzt« also die Integer-Pixelwerte `[0,255]` in den Fließkommazahlen-Wertebereich `[0,1]` und lädt diesen in ein Array, das in einem neuronalen Netzwerk verwendet werden kann (einen sogenannten *Tensor*).

Unsere Aufgabe besteht nun darin, die Trainingsbilder den entsprechenden Labels zuzuordnen. Das funktioniert so ähnlich, wie wir das in Kapitel 1 mit x und y getan haben.

Den mathematischen Hintergrund, warum sich normalisierte Daten besser für neuronale Netzwerke eignen (*https://oreil.ly/6d_Po*), zu erklären, würde den Rahmen dieses Buchs sprengen. Sie sollten aber wissen, dass die Normalisierung beim Training eines neuronalen Netzwerks in PyTorch für eine Leistungssteigerung sorgt. Nicht normalisierte Daten können verhindern, dass das Netzwerk etwas lernt, und können zu massiven Fehlern führen. Für unser $y = 2x - 1$-Beispiel aus Kapitel 1 war keine Normalisierung nötig, weil wir ein *sehr* einfaches Netzwerk verwendet haben. Wenn Sie zum Spaß andere Werte für x und y einsetzen, bei denen das x deutlich größer ist, werden Sie sehen, wie schnell das scheitert!

Anschließend definieren wir das neuronale Netzwerk selbst, aus dem, wie schon besprochen, unser Modell besteht. Allerdings legen wir zusätzlich ein paar Details fest – inklusive der »Verflachungs«-Schichten und der Angabe, wie die Daten an die folgenden Schichten weitergereicht (*Forward Pass*) werden sollen.

Hier der Code:

```
# Das Modell definieren
class FashionMNISTModel(nn.Module):
```

```
    def __init__(self):
        super(FashionMNISTModel, self).__init__()
        self.flatten = nn.Flatten()
        self.linear_relu_stack = nn.Sequential(
            nn.Linear(28*28, 128),
            nn.ReLU(),
            nn.Linear(128, 10),
            nn.LogSoftmax(dim=1)
        )

    def forward(self, x):
        x = self.flatten(x)
        logits = self.linear_relu_stack(x)
        return logits

model = FashionMNISTModel()
```

Hierbei gilt es ein paar Dinge zu beachten: Die Klasse `FashionMNISTModel` erbt von `nn.Module`. Dadurch können Sie dessen `forward`-Methode überschreiben. Sie wird verwendet, wenn die Daten von der Eingabe zur Ausgabe durch das Netz geleitet werden. Erinnern Sie sich noch an den Aufruf von `loss.backward()` in Kapitel 1? Dieser führte die Backpropagation durch und aktualisierte die Parameter des Netzwerks. Dieses Vorgehen wird Ihnen beim Training von Netzwerken mit PyTorch immer wieder begegnen. Sie definieren Funktionen, die ausgeführt werden, während sich die Daten *vorwärts* (*forward*) durch das Netzwerk bewegen. Danach definieren Sie weitere Funktionen, die ausgeführt werden, wenn die aus den Verlusten berechneten Gradienten sich *rückwärts* durch das Netzwerk bewegen.

Bei der Initialisierung (`init`) der Klasse definieren wir zwei Methoden: `flatten`, das den Wert `nn.FLatten()` erhält (eine eingebaute Funktion, um ein 2-D-Bild in eine 1-D-Struktur umzuwandeln), und `linear_ relu_stack`, das die Abfolge der Schichten und die entsprechenden Operationen (oft als *Ops* abgekürzt) enthält, die das Verhalten des Netzwerks festlegen.

In `forward` definieren wir einfach, wie diese Methoden funktionieren. Zuerst »verflachen« wir unsere Daten `x`, indem wir darauf `self.flatten` aufrufen. Danach werden die Ergebnisse an den `linear_relu_stack` weitergereicht, um die Ergebnisse zu erhalten. Diese werden *Logits* genannt, weil Sie die logarithmischen Wahrscheinlichkeiten angeben (definiert durch `LogSoftmax`). Sie geben an, wie »sicher« sich das Modell ist, dass jede Kategorie korrekt zugeordnet wurde.

Um aus unseren Daten etwas zu lernen, brauchen wir eine Verlustfunktion, mit der berechnet wird, wie gut oder schlecht unsere aktuelle Annahme ist. Außerdem brauchen wir einen Optimizer, der die nächsten Parameter für einen verbesserten Forward Pass ermittelt.

Hier ein Beispiel dafür, wie beides definiert werden kann:

```
# Verlustfunktion und Optimizer definieren
loss_function = nn.NLLLoss()
optimizer = optim.Adam(model.parameters())
```

Zuerst werfen wir einen Blick auf die Verlustfunktion, die hier als `nn.NLLLoss()` definiert ist (steht für *Negative Log Likelihood Loss*). Keine Sorge – niemand erwartet, dass Sie jetzt schon verstehen, was das bedeutet! Je mehr Wissen Sie über Machine Learning erlangen, desto mehr verschiedene Verlustfunktionen werden Sie kennenlernen. Dabei werden Sie experimentell herausfinden, welche Funktionen für bestimmte Szenarien am besten geeignet sind. Da die Ausgabe-Logits logarithmische Wahrscheinlichkeiten sind, eignet sich diese Verlustfunktion hier besonders gut. Wie gesagt, Sie werden im Laufe der Zeit mehr über die Bibliothek der Verlustfunktionen lernen und diejenige wählen, die für Ihre Aufgabe am besten geeignet ist. Im Moment können Sie sich einfach treiben lassen und diese Funktion verwenden.

Als Optimizer habe ich hier den `Adam`-Algorithmus gewählt. Er hat Ähnlichkeit mit dem stochastischen Gradientenabstieg, den wir für das $y = 2x - 1$-Modell in Kapitel 1 benutzt haben, ist in der Regel aber schneller und genauer. Wie bei der Verlustfunktion werden Sie im Laufe der Zeit weitere Optimierungsalgorithmen kennenlernen und können schließlich den Optimizer wählen, der für Ihr Szenario am besten geeignet ist. Wichtig ist hier noch, dass wir mit `model.parameters()` alle trainierbaren Parameter des Modells an den Optimizer weiterreichen, damit er diese anpassen und uns so helfen kann, den von der Verlustfunktion berechneten Verlust zu verringern.

Damit können wir uns den Einzelheiten zuwenden und erforschen, wie der Code für das eigentliche Training unseres Netzwerks aussieht:

```
# Das Modell trainieren
def train(dataloader, model, loss_fn, optimizer):
    size = len(dataloader.dataset)
    model.train()
    for batch, (X, y) in enumerate(dataloader):
        # Vorhersage und Verlust berechnen
        pred = model(X)
        loss = loss_fn(pred, y)

        # Backpropagation
        optimizer.zero_grad()
        loss.backward()
        optimizer.step()

        if batch% 100 == 0:
            loss, current = loss.item(), batch * len(X)
            print(f"loss: {loss:>7f}  [{current:>5d}/{size:>5d}]")
```

Ein Teil des Codes kommt Ihnen wahrscheinlich schon bekannt vor, weil er auf dem einfachen neuronalen Netzwerk aus Kapitel 1 aufbaut. Allerdings gibt es hier eine Reihe neuer Konzepte, da wir jetzt mit deutlich mehr Daten arbeiten. Zuerst ermitteln wir die Größe (`size`) des Datensatzes. Diesen Wert nutzen wir, um den Fortschritt auszugeben, wie in der letzten Zeile zu sehen ist.

Es folgt der Aufruf von `model.train`. Damit versetzen wir das Modell ausdrücklich in den Trainingsmodus. PyTorch wendet während des Trainings eine Reihe von Optimierungen an, die wir in diesem Kapitel aber nicht weiter besprechen. (Um sie nutzen zu können, muss das Modell zwischen Inferenz- und Trainingsmodus umgeschaltet werden.) Trotz der Methodensyntax handelt es sich eher um eine Eigenschaft des Modells als um eine Methode. Bitte entschuldigen Sie die Verwirrung!

Danach kommt diese interessante Zeile:

```
for batch, (X, y) in enumerate(dataloader):
```

Das wollen wir uns etwas genauer betrachten. Wir haben den `dataloader` benutzt, um den Fashion-MNIST-Datensatz in unseren Code zu laden. Für das Training stehen 60.000 Datensätze mit je 784 Pixeln zur Verfügung. Das ist eine Menge an Daten, die nicht unbedingt alle gleichzeitig im Arbeitsspeicher liegen müssen. Die Idee eines Batch besteht darin, stückweise mit einen Teil der Daten – standardmäßig 64 Elementen – zu arbeiten. Indem wir `enumerate` auf den `dataloader` anwenden, erhalten wir genau diese Aufteilung. Wir trainieren also mit 938 Batches, 937 davon zu je 64 Elementen und einer mit 32 Elementen, weil 60.000 nicht durch 64 teilbar ist.

Für jeden Batch durchlaufen wir die gleiche Schleife, die Sie schon aus dem vorherigen Beispiel kennen. Wir erhalten die Vorhersagen des Modells, berechnen den Verlust, führen eine Backpropagation der Gradienten aus der Verlustfunktion durch und optimieren schließlich mit neuen Parametern.

Ein Trainingszyklus mit allen Daten (*Batches*) wird üblicherweise als *Epoche* bezeichnet. Damit die Konsole nicht zu voll wird, geben wir nur alle 100 Batches den Trainingsstatus aus.

Um das Netzwerk für fünf Epochen zu trainieren, können wir also folgenden Code verwenden:

```
# Trainingsprozess
epochs = 5
for t in range(epochs):
    print(f"Epoch {t+1}\n-------------------------------")
    train(train_loader, model, loss_function, optimizer)
print("Done!")
```

Hiermit wird einfach die von uns angegebene `train`-Funktion fünfmal aufgerufen. Dabei durchläuft das Netzwerk die Trainingsschleife, wobei die Vorhersagen berechnet, der Verlust berechnet und die Parameter optimiert werden.

Das Netzwerk trainieren

Sobald Sie den Code ausführen, sehen Sie, wie das Netzwerk Epoche für Epoche trainiert wird. Danach sollte Ihre Ausgabe ungefähr so aussehen:

```
Epoch 5
-------------------------------
loss: 0.429329  [    0/60000]
loss: 0.348756  [ 6400/60000]
loss: 0.237481  [12800/60000]
loss: 0.336960  [19200/60000]
loss: 0.435592  [25600/60000]
loss: 0.272769  [32000/60000]
loss: 0.362881  [38400/60000]
loss: 0.202799  [44800/60000]
loss: 0.354268  [51200/60000]
loss: 0.205381  [57600/60000]
Done!
```

Mit der Zeit wird der Verlust (*Loss*) immer kleiner. In meinem Fall lag der Wert nach der ersten Epoche bei 0,345, nach der fünften Epoche betrug er nur noch 0,205. Die Daten zeigen, dass unser Netzwerk tatsächlich lernt.

Aber wie können wir feststellen, wie *genau* das Netzwerk lernt? Verlust und Genauigkeit sind zwar verwandt, haben aber keine direkte lineare Beziehung zueinander. Wir können also nicht sagen, dass bei einem Verlust von 20 % die Genauigkeit bei 80 % liegt. Um die Genauigkeit zu ermitteln, müssen wir etwas tiefer forschen.

Wie Sie sich erinnern werden, haben wir die Daten zu Beginn in *zwei* Datensätze aufgeteilt: einen für das Training und einen zum Testen. Das gibt uns die Gelegenheit, Code zu schreiben, der die Testdaten durch das Netzwerk schickt und auswertet, wie genau es die Antworten vorhersagen kann. Da wir die richtigen Antworten bereits kennen, können wir die Inferenz auf allen 10.000-Test-Datenpunkten ausführen, die vom Modell vorhergesagten Antworten ausgeben und diese mit den Referenzdaten vergleichen und auf ihre Genauigkeit prüfen.

Hier ist der nötige Code:

```
# Funktion zum Testen des Modells
def test(dataloader, model):
    size = len(dataloader.dataset)
    num_batches = len(dataloader)
    model.eval()  # Modell in den Auswertungsmodus versetzen
    test_loss, correct = 0, 0
    with torch.no_grad():
        for X, y in dataloader:
            pred = model(X)
            test_loss += loss_function(pred, y).item()
            correct += (pred.argmax(1) ==
                        y).type(torch.float).sum().item()
    test_loss /= num_batches
    correct /= size
    print(f"Test Error: \n Accuracy: {(100*correct):>0.1f}%,
            Avg loss: {test_loss:>8f} \n")

# Modell auswerten
test(test_loader, model)
```

In diesem Code gibt es ein paar Dinge zu beachten. Da ist zunächst die `model.eval()`-Zeile, an der wir erkennen können, dass das Modell vom Training in den Inferenzmodus umgeschaltet wird. Auf ähnliche Weise sorgt `torch.no_grad()` dafür, dass die Gradientenberechnung in PyTorch abgeschaltet wird, um die Inferenz zu beschleunigen. Wir *trainieren* das Modell nicht länger. Daher werden Backpropagation und Optimierung der Verlustfunktion nicht mehr gebraucht, und wir können sie einfach abschalten.

Anschließend werden, wie beim Training, die mit dem `dataloader` übergebenen Elemente verarbeitet. Die folgende Zeile holt sich für jedes Element die Vorhersage und überprüft ihre Korrektheit:

```
correct += (pred.argmax(1) ==  y).type(torch.float).sum().item()
```

Dieser Code enthält eine Menge Informationen auf engem Raum. Am besten gehen wir wieder Stück für Stück vor.

Der Wert von pred enthält die Vorhersage des Netzwerks. Das Netzwerk gibt zehn Werte aus, von denen jeder die Wahrscheinlichkeit enthält, dass die Kategorie, die er repräsentiert, die richtige ist. Der Aufruf von argmax auf diesem Wert sagt uns, welcher Wert der größte war (also wessen Wahrscheinlichkeit am nächsten an 1 liegt). Der y-Wert ist die korrekte Antwort. Erhalten wir beispielsweise eine Vorhersage, bei der der sechste Wert der höchste ist, während $y = 6$, wissen wir, dass wir die korrekte Antwort gefunden haben. Da wir außerdem mit Batches arbeiten, wollen wir jedes Mal zählen, wenn pred.argmax(1) == y für diesen Batch gilt, also verwenden wir sum().

Der Wert für die Genauigkeit ist also die Summe der korrekten Elemente dividiert durch ihre Gesamtzahl. Wenn Sie diesen Code nach dem Training des Modells ausführen, sollte die Ausgabe ungefähr so aussehen:

```
Test Error:
 Accuracy: 86.9%, Avg loss: 0.366243
```

Erstaunlicherweise liegt die Genauigkeit (Accuracy) bei Daten, die das Netzwerk noch nicht gesehen hat, nach fünf Epochen bei 86,9 %!

An dieser Stelle wäre es praktisch, wenn wir die Genauigkeit des Modells für die Testdaten sehen könnten. Außerdem fragen Sie sich vielleicht, warum wir nur den Verlust für die Trainingsdaten ausgeben, aber nicht die Genauigkeit. Es erscheint albern, das Training des Modells zu beenden, indem wir nur darauf achten, den Verlust zu verringern, und die Genauigkeit *erst danach* ermitteln. Und Sie haben recht!

Glücklicherweise kann der Code leicht angepasst werden, sodass auch die Genauigkeit ausgegeben wird. Hier sehen Sie eine Funktion namens get_accuracy() (»Genauigkeit ermitteln«), die Sie während des Trainings verwenden können:

```
# Funktion zur Berechnung der Genauigkeit
def get_accuracy(pred, labels):
    _, predictions = torch.max(pred, 1)
    correct = (predictions == labels).float().sum()
    accuracy = correct / labels.shape[0]
    return accuracy
```

In der Trainingsschleife können Sie diese Funktion einfach nach der Verlustfunktion aufrufen, wie hier:

```
for batch, (X, y) in enumerate(dataloader):
    # Vorhersage und Verlust berechnen
    pred = model(X)
    loss = loss_fn(pred, y)
    accuracy = get_accuracy(pred, y)
```

Um die Trainingsergebnisse auszugeben, nutzen Sie den Genauigkeitswert wie folgt:

```
if batch% 100 == 0:
    current = batch * len(X)
    avg_loss = total_loss / (batch + 1)
    avg_accuracy = total_accuracy / (batch + 1) * 100
    print(f"Batch {batch}, Loss: {avg_loss:>7f},
            Accuracy: {avg_accuracy:>0.2f}%
                      [{current:>5d}/{size:>5d}]")
```

Wenn Sie das ausführen, sehen die Ausgaben ungefähr so aus:

```
Epoch 5
-------------------------------
Batch 0, Loss: 0.177518, Accuracy: 95.31% [    0/60000]
Batch 100, Loss: 0.304973, Accuracy: 88.89% [ 6400/60000]
Batch 200, Loss: 0.311628, Accuracy: 88.51% [12800/60000]
Batch 300, Loss: 0.307373, Accuracy: 88.63% [19200/60000]
Batch 400, Loss: 0.309722, Accuracy: 88.67% [25600/60000]
Batch 500, Loss: 0.310240, Accuracy: 88.60% [32000/60000]
Batch 600, Loss: 0.306988, Accuracy: 88.70% [38400/60000]
Batch 700, Loss: 0.308556, Accuracy: 88.64% [44800/60000]
Batch 800, Loss: 0.309518, Accuracy: 88.67% [51200/60000]
Batch 900, Loss: 0.311487, Accuracy: 88.59% [57600/60000]
Done!
```

Jetzt fragen Sie sich vermutlich, warum die Genauigkeit für die Testdaten (86,9 %) *kleiner* ist als die Genauigkeit für die Trainingsdaten. Das passiert sehr häufig, und wenn Sie darüber nachdenken, ergibt das auch einen Sinn: Das neuronale Netzwerk weiß nur, wie es die Eingaben, mit denen es trainiert wurde, auf die entsprechenden Ausgaben abbilden muss. Wir hoffen, dass das Netzwerk die Beispiele, die es gesehen hat, verallgemeinern kann, wenn es nur genug Daten bekommt, und so »lernt«, wie ein Schuh oder ein Kleid aussieht. Es wird aber immer Beispiele für Elemente geben, die es noch nicht gesehen hat und die sich genug vom Gesehenen unterscheiden, um das Modell durcheinanderzubringen.

Wenn Sie in Ihrem Leben bisher nur Sneaker zur Kenntnis genommen haben, ist das eben Ihre einzige Vorstellung von »Schuh«. Sehen Sie dann zum ersten Mal hochhackige Pumps, verwirrt Sie das am Anfang vielleicht. Ihrer Erfahrung nach könnte das ein Schuh sein, aber Sie sind sich nicht sicher. Genau das »denkt« das neuronale Netzwerk, wenn es Eingaben »sieht«, die sich ausreichend von seinen Trainingsdaten unterscheiden.

Die Modellausgaben genauer untersuchen

Nachdem wir das Modell trainiert haben und uns anhand der Testdaten einen guten Eindruck von seiner Genauigkeit verschaffen konnten, wollen wir es ein wenig genauer untersuchen. Hier sehen Sie eine Funktion, mit der wir ein einzelnes Bild vorhersagen können:

```
import matplotlib.pyplot as plt

def predict_single_image(image, label, model):
    # Modell in Auswertungsmodus schalten
    model.eval()

# Das Modell erwartet eine Batch-Dimension.
# Diese erzeugen wir per unsqueeze().
    image = image.unsqueeze(0)

    with torch.no_grad():
        prediction = model(image)
        print(prediction)
        predicted_label = prediction.argmax(1).item()

    # Bild und Vorhersagen anzeigen
    plt.imshow(image.squeeze(), cmap='gray')
    plt.title(f'Predicted: {predicted_label}, Actual: {label}')
    plt.show()
```

```
        return predicted_label

    # Ein Bild aus den Testdaten auswählen
    image, label = test_dataset[0]  # Ändern Sie den Index, um
                                    # verschiedene Bilder zu testen.

    # Die Klasse für das gewählte Bild vorhersagen
    predicted_label = predict_single_image(image, label, model)
    print(f"The model predicted {predicted_label}, and the actual label
    is {label}.")
```

Der folgende Code sollte Ihnen bekannt sein, nachdem Sie das vorherige Beispiel zur Berechnung der Genauigkeit gesehen haben:

```
        with torch.no_grad():
            prediction = model(image)
            print(prediction)
            predicted_label = prediction.argmax(1).item()
```

Hier reichen wir das Bild (`image`) an unser Modell (`model`) weiter, erhalten eine Vorhersage (`prediction`) und geben sie per `print` aus. Danach ermitteln wir `argmax`, um das Label zu zeigen. Hier eine Beispielausgabe für die Vorhersage:

```
    tensor([[-12.4290, -16.0639, -14.3148, -16.2861, -13.1672,  -4.5377,
    -13.6284, -1.3124,  -8.9946,  -0.3285]])
```

Auch wenn diese Zahlen etwas vage erscheinen, wollen wir einfach den höchsten Wert finden. Die `argmax()`-Funktion ermittelt per `log()` den Logarithmus des Werts. Dabei ergibt `log(1)` den Wert, und der Logarithmus eines beliebigen anderen Werts kleiner 1 ist ein negativer Wert. Wenn Sie sich die Liste ansehen, stellen Sie fest, dass der letzte Wert (`-0.3285`) 0 am nächsten ist. Das weist darauf hin, dass die Funktion »glaubt«, dieses Bild gehöre zur Klasse 9. (Fashion MNIST enthält 10 Klassen, die von 0 bis 9 nummeriert sind.)

In Fashion MNIST steht die Klasse 9 für »ankle boot« (den Halbstiefel). Um das zu demonstrieren, enthält der Beispielcode die zusätzliche Anweisung, das Bild auszugeben, wie in Abbildung 2.6 gezeigt.

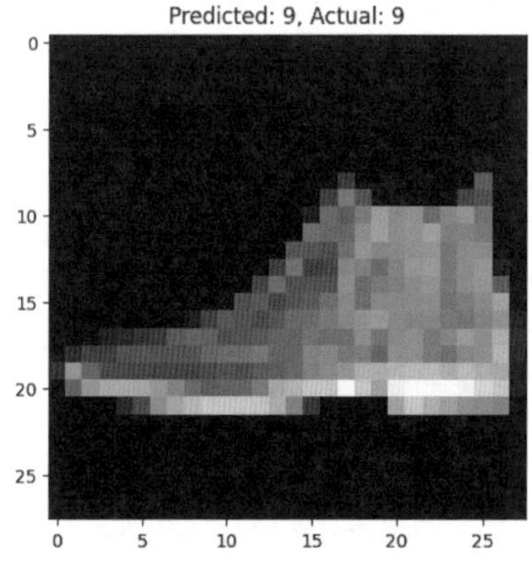

Abbildung 2.6: Die Ausgaben des Vorhersagemodells erforschen

Wie wir sehen, trifft das Modell in diesem Beispiel eine korrekte Vorhersage. Nach den Referenzdaten gehört das Bild zur Kategorie 9, was der Vorhersage entspricht. Und wie Sie sehen können, zeigt auch die Ausgabe einen Halbstiefel!

An dieser Stelle sollten Sie selbst verschiedene Werte ausprobieren, um herauszufinden, ob das Modell auch einmal danebenliegt.

Überanpassung

Im letzten Beispiel haben wir nur fünf Epochen lang trainiert. Das heißt, wir haben die gesamte Trainingsschleife fünfmal durchlaufen und dabei die Neuronen mit Zufallswerten initialisiert, sie mit ihren Labels verglichen, die Leistung mithilfe der Verlustfunktion gemessen und mit dem Optimizer aktualisiert. Dabei waren die Ergebnisse ziemlich gut: Die Genauigkeit für die Trainingsdaten lag bei 88,59 % und für die Testdaten bei 86,5 %. Was passiert aber, wenn wir länger trainieren?

Als Nächstes trainieren wir für 50 Epochen. Ich erhielt die folgenden Genauigkeitswerte für den Trainingsdatensatz:

```
Epoch 50
-------------------------------
Batch 0, Loss: 0.077159, Accuracy: 96.88% [    0/60000]
Batch 100, Loss: 0.094825, Accuracy: 96.57% [ 6400/60000]
Batch 200, Loss: 0.093598, Accuracy: 96.67% [12800/60000]
Batch 300, Loss: 0.095906, Accuracy: 96.54% [19200/60000]
Batch 400, Loss: 0.096683, Accuracy: 96.48% [25600/60000]
Batch 500, Loss: 0.101872, Accuracy: 96.31% [32000/60000]
Batch 600, Loss: 0.103130, Accuracy: 96.22% [38400/60000]
Batch 700, Loss: 0.103901, Accuracy: 96.17% [44800/60000]
Batch 800, Loss: 0.104216, Accuracy: 96.15% [51200/60000]
Batch 900, Loss: 0.104010, Accuracy: 96.15% [57600/60000]
Done!
```

Das ist ziemlich aufregend, weil die Ergebnisse offenbar deutlich besser sind: Die Genauigkeit liegt jetzt bei 96,15 %!

Bei den Testdaten liegt die Genauigkeit dagegen nur bei 89,2 %:

```
Test Error:
 Accuracy: 89.2%, Avg loss: 0.433885
```

Bei den Trainingsdaten sehen wir eine große Verbesserung, während sie bei den Testdaten etwas geringer ausfällt. Man könnte also denken, dass ein längeres Training zu stark verbesserten Ergebnissen führt. Außerdem kommt das Netzwerk für die Trainingsdaten zu deutlich besseren Ergebnissen. Das macht es aber nicht unbedingt zu einem besseren Modell. Tatsächlich zeigt die Abweichung der Genauigkeit, dass sich das Modell zu sehr auf die Trainingsdaten spezialisiert hat. Diesen Prozess nennt man *Überanpassung* (*Overfitting*). Das sollten Sie bei der Erstellung weiterer neuronaler Netzwerke im Auge behalten. Sie werden beim Durcharbeiten dieses Buchs eine Reihe von Techniken kennenlernen, um eine Überanpassung zu vermeiden.

Early Stopping (»vorzeitiger Abbruch«)

In allen bisher gesehenen Fällen haben wir die Zahl der Epochen, über die trainiert werden soll, hartcodiert. Das funktioniert zwar, aber eigentlich wollen wir nur so lange trainieren, bis die gewünschte Genauigkeit erreicht ist, anstatt wiederholt unterschiedliche Epochenzahlen auszuprobieren, bis wir den gewünschten Wert (zum Beispiel eine Genauigkeit von 95 % für die Trainingsdaten) erreicht haben. Das wollen wir schaffen, ohne die nötige Anzahl von Epochen im Voraus zu kennen – aber wie?

Davon ausgehend, dass wir den Code so angepasst haben, dass die Genauigkeit bereits während des Trainings ermittelt und ausgegeben wird, müssen wir nur noch überprüfen, ob sie über einem bestimmten Wert – wie etwa 95 % (oder normalisiert: 0,95) liegt. Das könnten wir beispielsweise so erreichen:

```
if batch% 100 == 0:
    current = batch * len(X)
    avg_loss = total_loss / (batch + 1)
    avg_accuracy = total_accuracy / (batch + 1) * 100
    print(f"Batch {batch}, Loss: {avg_loss:>7f},
           Accuracy: {avg_accuracy:>0.2f}% [{current:>5d}/
{size:>5d}]")

# Bedingung für das Early Stopping
if avg_accuracy >= 95:
    print("Reached 95% accuracy, stopping training.")
    return True  # Stop training
```

Wenn wir diesen Code innerhalb des `if batch% 100 == 0`-Blocks verwenden, können wir die Trainingsschleife abbrechen, bevor alle Batches einer bestimmten Epoche verarbeitet wurden. Es ist besser, diese Überprüfung am Ende der Epoche vorzunehmen. Wir müssen also sicherstellen, dass der Test `if avg_accuracy >= 95` an der richtigen Stelle im Code steht!

Beim Training wird nur am Ende jeder Epoche die durchschnittliche Genauigkeit berechnet. Erreicht diese 95 %, wird das Training abgebrochen. Vorher habe ich das Modell für 50 Epochen trainiert, um eine Genauigkeit von 96,15 % zu erreichen. Mit dem Early Stopping, bei dem ich 95 % als »gut genug« definiert habe, wird das Training schon nach 37 Epochen beendet. Interessanterweise lag die Genauigkeit zuvor für einige Epochen bei 94,99 %. Ich hätte also sogar noch früher aussteigen können!

Dieser Prozess des *Early Stopping* (des »vorzeitigen Abbruchs«) kann uns sehr dabei helfen, Zeit zu sparen, wenn verschiedene Modellarchitekturen für die Lösung bestimmter Probleme bewertet werden sollen. Es hilft, Ihr Modell nur so lange zu trainieren, bis es »gut genug« ist, anstatt eine starr definierte Anzahl von Trainingsschleifen zu verwenden. Dieser Prozess kann beispielsweise so aussehen:

```
Epoch 36
-------------------------------
Batch 0, Loss: 0.098307, Accuracy: 96.88% [    0/60000]
Batch 100, Loss: 0.119195, Accuracy: 95.45% [ 6400/60000]
Batch 200, Loss: 0.127049, Accuracy: 95.20% [12800/60000]
Batch 300, Loss: 0.126001, Accuracy: 95.34% [19200/60000]
Batch 400, Loss: 0.127823, Accuracy: 95.25% [25600/60000]
Batch 500, Loss: 0.131262, Accuracy: 95.11% [32000/60000]
```

```
Batch 600, Loss: 0.135573, Accuracy: 94.95% [38400/60000]
Batch 700, Loss: 0.135920, Accuracy: 94.95% [44800/60000]
Batch 800, Loss: 0.135125, Accuracy: 94.99% [51200/60000]
Batch 900, Loss: 0.134854, Accuracy: 94.99% [57600/60000]
Epoch 37
-------------------------------
Batch 0, Loss: 0.104421, Accuracy: 96.88% [    0/60000]
Batch 100, Loss: 0.122693, Accuracy: 95.34% [ 6400/60000]
Batch 200, Loss: 0.124787, Accuracy: 95.26% [12800/60000]
Batch 300, Loss: 0.127841, Accuracy: 95.16% [19200/60000]
Batch 400, Loss: 0.130558, Accuracy: 95.05% [25600/60000]
Batch 500, Loss: 0.131684, Accuracy: 95.00% [32000/60000]
Batch 600, Loss: 0.132620, Accuracy: 94.95% [38400/60000]
Batch 700, Loss: 0.132498, Accuracy: 95.01% [44800/60000]
Batch 800, Loss: 0.132462, Accuracy: 95.05% [51200/60000]
Batch 900, Loss: 0.133915, Accuracy: 95.03% [57600/60000]
Reached 95% accuracy, stopping training.
```

Diese Technik spart in der Regel eine Menge Zeit, die Sie ansonsten damit verbringen würden, manuell zu überprüfen, ob das Netzwerk korrekt lernt.

Zusammenfassung

In Kapitel 1 haben Sie gelernt, dass Machine Learning darauf basiert, durch eine hoch entwickelte Mustererkennung mit einem neuronalen Netzwerk bestimmte Eigenschaften auf Labels abzubilden. In diesem Kapitel sind wir einen Schritt weitergegangen, indem wir mehrere Neuronen (statt nur eines) benutzt haben. Sie haben gelernt, Ihr erstes (sehr einfaches) neuronales Netzwerk für Computer Vision zu erstellen. Aufgrund der Daten war das Netzwerk etwas beschränkt: Es gab nur 28 × 28 Pixel große Graustufenbilder, bei denen jedes Kleidungsstück in der Bildmitte zentriert war. Das ist zwar ein guter Startpunkt, aber ein sehr kontrolliertes Szenario.

Um besser »sehen« zu können, muss der Computer lernen, bestimmte Bildmerkmale und nicht nur rohe Pixel zu erkennen. Das funktioniert mit einem Prozess, der *Faltung* (*Convolution*) genannt wird. Im folgenden Kapitel werden Sie lernen, wie Sie neuronale Netzwerke entwickeln können, die Faltung nutzen, um den Inhalt von Bildern zu verstehen.

KAPITEL 3

Über die Grundlagen hinaus: Merkmale in Bildern erkennen

In Kapitel 2 haben wir uns mit den Grundlagen von Computer Vision beschäftigt. Hierfür haben wir ein einfaches neuronales Netzwerk erstellt, das die Eingabepixel des Fashion-MNIST-Datensatzes auf zehn Labels abgebildet hat. Dabei stand jedes Label für eine Art (oder Kategorie) von Kleidungsstücken. Aber obwohl das Netzwerk die Kleidungsstücke recht gut unterscheiden konnte, hatte es einen klaren Nachteil. Das Netzwerk wurde mit kleinen, monochromen Bildern trainiert, die nur ein einzelnes Kleidungsstück zeigten, das in der Bildmitte zentriert war.

Um das Modell auf die nächste Stufe zu heben, muss es in der Lage sein, *Merkmale* in Bildern zu erkennen. Wie wäre es beispielsweise, wenn wir die Bilder nach enthaltenen Elementen filtern könnten, anstatt nur die reinen Pixel zu analysieren? Ein Vergleich dieser Elemente anstelle der Pixel würde dem Modell helfen, den Bildinhalt effektiver zu erkennen. Nehmen wir hierzu noch einmal den Fashion-MNIST-Datensatz aus dem vorherigen Kapitel. Beim Erkennen eines Schuhs wurde das Netzwerk vielleicht durch eine große Ansammlung dunkler Pixel am unteren Bildrand aktiviert, die das Netzwerk als »Sohle« interpretiert hat. Was wäre aber, wenn der Schuh nicht bildfüllend und mittig angeordnet wäre? Dann würde diese Logik nicht mehr greifen.

Eine Methode zur Erkennung von Merkmalen stammt aus der Fotografie und aus Verfahren zur Bildbearbeitung, die Sie vielleicht schon kennen. Wenn Sie jemals ein Werkzeug wie Photoshop oder GIMP verwendet haben, um ein Bild scharfzuzeichnen, haben Sie im Grunde einen mathematischen Filter auf die Pixel des Bilds angewendet. Ein anderer Begriff für das, was der Filter tut, ist *Faltung*. Durch den Einsatz solcher Filter in einem neuronalen Netzwerk schaffen Sie ein *Convolutional Neural Network* (CNN, faltungsbasiertes neuronales Netzwerk).

In diesem Kapitel lernen Sie zuerst, wie Sie Bildmerkmale mithilfe von Faltung (*Convolution*) erkennen können. Danach beschäftigen wir uns eingehender mit der Klassifizierung von Bildern anhand der enthaltenen Merkmale. Außerdem untersuchen wir das Verfahren der *Image Augmentation* (»Bildanreicherung«), um mehr Merkmale zu erhalten, und das Transferlernen (*Transfer Learning*), bei dem bereits vorhandene Merkmale, die von anderen gelernt wurden, genutzt werden. Zum Schluss sehen wir uns noch kurz die Optimierung Ihrer Modelle anhand von Dropouts an.

Faltung

Eine *Faltung* (*Convolution*) ist einfach ein Filter mit Gewichtungen, anhand deren ein Pixel mit seinen Nachbarn multipliziert wird, um einen neuen Wert für das Pixel zu erhalten. Sehen wir uns hierzu noch einmal den Halbstiefel an (siehe Abbildung 3.1).

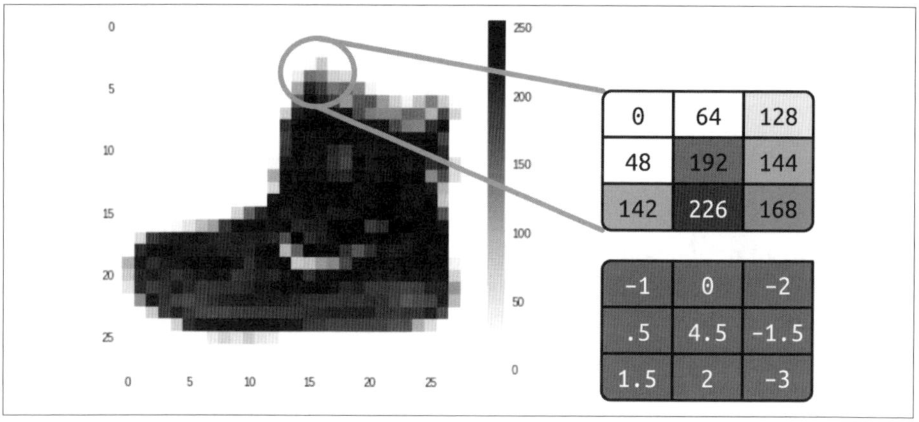

Abbildung 3.1: Das Bild des Halbstiefels mit Faltung

In diesem Bild hat das Pixel in der Mitte der Auswahl den Wert 192. (Bedenken Sie, dass der Fashion-MNIST-Datensatz monochrome Bilder mit Pixelwerten zwischen 0 und 255 enthält.) Das Pixel links oberhalb davon hat den Wert 0, das Pixel mittig über dem ausgewählten den Wert 64 und so weiter.

Wenn wir in diesem 3 × 3-Raster einen Filter definieren, wie unter den Ausgangswerten gezeigt, können wir das Pixel umwandeln, indem wir einen neuen Wert berechnen. Hierfür multiplizieren wir den aktuellen Wert jedes Pixels im Raster mit dem Wert an der gleichen Position im Filterraster und bilden anschließend die Summe aller Werte. Der Gesamtwert ist der neue Wert für das aktuelle Pixel. Diese Operation wiederholen wir für alle Pixel im Bild.

Das Pixel in der Mitte der Auswahl hat den Wert 192. Daher berechnen wir den neuen Wert wie folgt:

```
new_val = (-1 * 0) + (0 * 64) + (-2 * 128) +
      (.5 * 48) + (4.5 * 192) + (-1.5 * 144) +
      (1.5 * 142) + (2 * 226) + (-3 * 168)
```

Das Ergebnis und damit der neue Wert für unser Pixel lautet also 577. Wenn wir diesen Prozess für jedes Pixel im Bild wiederholen, erhalten wir ein gefiltertes Bild.

Jetzt wollen wir uns ansehen, wie sich Filter auf komplexere Bilder auswirken. Hierfür nutzen wir das *ascent*-Bild (*https://oreil.ly/wP8TE*), das zu Testzwecken in SciPy integriert ist. Es handelt sich um ein 512 × 512 Pixel großes Graustufenbild, das zwei Personen zeigt, die eine Treppe hochsteigen.

Durch einen Filter mit negativen Werten auf der linken Seite, positiven Werten auf der rechten Seite und Nullen in der Mitte entfernen wir bis auf die vertikalen Linien die meisten Informationen aus dem Bild, wie in Abbildung 3.2 gezeigt.

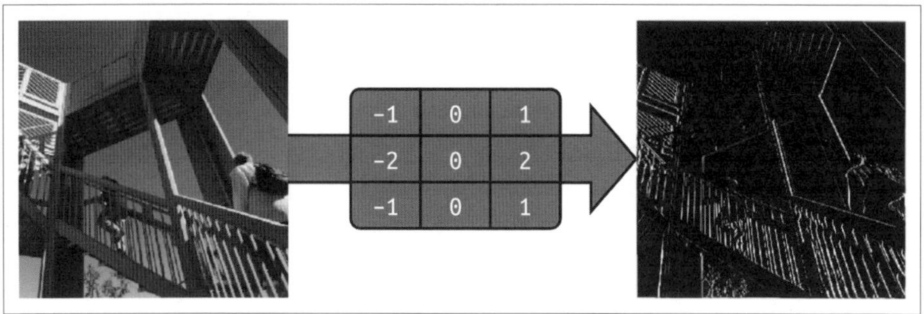

Abbildung 3.2: Anwendung eines Filters, um vertikale Linien abzuleiten

Mit einer kleinen Änderung am Filter können wir stattdessen die horizontalen Linien hervorheben (siehe Abbildung 3.3).

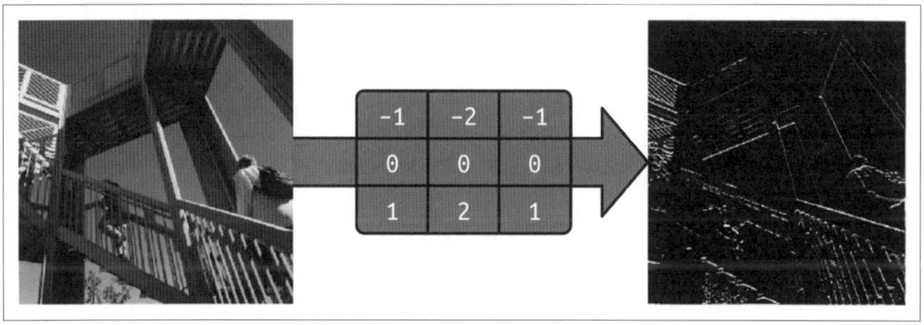

Abbildung 3.3: Anwendung eines Filters, um horizontale Linien abzuleiten

Diese Beispiele zeigen auch, dass die Informationsmenge im Bild reduziert wurde. Wir könnten also verschiedene Filter *lernen*, die das Bild auf bestimmte Merkmale reduzieren, die dann wie zuvor bestimmten Labels zugeordnet werden können. Bisher haben wir Parameter gelernt, die wir in Neuronen verwendet haben, um Eingaben auf Ausgaben abzubilden. Auf ähnliche Weise können wir die besten Filter lernen, um im Laufe der Zeit Ein- und Ausgaben abzugleichen.

Wenn wir die Faltung mit dem sogenannten Pooling kombinieren, verringern wir die Informationsmenge im Bild weiter, ohne dass Merkmale verloren gehen. Dieses Konzept sehen wir uns im folgenden Abschnitt an.

Pooling

Beim *Pooling* entfernen wir Pixel aus dem Bild, während die Semantik des Bildinhalts erhalten bleibt. Am besten lässt sich das visuell erklären. Abbildung 3.4 zeigt das Konzept des Max-Poolings.

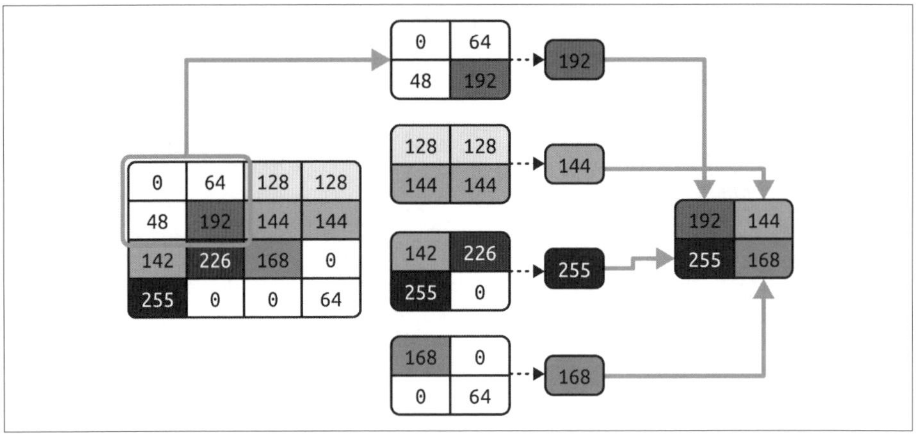

Abbildung 3.4: Ein Beispiel für Max-Pooling

In diesem Beispiel markiert der linke Rahmen die Pixel eines monochromen Bilds. Diese gruppieren wir zu Arrays mit je 2 × 2 Pixeln. In unserem Fall werden die 16 Pixel also zu vier 2 × 2-Arrays gruppiert. Diese Arrays werden *Pools* genannt.

Danach ermitteln wir die *Maximalwerte* der Gruppen und setzen sie zu einem neuen Bild zusammen. Dadurch werden die Pixel auf der linken Seite um 75 % reduziert (von 16 auf 4). Das neue Bild besteht also aus den Maximalwerten der einzelnen Pools. Abbildung 3.5 zeigt die Version des *ascent*-Bilds aus Abbildung 3.2 mit verstärkten vertikalen Linien nach der Anwendung des Max-Poolings.

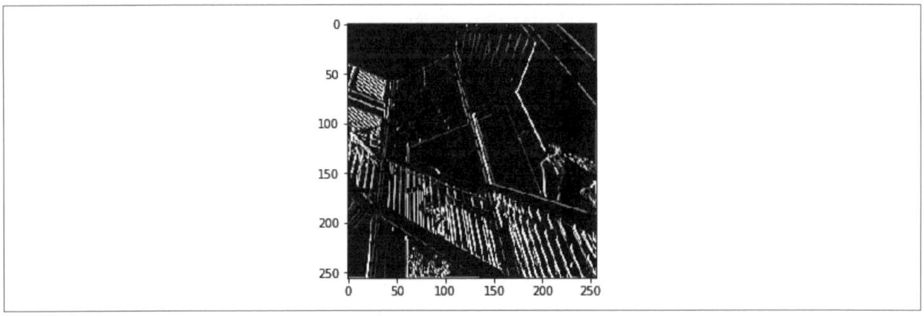

Abbildung 3.5: Das ascent-Bild nach Anwendung des vertikalen Filters und des Max-Poolings

Beachten Sie, dass die Bildmerkmale nicht nur erhalten blieben, sondern sogar noch weiter verstärkt wurden. Außerdem hat sich die Bildgröße von 512 × 512 auf 256 × 256 verkleinert – also auf ein Viertel der Ausgangsgröße.

Neben dem hier gezeigten Max-Pooling gibt es noch weitere Pooling-Verfahren. Hierzu gehören beispielsweise das *Min-Pooling*, bei dem das Pixel mit dem jeweils kleinsten Wert eines Pools weiterverwendet wird, und das *Average-Pooling*, bei dem der Mittelwert eines Pools benutzt wird.

Convolutional Neural Networks implementieren

In Kapitel 2 haben Sie ein neuronales Netzwerk erstellt, das Bilder von Kleidungsstücken erkennen konnte. Hier noch einmal der Code, mit dem das Modell definiert wird:

```
# Das Modell definieren
class FashionMNISTModel(nn.Module):
    def __init__(self):
        super(FashionMNISTModel, self).__init__()
        self.flatten = nn.Flatten()
        self.linear_relu_stack = nn.Sequential(
            nn.Linear(28*28, 128),
            nn.ReLU(),
            nn.Linear(128, 10),
            nn.LogSoftmax(dim=1)
        )

    def forward(self, x):
        x = self.flatten(x)
        logits = self.linear_relu_stack(x)
        return logits

model = FashionMNISTModel()

# Verlustfunktion und Optimizer definieren
loss_function = nn.NLLLoss()
optimizer = optim.Adam(model.parameters())

# Das Modell trainieren
def train(dataloader, model, loss_fn, optimizer):
    size = len(dataloader.dataset)
    model.train()
    for batch, (X, y) in enumerate(dataloader):
        # Vorhersage und Verlust berechnen
        pred = model(X)
        loss = loss_fn(pred, y)

        # Backpropagation
        optimizer.zero_grad()
        loss.backward()
        optimizer.step()

        if batch% 100 == 0:
            loss, current = loss.item(), batch * len(X)
            print(f"loss: {loss:>7f}
                    [{current:>5d}/{size:>5d}]")

# Trainingsprozess
epochs = 5
for t in range(epochs):
    print(f"Epoch {t+1}\n-------------------------------")
    train(train_loader, model, loss_function, optimizer)
print("Done!")
```

Um dieses Modell in ein CNN (*Convolutional Neural Network*) zu verwandeln, müssen Sie in der Modelldefinition einfach oberhalb der Linear-Schichten zusätzliche Faltungs- und Pooling-Schichten einbauen.

Für die Definition einer Faltungsschicht benutzen Sie den Typ `nn.Conv2D`. Er übernimmt als Parameter die Zahl der Faltungen, die in der Schicht durchgeführt werden sollen, die Größe der Faltungen, die Aktivierungsfunktion und so weiter.

Hier ein Beispiel für eine Faltungsschicht, die diesen Typ verwendet:

```
nn.Conv2d(1, 64, kernel_size=3, padding=1)
```

In diesem Fall soll die Schicht 64 Faltungen lernen. Diese werden mit Zufallswerten initialisiert und lernen im Laufe der Zeit die Filterwerte, die am besten funktionieren, um die Eingabewerte auf ihre Labels abzubilden. Die Angabe `kernel_size=3` definiert die Größe des Filters. Weiter oben haben wir Ihnen einen 3 × 3-Filter gezeigt, und genau den definieren wir hier. In der Praxis kommt diese Filtergröße am häufigsten vor. Natürlich können Sie die Filter an die eigenen Bedürfnisse anpassen. Durch die Art, wie die Filter Pixel aus dem Bild entfernen, kommen hierbei üblicherweise ungerade Werte wie 5 × 5 oder 7 × 7 zum Einsatz. Den Grund dafür werden Sie später erfahren.

Und hier sehen Sie, wie Sie eine Pooling-Schicht in einem neuronalen Netzwerk verwenden. Typischerweise folgt sie direkt auf die Faltungsschicht.

```
nn.MaxPool2d(kernel_size=2, stride=2)
```

Im Beispiel in Abbildung 3.4 haben wir das Bild in 2 × 2 Pixel große Pools aufgeteilt und daraus jeweils den Maximalwert ermittelt. Wir hätten aber auch die hier gezeigten Parameter für die Definition der Pool-Größe verwenden können. Der Parameter `kernel_size=2` gibt an, dass unsere Pools 2 × 2 Pixel groß sein sollen, der Parameter `stride=2` besagt, dass der Filter zwei Pixel überspringen soll, um zum nächsten Pool zu gelangen.

Jetzt betrachten wir uns den vollständigen Code, mit dem ein CNN-Modell für die Arbeit mit dem Fashion-MNIST-Datensatz definiert wird:

```
# Das CNN-Modell definieren
class FashionCNN(nn.Module):
    def __init__(self):
        super(FashionCNN, self).__init__()
        self.layer1 = nn.Sequential(
            nn.Conv2d(1, 64, kernel_size=3, padding=1),
            nn.ReLU(),
            nn.MaxPool2d(kernel_size=2, stride=2))

        self.layer2 = nn.Sequential(
            nn.Conv2d(64, 64, kernel_size=3),
            nn.ReLU(),
            nn.MaxPool2d(2))  # Ausgabe: 64 x 6 x 6

        self.fc1 = nn.Linear(64 * 6 * 6, 128)
        self.fc2 = nn.Linear(128, 10)  # 10 Klasse

    def forward(self, x):
        out = self.layer1(x)
        out = self.layer2(out)
        out = out.view(out.size(0), -1)  # Ausgabe verflachen
        out = self.fc1(out)
        out = self.fc2(out)
        return out
```

Wir sehen, dass die Klasse zwei Funktionen besitzt: eine für die Initialisierung und eine, die beim Training in jeder Epoche während der Vorwärtspropagation (*Feedforward*, also Eingabe → Ausgabe) aufgerufen wird.

Dabei definiert `init`, wie die einzelnen Schichten unseres Netzwerks aussehen sollen. Die erste Schicht (`self.layer1`) übernimmt eine eindimensionale Eingabe, hat 64 Faltungen und ein Raster (`kernel_size`) der Größe 3, während der Wert für `padding` mit 1 angegeben wird (es wird also ein 1 Pixel breiter Rand aus Nullen hinzugefügt, wodurch die Ausgabe dieselbe Größe wie die Eingabe behält). Schließlich wird auf die Ausgabe eine ReLU-Aktivierungsfunktion und anschließend das Max-Pooling angewandt.

Die nächste Schicht (`self.layer2`) übernimmt die 64 Faltungen der Ausgabe von der vorherigen Schicht und gibt anschließend ihre eigenen 64 Werte aus, bevor diese wiederum per ReLU aktiviert und dem Max-Pooling unterzogen werden. Die Ausgabe hat nun die Größe 64 × 6 × 6, weil `MaxPool` die Bildgröße halbiert.

Danach werden die Daten an die nächste Schicht weitergereicht (`self.fc1`). Dabei steht `fc` für *fully connected* (»vollständig verbunden«). Die Eingabe hat also die gleiche Form wie die Ausgabe der vorherigen Schicht. Die Ausgabe ist `128`, also die gleiche Zahl an Neuronen, die wir in Kapitel 2 verwendet haben. Diese Art eines Netzwerks mit mehreren Schichten bezeichne ich häufig auch als *Deep Neural Network* (DNN).

Diese 128 Werte werden schließlich an die letzte Schicht (`self.fc2`) übergeben, die, den zehn Klassen entsprechend, zehn Ausgaben besitzt.

> Im DNN haben wir die Eingaben durch eine `Flatten`-Schicht geleitet, bevor wir sie an die erste `Linear`-Schicht übergeben haben. Das haben wir hier weggelassen. Stattdessen haben wir die Eingabe einfach als 1-D-Form angegeben. Beachten Sie, dass die Daten nach Faltung und Pooling vor der ersten Linear-Schicht verflacht (*flattened*) werden.

Danach stapeln wir die Daten in der `forward`-Funktion. Hier können Sie sehen, dass die Daten in `x` durch `layer1` geleitet werden, um `out` zu erhalten. Dies wird an `layer2` weitergereicht, um ein neues `out` zu erhalten. Damit haben wir die gelernten Faltungen. Bevor diese in die Linear-Schichten `fc1` und `fc2` geladen werden können, müssen sie zunächst verflacht werden. Das erreichen wir mit der Anweisung `out = out.view(out.size(0), -1)`.

Wenn wir dieses Netzwerk mit den gleichen Daten für die gleichen 50 Epochen trainieren, wie in Kapitel 2 gezeigt, sehen wir, dass diese Methode wunderbar funktioniert. Für die Testdaten erreichen wir mit Leichtigkeit eine Genauigkeit von 91 %.

```
Train Epoch: 44 -- Loss: 0.091689
Train Epoch: 45 -- Loss: 0.066864
Train Epoch: 46 -- Loss: 0.061322
Train Epoch: 47 -- Loss: 0.056557
Train Epoch: 48 -- Loss: 0.039695
Train Epoch: 49 -- Loss: 0.056213
Accuracy of the network on the 10000 test images: 91.31%
```

Der Einsatz von Faltung im neuronalen Netzwerk erhöht die Fähigkeit, Bilder zu klassifizieren, also deutlich. Im folgenden Abschnitt wollen wir sehen, wie ein Bild durch das Netzwerk »wandert«, um besser zu verstehen, warum dieser Prozess überhaupt funktioniert.

Wenn Sie den Code zu diesem Buch von GitHub nutzen, werden Sie bemerken, dass ich häufig `model.to(device)` einsetze. Steht in PyTorch ein Beschleuniger (*Accelerator*) zur Verfügung, können Sie mit diesem Befehl festlegen, dass das Modell und/oder seine Daten den Beschleuniger nutzen sollen.

Das Convolutional Neural Network untersuchen

Mit der `torchsummary`-Bibliothek können wir unser Modell näher untersuchen. Bei unserem Convolutional Neural Network für den Fashion-MNIST-Datensatz sieht die Ausgabe etwa so aus:

```
from torchsummary import summary
model = FashionCNN().to(device)
summary(model, input_size=(1, 28, 28))  # (Channels, Height, Width)
----------------------------------------------------------------
        Layer (type)               Output Shape         Param #
================================================================
            Conv2d-1           [-1, 64, 28, 28]             640
              ReLU-2           [-1, 64, 28, 28]               0
         MaxPool2d-3           [-1, 64, 14, 14]               0
            Conv2d-4           [-1, 64, 12, 12]          36,928
              ReLU-5           [-1, 64, 12, 12]               0
         MaxPool2d-6             [-1, 64, 6, 6]               0
            Linear-7                  [-1, 128]         295,040
            Linear-8                   [-1, 10]           1,290
================================================================
Total params: 333,898
Trainable params: 333,898
Non-trainable params: 0
----------------------------------------------------------------
Input size (MB): 0.00
Forward/backward pass size (MB): 1.02
Params size (MB): 1.27
Estimated Total Size (MB): 2.30
```

Um zu verstehen, was hier passiert, sehen wir uns zuerst die Spalte `Output Shape` an. Unsere erste Schicht erhält 28 × 28 Pixel große Bilder und wendet 64 Filter darauf an. Da unser Filter 3 × 3 Pixel groß ist, würde ein 1 Pixel großer Rahmen um das Bild verloren gehen, was die Gesamtinformation auf 26 × 26 Pixel verringern würde. Durch den Parameter `padding=1` wird das Bild jedoch künstlich auf 30 × 30 Pixel aufgefüllt. Dadurch landet die Ausgabe wieder bei 28 × 28 Pixeln, und alle Informationen bleiben erhalten.

Füllen Sie das Bild am Rand nicht auf, sieht das Ergebnis aus wie in Abbildung 3.6. Wenn jedes Feld für ein Bildpixel steht, beginnt der erste mögliche anwendbare Filter in der zweiten Zeile und der zweiten Spalte (der Kreis in der Mitte). Das Gleiche würde auf der rechten Seite und der Unterseite des Diagramms passieren.

Wird auf ein Bild mit der Form $a \times b$ Pixeln ein 3 × 3-Filter angewandt, hat es danach die Form $(a - 2) \times (b - 2)$ Pixel. Ein 5 × 5-Filter würde die Form zu $(a - 4) \times (b - 4)$ Pixeln ändern und so weiter. Da wir auf ein 28 × 28-Bild einen 3 × 3-Filter anwenden, hätte die Ausgabe demnach die Form 26 × 26. Da wir das 28 × 28-Bild per `padding` auf 30 × 30 erweitert haben (damit wir keine Informationen verlieren), ist die Ausgabe wieder 28 × 28 Pixel groß.

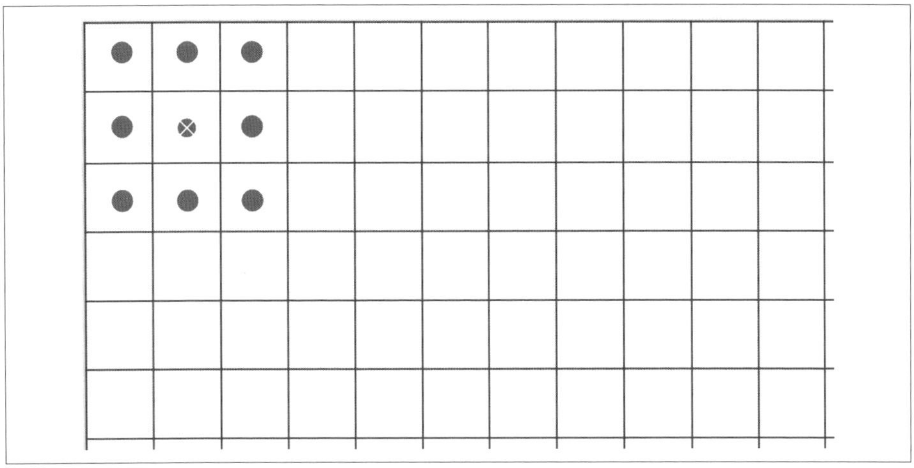

Abbildung 3.6: Pixelverlust beim Ausführen eines Filters

Die folgende Pooling-Schicht hat eine Größe von 2 × 2, wodurch sich die Größe des Bilds an beiden Achsen halbiert, sodass es nun 14 × 14 Pixel groß ist. Die folgende Faltungsschicht verwendet *kein* `padding`, was die Größe weiter auf 12 × 12 verringert. Die Ausgabe des nächsten Poolings hat demnach noch eine Größe von 6 × 6.

Nachdem das Bild die beiden Faltungsschichten durchlaufen hat, besteht die Ausgabe also aus einer Reihe von 6 × 6-Pixel großen Bildern? Die Anzahl können wir in der Spalte `Param #` ablesen.

Jede Faltung besteht aus einem 3 × 3-Filter und einem Bias-Wert. Wie Sie sich erinnern, entsprach unsere vollständig verbundene `Linear`-Schicht $y = wx + b$, wobei w unser Parameter (das Gewicht) und B der Bias war. Dieser Fall hat große Ähnlichkeit damit, außer dass der Filter 3 × 3 Pixel groß ist und es 9 Parameter zu lernen gibt. Da wir 64 Faltungen definiert haben, gibt es insgesamt 640 Parameter zu lernen. (Jede Faltung hat neun Parameter plus einen Bias, also zehn Parameter, multipliziert mit 64 Faltungen.)

Die ReLU- und Max-Pooling-Schichten lernen nichts, sie verkleinern nur das Bild. Daher gibt es hier auch keine gelernten Parameter, und für `Param #` wird der Wert `0` ausgegeben.

Die nächste Faltungsschicht enthält 64 Filter, von denen jeder mit den vorherigen 64 Filtern multipliziert wird, die jeweils neun Parameter besitzen. Jeder der neuen 64 Filter besitzt einen Bias. Die Anzahl der Parameter sollte also bei (64 × (64 × 9)) + 64 liegen. Das Netzwerk muss demnach insgesamt also 36.928 Parameter lernen.

Wenn Sie das verwirrt, versuchen Sie es mit einer anderen Zahl an Faltungen in der ersten Schicht – zum Beispiel 10. Die Zahl der Parameter in der zweiten Schicht ändert sich dadurch zu (64 × (10 × 9)) + 64), also 5.824.

Sobald wir die zweite Faltung erreichen, gibt es 64 Einzelbilder der Größe 6 × 6. Wenn wir das multiplizieren, haben wir 1.600 Werte, die wir an eine `Linear`-Schicht mit 128 Neuronen übergeben, die jeweils ein Gewicht und einen Bias besitzen. Die Anzahl der Parameter, die das Netzwerk lernen muss, liegt demnach bei ((6 × 6 × 64) × 128) + 128, insgesamt also 295.040 Parameter.

Unsere letzte vollständig verbundene Schicht mit zehn Neuronen übernimmt die Ausgabe der vorherigen 128 Neuronen. Die Anzahl der gelernten Parameter liegt demnach bei (128 × 10) + 10, also 1.290.

Aus diesen Berechnungen ergibt sich eine Gesamtzahl von 333.898 Parametern.

Um das Netzwerk zu trainieren, müssen Sie lernen, den besten Satz dieser 333.898 Parameter für die Eingabebilder auf ihre Labels abzubilden. Durch die höhere Zahl an Parametern ist dieser Prozess natürlich langsamer. An den Ergebnissen können wir aber auch erkennen, dass das Modell deutlich genauer ist.

Natürlich besteht weiterhin die Beschränkung, dass die Bilder bei diesem Datensatz (Fashion MNIST) 28 × 28 Pixel groß, monochrom und zentriert sind. Daher werden wir uns im folgenden Abschnitt ansehen, wie Sie Faltung einsetzen können, um einen komplexeren Datensatz zu erforschen. Dieser besteht aus Farbbildern von Pferden und Menschen. Wir werden versuchen, das Modell dazu zu bringen, beide zu unterscheiden. Hierbei sind die Motive nicht immer zentriert. Wir müssen uns also auf die Faltung verlassen, um Unterscheidungsmerkmale zu entdecken.

Ein CNN für die Unterscheidung zwischen Pferden und Menschen

Das Szenario in diesem Abschnitt ist komplexer als die Fashion-MNIST-Klassifizierung. Hierfür erweitern wir unser Wissen über Faltung und CNNs, um Bilder zu unterscheiden, bei denen ein Merkmal sich nicht immer an der gleichen Stelle befindet. Hierfür habe ich den Datensatz *Horses or Humans* (»Pferde oder Menschen«) erstellt.

Der Datensatz »Horses or Humans«

Der Datensatz für diesen Abschnitt (*https://oreil.ly/8VXwy*) enthält über 1.000 300 × 300 Pixel große Bilder. Ungefähr die Hälfte davon zeigt Pferde, die andere Hälfte Menschen. Alle sind in unterschiedlichen Körperhaltungen dargestellt. Einige Beispiele sehen Sie in Abbildung 3.7.

Wie Sie sehen, haben die Motive verschiedene Posen und Ausrichtungen, und auch die Bildkompositionen unterscheiden sich. Nehmen wir beispielsweise die zwei Pferde: Die Köpfe sind in unterschiedliche Richtungen gedreht, ein Bild zeigt das Pferd vollständig, das andere ist näher herangezoomt (sodass nur Kopf und ein Teil des Körpers sichtbar sind). Und auch die Menschen sind unterschiedlich beleuchtet und haben verschiedene Hauttöne und Körperhaltungen. Der Mann im Bild rechts oben hält seine Hände auf den Hüften, während die Frau ihre Hände ausstreckt. Außerdem enthalten die Bilder Hintergründe wie Bäume und Strände. Ein Modell zur Klassifizierung muss also entscheiden, welche Bildteile wichtige Merkmale enthalten, die definieren, was ein Pferd und was einen Menschen ausmacht, ohne sich dabei vom Hintergrund ablenken zu lassen.

Abbildung 3.7: Pferde und Menschen

Während die vorherigen Beispiele – $y = 2x - 1$ vorherzusagen oder kleine monochrome Bilder zu klassifizieren – vielleicht noch mit traditioneller Programmierung möglich sein *könnten*, ist klar, dass dieses Beispiel wesentlich schwieriger ist. Spätestens hier überschreiten Sie die Grenze zu Problemen, die sich nur noch mit Machine Learning lösen lassen.

Diese Bilder sind übrigens alle computergeneriert. Theoretisch sollten Merkmale, die in einem CGI-Bild eines Pferds erkannt wurden, auch auf echte Bilder anwendbar sein. Wie gut das funktioniert, sehen wir später in diesem Kapitel.

Mit den Daten umgehen

Der bisher verwendete Fashion-MNIST-Datensatz enthält für jedes Bild jeweils eine entsprechende Datei mit Label-Details. In vielen bildbasierten Datensätzen ist das aber nicht so, und *Horses or Humans* ist da keine Ausnahme. Anstelle von Labels sind die Bilder, nach Typ geordnet, in passenden Unterverzeichnissen abgelegt. Mit dem `DataLoader` von Py-

Torch können Sie diese Verzeichnisstruktur nutzen, um die Bilder *automatisch* mit Labels zu versehen.

Dafür müssen Sie nur sicherstellen, dass Ihre Verzeichnisstruktur eine Reihe benannter Unterverzeichnisse enthält. Jedes Unterverzeichnis steht für je ein Label. Der Datensatz *Horses or Humans* besteht aus zwei ZIP-Dateien, von denen eine die Trainingsdaten (über 1.000 Bilder) und das andere die Validierungsdaten (256 Bilder) enthält. Wenn Sie die Dateien herunterladen und in lokale Verzeichnisse für Training und Testing entpacken, müssen Sie dafür sorgen, dass die Dateistruktur der in Abbildung 3.8 gezeigten entspricht.

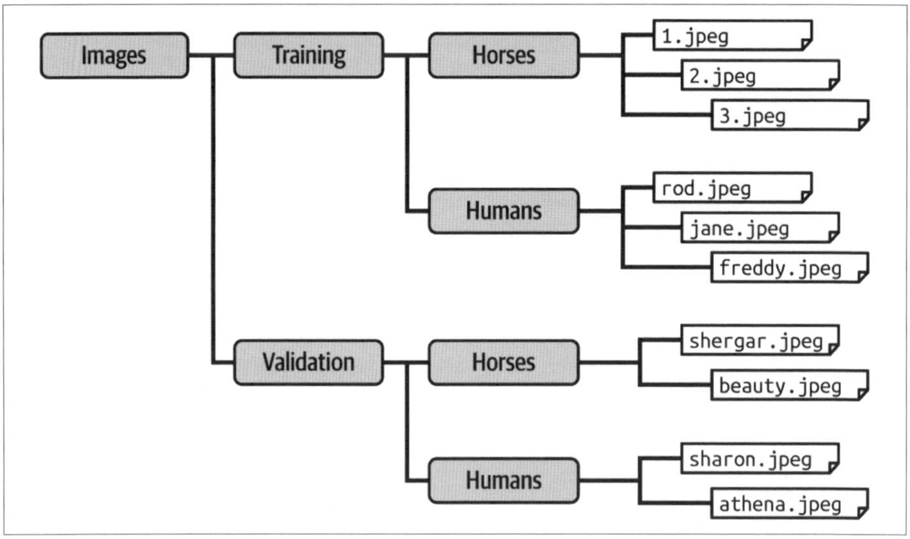

Abbildung 3.8: Sicherstellen, dass sich die Bilder in den korrekt benannten Unterverzeichnissen befinden

Hier ist der Code, um die Trainingsdaten herunterzuladen und in den entsprechend benannten Unterverzeichnissen abzulegen, wie in Abbildung 3.8 gezeigt:

```
import urllib.request
import zipfile

# Wichtig: Zeilenumbruch und Leerzeichen vor 'horse-or-human.zip'
# vor der Ausführung entfernen!
url = "https://storage.googleapis.com/learning-datasets/
                                              horse-or-human.zip"
file_name = "horse-or-human.zip"
training_dir = 'horse-or-human/training/'
urllib.request.urlretrieve(url, file_name)

zip_ref = zipfile.ZipFile(file_name, 'r')
zip_ref.extractall(training_dir)
zip_ref.close()

url = "https://storage.googleapis.com/learning-datasets/
                          validation-horse-or-human.zip"
file_name = "validation-horse-or-human.zip"
validation_dir = 'horse-or-human/validation/'
urllib.request.urlretrieve(url, file_name)
```

```
zip_ref = zipfile.ZipFile(file_name, 'r')
zip_ref.extractall(validation_dir)
zip_ref.close()
```

Dieser Code lädt die ZIP-Datei mit den Trainingsdaten herunter und entpackt sie in ein Verzeichnis unter *horse-or-human/training*. Dies ist das Elternverzeichnis, das die Unterverzeichnisse für die beiden Bildtypen (Pferd/Mensch) enthält. Das Gleiche wird anschließend für die Validationsdaten durchgeführt.

Um den `DataLoader` zu nutzen, verwenden wir folgenden Code:

```
from torchvision import datasets, transforms
from torch.utils.data import DataLoader

# Umwandlungen defininieren
transform = transforms.Compose([
    transforms.Resize((150, 150)),
    transforms.ToTensor(),
    transforms.Normalize(mean=[0.5, 0.5, 0.5], std=[0.5, 0.5, 0.5])
])

# Datensätze laden
train_dataset = datasets.ImageFolder(root=training_dir,
                                     transform=transform)
val_dataset = datasets.ImageFolder(root=validation_dir,
                                   transform=transform)

# DataLoader definieren
train_loader = DataLoader(train_dataset, batch_size=32, shuffle=True)
val_loader = DataLoader(val_dataset, batch_size=32, shuffle=False)
```

Zuerst erstellen wir ein `transforms`-Objekt, das wir `transform` nennen. Damit legen wir die Regeln fest, nach denen das Bild umgewandelt wird. Um das Training zu beschleunigen, wird das Bild von seiner Ausgangsgröße 300 × 300 auf 150 × 150 Pixel verkleinert und dann in einen Tensor normalisiert.

Danach geben wir an, dass die `dataset`-Objekte den Typ `datasets.ImageFolder` haben sollen, und verweisen sie auf das entsprechende Verzeichnis. Das bereitet die Bilder für den Trainingsprozess vor, indem sie aus dem Verzeichnis gelesen und indem die nötigen Umwandlungen darauf angewandt werden. Den Namen des Verzeichnisses mit den Trainingsdaten legen wir in `training_dir` ab, das für die Validierungsdaten in `validation_dir` (wie zuvor angegeben).

CNN-Architektur für »Horses or Humans«

Zwischen dem hier verwendeten Datensatz und Fashion MNIST gibt es eine Reihe von Unterschieden, die Sie beim Entwurf einer Architektur für die Klassifizierung von Bildern in Ihre Überlegungen einbeziehen müssen. Erstens sind die Bilder deutlich größer (150 × 150). Es werden also viel mehr Schichten gebraucht. Zweitens arbeiten wir hier mit Farbbildern. Im Gegensatz zu Graustufenbildern hat jedes Bild drei Farbkanäle. Und drittens gibt es nur zwei Bildtypen (oder -klassen). Wir können sie also mit *einem einzigen* Bildneuron unterscheiden. Hierfür verschieben wir den Wert des Neurons für das eine Label in Richtung 0, für das andere in Richtung 1. Die sigmoid-Funktion ist hierfür perfekt geeignet. Sie finden sie am Ende unserer forward-Funktion.

```
class HorsesHumansCNN(nn.Module):
    def __init__(self):
        super(HorsesHumansCNN, self).__init__()
        self.conv1 = nn.Conv2d(3, 16, kernel_size=3, padding=1)
        self.conv2 = nn.Conv2d(16, 32, kernel_size=3, padding=1)
        self.conv3 = nn.Conv2d(32, 64, kernel_size=3, padding=1)
        self.pool = nn.MaxPool2d(2, 2)
        self.fc1 = nn.Linear(64 * 18 * 18, 512)
        self.drop = nn.Dropout(0.25)
        self.fc2 = nn.Linear(512, 1)
    def forward(self, x):
        x = self.pool(F.relu(self.conv1(x)))
        x = self.pool(F.relu(self.conv2(x)))
        x = self.pool(F.relu(self.conv3(x)))
        x = x.view(-1, 64 * 18 * 18)
        x = F.relu(self.fc1(x))
        x = self.drop(x)
        x = self.fc2(x)
        x = torch.sigmoid(x)  # sigmoid für die Ausgabe von
                              # Wahrscheinlichkeiten verwenden
        return x
```

Hierbei gibt es einige Dinge zu beachten. Sehen Sie sich zunächst die allererste Schicht an. Hier definieren wir 16 Filter, deren kernel_size jeweils 3 beträgt, obwohl die Form der Eingabe ebenfalls 3 beträgt, da wir hier nicht mehr mit den Graustufenbildern aus dem MNIST-Datensatz, sondern mit Farbbildern arbeiten.

Am anderen Ende können Sie sehen, dass die Ausgabeschicht aus nur einem Neuron besteht, weil wir hier einen binären Classifier verwenden. Das funktioniert, wenn wir das Neuron mit einer sigmoid-Funktion aktivieren. Sie verschiebt den Wert für den einen Bildtyp in Richtung 0, für den anderen in Richtung 1, was für eine binäre Klassifizierung ideal ist.

Im Folgenden »stapeln« wir mehrere Faltungsschichten, weil unsere Bildquelle recht groß ist. Diese wollen wir im Laufe der Zeit in viele kleinere Bilder aufteilen, in denen jeweils ein Merkmal hervorgehoben wird. In der Ausgabe von summary können wir dieses Verfahren in Aktion beobachten:

```
----------------------------------------------------------------
        Layer (type)               Output Shape         Param #
================================================================
            Conv2d-1         [-1, 16, 150, 150]             448
         MaxPool2d-2           [-1, 16, 75, 75]               0
            Conv2d-3           [-1, 32, 75, 75]           4,640
         MaxPool2d-4           [-1, 32, 37, 37]               0
            Conv2d-5           [-1, 64, 37, 37]          18,496
         MaxPool2d-6           [-1, 64, 18, 18]               0
            Linear-7                  [-1, 512]      10,617,344
           Dropout-8                  [-1, 512]               0
            Linear-9                    [-1, 1]             513
================================================================
Total params: 10,641,441
Trainable params: 10,641,441
Non-trainable params: 0
```

```
----------------------------------------------------------------
Input size (MB): 0.26
Forward/backward pass size (MB): 5.98
Params size (MB): 40.59
Estimated Total Size (MB): 46.83
----------------------------------------------------------------
```

Wenn die Daten sämtliche Faltungs- und Pooling-Schichten durchlaufen haben, bestehen sie aus 18 × 18 Pixel großen Elementen. Wurde ein Filter auf die Eingaben angewandt, werden die Ausgabedaten allgemein als *Feature-Map* bezeichnet. Hier sprechen wir von *aktivierten* Feature-Maps, bei denen die resultierenden Daten für eine Klassifizierung verwendet werden können.Diese sind relativ klein, weil sie gerade einmal 324 Pixel enthalten. Die Feature-Maps können wir nun an unsere vollständig verbundenen Schichten weiterreichen, um sie auf die passenden Labels abzubilden.

Das führt natürlich dazu, dass unser Netzwerk mit deutlich mehr Parametern umgehen muss als die vorherige Version. Das Training wird also entsprechend länger dauern. Mit dieser Architektur werden wir über 10 Millionen Parameter lernen.

> Damit der Code in diesem Abschnitt und an vielen anderen Stellen in diesem Buch ausgeführt werden kann, müssen bestimmte Python-Bibliotheken installiert werden. Informationen zu den korrekten Importen finden Sie im Repository zu diesem Buch (*https://github.com/lmoroney/PyTorch-Book-FIles*).

Um das Modell zu trainieren, müssen wir es mit einer Verlustfunktion und einem Optimizer versehen. Als Verlustfunktion verwenden wir hier `BCELoss`. Dabei steht `BCE` für *Binary Cross Entropy* (»binäre Kreuzentropie«). Wie der Name schon sagt, ist sie speziell für Situationen geeignet, in denen es nur zwei Kategorien (Pferd/Mensch) gibt. Als Optimizer benutzen wir den bereits bekannten `Adam`-Algorithmus. Hier ist der Code:

```
criterion = nn.BCELoss()
optimizer = optim.Adam(model.parameters(), lr=0.001)
```

Danach läuft das Training ab wie gewohnt:

```
def train_model(num_epochs):
    for epoch in range(num_epochs):
        model.train()
        running_loss = 0.0
        for images, labels in train_loader:
            images, labels = images.to(device),
                             labels.to(device).float()
            optimizer.zero_grad()
            outputs = model(images).view(-1)
            loss = criterion(outputs, labels)
            loss.backward()
            optimizer.step()
            running_loss += loss.item()
```

Die Labels werden hier in Fließkommazahlen (`float`) umgewandelt, um sie an die Ausgabewerte der binären Kreuzentropie anzupassen, die ebenfalls als Fließkommazahlen die Ausgaben der letzten Schicht bilden.

Über nur 15 Epochen erreicht diese Architektur eine beeindruckende Genauigkeit von 95 %. Diese Leistung gilt natürlich nur für die Trainingsdaten und ist kein Hinweis darauf, dass die Leistung des Netzwerks für unbekannte Daten ebenso hoch liegt.

Im nächsten Abschnitt messen wir die Leistung des Netzwerks mit einem Satz Validierungsdaten. Das sollte uns einen guten Eindruck davon verschaffen, wie sich das Modell im wahren Leben verhalten würde.

Validierung für den Datensatz »Horses or Humans«

Für die Validierung benötigen Sie einen passenden Validierungsdatensatz, der sich von den Trainingsdaten unterscheidet. Manchmal arbeiten Sie mit einem allgemeinen Datensatz, den Sie selbst aufteilen müssen. Im Fall von *Horses or Humans* gibt es jedoch einen separaten Validierungsdatensatz. Im vorherigen Codebeispiel haben Sie bereits die Trainings- und Validierungsdatensätze heruntergeladen, in den entsprechenden Verzeichnissen abgelegt und die jeweils nötigen `DataLoader` eingerichtet. Als Nächstes schalten wir das Modell nun in den Auswertungsmodus, um zu sehen, wie gut es mit den Validierungsdaten funktioniert.

> Vielleicht fragen Sie sich, warum wir hier nicht von *Test*daten, sondern von *Validierungs*daten sprechen und ob beides nicht gleichbedeutend ist. Für einfache Modelle, wie wir sie in den vorherigen Kapiteln erstellt haben, reicht es oft aus, den Gesamtdatensatz in Trainings- und Testdaten aufzuteilen. Für komplexere Modelle wie dieses ist es jedoch sinnvoll, separate Validierungs- und Testdatensätze zu verwenden.
>
> Aber worin liegt der Unterschied? Mit *Trainingsdaten* bringen Sie dem Netzwerk bei, wie Daten und Labels zusammenpassen. *Validierungsdaten* werden genutzt, um während des Trainings zu sehen, wie gut das Netzwerk mit bisher noch nicht gesehenen Daten funktioniert. (Sie werden also nicht benutzt, um Daten auf Labels abzubilden, sondern um zu untersuchen, wie gut diese Abbildung funktioniert.) *Testdaten* werden dagegen *nach* dem Training eingesetzt, um zu bewerten, wie gut das Netzwerk mit bisher unbekannten Daten funktioniert. Manche Datensätze sind bereits in drei Teile getrennt. In anderen Fällen ist es sinnvoll, die Testdaten in zwei Teile für die Validierung und das Testing aufzutrennen.

Der Code zum Herunterladen und Entpacken in ein passendes Verzeichnis entspricht in weiten Teilen dem Code für die Trainingsbilder.

Jetzt können Sie die `train_model`-Methode am Ende der Trainingsschleife (bzw. Epoche) so erweitern, dass die Validierung durchgeführt wird und die Ergebnisse ausgegeben werden:

```
def train_model(num_epochs):
    for epoch in range(num_epochs):
        model.train()
        running_loss = 0.0
        for images, labels in train_loader:
            images, labels = images.to(device),
                             labels.to(device).float()
            optimizer.zero_grad()
```

```
            outputs = model(images).view(-1)
            loss = criterion(outputs, labels)
            loss.backward()
            optimizer.step()
            running_loss += loss.item()

        print(f'Epoch {epoch + 1}, Loss: {running_loss /
                len(train_loader)}')

    # Auswertung für Trainingsdaten
        model.eval()
        with torch.no_grad():
            correct = 0
            total = 0
            for images, labels in train_loader:
                images =images.to(device)
                labels = labels.to(device).float()
                outputs = model(images).view(-1)
                predicted = outputs > 0.5  # Vorhersagen mit
                                           # Schwellenwert
                total += labels.size(0)
                correct += (predicted == labels).sum().item()
            print(f'Training Set Accuracy: {100 * correct / total}%')

        # Auswertung für Validierungsdaten
        model.eval()
        with torch.no_grad():
            correct = 0
            total = 0
            for images, labels in val_loader:
                images = images.to(device)
                labels = labels.to(device).float()
                outputs = model(images).view(-1)
                predicted = outputs > 0.5  # Vorhersagen mit
                                           # Schwellenwert
                total += labels.size(0)
                correct += (predicted == labels).sum().item()
            print(f'Validation Set Accuracy: {100 * correct /
total}%')

train_model(50)
```

Dieser Code gibt die Genauigkeit für die Trainings- und die Validierungsdaten aus. Das geschieht nur zu Lernzwecken, damit Sie beide Werte leichter vergleichen können. In der realen Welt wäre die Überprüfung der Genauigkeit von Trainingsdaten eine Verschwendung von Rechenzeit!

Nach zehn Trainingsepochen sollten Sie feststellen, dass Ihr Modell für die Trainingsdaten eine Genauigkeit von über 99 % erreicht hat, während es beim Validierungsdatensatz immerhin 88 % sind.

```
Epoch 7, Loss: 0.0016404045829699512
Training Set Accuracy: 100.0%
Validation Set Accuracy: 88.28125%
Epoch 8, Loss: 0.0010613293736610378
Training Set Accuracy: 100.0%
Validation Set Accuracy: 89.0625%
```

```
Epoch 9, Loss: 0.0008372313717332979
Training Set Accuracy: 100.0%
Validation Set Accuracy: 86.328125%
Epoch 10, Loss: 0.0006578459407812646
Training Set Accuracy: 100.0%
Validation Set Accuracy: 87.5%
```

Das ist ein klares Anzeichen für eine Überanpassung, wie wir sie im vorherigen Kapitel gesehen haben. Die fast 100-prozentige Genauigkeit für die Trainingsdaten kann leicht täuschen. Der Wert für die Genauigkeit der Validierungsdaten zeigt viel eher, wie sich Ihr Modell in der wahren Welt verhalten wird.

Trotzdem ist das keine schlechte Leistung, wenn man bedenkt, mit wie wenigen Bildern das Modell trainiert wurde und wie unterschiedlich die Bilder waren. Falls Sie keine weiteren Trainingsdaten zur Verfügung haben (wie in unserem Fall), gibt es ein paar Techniken, mit denen Sie die Leistung Ihres Modells weiter steigern können.

Die »Horses or Humans«-Bilder testen

Es ist zwar schön und gut, ein Modell erstellen zu können, aber Sie möchten es natürlich auch ausprobieren. Zu Beginn meiner Reise in die Welt der KI frustrierte mich eine Sache besonders. Es gab zwar eine Menge Code, mit dem ich Modelle und Diagramme erzeugen konnte und die mir zeigten, wie leistungsfähig die Modelle waren. Aber nur selten half mir der Code dabei, das Modell selbst zu testen. Ich versuche, Ihnen dabei zu helfen, dieses Problem in diesem Buch zu vermeiden!

Am einfachsten lässt sich das Modell vermutlich in Colab ausprobieren. Hierfür habe ich ein *Horses or Humans*-Notebook erstellt, das Sie auf GitHub finden und direkt in Colab (*http://bit.ly/horsehuman*) öffnen können.

Sobald Sie das Modell trainiert haben, sehen Sie einen Abschnitt mit der Überschrift »Running the Model«. Vor dem Ausführen sollten Sie sich online ein paar Bilder von Pferden und Menschen suchen und auf Ihren Computer herunterladen. Ich empfehle Ihnen hierfür Pixabay.com (*http://pixabay.com*), eine wirklich gute Website für lizenzfreie Bilder. Außerdem ist es sinnvoll, Ihre Bilder zuerst beisammen zu haben, weil es sonst, während Sie nach Bildern suchen, zu einer Zeitüberschreitung der Colab-Instanz kommen kann.

Abbildung 3.9 zeigt ein paar Bilder von Pferden und Menschen, die ich von Pixabay heruntergeladen habe, um das Modell zu testen.

Abbildung 3.9: Testbilder

Nach dem Upload hat das Modell eins der Testbilder in Abbildung 3.10 korrekt als Mensch und eins korrekt als Pferd klassifiziert. Das dritte Bild dagegen wurde fälschlich ebenfalls als »Pferd« erkannt!

Sie können mehrere Bilder auf einmal hochladen und vom Modell klassifizieren lassen. Dabei sollten Sie beachten, dass das Modell eine Tendenz zu einer Überanpassung zugunsten von Pferden hat. Sobald die Person nicht von Kopf bis Fuß zu sehen ist, kann das Modell sie mit einem Pferd verwechseln. In den Testbildern ist die erste Person komplett zu sehen, und das Bild hat Ähnlichkeit mit einer Pose aus den Trainingsdaten. Daher lag das Modell hier richtig. Beim zweiten Bild ist die Person dagegen der Kamera zugewandt, aber nur der Oberkörper ist zu sehen. Da es keine Trainingsdaten mit diesem Ausschnitt gab, konnte das Modell die Person nicht als Mensch erkennen.

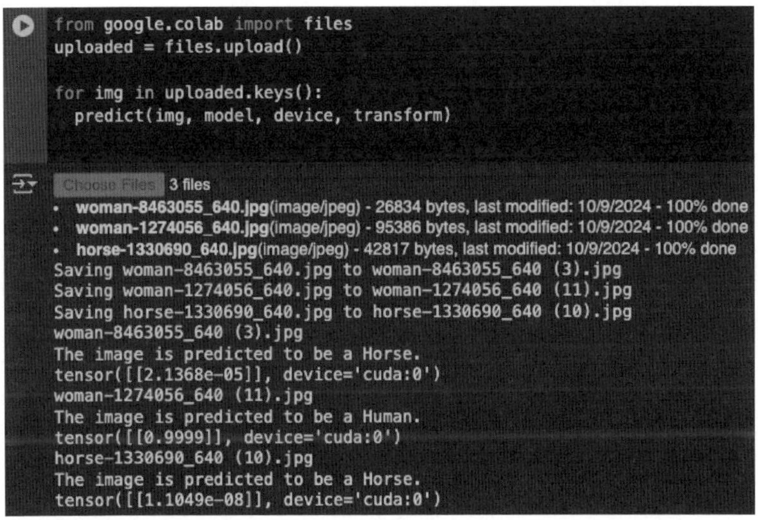

Abbildung 3.10: Das Modell ausführen

Jetzt wollen wir sehen, was der Code tut. Der wichtigste Teil ist vermutlich dieser Block:

```
def load_image(image_path, transform):
    # Bild laden und nach RGB konvertieren
    image = Image.open(image_path).convert('RGB')
    # Transformationen anwenden
    image = transform(image)
    # Vom Modell benötigte Batch-Dimension hinzufügen
    image = image.unsqueeze(0)
    return image
```

Hier laden wir das Bild von seinem Speicherort in Colab. Wie Sie sehen, wenden wir ein `transform` auf das Bild an. Grundsätzlich können die hochgeladenen Bilder eine beliebige Form haben. Wenn wir sie an das Modell übergeben, *müssen* sie jedoch die gleichen Dimensionen wie die Trainingsbilder haben. Wenn wir hier die gleiche `transform`-Anweisung wie beim Training angeben, wissen wir, dass die neuen Bilder die richtigen Ausmaße haben.

Am Ende steht dieser seltsame Befehl: `image = image.unsqueeze(0)`.

Wenn Sie einen Blick darauf werfen, wie das Modell trainiert wurde, sehen Sie, dass die DataLoader-Objekte die übergebenen Bilder zu Batches zusammengefasst haben. Stellen Sie sich ein Bild als 2-D-Array aus Pixeln vor, dann ist der Batch ein Array, das mehrere 2-D-Arrays enthält, was einem 3-D-Array entspricht.

Wenn wir den Code dagegen mit jeweils nur einem Bild verwenden, gibt es keinen echten Batch. Um ein 3-D-Array zu erstellen, können wir das Bild mit einem `unsqueeze` entlang der Achse `0` bearbeiten, um den Batch zu simulieren.

Sobald unser Bild das richtige Format hat, können wir die Klassifizierung durchführen.

```
with torch.no_grad():
    output = model(image)
```

Daraufhin gibt das Modell ein Array zurück, das die Klassifizierung für diesen »Batch« enthält. Die Ausgabe in Abbildung 3.10 zeigt, dass es sich im Prinzip um ein Array handelt, das seinerseits ein Array enthält. Für das erste Testbild, das einen Menschen zeigt, sieht das so aus: `tensor([[2.1368e-05]], device='cuda:0')`.

Jetzt müssen wir nur noch den Wert des ersten Array-Elements untersuchen. Ist er größer als 0,5, hat das Modell hier einen Menschen erkannt:

```
class_name = "Human" if prediction.item() >= 0.5 else "Horse"
```

Auch hier gibt es ein paar wichtige Dinge zu beachten. Obwohl wir das Netzwerk mit künstlichen, computergenerierten Bildern trainiert haben, kann das Modell Pferde und Menschen in echten Fotos recht gut unterscheiden. Das kann von Vorteil sein, weil Sie das Modell nicht mit Tausenden Fotografien trainieren müssen, sondern einfach kostengünstige, künstlich erzeugte Bilder verwenden können.

Gleichzeitig offenbart dieser Datensatz aber auch ein Problem: Ihre Trainingsdaten sind nicht im Ansatz in der Lage, *jedes* mögliche Szenario abzubilden, mit dem Ihr Modell im echten Leben konfrontiert wird. Es wird also immer etwas auf die Trainingsdaten überspezialisiert bleiben. Ein deutliches Beispiel hierfür haben wir gesehen, als das Modell die Person in der Mitte von Abbildung 3.9 falsch zugeordnet hat. In den Trainingsdaten gab es keinen Menschen in dieser Pose. Daher hat das Modell auch nicht »gelernt«, dass Menschen so aussehen können. Als Folge hielt es das Modell für deutlich wahrscheinlicher, dass es sich hier um ein Pferd handeln muss.

Aber wie können wir das Problem lösen? Offensichtlich mit mehr und besseren Trainingsdaten, die Menschen auch in dieser und anderen Posen zeigen, die zuvor nicht enthalten waren. Das ist aber nicht immer möglich. Glücklicherweise gibt es in PyTorch einen Trick, mit dem Sie Ihren Datensatz virtuell erweitern können: die sogenannte *Image Augmentation*, die wir im folgenden Abschnitt behandeln.

Image Augmentation

Im vorherigen Abschnitt haben Sie ein Modell erstellt, das mit einem relativ kleinen Datensatz trainiert wurde. Dadurch kam das Modell schnell an seine Grenzen, wenn es um die Zuordnung von Bildern ging, die es vorher noch nicht gesehen hatte. So wurde eine Frau versehentlich als »Pferd« kategorisiert, weil die Trainingsdaten keine Bilder von Personen in dieser Pose enthielten.

Diese Probleme lassen sich mithilfe der *Image Augmentation* zumindest abschwächen. Der Grundgedanke ist, dass PyTorch beim Laden Ihrer Bilder zusätzliche Daten erzeugen kann, indem es eine Reihe von Umwandlungen auf sie anwendet, wie in Abbildung 3.11 gezeigt. Obwohl die ursprünglichen Trainingsdaten kein Bild enthalten, das dem Bild der Frau auf der rechten Seite entspricht, hat das Bild links immerhin eine gewisse Ähnlichkeit.

Abbildung 3.11: Im Datensatz vorhandene Ähnlichkeiten

Könnten Sie beispielsweise beim Training in das linke Bild hineinzoomen, wie in Abbildung 3.12 gezeigt, würde dies die Chancen erhöhen, dass das Modell die Person auf der rechten Seite korrekt als »Mensch« einordnet.

Abbildung 3.12: In die Trainingsdaten hineinzoomen

Auf ähnliche Weise können Sie die Trainingsdaten mit einer Reihe weiterer Umwandlungen erweitern, zum Beispiel:

- Bilddrehung (Rotation)
- horizontale Verschiebung (wobei die Pixel, die an einer Seite »abgeschnitten« werden, auf der anderen Seite wieder eingefügt werden)
- vertikale Verschiebung (wobei die Pixel, die an einem Ende »abgeschnitten« werden, am anderen Ende – oben oder unten – wieder eingefügt werden)
- Scherung (Verschieben der Pixel entweder horizontal oder vertikal, jedoch mit einer Versetzung, sodass das Bild wie ein Parallelogramm aussieht)
- Zoomen (Vergrößern eines bestimmten Bereichs)
- Spiegeln (*flip*, vertikal oder horizontal)

Da Sie die Bilder anhand von `datasets.ImageFolder` und einem `DataLoader` geladen haben, wissen Sie bereits, wie das Modell eine solche Umwandlung (*Transform*) ausführt, nämlich während der Normalisierung der Bilder, wie hier gezeigt:

```
# Transformationen definieren
transform = transforms.Compose([
    transforms.Resize((150, 150)),
    transforms.ToTensor(),
    transforms.Normalize(mean=[0.5, 0.5, 0.5], std=[0.5, 0.5, 0.5])
])
```

Neben den oben gezeigten enthält die `torchvision.transforms`-Bibliothek noch eine Menge weiterer Transformierungen. Zum Beispiel könnten Sie auf Trainings- und Validierungsdaten unterschiedliche Transforms anwenden, wie hier:

```
# Transformierungen für die Trainingsdaten
train_transforms = transforms.Compose([
    transforms.RandomHorizontalFlip(),
    transforms.RandomRotation(20),
    transforms.RandomResizedCrop(150),
    transforms.ToTensor(),
    transforms.Normalize(mean=[0.5, 0.5, 0.5], std=[0.5, 0.5, 0.5])
])

# Transformierungen für die Validierungsdaten
val_transforms = transforms.Compose([
    transforms.Resize(150),
    transforms.CenterCrop(150),
    transforms.ToTensor(),
    transforms.Normalize(mean=[0.5, 0.5, 0.5], std=[0.5, 0.5, 0.5])
])
```

Zusätzlich zur Skalierung des Bilds für die Normalisierung passiert Folgendes:

- Das Bild wird mit einer Wahrscheinlichkeit von 50 % horizontal gespiegelt (oder nicht).
- Das Bild wird zufällig um 20 Grad nach links oder nach rechts gedreht.
- Anstatt das Bild zu skalieren, wird es auf einen zufälligen 150 × 150 Pixel großen Bereich beschnitten.

Außerdem gibt es noch die `transforms.RandomAffine`-Bibliothek, mit der Sie alle oben stehenden Dinge tun können. Zusätzlich können Sie das Bild skalieren (ein- oder auszoomen), scheren und noch einiges mehr. Hier ein Beispiel:

```
transforms.RandomAffine(
    degrees=0,            # Keine Drehung
    translate=(0.2, 0.2), # Um 20% vertikal und horizontal
                          # verschieben
    scale=(0.8, 1.2),     # Um 20% ein- oder auszoomen
    shear=20,             # Scheren um bis zu 20 Grad
),
```

Wenn Sie das Modell mit diesen Parametern neu trainieren, werden Sie schnell bemerken, dass das Training durch die vielen Bildbearbeitungen länger dauert. Eventuell ist die Genauigkeit Ihres Modells hinterher nicht mehr ganz so hoch, weil es vorher durch den relativ einheitlichen Datensatz überangepasst war.

Bei mir sank die Genauigkeit nach 15 Epochen von 99 % auf 94 % und bei den Validierungsdaten sogar auf 64 %. Das ist ein deutliches Anzeichen für eine Überanpassung im Modell. Dies sollte jedoch durch ein Training mit mehr Epochen untersucht werden. Außerdem könnte das zufällige Beschneiden ein Problem sein: Bei den computergenerierten Bildern ist das Motiv meistens in der Bildmitte zentriert, wodurch es beim Beschneiden möglicherweise nur noch teilweise sichtbar ist.

Aber was ist mit dem Bild aus Abbildung 3.9, das unser Modell vorher falsch zugeordnet hat? Diesmal liegt das Modell richtig. Dank der Image Augmentations verfügen die Trainingsdaten nun über eine ausreichende Abdeckung, sodass das Modell jetzt auch dieses Bild richtig erkennt (siehe Abbildung 3.13). Dies ist zwar nur ein Datenpunkt, der nicht stellvertretend für die Ergebnisse aus der wahren Welt stehen muss, aber es ist ein kleiner Schritt in die richtige Richtung.

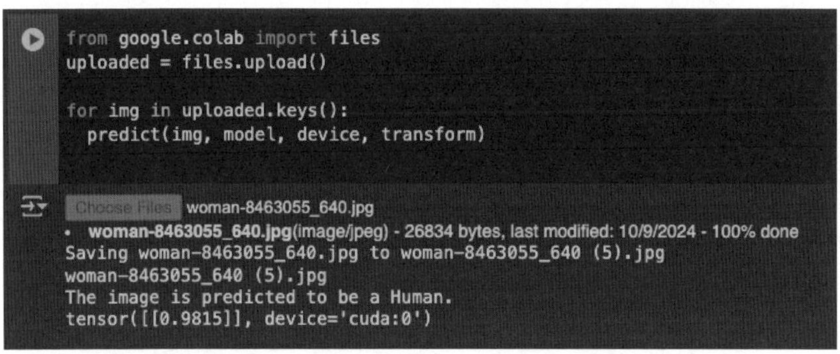

Abbildung 3.13: Jetzt wird die Frau korrekt erkannt.

Wie Sie sehen, können Sie selbst mit einem relativ kleinen Datensatz wie *Horses or Humans* schon einen recht anständigen Classifier bauen. Mit größeren Datensätzen ist natürlich noch mehr möglich. Eine weitere Möglichkeit, das Modell zu verbessern, besteht darin, Merkmale zu nutzen, die das Modell bereits woanders gelernt hat. Viele Forscher mit immensen Ressourcen (Millionen von Bildern) und riesigen Modellen, die an Tausenden von

Kategorien trainiert wurden, haben ihre Modelle zur allgemeinen Nutzung verfügbar gemacht. Mithilfe eines Konzepts namens *Transfer Learning* (»Transferlernen«) können Sie die Merkmale, die diese Modelle gelernt haben, ebenfalls nutzen und auf Ihre eigenen Daten anwenden. Damit wollen wir uns im nächsten Abschnitt befassen!

Transferlernen

Wie Sie inzwischen wissen, kann die Faltung zur Extraktion von Merkmalen ein sehr mächtiges Werkzeug sein, um Bildinhalte zu erkennen. Wenn wir dieses Werkzeug nutzen, können wir die resultierenden Feature-Maps an die vollständig verbundenen Schichten eines neuronalen Netzwerks übergeben, um sie auf ihre Labels abzubilden. So erhalten wir eine genauere Methode, um den Inhalt eines Bilds zu identifizieren. Durch die Kombination dieses Ansatzes in einem einfach zu trainierenden neuronalen Netzwerk mit Techniken zur Image Augmentation haben wir nun ein Modell, das ein Pferd mit einer Genauigkeit von 80 bis 90 % von einem Menschen unterscheiden kann, obwohl es nur mit einem relativ kleinen Datensatz trainiert wurde.

Wir können unser Modell aber noch weiter verbessern, wenn wir eine Technik namens *Transferlernen* (*Transfer Learning*) verwenden. Die Idee dahinter ist einfach: Anstatt das Modell von Grund auf eine Reihe von Filtern für einen Datensatz lernen zu lassen, könnten wir auch Filter nutzen, die von einem deutlich größeren Datensatz mit wesentlich mehr Merkmalen gelernt wurden, als wir uns leisten könnten. Diese Filter könnten wir in unser Netzwerk einbauen und könnten dann anhand der »vorgelernten« Filter ein Modell mit unseren Daten trainieren. Obwohl unser *Horses or Humans*-Datensatz nur zwei Kategorien enthält, können wir ein bereits vorhandenes Modell nutzen, das für 1.000 Kategorien vortrainiert wurde. Dafür müssen wir allerdings einen Teil des vordefinierten Netzwerks verwerfen und durch Schichten ersetzen, mit denen die Klassifizierung in zwei Kategorien umgesetzt werden kann.

Abbildung 3.14 zeigt, wie eine CNN-Architektur für unsere Klassifizierungsaufgabe aussehen könnte. Es gibt mehrere Faltungsschichten, auf die eine vollständig verbundene Schicht folgt und deren Resultate schließlich an die Ausgabeschicht weitergegeben werden.

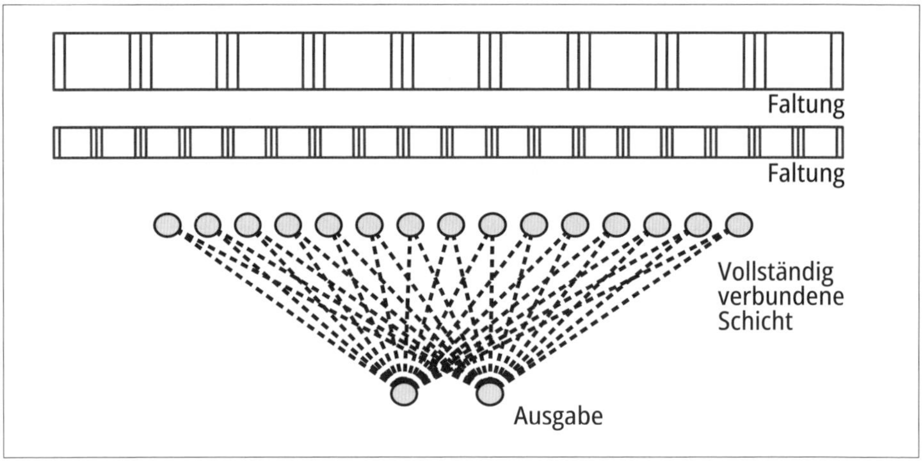

Abbildung 3.14: Eine CNN-Architektur

Wir haben bereits gesehen, dass wir mit dieser Architektur einen ziemlich guten Classifier bauen können. Wie wäre es aber, wenn wir Transferlernen nutzen könnten, um »vorgelernte« Schichten eines anderen Modells mitbenutzen zu können? Diese müssten wir »einfrieren« oder sperren, damit sie nicht trainierbar sind, und dann an den Anfang unserer eigenen Schichten stellen, wie in Abbildung 3.15 gezeigt.

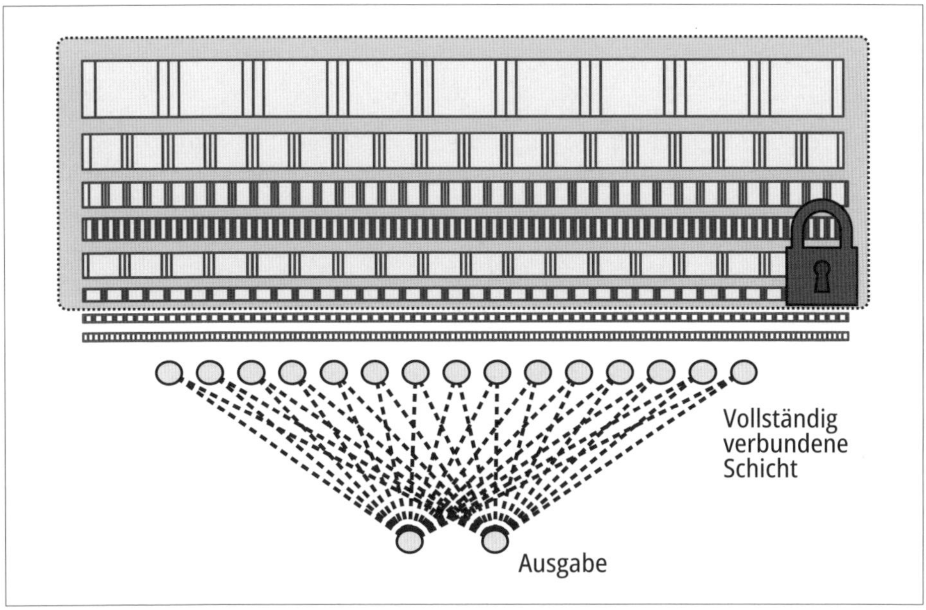

Abbildung 3.15: Schichten einer anderen Architektur per Transferlernen integrieren und sperren

Wenn wir davon ausgehen, dass diese Schichten nach dem Training eigentlich nur aus einer Reihe von Zahlen bestehen, die für die Filterwerte, Gewichte und Bias in einer bekannten Architektur (die Anzahl und Größe der Filter etc.) stehen, dann ist der Gedanke, sie wiederzuverwenden, eigentlich ganz naheliegend.

Schauen wir uns als Nächstes an, wie das im Code aussieht. Es gibt eine Vielzahl vortrainierter Modelle aus unterschiedlichen Quellen. Wir benutzen eine Version des beliebten *Inception*-Modells von Google, das mit über einer Million Bildern aus der ImageNet-Datenbank trainiert wurde. Inception enthält Dutzende von Schichten und kann Bilder 1.000 verschiedenen Kategorien zuordnen.

Die Bibliothek `torchvision.models` enthält mehrere Modelle, unter anderem auch Inception V3, sodass wir es sehr leicht in unseren Code integrieren können.

```
import torch
import torch.nn as nn
from torchvision import models, transforms
from torch.utils.data import DataLoader
from torchvision.datasets import ImageFolder
from torch.optim import RMSprop

# Das vortrainierte Modell Inception V3 laden
pre_trained_model = models.inception_v3(pretrained=True, aux_logits=
True)
```

Und damit können wir das komplette vortrainierte Inception-Modell nutzen. Wenn Sie die Architektur genauer untersuchen möchten, können Sie das mit folgendem Code tun:

```
def print_model_summary(model):
    for name, module in model.named_modules():
        print(f"{name} : {module.__class__.__name__}")

# Beispiel für die Verwendung der Funktion mit
# unserem vortrainierten Modell
print_model_summary(pre_trained_model)
```

Ein Wort der Warnung: Trotz seiner Größe sollten Sie sich zumindest einen Überblick über die Schichten des Modells und ihre Namen verschaffen. Mir gefällt `Mixed7_c` besonders gut, weil es schöne kleine Ausgaben hat, die aus 8 × 8 Pixel großen Bildern bestehen. Das soll Sie aber nicht davon abhalten, auch mit anderen Schichten zu experimentieren.

Im nächsten Schritt »frieren« wir das gesamte Netzwerk ein, damit es nicht erneut trainiert wird, und setzen eine Variable, die auf die Ausgaben von `mixed7` verweist, um unseren Ausstiegspunkt aus Inception V3 zu markieren. Das geht mit folgendem Code:

```
# Alle Schichten bis zu und inklusive 'Mixed_7c' einfrieren
for name, parameter in pre_trained_model.named_parameters():
    parameter.requires_grad = False
    if 'Mixed_7c' in name:
        break
```

Wie Sie sehen, geben wir aus, welche Ausgabeform die letzte Schicht hat. Außerdem können Sie erkennen, dass die Ausgabebilder von `Mixed_7c` tatsächlich eine Größe von 8 × 8 Pixeln haben, nachdem Sie die Filter durchlaufen haben. Damit können wir gut umgehen. Auch in diesem Fall ist es nicht zwingend erforderlich, genau diese Schicht zu wählen. Die Entscheidung liegt bei Ihnen.

Die Anpassung des Modells für das Transferlernen ist nicht schwer. Wenn Sie sich die Ausgaben von `print_model_summary` noch einmal ansehen, können Sie erkennen, dass die letzte Schicht des Modells `fc` heißt. Wie erwartet, steht `fc` für *fully connected*, es handelt sich also effektiv um eine `Linear`-Schicht mit vollständig verbundenen Neuronen.

Um diese Schicht durch eine neue Schicht auszutauschen, müssen wir ihre Eingabeform nicht im Voraus *wissen* – denn diese finden wir in ihrer `in_features`-Eigenschaft. Um also eine neue Schicht mit 1.024 Neuronen zu erzeugen, die ihre Werte an eine weitere Schicht mit zwei Neuronen weiterleitet, und um die `fc`-Schicht zu ersetzen, müssen Sie Folgendes tun:

```
# Vorhandene vollständig verbundene Schicht anpassen
num_ftrs = pre_trained_model.fc.in_features
pre_trained_model.fc = nn.Sequential(
    nn.Linear(num_ftrs, 1024), # Neue vollständig verbundene Schicht
    nn.ReLU(),                 # Aktivierungsschicht
    nn.Linear(1024, 2)         # Abschließende Schicht für
                               # binäre Klassifizierung
)
```

Hierfür erstellen wir einen neuen Satz an `Linear`-Schichten aus der letzten Ausgabe, da wir die Ergebnisse in eine weitere `Linear`-Schicht weiterleiten wollen. Das heißt, wir fügen eine `Linear`-Schicht mit 1.024 Neuronen und eine vollständig verbundene Schicht mit zwei Neuronen für unsere Ausgabe hinzu. Sie haben vermutlich schon gemerkt, dass wir im vorherigen Modell nur ein Neuron verwendet und eine Sigmoid-Aktivierung für die beiden Klassen genutzt haben. Warum hat die Ausgabeschicht dann jetzt plötzlich zwei Neuronen? Das war in erster Linie eine Stilentscheidung. Inception wurde dafür entworfen, für *n* Kategorien *n* Neuronen für die Ausgabe zu verwenden. Diesen Ansatz wollte ich hier beibehalten.

Wenn wir das Modell mit dieser Architektur für drei Epochen trainieren, sehen wir eine deutliche Verbesserung der Genauigkeit. Bei den Trainingsdaten liegt sie bei über 99 %, während sie für die Validierungsdaten 95 % beträgt. Vergessen Sie nicht, dass Inception eine riesige Menge an Merkmalen gelernt hat, die es für die Zuordnung zu den vielen Kategorien nutzen kann, an denen es trainiert wurde. Zudem kann dieser Satz an Merkmalen unglaublich nützlich sein, um zu lernen, wie andere Bilder klassifiziert werden, nicht nur die aus *Horses or Humans*.

Die Ergebnisse aus diesem Modell sind deutlich besser als die unseres letzten Modells. Trotzdem können Sie es weiter anpassen und verbessern. Auch können Sie erforschen, wie das Modell mit einem deutlich größeren Datensatz funktioniert, wie etwa dem berühmten Dogs vs. Cats (*https://oreil.ly/UhWMk*)-Satz von Kaggle. Die Daten sind äußerst vielfältig und umfassen 25.000 Bilder von Katzen und Hunden. Dabei sind die Motive oft etwas verdeckt, zum Beispiel wenn sie von einem Menschen gehalten werden.

Wenn Sie den gleichen Algorithmus und das gleiche Modelldesign wie zuvor benutzen, können Sie einen *Dogs vs. Cats*-Classifier auf Colab mit einer GPU in etwa drei Minuten pro Epoche trainieren.

Bei einem Test mit sehr komplexen Bildern (siehe Abbildung 3.16) habe ich das Bild eines Hunds mit katzenartigen Ohren gewählt und eins, auf dem der Hund neben einem Menschen sitzt und dem Betrachter den Rücken zukehrt. Auch die Katzenbilder sind eher untypisch. Dennoch hat der Classifier alles korrekt erkannt.

Abbildung 3.16: Ungewöhnliche Hunde und Katzen, die das Modell korrekt zugeordnet hat

Mit folgendem Code können Sie die Ergebnisse parsen:

```
def load_image(image_path, transform):
    # Bild laden
    # Nach RGB konvertieren:
    image = Image.open(image_path).convert('RGB')
    # Transformationen anwenden
    image = transform(image)
    # Batch-Dimension hinzufügen, weil Modell Batches erwartet
    image = image.unsqueeze(0)
    return image

# Vorhersagefunktion
def predict(image_path, model, device, transform):
    model.eval()
    image = load_image(image_path, transform)
    image = image.to(device)
    with torch.no_grad():
        output = model(image)
        print(output)
        prediction = torch.max(output, 1)
        print(prediction)
```

Beachten Sie die Zeilen, in denen ich die Werte des Bilds ausgebe, daraus die Vorhersage berechne und sie schließlich ausgebe.

Wenn Sie ein paar Bilder zu Colab hochladen, können Sie die Vorhersagen mitverfolgen (siehe Abbildung 3.17).

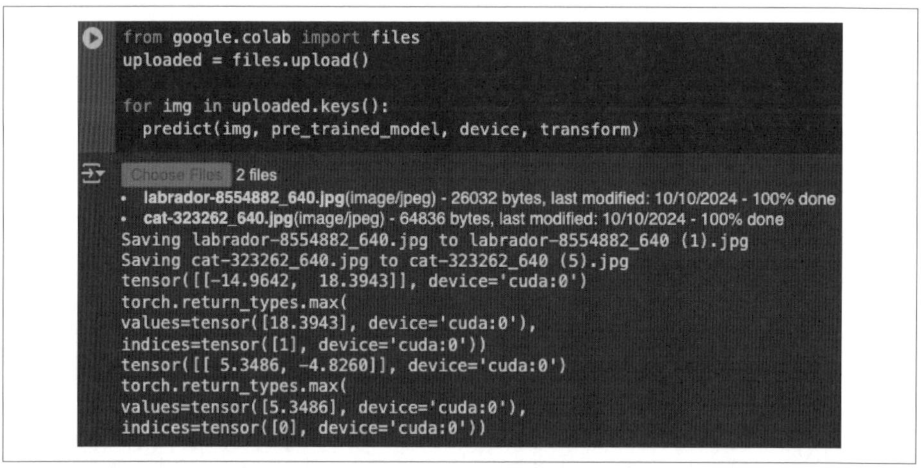

Abbildung 3.17: Klassifizierung für die Katze, die sich die Pfote leckt

Der erste hochgeladene Bild hieß *labrador*, das, wie der Name schon sagt, einen Hund zeigt. Der vom Modell zurückgegebene Tensor enthielt die Werte `[-14.9642, 18.3943]`: eine sehr niedrige Zahl für das erste Label und eine sehr hohe für das zweite. Da wir die Bilder beim Training in einem Verzeichnis abgelegt haben, erschienen die Labels in alphabetischer Reihenfolge. Der niedrige Wert steht also für »Katze« und der hohe für »Hund«. Der Rückgabewert von `torch.max` war `[1]`. Das bedeutet, dass das zweite Neuron (mit dem Index 1) für diese Klassifizierung zuständig war und das Bild demnach einen Hund zeigt.

Beim zweiten Bild mit den Werten [5.3486, -4.8260] lag das erste Neuron vorne. Hier hat das Modell also eine Katze gefunden. Die Größe dieser Zahlen gibt die Stärke der Vorhersage an. Das Modell war sich beim ersten Bild deutlich sicherer, dass es sich um einen Hund handelt, als dass das zweite Bild eine Katze zeigt.

Den vollständigen Code für die *Horses or Humans*- und *Dogs vs. Cats*-Classifier finden Sie im GitHub-Repository (*https://github.com/lmoroney/tfbook*) zu diesem Buch.

Mehrfachklassifizierung

In allen bisherigen Beispielen haben Sie *binäre* Classifier erstellt, die zwischen genau zwei Optionen unterscheiden konnten (Pferde oder Menschen, Hunde oder Katzen). Wenn Sie dagegen Mehrfach-Classifier bauen, sind die Modelle zwar fast die gleichen, dennoch gibt es ein paar wesentliche Unterschiede. Anstelle eines Neurons, das mit einer Sigmoid-Funktion aktiviert wird, oder zwei Neuronen, die binär aktiviert werden, benötigt Ihre Ausgabeschicht nun *n* Neuronen entsprechend den Kategorien, die Sie zuordnen möchten. Außerdem müssen Sie Ihre Verlustfunktion für den Umgang mit mehreren Kategorien anpassen.

Ein praktisches Merkmal der Verlustfunktion nn.CrossEntropyLoss in PyTorch ist ihre Fähigkeit, mit mehreren Kategorien umzugehen. Das heißt, die bisher erstellten *Dogs vs. Cats*- und *Horses or Humans*-Classifier (mit Transferlernen) können Sie ohne Veränderung weiternutzen. Allerdings hilft uns der *Horses or Humans*-Classifier mit nur *einem* Neuron hier nicht weiter, weil er lediglich zwei Kategorien versteht. Solche Probleme sollten Sie immer im Auge behalten, besonders wenn Sie mit dem Schreiben von Klassifizierungscode noch am Anfang stehen.

Um mehr als zwei Kategorien zu unterscheiden, sehen wir uns als Beispiel das »Stein, Schere, Papier«-Spiel (*Rock, Paper, Scissors*) an. Wenn Sie ein Modell trainieren wollen, das die verschiedenen Handgesten des Spiels erkennt, müssen Sie drei Kategorien unterscheiden können. Glücklicherweise gibt es hierfür einen einfachen Datensatz (*https://oreil.ly/VHbmS*).

Sie finden unter der Adresse einen Trainingsdatensatz mit verschiedenen Händen in unterschiedlichen Größen, Formen, Farben und Details wie Nagellack und so weiter. Außerdem gibt es dort einen Testdatensatz mit ähnlich unterschiedlichen Händen, die sich nicht mit den Trainingsdaten überschneiden. Einige Beispiele hierfür sehen Sie in Abbildung 3.18.

Die Verwendung des Datensatzes ist einfach. Laden Sie ihn herunter und entpacken Sie die ZIP-Datei. Die sortierten Unterverzeichnisse sind bereits enthalten. Damit können Sie anschließend einen ImageFolder initialisieren.

```
!wget --no-check-certificate \
 https://storage.googleapis.com/learning-datasets/rps.zip \
 -O /tmp/rps.zip
local_zip = '/tmp/rps.zip'
zip_ref = zipfile.ZipFile(local_zip, 'r')
zip_ref.extractall('/tmp/')
zip_ref.close()
training_dir = "/tmp/rps/"

train_dataset = ImageFolder(root=training_dir, transform=transform)
```

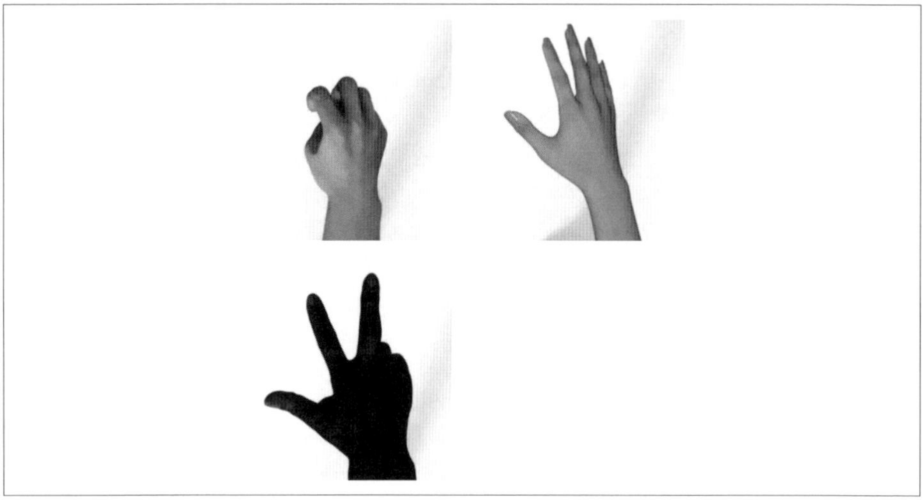

Abbildung 3.18: Beispiele für »Stein, Schere, Papier«-Gesten

Vergessen Sie nicht, die Bilder per `transform` so umzuwandeln, dass sie der Eingabeform Ihres Modells entsprechen. In den ersten Beispielen dieses Abschnitts haben wir beispielsweise Inception verwendet, das 299 × 299 Pixel erwartet.

Sie können den `ImageFolder` wie gewohnt für Ihren `DataLoader` nutzen:

```
train_loader = DataLoader(train_dataset, batch_size=32, shuffle=True)
```

Als wir das Inception-Modell für *Horses or Humans* oder *Dogs vs. Cats* angepasst haben, gab es nur *zwei* Kategorien und daher auch nur *zwei* Ausgabeneuronen. Hier haben wir es jedoch mit *drei* Kategorien zu tun. Wir müssen die vollständig verbundene Schicht am Ende also entsprechend anpassen:

```
# Die bestehende vollständig verbundene Schicht anpassen
num_ftrs = pre_trained_model.fc.in_features
pre_trained_model.fc = nn.Sequential(
    nn.Linear(num_ftrs, 1024), # Neue vollständig verbundene Schicht
    nn.ReLU(),                 # Aktivierungsschicht
    nn.Linear(1024, 3)         # Finale Schicht für Klassifizierung
)
```

Ab hier funktioniert das Training des Modells wie gewohnt: Sie geben die Verlustfunktion und den Optimizer an und rufen dann `train_model()` auf. Dies ist die gleiche Funktion, die Sie auch schon in den *Horses or Humans*- und *Dogs vs. Cats*-Beispielen verwendet haben:

```
# Nur Parameter optimieren, die als
# trainierbar markiert sind
optimizer = RMSprop(filter(lambda p: p.requires_grad,
                    pre_trained_model.parameters()), lr=0.001)

criterion = nn.CrossEntropyLoss()

# Das Modell trainieren
train_model(pre_trained_model, criterion, optimizer, train_loader,
num_epochs=3)
```

Der Code zum Testen der Vorhersagen wird sich etwas verändern. Wir nutzen jetzt drei Ausgabeneuronen, die einen hohen Wert für die vorhergesagte Kategorie und einen niedrigeren Wert für die anderen ausgeben.

Wenn Sie den `ImageFolder` verwenden, werden die Kategorien in alphabetischer englischer Reihenfolge geladen und ausgewertet, also als Papier (*Paper*), Stein (*Rock*) und Schere (*Scissors*). Lassen Sie sich davon nicht durcheinanderbringen.

Der Code zum Ausprobieren der Vorhersagen in einem Colab-Notebook hat Ähnlichkeit mit den bereits bekannten Beispielen, wie hier gezeigt:

```
def load_image(image_path, transform):
    # Bild laden
    image = Image.open(image_path).convert('RGB')  # Convert to RGB
    # Transformationen anwenden
    image = transform(image)
    # Batch-Dimension hinzufügen, weil Modell Batches erwartet
    image = image.unsqueeze(0)
    return image

# Vorhersagefunktion
def predict(image_path, model, device, transform):
    model.eval()
    image = load_image(image_path, transform)
    image = image.to(device)
    with torch.no_grad():
        output = model(image)
        print(output)
        prediction = torch.max(output, 1)
        print(prediction)
```

Beachten Sie, dass dieser Code die Ausgaben nicht parst, sondern nur die Kategorien ausgibt. Abbildung 3.19 zeigt das im praktischen Einsatz.

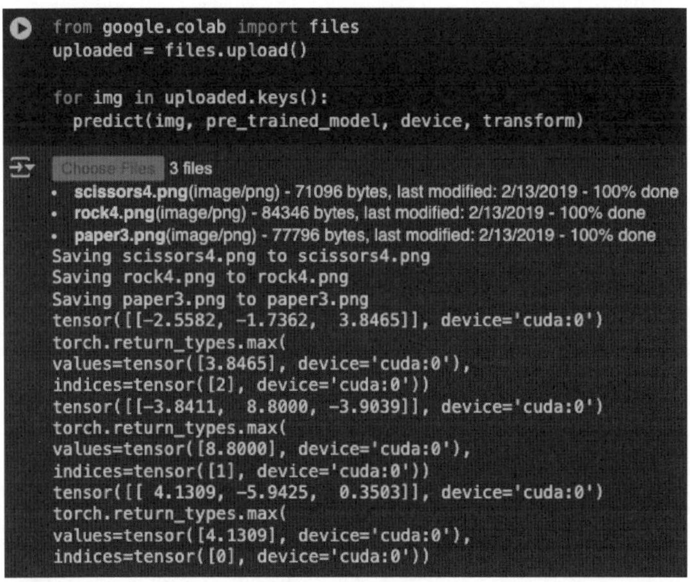

Abbildung 3.19: Den »Stein, Schere, Papier«-Classifier testen

Anhand der Dateinamen können Sie sehen, welche Bilder getestet wurden.

Wenn Sie das etwas genauer untersuchen, können Sie sehen, dass die Ausgabe für den Dateinamen *scissors4.png* `[-2.5582, -1.7362, 3.8465]` lautet. Die größte Zahl ist die dritte. Wenn Sie alphabetisch denken, steht das dritte Neuron für *Scissors*, also Schere. Das Bild wurde daher korrekt zugeordnet. Ähnliche Ergebnisse konnten auch für die anderen Dateien erzielt werden.

Zum Testen des Datensatzes können Sie weitere Bilder herunterladen (*https://oreil.ly/dEUpx*). Alternativ können Sie natürlich auch Ihre eigenen Bilder nutzen. Beachten Sie aber, dass alle Trainingsbilder vor einem weißen, unstrukturierten Hintergrund fotografiert wurden. Es kann das Modell verwirren, wenn der Hintergrund Ihrer eigenen Fotos zu viele Details enthält.

Dropout-Regularisierung

Weiter oben in diesem Kapitel haben wir uns mit Überanpassung beschäftigt. Hierbei spezialisiert sich ein Netzwerk so sehr auf eine bestimmte Art von Eingabedaten, dass es andere, unbekannte Daten nur noch schlecht klassifizieren kann. Um das zu verhindern, können Sie eine Technik namens *Dropout-Regularisierung* verwenden.

Beim Training eines neuronalen Netzwerks beeinflusst jedes einzelne Neuron einer Schicht die Neuronen der folgenden Schichten. Im Laufe der Zeit können, besonders in größeren Netzwerken, einige Neuronen überspezialisiert werden. Dieses Problem kann sich auf die folgenden Schichten ausweiten und im schlimmsten Fall zu einer Überanpassung des gesamten Netzwerks führen. Außerdem kann es auf benachbarte Neuronen »abfärben«, wodurch auch diese ähnliche Gewichte und Bias erhalten. Ohne Überwachung kann dies durch die von diesen Neuronen aktivierten Merkmale zu einer Überspezialisierung des gesamten Modells führen. Dieses Verhalten wird üblicherweise als *Proximity-Bias* bezeichnet.

Sehen Sie sich hierzu das neuronale Netzwerk in Abbildung 3.20 an, das Schichten mit 2, 6, 6 und 2 Neuronen enthält. Die Neuronen in den verborgenen Schichten könnten am Ende sehr ähnliche Gewichte und Bias haben.

Wenn Sie beim Training eine zufällige Zahl von Neuronen entfernen und ignorieren, sind ihre Ausgaben an folgende Schichten zeitweise blockiert (siehe Abbildung 3.21). Sie »fallen aus« (*drop out*), woraus sich der Begriff *Dropout-Regularisierung* herleitet.

Das verringert die Überspezialisierung der Neuronen. Das Netzwerk lernt zwar immer noch die gleiche Zahl an Parametern, sollte aber besser verallgemeinern können, sich also bei verschiedenen Eingaben resilienter verhalten.

Das Konzept der Dropouts wurde von Nitish Srivastava et al. im Forschungspapier »Dropout: A Simple Way to Prevent Neural Networks from Overfitting (*https://oreil.ly/673CJ*).« aus dem Jahr 2014 vorgeschlagen.

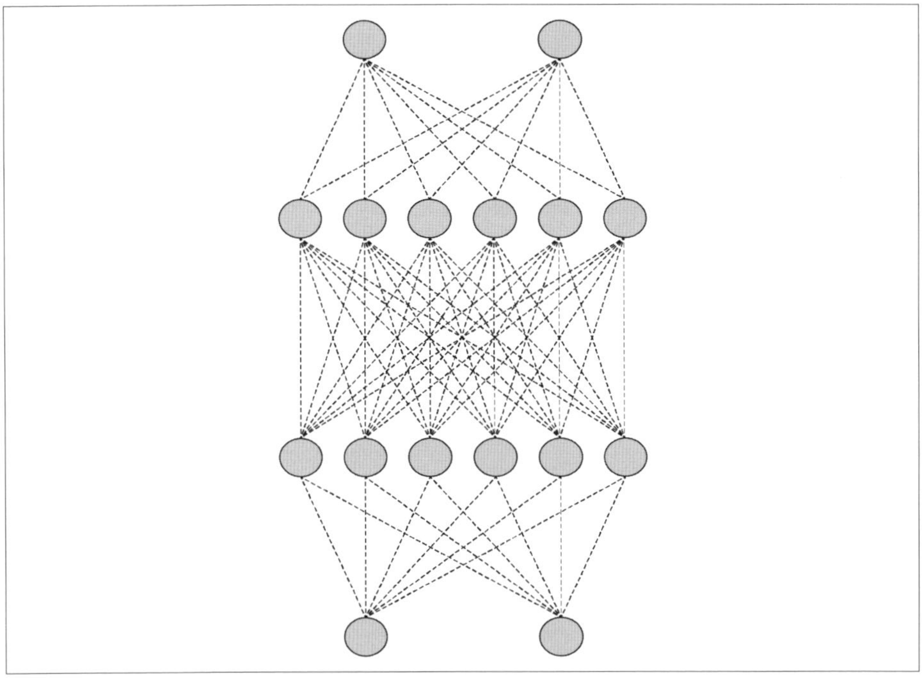

Abbildung 3.20: Ein einfaches neuronales Netzwerk

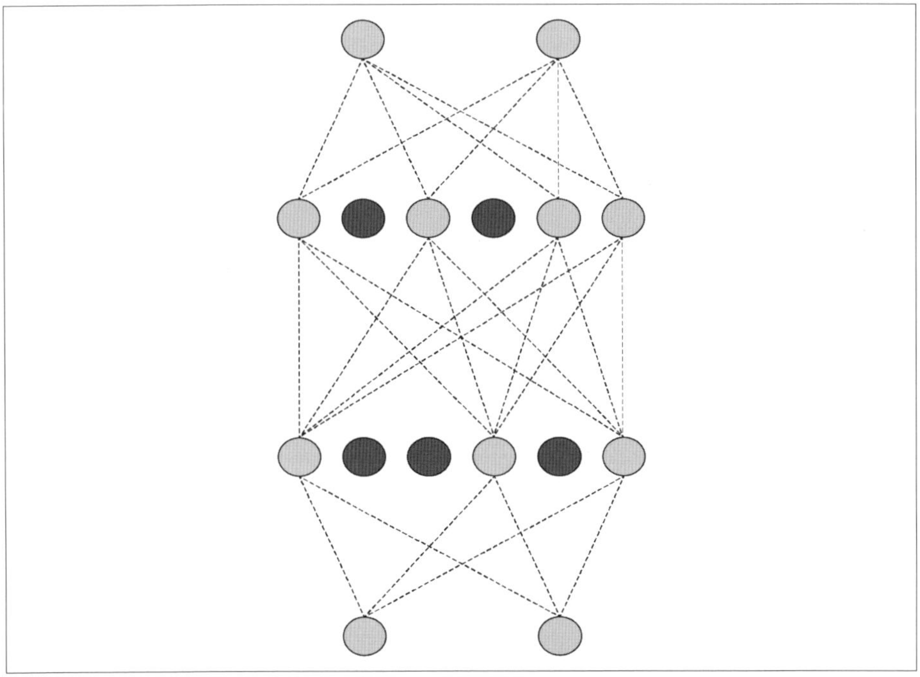

Abbildung 3.21: Ein einfaches neuronales Netzwerk mit Dropouts

Um Dropouts in PyTorch zu implementieren, können Sie dies als einfache Schicht implementieren, wie hier gezeigt:

```
nn.Dropout(0.5)
```

Damit wird der angegebene Prozentsatz an Neuronen (hier 50 %) in der angegebenen Schicht »fallen gelassen«. Um den besten Prozentsatz für Ihr Netzwerk zu ermitteln, müssen Sie vielleicht ein wenig experimentieren.

Um das zu zeigen, können wir die neuen vollständig verbundenen Schichten am Ende unseres Beispiels für das Transferlernen mit Inception erweitern.

Hier noch einmal der ursprüngliche Code für *Stein, Schere, Papier* mit drei Neuronen:

```
num_ftrs = pre_trained_model.fc.in_features
pre_trained_model.fc = nn.Sequential(
    nn.Linear(num_ftrs, 1024), # Neue vollständig verbundene Schicht
    nn.ReLU(),                 # Aktivierungsschicht
    nn.Linear(1024, 3)         # Letzte Schicht für
                               # Stein, Schere, Papier
)
```

Mit eingebauten Dropouts sieht der Code so aus:

```
num_ftrs = model.fc.in_features
model.fc = nn.Sequential(
    nn.Dropout(0.5),   # Dropout vor der letzten vollständig
                       # verbundenen Schicht einfügen
    nn.Linear(num_ftrs, 1024),  # Dimensionalität auf 1024 verringern
    nn.ReLU(),
    nn.Dropout(0.5),   # Weitere Dropout-Schicht nach
                       # ReLU-Aktivierung einfügen
    nn.Linear(1024, 3) # Letzte Schicht für Stein, Schere, Papier
)
```

Die Beispielmodelle, die wir in diesem Kapitel für das Transferlernen genutzt haben, lernen auch ohne die Dropouts schon recht gut. Dennoch sollten Sie die Möglichkeit von Dropouts beim Entwurf eigener Modelle grundsätzlich mitdenken, denn sie können den Abfall im maschinellen Lernprozess stark reduzieren, wodurch Ihr Modell mindestens genauso gut, aber deutlich schneller lernt!

Außerdem sollten Sie beim Entwurf neuronaler Netzwerke bedenken, dass besonders gute Ergebnisse bei den Trainingsdaten nicht unbedingt positiv sind, weil sie ein Zeichen für eine Überanpassung sein können. Der Einsatz von Dropouts kann helfen, dieses Risiko zu verringern, damit Sie Ihr Netzwerk in anderen Bereichen optimieren können, ohne sich dabei in einem falschen Gefühl der Sicherheit zu wiegen.

Zusammenfassung

In diesem Kapitel haben Sie mit Convolutional Neural Networks (CNNs, faltungsbasierten neuronalen Netzwerken) eine fortgeschrittenere Möglichkeit kennengelernt, Computer Vision umzusetzen. Sie haben gesehen, wie Sie die Faltung einsetzen können, um Filter zu realisieren, mit denen anschließend Merkmale aus Bildern abgeleitet werden konnten. Außerdem haben Sie Ihr erstes neuronales Netzwerk entworfen, das mit komplexeren Computer-Vision-Szenarien umgehen kann, wie dem MNIST- und dem Fashion-MNIST-Datensatz. Darüber hinaus haben Sie Techniken wie Image Augmentation und Dropouts erforscht, um die Genauigkeit Ihres Netzwerks zu erhöhen und Überanpassung zu vermeiden.

Bevor wir uns in Kapitel 4 weitere Szenarien ansehen, gebe ich Ihnen eine Einführung in die Arbeit mit Daten in PyTorch. Sie untersuchen die API, mit der ein Zugriff auf Daten für Training und Testing Ihrer Netzwerke deutlich erleichtert wird. In diesem Kapitel haben Sie *.zip*-Dateien heruntergeladen und Bilder entpackt. Das ist aber nicht immer möglich. Mit PyTorch-Datasets können Sie auf eine große Auswahl an Datensätzen über eine Standard-API zugreifen.

KAPITEL 4

Daten mit PyTorch verwenden

In den ersten drei Kapiteln dieses Buchs haben Sie Modelle mit verschiedenen Daten trainiert – vom Fashion-MNIST-Datensatz, der bequem über eine API zugänglich war, bis zu den bildbasierten Datensätzen *Horses or Humans* sowie *Dogs vs. Cats*, die als ZIP-Dateien vorlagen und zunächst heruntergeladen und vorbereitet werden mussten. Sie wissen also, dass es verschiedene Wege gibt, an Trainingsdaten für ein Modell zu kommen.

Für viele öffentliche Datensätze müssen Sie sich aber zunächst eine Reihe spezieller Fähigkeiten aneignen, bevor Sie sich überhaupt um Ihre Modellarchitektur kümmern können. Die Idee hinter den Anwendungsbereichen und Werkzeugen im `torch.utils.data.Datasets`-Namensraum besteht darin, Datensätze auf eine leicht verwendbare Weise bereitzustellen. Dabei werden die vorbereiteten Daten über PyTorch-freundliche APIs zugänglich gemacht.

Einen kurzen Einblick in diese Vorgehensweise haben Sie bekommen, als wir in Kapitel 2 mit dem Fashion-MNIST-Datensatz gearbeitet haben. Zur Erinnerung hier noch einmal der Code zum Laden der Daten:

```
train_dataset = datasets.FashionMNIST(root='./data', train=True,
                                       download=True, transform=transform)
```

Für diesen Datensatz haben wir außerdem einen Import aus der `torchvision`-Bibliothek durchgeführt, um das `datasets`-Objekt für Fashion MNIST zu erhalten.

```
from torchvision import datasets
```

Da es sich hier um einen Datensatz für Computer Vision handelt, ist es naheliegend, dass er sich in der `torchvision`-Bibliothek befindet.

Darüber hinaus verfügt PyTorch über viele andere Datensätze mit ganz unterschiedlichen Datentypen, die auf die gleiche Weise geladen werden können, zum Beispiel:

Computer Vision
: Hierzu gehört der gerade erwähnte Fashion-MNIST-Datensatz aus der `torchvision`-Bibliothek. Diese enthält eine Reihe von »Bildklassifizierungsdatensätzen« für Szenarien wie Bilderkennung, Segmentierung, optischen Fluss, Stereoabgleich, Bildpaarzuordnung, Bildbeschreibung, Videoklassifizierung, Videovorhersage und mehr.

Text

In der `torchtext`-Bibliothek finden Sie gängige Textdatensätze.Es würde zu viel Platz benötigen, sie alle hier aufzulisten. Es gibt Datensätze für Textklassifizierung, Sprachmodellierung, maschinelle Übersetzung, Sequenz-Tagging, Frage-Antwort-Systeme und nicht überwachtes Lernen und nicht überwachtes Lernen (*Unsupervised Learning*). Weitere Details finden Sie in der PyTorch-Dokumentation (*https://oreil.ly/aFamN*). Neben den Datensätzen selbst enthält diese Bibliothek viele Hilfsfunktionen für den Einsatz bei der Textbearbeitung.

Audio

Die `torchaudio`-Bibliothek enthält Datensätze, die in Szenarien für maschinelles Lernen (*Machine Learning*) von Klängen und Sprache genutzt werden können. Auch hierzu finden Sie die Details in der PyTorch-Dokumentation (*https://oreil.ly/tvDe4*).

Alle diese Datensätze sind Unterklassen von `torch.utils.data.Dataset`. Es lohnt sich also, sich diese Bibliothek anzusehen und zu verstehen. Das wird Ihnen nicht nur bei der Einbindung bereits vorhandener Datensätze helfen, sondern auch bei der Erstellung eigener Sammlungen, die Sie mit anderen teilen möchten.

Einstieg in Datasets

`torch.utils.data.Dataset` ist eine abstrakte Klasse, die einen Datensatz repräsentiert. Um einen eigenen Datensatz zu erstellen, müssen Sie eine Unterklasse anlegen, die folgende Methoden implementiert:

```
__len__(self)
```

Diese Methode sollte die Gesamtzahl der Elemente eines Datensatzes zurückgeben.

```
__getitem__(self, index)
```

Diese Methode sollte ein einzelnes Element Ihres Datensatzes am angegebenen `index` zurückgeben. Vor der Weitergabe an das Modell wird dieses Element transformiert.

Hier ein Beispiel:

```
from torch.utils.data import Dataset

class CustomDataset(Dataset):
    def __init__(self, data, transforms=None):
        self.data = data
        self.transforms = transforms

    def __len__(self):
        return len(self.data)

    def __getitem__(self, idx):
        sample = self.data[idx]
        if self.transforms:
            sample = self.transforms(sample)
        return sample
```

Und das ist im Grunde auch schon alles. Die Daten selbst liegen als Array namens `data()` vor. Wenn Sie jetzt einen Datensatz anlegen wollen, in dem zwischen einem *x*- und einem *y*-Wert eine lineare Beziehung besteht, wie in Kapitel 1, wie würden Sie dann vorgehen?

Beginnen wir mit ein paar einfachen synthetischen Daten:

```
# Synthetische Daten erstellen
torch.manual_seed(0)  # Für Reproduzierbarkeit
x = torch.arange(0, 100, dtype=torch.float32)
y = 2 * x - 1
```

Dann könnten wir diese Daten wie folgt in einen Datensatz umwandeln:

```
class CustomDataset(Dataset):
    def __init__(self, x, y):
        """
        Initialize the dataset with x and y values.
        Arguments:
        x (torch.Tensor): The input features.
        y (torch.Tensor): The output labels.
        """
        self.x = x
        self.y = y

    def __len__(self):
        """
        Return the total number of samples in the dataset.
        """
        return len(self.x)

    def __getitem__(self, idx):
        """
        Fetch the sample at index `idx` from the dataset.
        Arguments:
        idx (int): The index of the sample to retrieve.
        """
        return self.x[idx], self.y[idx]
```

Um den Datensatz zu verwenden, legen wir einfach eine Instanz der Klasse an, initialisieren sie mit unseren *x*- und *y*-Werten, übergeben sie einem `DataLoader` und zählen sie auf:

```
# Instanz von CustomDataset anlegen
dataset = CustomDataset(x, y)

# DataLoader für Batching und Mischen der Daten benutzen
data_loader = DataLoader(dataset, batch_size=10, shuffle=True)

# Über den DataLoader iterieren
for batch_idx, (inputs, labels) in enumerate(data_loader):
    print(f"Batch {batch_idx+1}")
    print("Inputs:", inputs)
    print("Labels:", labels)
    # Zu Demonstrationszwecken nach dem ersten Batch abbrechen
    if batch_idx == 0:
        break
```

Mit diesen Grundlagen können Sie die `Dataset`-Klassen, die über die verschiedenen in diesem Kapitel erwähnten Bibliotheken zur Verfügung gestellt wurden, selbst weiter erforschen. Da sie entweder auf diesen Klassen aufbauen oder sie erweitern, sollten die APIs Ihnen bekannt vorkommen.

Die FashionMNIST-Klasse erforschen

Weiter oben im Buch haben wir uns bereits mit der Klasse `FashionMNIST` beschäftigt, über die Sie auf den Fashion-MNIST-Datensatz zugreifen können. Sie enthält Trainingsdaten mit 60.000 Beispielen für zehn verschiedene Arten von Kleidungsstücken sowie einen Satz an 10.000 Beispielen mit Testdaten. Jedes Beispiel ist ein 28 × 28 Pixel großes Graustufenbild.

Bei diesem Datensatz benutzen Sie für Training und Testing/Validierung die *gleiche* Klasse. Die Daten, die Sie erhalten, hängen vom Wert des übergebenen `train`-Parameters ab. Hier ein Beispiel:

```
# Den Fashion-MNIST-Trainingsdatensatz anlegen
fashion_mnist_train = datasets.FashionMNIST(root='./data',
                      train=True, download=True, transform=transform)
```

Wenn Sie `train=True` setzen, übernimmt der Code, der die `init`-Methode der Klasse überschreibt, 60.000 Einträge und gibt sie an den Aufrufer zurück. Über weitere Parameter wird angegeben, in welchem Wurzelverzeichnis die Daten gespeichert werden sollen (`root`) und ob die Daten heruntergeladen werden sollen oder nicht (`download`). Außerdem gibt es, wie beim Herunterladen von Daten üblich, einen `transform`-Parameter. Wie in der vorherigen Basisklasse steht dieser optional allen Datensätzen zur Verfügung. Eine Transformation wird nur durchgeführt, wenn dieser Parameter gesetzt wurde.

Generische Dataset-Klassen

Manchmal müssen Sie Daten verwenden, die nicht über `Dataset`-Klassen wie `FashionMNIST` zur Verfügung stehen. Dennoch möchten Sie sämtliche Vorteile der `torch.utils.data`-Umgebung nutzen einschließlich der Möglichkeit, Daten zu transformieren und aufzutrennen, und aller weiteren nützlichen Funktionen der Klasse `DataLoader`, wie wir später in diesem Kapitel noch sehen werden. Für diesen Zweck stellt `torch.utils.data` eine Reihe allgemeiner (»generischer«) Datensatzklassen zur Verfügung.

ImageFolder

In Kapitel 3 haben wir die Datensätze *Horses or Humans*, *Rock, Paper, Scissors* sowie *Dogs vs. Cats* verwendet, die nicht direkt über eine Klasse zugänglich waren, sondern als ZIP-Dateien, die die Bilder enthielten. Nachdem wir sie heruntergeladen und in Unterverzeichnisse für die verschiedenen Bildtypen gespeichert haben, konnten wir die generische Klasse `ImageFolder` als Datensatz nutzen.

In diesem Fall werden die Bilder mithilfe des `DataLoader` abhängig von der dort definierten Batch-Größe und anderen Regeln aus dem Verzeichnis gestreamt. Dabei wurden die Labels von den Verzeichnisnamen abgeleitet. Als Klassenindizes dienten entsprechend die Labels in alphabetischer Reihenfolge. *Horses* war also Klasse 0 und *Humans* Klasse 1. Das sollten Sie beim Erstellen und Debuggen im Hinterkopf behalten, denn diese Reihenfolge kann verwirrend sein!

Im Englischen sagt man üblicherweise *Rock, Paper, Scissors* für »Stein, Schere, Papier«. In dieser (englischen) Reihenfolge würde man erwarten, dass *Rock* den Index 0, *Paper* den Index 1 und *Scissors* den Index 2 erhält. In alphabetischer Reihenfolge wird *Paper* aber zu Klasse 0, *Rock* zu Klasse 1 und *Scissors* zu Klasse 2!

Das können Sie mit einem eigenen Index umgehen, wie hier gezeigt:

```
custom_class_to_idx = {'rabbit': 0, 'dog': 1,
                                        'cat': 2}

dataset = ImageFolder(
  root='data/animals',
  target_transform=
    lambda x: custom_class_to_idx[
                dataset.classes[x]]
)
dataset.class_to_idx = custom_class_to_idx
print(dataset.class_to_idx)
```

DatasetFolder

Eigentlich ist `ImageFolder` eine speziell für Bilder angepasste Unterklasse der generischen Klasse `DatasetFolder`. Diese ist nicht auf Bilddaten beschränkt, sondern kann für alle möglichen Datentypen eingesetzt werden. Mit ihr lassen sich Labels auch aus Verzeichnisnamen ableiten. Angenommen, Sie haben Dateien, die Texte in verschiedenen Kategorien enthalten, die in folgender Verzeichnisstruktur liegen:

```
root/sarcasm/document1.txt
root/sarcasm/document2.txt
root/sarcasm/document3.txt
root/factual/factdoc1.rtf
root/factual/factdoc2.doc
```

Sie könnten also einen `DatasetFolder` einsetzen, um die Dokumente entsprechend den korrekten Labels zu streamen. Und weil diese Klasse dokumentenbasiert ist, können Sie auch eine Transformation (`transform`) anwenden, um Daten aus dieser Datei abzuleiten!

FakeData

`FakeData` ist eine weitere nützliche `Dataset`-Klasse, die, wie der Name schon sagt, künstliche Zufallsdaten erzeugt. Beim Schreiben dieses Buchs funktionierte das allerdings nur für Bilddaten. Dieses `Dataset` ist außerdem nützlich, um mit verschiedenen Architekturen zu experimentieren oder die Leistung Ihres Systems zu messen, auch wenn Sie keine Daten zur Hand haben.

Dabei können Sie `FakeData` genauso verwenden wie die anderen `Datasets` aus diesem Buch. Mit folgendem Code können Sie `FakeData` beispielsweise nutzen, um einen Satz künstlicher Daten für das MobileNet-Modell zu erzeugen. Es erwartet Farbbilder im Format 224 × 224:

```
import torch
from torchvision.datasets import FakeData
import torchvision.transforms as transforms
from torch.utils.data import DataLoader
```

```
# Transformationen definieren (bei Bedarf)
transform = transforms.Compose([
    transforms.ToTensor(),
    transforms.Normalize((0.5,), (0.5,))
])

# FakeData erzeugen
fake_dataset = FakeData(size=100, image_size=(3, 224, 224),
                        num_classes=10, transform=transform)

# DataLoader
data_loader = DataLoader(fake_dataset, batch_size=10, shuffle=True)
```

Das würde 100 Bilder (die nur Rauschen enthalten) in der gewünschten Größe erzeugen und diese auf zehn Kategorien verteilen. Danach können wir sie wie jeden anderen Datensatz in einem `DataLoader` weiter nutzen.

Obwohl `FakeData` nur Bilddaten unterstützt, können Sie relativ leicht auch Ihre eigenen Daten verwenden. Hierfür nutzen Sie ein `CustomDataset`, wie weiter oben im Kapitel beschrieben, das Platzhalterdaten in anderen Formaten (zum Beispiel als numerische oder als sequenzielle Daten) erzeugen kann.

Custom Splits verwenden

Bis jetzt waren die Daten, die Sie für die Erstellung von Modellen genutzt haben, bereits in Trainings- und Testdaten aufgeteilt. Bei Fashion MNIST gab es beispielsweise 60.000 Trainings- und 10.000 Testdatensätze. Was machen Sie aber, wenn die Daten nach eigenen Kriterien aufgeteilt werden sollen?

Indem Sie den `datasets`-Namensraum nutzen, können Sie hierfür eine einfache und intuitive API nutzen.

Beim Laden der Klasse `FashionMNIST` haben Sie über den `train`-Parameter angegeben, ob die Trainingsdaten (60.000 Einträge) oder die Testdaten (10.000 Einträge) geladen werden sollen.

Wenn Sie `train` dagegen nicht definieren, werden alle Daten auf einmal geladen:

```
# Den gesamten Fashion-MNIST-Datensatz laden
# (Trainings *und* Testdaten gemeinsam)
dataset = datasets.FashionMNIST(root='./data',
                                download=True, transform=transform)
```

Zur Definition Ihrer eigenen Aufteilung (*Split*) finden Sie im `torch.utils.data`-Namensraum die Funktion `random_split`. Um beispielsweise einen eigenen Validierungsdatensatz zu definieren, den `FashionMNIST` von sich aus nicht bereitstellt, können Sie die insgesamt 70.000 Elemente per `random_split` in drei Datensätze aufteilen. Hier ist der Code, der 70 % der Daten für das Training, 15 % zum Testen und 15 % als Validierungsdaten reserviert:

```
from torch.utils.data import random_split

total_count = len(dataset)
train_count = int(0.7 * total_count)
val_count = int(0.15 * total_count)
```

```
# Sicherstellen, dass alle Daten verwendet werden
test_count = total_count - train_count - val_count

train_dataset, val_dataset, test_dataset =
     random_split(dataset, [train_count, val_count, test_count])
```

Wie Sie sehen, ist dieser Prozess recht unkompliziert. Die Zahl der Datensätze liegt in `total_count` (»Gesamtzahl«). Davon berechnen wir 70 % (0,7 multipliziert mit der Gesamtzahl) für die Trainingsdaten und 15 % für die Validierungsdaten. Bei solchen Berechnungen kann es zu Rundungsfehlern kommen, wodurch einige Einträge ausgelassen werden. Anstatt also für die Testdaten ebenfalls 15 % anzugeben, können Sie die tatsächliche Zahl der Einträge für Test- und Validierungsdaten (in `val_count`) einfach von der Gesamtzahl (in `total_count`) subtrahieren. Das Ergebnis wird in `test_count` gespeichert. So wird sichergestellt, dass keine Daten verschwendet werden.

Auf diese Weise können Sie sehr einfach neue und unterschiedliche Splits Ihres Datensatzes erstellen. Das schafft eine neue Möglichkeit, die Genauigkeit Ihrer Modelle beim und nach dem Training zu bewerten.

Liefert ein Teil des Datensatzes beim Training eine hohe Genauigkeit, während ein anderer zu einem schlechteren Wert führt, ist das ein Zeichen für eine Überanpassung. Wenn Sie dagegen mehrere unterschiedliche Splits Ihrer Daten ausprobieren und die Ergebnisse für Training und Validierung konsistent bleiben, dann ist dies ein Indiz für eine stabile und funktionierende Architektur.

Daher empfehle ich Ihnen dringend, beim Training von Modellen eigene Splits zu verwenden, weil sie Ihnen helfen, einige Fehler zu vermeiden, die schnell übersehen werden.

Beim Einsatz von Custom Splits sollten Sie bedenken, dass der Name `random_split` nicht bedeutet, dass die Einträge in Ihrem Datensatz hierdurch *gemischt* oder zufällig angeordnet werden. Der Datensatz wird nur an zufälligen Stellen *aufgetrennt*, damit Sie jedes Mal ein anderes Slice erhalten. Wollen Sie den Datensatz tatsächlich mischen, können Sie das im `DataLoader` erledigen, wie wir im folgenden Abschnitt zeigen.

Der ETL-Prozess zur Datenverwaltung im Machine Learning

Das Grundmuster für das Training von ML-Modellen heißt *Extract, Transfer, Load* (Extrahieren, Transformieren, Laden, kurz: ETL). Bisher haben wir uns in diesem Buch eher kleine Modelle erstellt, die auf einem einzelnen Computer laufen können. Die gleiche Technologie können wir aber auch anwenden, um Training in großem Maßstab mit riesigen Datensätzen und über mehrere Rechner verteilt durchzuführen.

Der ETL-Prozess besteht aus drei Phasen, die ihm seinen Namen geben:

Extraktion
: Die Rohdaten werden aus ihrer Quelle geladen und so vorbereitet, dass sie transformiert werden können.

Transformation
: Bei der Transformation werden die Daten so angepasst oder verbessert, dass sie für das Training verwendet werden können. Hierzu gehören Dinge wie die Einteilung in Batches, Image Augmentation, die Abbildung auf Features und ähnliche Logik.

Laden
: Die Daten werden zum Training an das neuronale Netzwerk übergeben.

Sehen Sie sich hierzu noch einmal den Code aus Kapitel 3 an, mit dem wir den *Horses or Humans*-Classifier trainiert haben. Am Anfang des Codes befand sich dieser Abschnitt:

```
# Transformationen definieren
train_transform = transforms.Compose([
    transforms.Resize((150,150)),
    transforms.RandomHorizontalFlip(),
    transforms.RandomRotation(20),
    transforms.RandomAffine(
        degrees=0,              # Keine Drehung
        translate=(0.2, 0.2),   # Um 20% vertikal und horizontal
                                # verschieben
        scale=(0.8, 1.2),       # Um 20% ein- oder auszoomen
        shear=20,               # Scheren um bis zu 20 Grad
    ),
    transforms.ToTensor(),
    transforms.Normalize(mean=[0.5, 0.5, 0.5], std=[0.5, 0.5, 0.5]),
])

# Datensätze laden
train_dataset = datasets.ImageFolder(root=training_dir,
                                     transform=train_transform)
val_dataset = datasets.ImageFolder(root=validation_dir,
                                   transform=train_transform)

# DataLoader
train_loader = DataLoader(train_dataset, batch_size=32, shuffle=True)
val_loader = DataLoader(val_dataset, batch_size=32, shuffle=True)
```

Das ist das ETL-Muster in Codeform!

Am Anfang des Codes werden die Transformationen (das »T«) definiert. Der aktive Code beginnt aber erst nach dem Kommentar `# Datensätze laden`. Wenn Sie genau hinsehen, erkennen Sie, dass hier der `ImageFolder` verwendet wird, um die Daten von ihrem Speicherort auf der Festplatte zu *extrahieren*.

Bei der Extraktion der Daten werden dann die definierten `transforms` angewendet.

Auf den Kommentar `# DataLoader` folgt das Laden der Daten mithilfe des `train_loader` (Training) und des `val_loader` (Validierung). Streng genommen werden die Daten erst während der Trainingsschleife geladen, wenn sie aus den Loadern gelesen werden.

Durch diesen Prozess sind Ihre Daten-Pipelines weniger anfällig für Änderungen an den Daten und dem zugrunde liegenden Schema. Wenn Sie diesen Ansatz nutzen, wird grundsätzlich die gleiche Struktur verwendet, unabhängig davon, ob alle Daten auf einmal in den Speicher passen oder so groß sind, dass sie nicht mehr von einem einzelnen Rechner verarbeitet werden können. Und natürlich ist nach der Transformation der Daten auch der Prozess des Ladens der Daten konsistent, und zwar unabhängig davon, welches Backend für das Training verwendet wird.

Dabei hat die Art und Weise, wie Sie die Daten laden, einen großen Einfluss auf die Trainingsgeschwindigkeit. Das wollen wir uns im folgenden Abschnitt genauer ansehen.

Die Ladephase optimieren

Jetzt wollen wir uns mit dem ETL-Prozess für das Training eines Modells befassen. Dabei gehen wir davon aus, dass Extraktion und Transformation auf einem beliebigen Prozessor inklusive einer CPU möglich sind. Tatsächlich sind GPUs und TPUs für Aufgaben wie das Herunterladen, Entpacken und die Verarbeitung Eintrag für Eintrag nicht gedacht. Das heißt, dieser Code wird ohnehin auf der CPU ausgeführt. Beim Training kann der Einsatz einer GPU oder TPU dagegen große Vorteile bringen, auf die Sie möglichst nicht verzichten sollten. Das heißt, wenn eine GPU oder TPU verfügbar ist, sollten Sie die Arbeit am besten zwischen CPU und GPU/TPU aufteilen. Dabei werden Extraktion und Transformation auf der CPU und das Laden auf der GPU/TPU ausgeführt.

Der Code in diesem Buch verwendet häufig die Schreibweise `.to(device)`. Soll das Training oder die Inferenz auf einem Beschleuniger (*Accelerator*) ausgeführt werden, sehen Sie beispielsweise Code wie `.to("cuda")`. Für die Extraktions- und Transformationsphase wird dieser Code dagegen nicht benutzt, weil er eine Verschwendung von GPU-Ressourcen bedeuten würde.

Angenommen, Sie arbeiten an einem so großen Datensatz, dass die Daten in Batches verarbeitet werden müssen (Extraktion und Transformation), wie in Abbildung 4.1 gezeigt. Während der Vorbereitung des ersten Batch kommt GPU bzw. TPU nicht zum Einsatz. Ist er bereit, kann er für das Training an die GPU/TPU übergeben werden. In dieser Zeit ist wiederum die CPU im »Leerlauf«, bis das Training abgeschlossen ist und der zweite Batch vorbereitet werden kann. Das ist eine Menge Leerlauf. Hier gibt es also noch einiges zu verbessern.

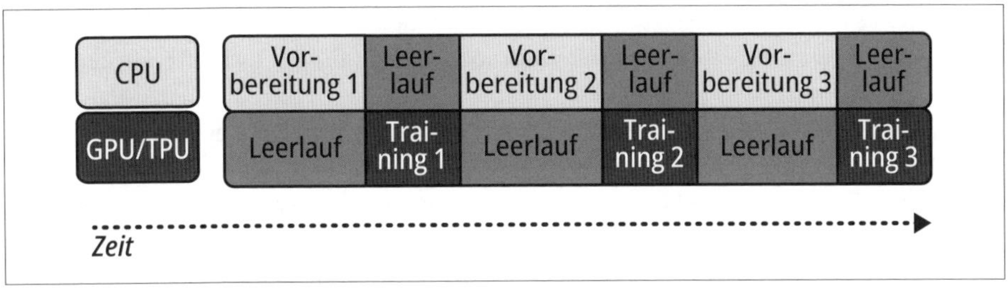

Abbildung 4.1: Nutzung von CPU oder GPU/TPU

Die logische Lösung besteht darin, die Aufgaben parallel abzuarbeiten, sodass Vorbereitung und Training gleichzeitig ausgeführt werden können. Dieses Verfahren wird als *Pipelining* bezeichnet, wie in Abbildung 4.2 gezeigt.

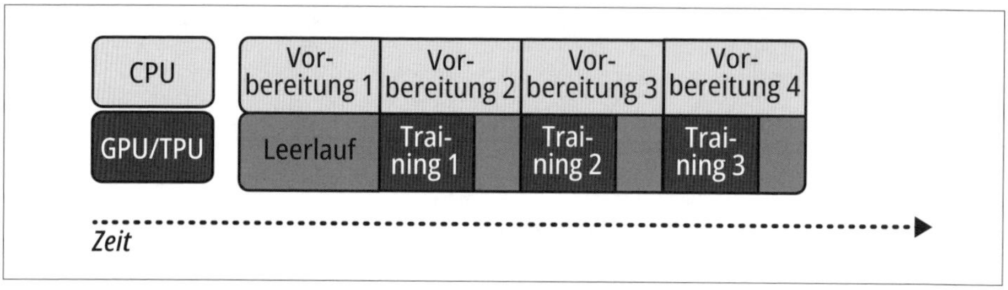

Abbildung 4.2: Pipelining

Hier befindet sich die GPU/TPU im »Leerlauf«, während die CPU den ersten Batch vorbereitet. Ist der erste Batch bereit, kann die GPU/TPU mit dem Training beginnen. Parallel dazu bereitet die CPU aber schon den zweiten Batch vor. Natürlich braucht es Zeit, Batch $n - 1$ zu trainieren, während die Vorbereitung für Batch n nicht immer genauso lang dauert. Ist das Training kürzer, gibt es auch weiterhin Leerlaufpausen auf der GPU/TPU. Dauert das Training dagegen länger, kann es trotzdem zu Leerlauf auf der CPU kommen. Das lässt sich durch die Wahl der richtigen Batch-Größe optimieren. Dabei ist GPU/TPU-Zeit sehr wahrscheinlich teurer. Das heißt, hier sollten Sie Leerlaufzeiten nach Möglichkeit vermeiden.

Dies ist einer der Gründe, warum wir selbst für kleine Beispiele wie MNIST mit Batches arbeiten: Das Pipelining-Modell funktioniert unabhängig von der Größe Ihres Datensatzes, und auf diese Weise nutzen Sie grundsätzlich ein konsistentes ETL-Muster.

Die DataLoader-Klasse verwenden

Auch wenn wir die Klasse `DataLoader` schon oft gesehen haben, lohnt sich ein genauerer Blick hinter die Kulissen, damit Sie Ihre ML-Arbeitsabläufe möglichst effizient gestalten können. Sie stellt folgende Funktionalitäten bereit:

Batching

Sie könnten denken, dass die Daten elementweise nacheinander an die folgenden Schichten weitergereicht werden. Das ist *grundsätzlich* möglich, aber einige Optimizer wie der stochastische Gradientenabstieg funktionieren deutlich besser, wenn die Eingaben in Batches (in denen mehrere Einträge zusammengefasst sind) übergeben werden, weil dann genauer gerechnet werden kann. Das Batching kann das Training gerade in größeren Szenarien beschleunigen, in denen die GPU mit festen Speichergrößen verwendet wird. Am effizientesten ist es, Daten-Batches einzusetzen, die diesen Speicher möglichst vollständig ausnutzen. Beim Einsatz eines `DataLoader` müssen Sie hierfür einfach nur einen Parameter setzen.

Daten mischen

Das Mischen (*Shuffling*) der Daten ist besonders wichtig, vor allem wenn Sie das Batching verwenden. Nehmen wir zum Beispiel ein Szenario wie Fashion MNIST.

Wie Sie wissen, enthält Fashion MNIST 60.000 Einträge aus zehn Kategorien. Die Daten sind nicht gemischt. Die Batches haben eine Größe von jeweils 1.000 Einträgen. Dabei ist der gesamte erste Batch vollständig der Kategorie 0 zugeordnet, der zweite der Kategorie 1 und so weiter. Dadurch kann das Modell möglicherweise nicht gut lernen, weil jeder Batch für eine bestimmte Kategorie »voreingenommen« ist. Die Fähigkeit Ihres Modells zu verallgemeinern, steigt jedoch, wenn die Daten vor der Verteilung auf die Batches gemischt wurden, wodurch Labels und andere Merkmale der Daten zufällig verteilt sind.

Daten parallel laden

Oftmals kann das Laden, besonders von komplexen Daten, in ein Modell sehr zeitaufwendig sein. Der `DataLoader` ermöglicht eine Parallelisierung des Ladevorgangs, indem er Pythons Multiprocessing-Modell nutzt, was zu einer erheblichen Geschwindigkeitssteigerung führen kann.

Wie zuvor sollten Sie überlegen, das Laden und die Transformation der Daten sowie das eigentliche Lernen auf zwei separate Prozesse aufzuteilen. Damit vermeiden Sie Situationen, in denen das Modell im »Leerlauf« auf die Daten für das Training warten muss oder sich Tonnen von Daten im Speicher befinden, aber das Modell nicht darauf zugreifen kann. Das parallele Laden von Daten kann Abhilfe schaffen, sofern es gut auf das jeweilige Szenario abgestimmt ist. Für ein möglichst effizientes Training lohnt es sich, das benutzerdefinierte Daten-Sampling zu lernen, auf das wir im folgenden Abschnitt eingehen.

Benutzerdefiniertes Daten-Sampling

Zusätzlich zum Mischen der Daten, um eine zufällige Reihenfolge zu erhalten, können Sie auch eigene Regeln festlegen, nach denen die Daten geladen werden. Hierbei dient `torch.utils.data.Sampler` als Basisklasse. Diesen Prozess detailliert zu beschreiben, würde allerdings den Rahmen dieses Buchs sprengen. Sie finden eine Reihe ausgezeichneter Beispiele online.

ETL parallelisieren, um die Trainingsleistung zu steigern

Mit der `DataLoader`-Klasse ist die Einrichtung der Parallelisierung ein Kinderspiel. Sie müssen einfach dem Parameter `num_workers` einen passenden Wert zuweisen. Das folgende Beispiel zeigt Schritt für Schritt, wie Sie ein Modell mit dem `CIFAR10`-Datensatz trainieren und hierfür die Parallelisierung nutzen können.

Zunächst sehen wir uns die Extraktions- und Transformationsschritte an:

```
import torchvision.transforms as transforms
from torchvision.datasets import CIFAR10

# Transformationen definieren
transform = transforms.Compose([
    transforms.ToTensor(),
```

```
    transforms.Normalize((0.5, 0.5, 0.5), (0.5, 0.5, 0.5))
])

# CIFAR10-Datensatz laden
dataset = CIFAR10(root='./data', train=True, download=True,
transform=transform)
```

Anschließend definieren wir für die Ladephase einen entsprechenden DataLoader:

```
from torch.utils.data import DataLoader

# DataLoader mit mehreren Worker-Prozessen
data_loader = DataLoader(dataset, batch_size=64, shuffle=True,
                         num_workers=4)
```

Im obigen Codebeispiel sorgt der Parameter num_workers=4 für die Erstellung von vier Worker-Subprozessen, um die Daten gleichzeitig zu laden. Je nach verwendeter Hardware sowie Anzahl der Prozessorkerne und deren Geschwindigkeit können Sie mit der Anzahl der Worker-Prozesse experimentieren, um eventuelle Engstellen bei der Verarbeitung zu verringern.

Das Praktische an diesem Ansatz ist die vollständige Verkapselung des ETL-Prozesses. Obwohl die Daten parallel geladen werden, müssen Sie die Trainingsschleife Ihres Modells also nicht anpassen. Unten sehen Sie den Code eines einfachen CIFAR-Modells, das diese Daten nutzt:

```
import torch

# Einrichtung von Dummy-Modell und Optimizer
model = torch.nn.Sequential(
    torch.nn.Linear(3 * 32 * 32, 500),
    torch.nn.ReLU(),
    torch.nn.Linear(500, 10)
)
optimizer = torch.optim.Adam(model.parameters(), lr=0.001)
criterion = torch.nn.CrossEntropyLoss()

# Trainingsschleife
def train(model, data_loader):
    model.train()
    for batch_idx, (inputs, targets) in enumerate(data_loader):
        # Eingaben umformen, damit sie auf die vom
        # Modell erwarteten Ausgaben passen
        inputs = inputs.view(inputs.size(0), -1)

        # Daten weiterreichen (Forward Pass)
        outputs = model(inputs)
        loss = criterion(outputs, targets)

        # Backpropagation (Backward Pass) und Optimierung
        optimizer.zero_grad()
        loss.backward()
        optimizer.step()

        if batch_idx% 100 == 0:
            print(f"Train Epoch: {batch_idx} Loss: {loss.item()}")

train(model, data_loader)
```

Die Parallelisierung ist ein weiteres Werkzeug, das Sie für das Training Ihrer Modelle nutzen können. Das ist keine allgemeingültige Lösung, aber ein guter Ansatz, wenn Sie merken, dass sich das Training verlangsamt. Leicht könnte man denken, die Schuld für ein langsames Training träge die Netzwerkarchitektur, aber Sie werden überrascht sein, wie viel Zeit verschwendet wird, weil der Forward Pass auf neue Daten wartet! Durch diese Art der Parallelverarbeitung können Sie das Training möglicherweise deutlich beschleunigen.

Zusammenfassung

In diesem Kapitel haben wir uns die Arbeit mit Daten in PyTorch genauer angesehen und Ihnen die Klassen `Dataset` und `DataLoader` vorgestellt. Wir haben gezeigt, wie Sie durch eine einheitliche API und ein gemeinsames Format die Menge des zu schreibenden Codes für den Datenzugriff deutlich verringern können. Sie haben außerdem gesehen, wie Sie den ETL-Prozess nutzen können, der das Kernstück vieler häufig benutzter Entwurfsmuster für das Training von PyTorch-Modellen bildet. Außerdem haben wir uns damit befasst, wie Parallelisierung von Extraktion, Transformation und dem Laden von Daten die Leistung des Trainings verbessern kann.

Nachdem Sie Gelegenheit hatten, sich den Prozess anzusehen, sollten Sie versuchen, Ihren eigenen Datensatz zu erstellen! Vielleicht verwenden Sie hierfür Ihr eigenes Fotoalbum, bestimmte Testdaten oder einfach zufällig generiertes Rauschen, wie wir es hier getan haben.

Im nächsten Kapitel wenden wir das bisher Gelernte auf Probleme der Verarbeitung natürlicher Sprachen an.

KAPITEL 5

Einführung in die Verarbeitung natürlicher Sprache

Die Verarbeitung natürlicher Sprache (*Natural Language Processing*, NLP) ist ein KI-Verfahren, das sich mit dem Verständnis von Sprache beschäftigt. Hierzu gehören Programmiertechniken, die Sprache verstehen, Inhalte klassifizieren und sogar neue sprachliche Inhalte erzeugen können. Sie bilden auch die Grundlage für große Sprachmodelle (*Large Language Models*, LLM) wie ChatGPT, Gemini und Claude. Wir werden uns in späteren Kapiteln mit LLMs beschäftigen. Zuerst kümmern wir uns in den folgenden Kapiteln aber um die Grundlagen von NLP, um Sie auf das vorzubereiten, was danach kommt.

Es gibt mittlerweile eine Vielzahl von Diensten, die NLP für die Erstellung von Applikationen wie Chatbots nutzen. Dieses Thema würde aber den Rahmen dieses Buchs sprengen. Stattdessen sehen wir uns die Grundlagen von NLP an und wie man Sprache so modellieren kann, dass Sie damit ein neuronales Netzwerk trainieren können, das Texte verstehen und klassifizieren kann. Weiter unten im Buch lernen Sie außerdem, wie Sie die Vorhersageelemente eines ML-Modells nutzen können, um Gedichte zu schreiben. Das ist nicht nur unterhaltsam, sondern dient auch als Vorstufe zum Lernen von Transformer-basierten Modellen, der Grundlage generativer KI!

Wir beginnen dieses Kapitel mit einem Blick darauf, wie Sie Sprache in Zahlen zerlegen können, die anschließend in neuronalen Netzwerken weiterverarbeitet werden können.

Sprache in Zahlen codieren

Im Prinzip basieren Computer auf Zahlen. Um Sprache verarbeiten zu können, brauchen Sie also eine Möglichkeit, sie entsprechend umzuwandeln. Dieser Prozess heißt *Encodierung* (*Encoding*).

Sie können Sprache auf vielerlei Weise encodieren. Am häufigsten wird nach Buchstaben encodiert, wie Sie das auch sonst tun würden, wenn Strings in Ihrem Programm gespeichert werden. Im Speicher liegt jedoch nicht der Buchstabe *a*, sondern eine Encodierung davon. Das kann ein ASCII- oder Unicode-Wert sein oder auch etwas ganz anderes. Um das Wort *listen* (»zuhören«) mit ASCII zu encodieren, nutzen Sie beispielsweise die Codes 76, 73, 83, 84, 69 und 78. Das ist praktisch, weil Sie das Wort jetzt als Zahlen darstellen können. Wenn Sie nun aber das Wort *silent* (»still«) betrachten (ein Anagramm von *listen*), sehen Sie, dass es aus denselben Zahlen besteht. Trotz der unterschiedlichen Reihenfolge würde dies die Erstellung eines Modells deutlich erschweren.

Eine bessere Alternative besteht in der Verwendung von Zahlen, um anstelle der enthaltenen Buchstaben ganze Wörter zu encodieren. In diesem Fall könnte *silent* die Zahl *x* und *listen* die Zahl *y* erhalten, ohne dass sich beide überschneiden.

Und jetzt stellen Sie sich vor, einen Satz wie »I love my dog« auf diese Weise zu encodieren, zum Beispiel mit den Zahlen [1, 2, 3, 4]. Wollten Sie nun »I love my cat« encodieren, könnten Sie [1, 2, 3, 5] schreiben. Inzwischen können Sie schon sehen, dass die Sätze eine ähnliche Bedeutung haben, weil sie numerisch ähnlich sind. Anders gesagt: [1, 2, 3, 4] hat große Ähnlichkeit mit [1, 2, 3, 5].

Die Zahlen, die wir für die Darstellung von Wörtern benutzen, nennt man *Tokens*. Daher wird dieses Verfahren auch als *Tokenisierung* (*Tokenization*) bezeichnet.

Einstieg in die Tokenisierung

Im PyTorch-Ökosystem gibt es eine große Zahl an Bibliotheken für die Tokenisierung. Sie übernehmen Wörter und wandeln sie in Tokens um. In Codebeispielen kommt dabei häufig `torchtext` als Tokenizer zum Einsatz. Dieser gilt allerdings seit 2023 als veraltet. Daher sollten Sie bei seiner Verwendung vorsichtig sein, besonders weil PyTorch beständig weiterentwickelt wird, `torchtext` aber nicht. Alternativ können Sie einen eigenen oder einen vortrainierten Tokenizer verwenden – oder (überraschenderweise) diejenigen aus dem Keras-Umfeld.

Einen eigenen Tokenizer verwenden

Unten sehen Sie ein Codebeispiel, in dem ich einen benutzerdefinierten Tokenizer erstellt habe, um die Wörter aus einem kleinen Korpus (zwei Sätze) in Tokens umzuwandeln:

```
import torch

sentences = [
    'Today is a sunny day',
    'Today is a rainy day'
]

# Tokenisierungsfunktion
def tokenize(text):
    return text.lower().split()

# Vokabular aufbauen
def build_vocab(sentences):
    vocab = {}
    for sentence in sentences:
        tokens = tokenize(sentence)
        for token in tokens:
            if token not in vocab:
                vocab[token] = len(vocab) + 1
    return vocab

# Index für Vokabular erstellen
vocab = build_vocab(sentences)

print("Vocabulary Index:", vocab)
```

Das Wort *Korpus* wird üblicherweise benutzt, um einen Satz an Textelementen zu beschreiben, die Sie für das Training einsetzen. Wörtlich steht es für den Text*körper*, den Sie verwenden, um das Modell zu trainieren und dafür Tokenizer zu erstellen.

Die Ausgabe des obigen Codes sieht so aus:

```
Vocabulary Index: {'today': 1, 'is': 2, 'a': 3, 'sunny': 4, 'day': 5,
'rainy': 6}
```

Wie Sie sehen, hat der Tokenizer einfach eine Liste meiner Wörter erstellt. Jedes Mal, wenn er ein neues einmaliges Wort gefunden hat, wurde dieses zur Liste hinzugefügt. So erhalten wir für den ersten Satz, »Today is a sunny day«, fünf Tokens für fünf Wörter: »today«, »is«, »a«, »sunny« und »day«. Der zweite Satz hat die *meisten* Wörter mit dem ersten gemeinsam, wobei »rainy« die Ausnahme bildet. Daher bekommt es ein eigenes Token.

Für einen sehr großen Korpus ist dieser Prozess verständlicherweise sehr langsam.

Einen vortrainierten Tokenizer von Hugging Face verwenden

Aus diesem Grund werde ich stattdessen die `transformers`-Bibliothek von Hugging Face und die darin enthaltenen vortrainierten Tokenizer einsetzen. Da `transformers` viele Sprachmodelle unterstützt, die Tokenizer für die Arbeit mit einem Textkorpus benötigen, steht Ihnen der Tokenizer, der mit Millionen von Wörtern trainiert wurde, kostenlos zur Verfügung. Er hat eine größere Abdeckung, als Sie vermutlich erreichen können, und er ist kostenlos und einfach zu benutzen!

Wenn Sie diese Bibliothek noch nicht haben, können Sie sie mit diesem Befehl installieren:

```
!pip install transformers
```

Die Verwendung von `transformers` wollen wir jetzt an einem kleinen Beispiel demonstrieren:

```
from transformers import BertTokenizerFast

sentences = [
    'Today is a sunny day',
    'Today is a rainy day'
]

# Tokenizer initialisieren
tokenizer = BertTokenizerFast.from_pretrained('bert-base-uncased')

# Sätze tokenisieren und encodieren
encoded_inputs = tokenizer(sentences, padding=True, truncation=True,
                           return_tensors='pt')

# Um die Tokens für jede Eingabe sehen zu können
# (hilfreich, um die Ausgaben zu verstehen)
tokens = [tokenizer.convert_ids_to_tokens(ids)
          for ids in encoded_inputs["input_ids"]]

# Einen Wortindex erstellen
```

```
# (vergleichbar mit 'word_index' aus Keras' Tokenizer)
word_index = tokenizer.get_vocab()

print("Tokens:", tokens)
print("Token IDs:", encoded_inputs['input_ids'])
print("Word Index:", dict(list(word_index.items())[:10]))
# Zur Übersicht nur die ersten 10 Einträge zeigen
```

Die Ausgabe sieht dann so aus:

```
Tokens: [['[CLS]', 'today', 'is', 'a', 'sunny', 'day', '[SEP]'],
         ['[CLS]', 'today', 'is', 'a', 'rainy', 'day', '[SEP]']]

Token IDs: tensor([
        [  101,  2651,  2003,  1037, 11559,  2154,   102],
        [  101,  2651,  2003,  1037, 16373,  2154,   102]])

Word Index: {'protestant': 8330, 'initial': 3988, '##pt': 13876,
             'charters': 23010, '243': 22884, 'ref': 25416,
             '##dies': 18389, '##uchi': 15217, 'sainte': 16947,
             'annette': 22521}
```

Das wollen wir uns jetzt im Detail ansehen. Wir beginnen mit dem Import von BertTokenizerFast aus der transformers-Bibliothek. Dieser kann mit einer Vielzahl vortrainierter Tokenizer initialisiert werden. Wir haben uns hier für 'bert-base-uncased' entschieden. Jetzt fragen Sie sich wahrscheinlich, was das denn bloß sein soll! Die Grundidee war, einen vortrainierten Tokenizer zu einzusetzen. Diese sind an das Modell gekoppelt, an dem sie trainiert wurden. BERT (*Bidirectional Encoder Representations from Transformers*) ist ein Modell, das von Google an einem großen Korpus mit einem Vokabular von 30.000 Wörtern trainiert wurde. Modelle wie dieses finden Sie im Hugging-Face-Model-Hub (*https://huggingface.co/docs/hub/models-the-hub*). Und wenn Sie sich tief genug in die Informationen zu einem Modell hineinarbeiten, finden Sie häufig den Code, mit dem der Transformer seinen Tokenizer definiert. Ein Beispiel sehen Sie auf dieser von mir genutzten Seite (*https://oreil.ly/Ok7L9*). Obwohl ich das Modell selbst nicht verwendet habe, kann ich dessen Tokenizer übernehmen, anstatt selbst einen zu entwickeln.

In diesem Beispiel erstellen wir ein tokenizer-Objekt und geben an, wie viele Wörter er tokenisieren kann. Dies ist die maximale Anzahl an Tokens, die aus dem Wortkorpus erzeugt werden können. Wir haben es hier mit einem sehr kleinen Korpus zu tun, der nur sechs einmalige Wörter enthält. Daher bleiben wir problemlos unter dem Maximalwert von 100.

Sobald ich den Tokenizer habe, kann ich ihm den Text übergeben:

```
# Sätze tokenisieren und encodieren
encoded_inputs = tokenizer(sentences, padding=True, truncation=True,
                           return_tensors='pt')
```

Auf die Parameter padding und truncation werden wir etwas später in diesem Kapitel zu sprechen kommen. Im Moment ist vor allem der Parameter return_tensors='pt' wichtig. Dies ist eine Arbeitserleichterung für PyTorch-Entwickler, weil die Werte als torch.Tensor-Objekte zurückgegeben werden, die wir leicht weiterverarbeiten können.

Das BERT-Modell nutzt auf Basis der ursprünglichen Tokenisierung eine Reihe zusätzlicher Repräsentationsebenen, zum Beispiel `attention_masking`. Das heißt, anstelle der »rohen« Tokens werden für jedes Wort IDs vergeben. Für Sie ist vor allem wichtig, dass Sie die Tokens bei Bedarf auf die unten gezeigte Weise selbst extrahieren müssen, weil sie vom BERT-Tokenizer als `input_ids` encodiert wurden.

```
# Um die Tokens für jede Eingabe sehen zu können
# (hilfreich, um die Ausgaben zu verstehen)
tokens = [tokenizer.convert_ids_to_tokens(ids)
          for ids in encoded_inputs["input_ids"]]
```

Danach können Sie ohne große Probleme die folgende Token-Sammlung ausgeben:

```
Tokens: [['[CLS]', 'today', 'is', 'a', 'sunny', 'day', '[SEP]'],
         ['[CLS]', 'today', 'is', 'a', 'rainy', 'day', '[SEP]']]
```

Jetzt wollen Sie vermutlich wissen, was es mit `[CLS]` und `[SEP]` auf sich hat. BERT wurde darauf trainiert, Sätze zu erwarten, die mit einem *Classifier* (`[CLS]`) beginnen und mit einem *Separator* (`[SEP]`) enden. Diese beiden Ausdrücke sind als Werte 101 und 102 tokenisiert. Wenn Sie die Token-Werte für Ihren Satz ausgeben, sieht das entsprechend so aus:

```
Token IDs: tensor([
        [  101,  2651,  2003,  1037, 11559,  2154,   102],
        [  101,  2651,  2003,  1037, 16373,  2154,   102]])
```

Daran können Sie erkennen, dass *today* in BERT als Token 2651, *is* als Token 2003 usw. encodiert ist.

Es kommt also sehr darauf an, wie Sie an die Sache herangehen wollen. Für das Lernen mit kleinen Datensätzen wird ein eigener Tokenizer ausreichen. Sobald Sie aber mit größeren Datensätzen arbeiten, ist ein vortrainierter Tokenizer wahrscheinlich besser geeignet. Das bedeutet aber auch einen gewissen Mehraufwand. Daher werde ich in diesem Kapitel mit eigenem Code für die Tokenisierung und das Preprocessing des Texts arbeiten und auf Dinge wie den BERT-Tokenizer verzichten.

Sobald die Wörter in Ihren Sätzen tokenisiert sind, besteht der nächste Schritt darin, die Sätze in Listen mit Zahlen umzuwandeln. Dabei dienen die Wörter als Schlüssel und die Zahlen als Werte. Dieser Prozess wird als *Sequenzierung* (*Sequencing*) bezeichnet.

Sätze in Sequenzen umwandeln

Nachdem Sie gesehen haben, wie Wörter zu Zahlen tokenisiert werden, besteht der nächste Schritt darin, die Sätze in Zahlenfolgen (Sequenzen) zu encodieren, wie hier gezeigt:

```
def text_to_sequence(text, vocab):
    return [vocab.get(token, 0) for token in tokenize(text)]
# 0 für unbekannte Wörter
```

Dadurch erhalten Sie die Sequenzen, die für unsere zwei Sätze stehen. Hier zur Erinnerung noch einmal der Wortindex:

```
Vocabulary Index: {'today': 1, 'is': 2, 'a': 3, 'sunny': 4, 'day': 5,
'rainy': 6}
```

Die Ausgabe dazu sieht so aus:

```
[1, 2, 3, 4, 5]
[1, 2, 3, 6, 5]
```

Wenn Sie die Wörter durch die Zahlen austauschen, sehen Sie, dass die Sätze tatsächlich einen Sinn ergeben.

Und jetzt überlegen Sie, was passiert, wenn Sie ein neuronales Netzwerk mit einem Datensatz trainieren. Typischerweise decken die Trainingsdaten nicht alle Ihre Bedürfnisse ab. Dennoch hoffen Sie, dass die Abdeckung so groß wie möglich ist. Im Fall von NLP enthalten Ihre Trainingsdaten vielleicht Tausende Wörter, die in verschiedenen Kontexten benutzt werden können. Dabei ist es aber so gut wie unmöglich, jedes Wort in jedem möglichen Kontext vorzuhalten. Und was passiert wohl, wenn Sie Ihrem neuronalen Netzwerk neuen bisher unbekannten Text geben, der noch nicht gesehene Wörter enthält? Sie können es sich schon denken: Das Netzwerk kommt durcheinander, weil es schlicht keinen Kontext für diese Wörter hat. Das Ergebnis ist, dass jede Vorhersage negativ beeinflusst wird.

Verwendung von Tokens, die außerhalb des Vokabulars liegen

Ein Lösungsansatz für dieses Problem liegt in der Verwendung von Tokens, die außerhalb des Vokabulars liegen, sogenannten *Out-of-Vocabulary-Tokens* (OOV). Sie können Ihrem neuronalen Netzwerk dabei helfen, den Kontext von bisher noch nicht gesehenem Text zu verstehen. Im nächsten Beispiel versuchen wir, die folgenden Sätze mit dem bisherigen Korpus zu verarbeiten:

```
test_data = [
    'Today is a snowy day',
    'Will it be rainy tomorrow?'
]
```

Dabei fügen wir diese Eingaben nicht dem Korpus des vorhandenen Texts hinzu (den wir uns als Trainingsdaten vorstellen können). Wie würde ein vortrainiertes Netzwerk diesen wohl sehen? Angenommen, Sie tokenisieren ihn mit den Wörtern, die Sie im bereits vorhandenen Tokenizer benutzt haben:

```
for test_sentence in test_data:
  test_seq = text_to_sequence(test_sentence, vocab)
  print(test_seq)
```

Dann sähen die Ergebnisse folgendermaßen aus:

```
[1, 2, 3, 0, 5]
[0, 0, 0, 6, 0]
```

Wenn wir die Tokens wieder in Wörter umwandeln, lauten die Ergebnisse »today is a <UNB> day« und »<UNB> <UNB> <UNB> rainy <UNB>.«

Hier nutze ich das Tag <UNB> (für *unbekannt*) für das Token 0. Im weiter oben gezeigten `text_to_sequence`-Code haben wir festgelegt, dass Wörtern, die sich nicht im Wörterbuch befinden, das Token 0 zugewiesen werden soll. Sie können aber auch einen komplett anderen Wert verwenden, zum Beispiel »Wurbelspunst«.

Padding und Truncation verstehen

Beim Training von neuronalen Netzwerken müssen normalerweise alle Daten die gleiche Form haben. Weiter oben im Buch haben Sie beispielsweise Bilder so formatiert, dass alle die gleiche Höhe und Breite aufweisen. Bei Text entsteht ein ähnliches Problem – sobald die Wörter tokenisiert und die Sätze in Sequenzen umgewandelt sind, können diese unterschiedliche Längen haben. Damit alle die gleiche Größe und Form bekommen, können Sie *Padding* (»Auffüllen«) verwenden.

Bisher bestanden alle Sätze, die wir zusammengesetzt haben, aus fünf Wörtern, sodass die Sequenzen entsprechend aus je fünf Tokens bestanden. Was würde wohl passieren, wenn einige Sätze länger wären als andere, zum Beispiel fünf, acht oder zehn Wörter hätten? Damit ein neuronales Netzwerk diese Sätze verarbeiten kann, müssen alle die gleiche Länge haben! Eine Möglichkeit wäre, kürzere Sätze auf zehn Wörter zu verlängern, eine andere, sie auf fünf Wörter zu verkürzen und die Bits der längeren Sätze einfach abzuschneiden. Und vielleicht gibt es auch noch andere Wege, das Problem zu lösen.

Um das Padding zu erforschen, erweitern wir unseren Korpus um einige deutlich längere Sätze:

```
sentences = [
    'Today is a sunny day',
    'Today is a rainy day',
    'Is it sunny today?',
    'I really enjoyed walking in the snow today'
]
```

Nach dem Sequenzieren haben die resultierenden Zahlenlisten unterschiedliche Längen. Wenn Sie keine erneute Tokenisierung durchgeführt haben, enthalten die letzten beiden Sätze außerdem eine Reihe von Nullen:

```
[1, 2, 3, 4, 5]
[1, 2, 3, 6, 5]
[2, 0, 4, 0]
[0, 0, 0, 0, 0, 0, 0, 1]
```

Vergessen Sie also nicht den folgenden Aufruf:

```
vocab = build_vocab(sentences)
```

Damit enthält der Tokenizer die nötigen Tokens für die neuen Wörter, und die Ausgabe sieht nun so aus:

```
[1, 2, 3, 4, 5]
[1, 2, 3, 6, 5]
[2, 7, 4, 8]
[9, 10, 11, 12, 13, 14, 15, 1]
```

Beim Training der neuronalen Netzwerke weiter oben im Buch mussten die an die Eingabeschicht übergebenen Bilder konsistente Größen und Formen haben. Das Gleiche gilt in großen Teilen auch für NLP. (Es gibt eine Ausnahme namens *Ragged Tensors*, die wir in diesem Kapitel nicht weiter behandeln.) Wir brauchen, wie gesagt, eine Möglichkeit, die Sätze auf die gleiche Länge zu bringen.

Hier ist eine einfache Padding-Funktion:

```
def pad_sequences(sequences, maxlen):
    return [seq + [0] * (maxlen - len(seq)) if len(seq) < maxlen
            else seq[:maxlen] for seq in sequences]
```

Diese Funktion formt jedes Array der Sequenz so um, dass alle die gleiche Länge haben wie das längste. Um unsere Sätze nach der Sequenzierung aufzufüllen, können Sie beispielsweise diesen Code verwenden:

```
for sentence in sentences:
  seq = text_to_sequence(sentence, vocab)
  padded_seq = pad_sequences([seq], maxlen=10)  # Beispiel für
                                                # maximale Länge
  print(padded_seq)
```

Anschließend sieht die Ausgabe so aus:

```
[[1, 2, 3, 4, 5, 0, 0, 0, 0, 0]]
[[1, 2, 3, 6, 5, 0, 0, 0, 0, 0]]
[[2, 7, 4, 8, 0, 0, 0, 0, 0, 0]]
[[9, 10, 11, 12, 13, 14, 15, 1, 0, 0]]
```

Jetzt hat jede Sequenz eine Länge von 10, die durch den Parameter `maxlen` definiert wird. Dies ist eine recht einfache Implementierung, die für ernsthafte Anwendungen vermutlich erweitert werden muss. So sollten Sie überlegen, was passiert, wenn eine Sequenz länger ist als die in `maxlen` angegebene maximale Länge. Im Moment wird einfach alles, was über `maxlen` hinausgeht, abgeschnitten. Eventuell ist ein anderes Verhalten hier sinnvoller. An dieser Stelle kommt die *Truncation* (»Verkürzung«) ins Spiel. Hierbei wird die Sequenz auf die gewünschte Länge gekürzt. Typischerweise findet die Truncation auf der rechten Seite statt. In manchen Fällen (etwa bei Sprachen, die von rechts nach links geschrieben werden) ist eine Kürzung ausgehend vom Anfang der Sequenz eventuell geeigneter.

Bedenken Sie auch, dass vorgefertigte Tokenizer wie der weiter oben gezeigte BERT einen großen Teil dieser Funktionalität schon mitbringt. Vergessen Sie also nicht, zu experimentieren.

Stoppwörter entfernen und Text aufräumen

In diesem Abschnitt sehen wir uns ein paar Datensätze aus der realen Welt an. Dabei werden Sie feststellen, dass es oft Text gibt, den Sie da *nicht* haben wollen. Außerdem wollen Sie möglicherweise sogenannte *Stoppwörter* ausfiltern, also Begriffe wie »the«, »and« und »but«, die zu häufig vorkommen und die den Sinngehalt des Texts nicht steigern. Außerdem enthält Text oft HTML-Tags. Auch hierfür ist es gut, eine saubere Methode zu ihrer Entfernung zu besitzen. Weitere Dinge, die Sie vielleicht ausfiltern möchten, sind Beleidigungen oder Schimpfwörter, Interpunktionszeichen oder Namen. Später untersuchen wir einen Datensatz mit Tweets, die oft eine Benutzer-ID enthalten, die ebenfalls ausgefiltert werden sollte.

Zwar unterscheiden sich die Aufgaben je nachdem, welchen Korpus Sie verwenden, trotzdem gibt es drei Dinge, die Sie programmatisch erledigen können, um Ihren Text aufzuräumen.

HTML-Tags entfernen

Beispielsweise können Sie HTML-Tags aus Ihrem Text entfernen. Glücklicherweise gibt es eine Python-Bibliothek namens `BeautifulSoup`, mit der das ganz einfach funktioniert. Wenn Ihre Sätze beispielsweise HTML-Tags wie `<br>` enthalten, können Sie diese mit folgendem Code ausfiltern:

```
from bs4 import BeautifulSoup
soup = BeautifulSoup(sentence)
sentence = soup.get_text()
```

Stoppwörter entfernen

Zusätzlich können Sie die Stoppwörter ausfiltern. Häufig legt man hierfür eine Liste unerwünschter Wörter an, die anschließend in einem Preprocessing-Schritt aus Ihren Sätzen entfernt werden. Hier ein verkürztes Beispiel für eine solche Liste:

```
stopwords = ["a", "about", "above", ... "yours", "yourself",
"yourselves"]
```

Eine vollständige Liste englischer Stoppwörter finden Sie in einigen der Onlinebeispiele zu diesem Kapitel (*https://github.com/lmoroney/PyTorch-Book-FIles*).

Wenn Sie anschließend über die Sätze iterieren, können Sie Code wie den folgenden nutzen, um die Stoppwörter daraus zu entfernen:

```
words = sentence.split()
filtered_sentence = ""
for word in words:
    if word not in stopwords:
        filtered_sentence = filtered_sentence + word + " "
sentences.append(filtered_sentence)
```

Interpunktionszeichen entfernen

Außerdem kann es sinnvoll sein, Interpunktionszeichen auszufiltern, denn diese können bei der Entfernung von Stoppwörtern Verwirrung stiften. Der obige Code sucht beispielsweise nach Wörtern, die von Leerzeichen umgeben sind. Ein Stoppwort am Satzende oder vor einem Komma würde also »übersehen«.

Dieses Problem lässt sich einfach mit den Umwandlungsfunktionen aus Pythons `string`-Bibliothek lösen. Dabei müssen Sie allerdings vorsichtig sein, denn es kann sich negativ auf die NLP-Analyse – besonders die Sentiment-Analyse (»Stimmungsanalyse«) – auswirken.

Die Bibliothek beinhaltet eine Konstante namens `string.punctuation`, die eine Liste häufig verwendeter Interpunktionszeichen enthält. Um diese von einem Wort zu entfernen, können Sie wie hier gezeigt vorgehen:

```
import string
table = str.maketrans('', '', string.punctuation)
words = sentence.split()
filtered_sentence = ""
for word in words:
```

```
        word = word.translate(table)
        if word not in stopwords:
            filtered_sentence = filtered_sentence + word + " "
    sentences.append(filtered_sentence)
```

Hier werden vor der Filterung der Stoppwörter zunächst von jedem Wort alle in der Konstanten enthaltenen Interpunktionszeichen entfernt. Wenn Sie beim Auftrennen eines Satzes zuerst das Wort *it,* (mit einem nachgestellten Komma) bekämen, wird es zu *it* konvertiert und kann nun als Stoppwort erkannt und ausgefiltert werden. Beachten Sie, dass hierfür möglicherweise die Liste der Stoppwörter aktualisiert werden muss. Oft enthalten diese Listen außerdem abgekürzte Wörter oder Kontraktionen wie *you'll*. Das wird beim Entfernen der Interpunktionszeichen möglicherweise zu *youll* umgewandelt. Damit auch dies als Stoppwort erkannt wird, müssen Sie Ihre Liste erneut aktualisieren.

Nach diesen drei Schritten ist Ihr Text deutlich aufgeräumter. Trotzdem besitzt jeder Text natürlich seine Eigenheiten, auf die Sie eventuell gesondert eingehen müssen.

Mit echten Datenquellen arbeiten

Nachdem Sie die Grundlagen des Einlesens von Sätzen, ihrer Encodierung mit einem Wortindex und der Sequenzierung der Details kennen, sind Sie bereit für den nächsten Schritt. In diesem Abschnitt benutzen wir einige bekannte öffentliche Datensätze und Pythons Werkzeuge, um sie in ein leicht sequenzierbares Format umzuwandeln. Wir beginnen mit einem Datensatz, für den ein Großteil der Arbeit bereits erledigt ist: dem IMDb-Datensatz. Danach geht es weiter ins Detail, indem wir einen JSON-basierten Datensatz und eine Reihe von CSV-Datensätzen (mit kommaseparierten Werten) verarbeiten, die Emotionsdaten enthalten.

Textdatensätze erhalten

In Kapitel 4 haben wir bereits einige Datensätze erforscht. Wenn Sie bei den Konzepten in diesem Abschnitt also nicht mitkommen, können Sie dort noch einmal nachsehen. Beim Schreiben dieses Buchs war der Zugriff auf textbasierte Datensätze etwas ungewöhnlich. Da die `torchtext`-Bibliothek nicht mehr weiterentwickelt wird, ist aktuell unklar, was mit den enthaltenen Datensätzen passiert. Daher beschäftigen wir uns in diesem Kapitel direkt mit den Rohdaten.

Zu Beginn erforschen wir die IMDb-Rezensionen, einen Datensatz aus 50.000 mit Labels versehenen Filmkritiken aus der *Internet Movie Database* (IMDb), für die jeweils ermittelt wurde, ob sie eine positive oder eine negative Haltung vermitteln.

Der folgende Code lädt den rohen, unbearbeiteten Datensatz herunter und entpackt ihn in Ordner, wobei die Aufteilung in Trainings- und Testdaten bereits vorgenommen wurde. Diese werden anschließend in verschachtelten Unterverzeichnissen gespeichert, die als *pos* (»positiv«) und *neg* (»negativ«) benannt sind und die Labels für die enthaltenen Textdateien darstellen.

```
import os
import urllib.request
```

```
import tarfile

def download_and_extract(url, destination):
    if not os.path.exists(destination):
        os.makedirs(destination, exist_ok=True)
    file_path = os.path.join(destination, "aclImdb_v1.tar.gz")

    if not os.path.exists(file_path):
        print("Downloading the dataset...")
        urllib.request.urlretrieve(url, file_path)
        print("Download complete.")

    if "aclImdb" not in os.listdir(destination):
        print("Extracting the dataset...")
        with tarfile.open(file_path, 'r:gz') as tar:
            tar.extractall(path=destination)
        print("Extraction complete.")

# URL für den Datensatz
dataset_url = "http://ai.stanford.edu/~amaas/data/sentiment/aclImdb_
v1.tar.gz"
download_and_extract(dataset_url, "./data")
```

Die Verzeichnisstruktur sieht aus, wie in Abbildung 5.1 gezeigt.

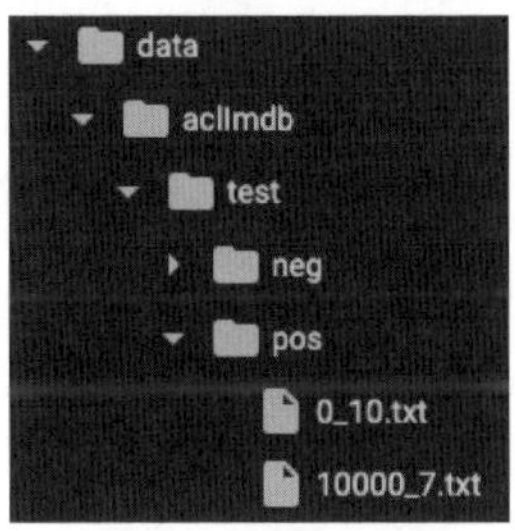

Abbildung 5.1: Die Verzeichnisstruktur für den IMDb-Datensatz

In dieser Abbildung sehen Sie das Unterverzeichnis *test/pos* und die ersten enthaltenen Dateien. In früheren Beispielen hatten wir es mit Strings im Arbeitsspeicher zu tun. Hier sind es Textdateien, die wir vor der Verarbeitung einlesen müssen, um Tokenizer und Vokabular zu erstellen.

Sehen Sie sich hierzu den Code an, der einen speziellen Tokenizer umsetzt:

```
from collections import Counter
import os

# Einfacher Tokenizer
def tokenize(text):
    return text.lower().split()

# Vokabular aufbauen
def build_vocab(path):
    counter = Counter()
    for folder in ["pos", "neg"]:
        folder_path = os.path.join(path, folder)
```

```
        for filename in os.listdir(folder_path):
            with open(os.path.join(folder_path, filename), 'r',
                                    encoding='utf-8') as file:
                counter.update(tokenize(file.read()))
    return {word: i+1 for i, word in enumerate(counter)} # Starting
index from 1

vocab = build_vocab("./data/aclImdb/train/")
```

Der Code an sich ist recht einfach: Er liest jede Datei, fügt dem Vokabular die neu gefundenen Wörter hinzu und vergibt für sie neue Token-Werte. Im Allgemeinen wollen Sie diesen Schritt nur an den Trainingsdaten vornehmen in dem Bewusstsein, dass in den Testdaten Wörter vorkommen können, die nicht in den Trainingsdaten enthalten sind. Diese werden mit einem OOV-(*Out-of-Vocabulary-*)Token oder einem »unbekannt«-Token versehen.

Die Ausgabe sollte in etwa so aussehen (Ausschnitt):

```
{'a': 1, 'year': 2, 'or': 3, 'so': 4, 'ago,': 5, 'i': 6, 'was': 7…
```

Dieser Ansatz ist recht naiv, weil das erste erkannte Wort das erste Token, das zweite Wort das zweite Token erhält und so weiter. Aus Performancegründen ist es oft besser, den im Korpus häufig verwendeten Wörtern die früheren Tokens zuzuweisen und den selteneren Wörtern die späteren Tokens. Dazu gleich mehr.

Sequenzierung und Padding können Sie wie gewohnt durchführen:

```
def text_to_sequence(text, vocab):
    # 0 für "unbekannt":
    return [vocab.get(token, 0) for token in tokenize(text)]

def pad_sequences(sequences, maxlen):
    return [seq + [0] * (maxlen - len(seq))
           if len(seq) < maxlen else seq[:maxlen] for seq in
sequences]

# Beispiel für die Verwendung
text = "This is an example."
seq = text_to_sequence(text, vocab)
padded_seq = pad_sequences([seq], maxlen=256)  # Beispiel für maxlen
print(seq)
```

Aufgrund der zugewiesenen Tokens wird unser Satz `This is an example` demnach als `[30, 56, 144, 16040]` ausgegeben. Die per `padding` aufgefüllte Sequenz ergäbe also einen Tensor mit 256 Werten. Die ersten vier enthielten unsere Tokens, die übrigen 252 wären mit Nullen aufgefüllt.

Jetzt wollen wir den Tokenizer so aktualisieren, dass die Wörter nach ihrer Häufigkeit tokenisiert werden. Dafür laden wir die Dateien in den Speicher und zählen jedes Wort, um eine Tabelle der Häufigkeiten zu erzeugen.

```
# Vokabular aufbauen
def build_vocab(path):
    counter = Counter()
    for folder in ["pos", "neg"]:
        folder_path = os.path.join(path, folder)
        for filename in os.listdir(folder_path):
```

```
        with open(os.path.join(folder_path, filename), 'r',
                               encoding='utf-8') as file:
            counter.update(tokenize(file.read()))

    # Wörter nach Häufigkeit in absteigender Reihenfolge sortieren
    sorted_words = sorted(counter.items(), key=lambda x: x[1],
                                           reverse=True)

    # Vokabular anlegen. Indizes beginnen bei 1.
    vocab = {word: idx + 1 for idx, (word, _) in
                                enumerate(sorted_words)}
    vocab['<pad>'] = 0  # Padding-Token mit Index 0 einfügen
    return vocab
```

Danach können wir das Vokabular als Tabelle der Worthäufigkeiten ausgeben. Aufgrund seiner Größe können wir hier nur die ersten 20 Einträge zeigen. Beachten Sie, dass der Tokenizer sie in der Reihenfolge ihrer Häufigkeit im Datensatz ausgibt. Das heißt, auch Wörter wie *the*, *and* und *a* wurden indiziert:

```
{'the': 1, 'a': 2, 'and': 3, 'of': 4, 'to': 5, 'is': 6, 'in': 7, 'i':
8, 'this': 9, 'that': 10, 'it': 11, '/><br': 12, 'was': 13, 'as': 14,
'for': 15, 'with': 16, 'but': 17, 'on': 18, 'movie': 19, 'his': 20,
```

Wie im vorherigen Abschnitt erklärt, sind dies die Stoppwörter. Werden sie nicht entfernt, kann sich das negativ auf das Training auswirken, weil sie am häufigsten vorkommen, aber nicht eindeutig sind, also nicht zur Unterscheidung zwischen negativen und positiven Kritiken beitragen. Sie verstärken nur das »Grundrauschen« in den Daten.

Wie Sie sehen, ist hier auch das »Wort« *br* enthalten, weil das `<br>`-HTML-Tag im Korpus häufig verwendet wird.

Daher ist es sinnvoll, `BeautifulSoup` in den Code einzubauen, um die HTML-Tags zu entfernen. Danach können Sie die Stoppwörter wie unten gezeigt aus der Liste entfernen:

```
# Einfacher Tokenizer
from bs4 import BeautifulSoup

# Beachten Sie, dass die Liste der Stoppwörter im Quellcode
# definiert wird. Es ist ein Array mit Wörtern. Sie können also
# problemlos eine eigene Liste erstellen oder eine von der
# GitHub-Seite zu diesem Buch herunterladen.

def tokenize(text):
    soup = BeautifulSoup(text, "html.parser")
    cleaned_text = soup.get_text()  # Text aus HTML extrahieren
    return [word.lower() for word in cleaned_text.split()
                         if word.lower() not in stopwords]
```

Wenn Sie den Wortindex anschließend wieder ausgeben, kommt das hier:

```
{'movie': 1, 'not': 2, 'film': 3, 'one': 4, 'like': 5, 'just': 6,
"it's": 7, 'even': 8, 'good': 9, 'no': 10, 'really': 11, 'can': 12,
'see': 13, '-': 14, 'get': 15, 'will': 16, 'much': 17, 'story': 18,
'also': 19, 'first': 20
```

Wie Sie sehen, ist die Liste bereits deutlich »sauberer«, auch wenn es immer Raum für Verbesserungen gibt. Bei der Betrachtung des vollständigen Index ist mir allerdings aufgefallen, dass einige weniger häufige Wörter gegen Ende keinen Sinn ergeben haben. Oft haben die Kritiker Wörter mit Bindestrichen kombiniert (wie in *annoying-confusion*) oder mit einem Schrägstrich (wie in *him/her*). Eine Entfernung von Interpunktionszeichen würde diese kombinierten Wörter zu einem einzelnen Wort umwandeln. Die obige Ausgabe zeigt außerdem, dass der Bindestrich (`-`) selbst häufig genug vorkam, um ein eigenes Token zu erhalten. Das können Sie einfach verhindern, indem Sie ihn als Stoppwort definieren.

Mit einem Tokenizer für den Korpus können Sie Ihre Sätze nun encodieren. Die einfachen Sätze, die wir aus früheren Beispielen kennen, sehen nun aus wie hier:

```
sentences = [
    'Today is a sunny day',
    'Today is a rainy day',
    'Is it sunny today?'
]

[[1094, 6112, 246, 0, 0, 0, 0, 0]]
[[1094, 6730, 246, 0, 0, 0, 0, 0]]
[[6112, 25065, 0, 0, 0, 0, 0, 0]]
```

Wenn Sie diese Folgen decodieren, können Sie sehen, dass die Stoppwörter ausgefiltert wurden. Die Sätze wurden also encodiert als `today sunny day`, `today rainy day` und `sunny today`.

Wollen Sie dies im Code erledigen, können Sie per `dict()` ein neues Dictionary anlegen, in dem Schlüssel und Werte umgekehrt vorliegen. Das können Sie anschließend zum Nachschlagen der Wörter für die jeweiligen Tokens verwenden. Hier der Code:

```
reverse_word_index = dict(
    [(value, key) for (key, value) in vocab.items()])

decoded_review = ' '.join([reverse_word_index.get(i, '?')
                                          for i in seq])

print(decoded_review)
```

Das Ergebnis sieht so aus:

```
today sunny day
```

Mit Labels versehene Textdaten werden oft als kommagetrennte Werte (*Comma Separated Values*, CSV) gespeichert. Damit wollen wir uns im folgenden Abschnitt beschäftigen.

Text aus CSV-Dateien lesen

Häufig liegen NLP-Daten als CSV-Dateien vor. In den folgenden Kapiteln werden Sie mit CSV-basierten Datensätzen arbeiten, die ich aus dem Open-Source-Datensatz (*https://oreil.ly/7ZKEU*) »Sentiment Analysis in Text« (*https://oreil.ly/7ZKEU*) erstellt habe. Der Schöpfer dieses Datensatzes hat Twitter (heute X) als Quelle verwendet. Es kommen zwei verschiedene Datensätze zum Einsatz: einer, in dem die Emotionen für eine binäre Klassifizierung auf »positiv« und »negativ« reduziert sind, und einer mit einem vollständigen Satz an Labels für verschiedene Emotionen. Beide Datensätze nutzen die gleiche Struktur, daher zeige ich Ihnen hier nur die binäre Version.

Obwohl die Bezeichnung *CSV* ein einheitliches Dateiformat suggeriert, in dem die Werte durch Kommas getrennt vorliegen, beschreibt sie tatsächlich eine große Vielfalt verschiedener Formate. Sie alle gelten als CSV, ohne dass hierfür ein bestimmter Standard existiert. Glücklicherweise gibt es die Python-Bibliothek `csv`, die uns eine Menge Ärger bei der Arbeit mit CSV-Dateien erspart. Hierbei werden die Daten jeweils als zwei Werte pro Zeile gespeichert. Der erste Wert ist eine Zahl (`0` oder `1`), die angibt, ob die Stimmung negativ oder positiv ist, der zweite Wert ist ein String, der den Text enthält.

Das folgende Codebeispiel liest die CSV-Datei und führt, ähnlich wie im vorherigen Abschnitt, ein Preprocessing durch. Den vollständigen Code finden Sie im GitHub-Repository zu diesem Buch. Der Code fügt vor und nach Interpunktionszeichen in zusammengesetzten Wörtern Leerzeichen ein und nutzt `BeautifulSoup`, um HTML-Tags und anschließend alle Interpunktionszeichen zu entfernen:

```
import csv
sentences=[]
labels=[]
with open('/tmp/binary-emotion.csv', encoding='UTF-8') as csvfile:
    reader = csv.reader(csvfile, delimiter=",")
    for row in reader:
        labels.append(int(row[0]))
        sentence = row[1].lower()
        sentence = sentence.replace(",", " , ")
        sentence = sentence.replace(".", " . ")
        sentence = sentence.replace("-", " - ")
        sentence = sentence.replace("/", " / ")
        soup = BeautifulSoup(sentence)
        sentence = soup.get_text()
        words = sentence.split()
        filtered_sentence = ""
        for word in words:
            word = word.translate(table)
            if word not in stopwords:
                filtered_sentence = filtered_sentence + word + " "
        sentences.append(filtered_sentence)
```

Dieser Code erzeugt eine Liste mit 35.327 Sätzen.

Beachten Sie, dass der Code speziell auf unsere Daten zugeschnitten ist. Er soll Ihnen helfen, zu verstehen, welche Schritte nötig, damit die Sache funktioniert. Sie ist nicht als umfassende Liste der Aufgaben gedacht, die Sie für jedes Szenario erledigen müssen – Ihre Ergebnisse können also unterschiedlich ausfallen.

Trainings- und Testdatensätze anlegen

Nachdem unser Textkorpus als Liste mit Sätzen vorliegt, müssen Sie ihn in Trainings- und Testdaten unterteilen, um das Modell trainieren zu können. Wollen Sie beispielsweise 28.000 Sätze für das Training nutzen und den Rest für das Testing zurückhalten, können Sie das mit folgendem Code erledigen:

```
training_size = 28000

training_sentences = sentences[0:training_size]
testing_sentences = sentences[training_size:]
```

```
training_labels = labels[0:training_size]
testing_labels = labels[training_size:]
```

Nachdem der Trainingsdatensatz vorliegt, können Sie den Tokenizer und Vokabular-Ersteller so anpassen, dass er aus diesem Korpus einen Wortindex erzeugt. Die Tatsache, dass der Korpus als Array mit Strings (`training_sentences`) im Arbeitsspeicher liegt, macht diesen Prozess deutlich einfacher:

```
from collections import Counter

# tokenize() ist an anderer Stelle definiert.
def tokenize(text):
    # Logik für Tokenisierung, Entfernung von HTML und Stoppwörtern,
    # wie bereits besprochen
    soup = BeautifulSoup(text, "html.parser")
    cleaned_text = soup.get_text()
    tokens = cleaned_text.lower().split()
    filtered_tokens = [token for token in tokens if token not in
                                                          stopwords]
    return filtered_tokens

def build_vocab(sentences):
    counter = Counter()
    for text in sentences:
        counter.update(tokenize(text))

    # Wörter nach Häufigkeit in absteigender Reihenfolge sortieren
    sorted_words = sorted(counter.items(), key=lambda x: x[1],
                                                       reverse=True)

    # Vokabular anlegen. Indizes beginnen bei 1.
    vocab = {word: idx + 1 for idx, (word, _) in
                                          enumerate(sorted_words)}
    vocab['<pad>'] = 0  # Padding-Token mit Index 0 einfügen
    return vocab


vocab = build_vocab(training_sentences)
print(vocab)
```

Anschließend können Sie die bereits bekannten Hilfsfunktionen einsetzen, um den Text in eine Sequenz umzuwandeln und mit dem nötigen Padding zu versehen:

```
print(testing_sentences[1])
seq = text_to_sequence(testing_sentences[1], vocab)
print(seq)
```

Das Ergebnis sieht schließlich so aus:

```
made many new friends twitter around usa another bike across usa trip
amazing
 see people
[146, 259, 30, 110, 53, 198, 2161, 111, 752, 970, 2161, 407, 217, 26, 73]
```

Ein weiteres Format für strukturierte Daten, insbesondere als Antwort auf Webaufrufe, ist die *JavaScript Object Notation* (JSON), mit der wir uns im folgenden Abschnitt beschäftigen wollen.

Text aus JSON-Dateien auslesen

JSON ist ein offenes Standarddateiformat, das häufig für den Datenaustausch speziell mit Webapplikationen genutzt wird. Es ist menschenlesbar und basiert auf der Verwendung von Name/Wert-Paaren, wodurch es sich gut für mit Labels versehenen Text eignet. Eine kurze Suche nach Kaggle-Datensätzen im JSON-Format ergibt über 2.500 Ergebnisse. So liegen beliebte Datensätze wie das *Stanford Question Answering Dataset* (SQuAD) im JSON-Format vor.

JSON hat eine einfache Syntax, bei der Objekte als `"Name" : "Wert"`-Paare mit geschweiften Klammern umgeben werden, die jeweils durch Kommas getrennt werden. Ein JSON-Objekt, das meinen Namen abbildet, könnte beispielsweise so aussehen:

```
{"firstName" : "Laurence",
 "lastName" : "Moroney"}
```

Außerdem unterstützt JSON Arrays, die große Ähnlichkeit mit Python-Listen haben und mit eckigen Klammern umgeben werden, wie hier:

```
[
 {"firstName" : "Laurence",
 "lastName" : "Moroney"},
 {"firstName" : "Sharon",
 "lastName" : "Agathon"}
]
```

Dabei können die Arrays auch in Objekten verschachtelt sein. Das folgende Beispiel ist gültiger JSON-Code:

```
[
 {"firstName" : "Laurence",
 "lastName" : "Moroney",
 "emails": ["lmoroney@gmail.com", "lmoroney@galactica.net"]
 },
 {"firstName" : "Sharon",
 "lastName" : "Agathon",
 "emails": ["sharon@galactica.net", "boomer@cylon.org"]
 }
]
```

Ein kleinerer Datensatz im JSON-Format, mit dem zu arbeiten viel Spaß macht, ist *News Headlines Dataset for Sarcasm Detection* (»Datensatz mit News-Schlagzeilen zum Erkennen von Sarkasmus«) von Rishabh Misra (*https://oreil.ly/wZ3oD*), ebenfalls erhältlich auf Kaggle (*https://oreil.ly/_AScB*). Dieser Datensatz sammelt Überschriften aus zwei Quellen: aus *The Onion* für lustige oder sarkastische Überschriften und aus *HuffPost* für normale Überschriften.

Die Dateistruktur im Sarkasmus-Datensatz ist sehr einfach:

```
{"is_sarcastic": 1 oder 0,
 "headline": String, der die Überschrift enthält,
 "article_link": String mit Link auf den entsprechenden Artikel}
```

Der Datensatz besteht aus 26.000 Elementen, jeweils einem pro Zeile. Um das in Python leichter lesbar zu machen, habe ich eine Version erstellt, bei der die Elemente in einem Array vorliegen. Dadurch kann der Datensatz als eine Liste gelesen werden, wie wir sie im Quellcode für dieses Kapitel verwenden.

Die JSON-Dateien lesen

Die Python-Bibliothek `json` vereinfacht das Lesen von JSON-Dateien. Da das JSON-Format auf Name/Wert-Paaren basiert, können Sie den Inhalt nach Namen indizieren. Für den Sarkasmus-Datensatz können Sie beispielsweise ein Handle für die JSON-Datei anlegen, diese mit der `json`-Bibliothek öffnen und ein Iterable nutzen, um sie zeilenweise zu durchlaufen und die einzelnen Einträge anhand der Feldnamen auszulesen.

Hier der nötige Code:

```
import json
with open("/tmp/sarcasm.json", 'r') as f:
    datastore = json.load(f)
    for item in datastore:
        sentence = item['headline'].lower()
        label= item['is_sarcastic']
        link = item['article_link']
```

Damit ist die Erstellung von Listen mit Sätzen und Labels sowie deren Tokenisierung so einfach wie bei den anderen Beispielen in diesem Kapitel. Auch das Preprocessing können Sie direkt während der Iteration vornehmen, um HTML-Tags, Interpunktion, Stoppwörter und andere Dinge auszufiltern.

Hier der vollständige Code, um eine Liste mit Sätzen, Labels und URLs zu erstellen und die Sätze im gleichen Durchlauf von unerwünschten Wörtern und Zeichen zu säubern:

```
with open("/tmp/sarcasm.json", 'r') as f:
    datastore = json.load(f)

sentences = []
labels = []
urls = []
for item in datastore:
    sentence = item['headline'].lower()
    sentence = sentence.replace(",", " , ")
    sentence = sentence.replace(".", " . ")
    sentence = sentence.replace("-", " - ")
    sentence = sentence.replace("/", " / ")
    soup = BeautifulSoup(sentence)
    sentence = soup.get_text()
    words = sentence.split()
    filtered_sentence = ""
    for word in words:
        word = word.translate(table)
        if word not in stopwords:
            filtered_sentence = filtered_sentence + word + " "
    sentences.append(filtered_sentence)
    labels.append(item['is_sarcastic'])
    urls.append(item['article_link'])
```

Wie zuvor können Sie diese in Trainings- und Testdaten aufteilen. Um beispielsweise 23.000 der 26.000 Einträge als Trainingsdaten zu verwenden, können Sie folgendermaßen vorgehen:

```
training_size = 23000

training_sentences = sentences[0:training_size]
testing_sentences = sentences[training_size:]
training_labels = labels[0:training_size]
testing_labels = labels[training_size:]
```

Nachdem die Sätze als String-Arrays im Speicher liegen, funktionieren Tokenisierung und Sequenzierung auf die gleiche Weise wie bei den CSV-Daten aus dem vorherigen Abschnitt.

Hoffentlich hilft Ihnen die Ähnlichkeit im Code, das Muster zu erkennen, dem Sie folgen müssen, um Text zur Klassifizierung oder Generierung für neuronale Netzwerke vorzubereiten. Im folgenden Kapitel lernen Sie, wie Sie einen Classifier für *Text-Embeddings* (»Einbettungen«) erstellen können. In Kapitel 7 gehen wir dann noch einen Schritt weiter und erforschen rekurrente neuronale Netzwerke. In Kapitel 8 lernen Sie schließlich, wie Sie die Sequenzdaten weiter verbessern können, um ein neuronales Netzwerk zu entwickeln, das neuen Text ausgeben kann!

> Reguläre Ausdrücke (*Regexes*) sind großartige Werkzeuge, um Text zu sortieren, zu filtern und zu säubern. Die Regex-Syntax ist oft schwer zu verstehen und zu lernen. Ich habe allerdings herausgefunden, dass generative KI-Werkzeuge wie Gemini, Claude und ChatGPT hierbei eine große Hilfe sein können.

Zusammenfassung

In früheren Kapiteln haben Sie Classifier für Bilder entwickelt. Bilder haben per definitionem klar definierte Dimensionen – ihre Höhe, ihre Breite und ihr Format sind also bekannt. Die Arbeit mit Texten kann dagegen deutlich komplizierter sein. Oft sind sie unstrukturiert, können unerwünschte Dinge enthalten, zum Beispiel Formatierungsanweisungen. Texte enthalten nicht immer, was Sie wollen, und müssen häufig gefiltert werden, um sinnlose oder unerwünschte Inhalte zu entfernen.

In diesem Kapitel haben Sie erfahren, wie Sie Text anhand von Wort-Tokenisierung in Zahlen umwandeln, und erforscht, wie Sie Text in verschiedenen Formaten lesen und filtern können. Mit diesen Fähigkeiten sind Sie jetzt bereit für den nächsten Schritt: zu lernen, wie aus Wörtern Bedeutung abgeleitet werden kann – dem ersten Schritt zum Verständnis natürlicher Sprachen.

KAPITEL 6

Stimmungen mit Embeddings programmierbar machen

In Kapitel 5 haben wir Ihnen gezeigt, wie Wörter in Tokens und ganze Sätze zu Sequenzen aus Tokens encodiert werden. Anschließend wurden die Sequenzen aufgefüllt (*Padding*) oder verkürzt (*Truncation*), um einen wohlgeformten Datensatz zu erhalten, der in einem neuronalen Netzwerk verwendet werden kann. Dabei gab es aber keine Modellierung, die die *Bedeutung* eines Worts abbilden konnte. Und obwohl eine Wortbedeutung nicht absolut encodiert werden kann, so ist dies zumindest relativ möglich.

In diesem Kapitel lernen Sie Techniken kennen, mit denen Sie Bedeutung kapseln können – vor allem das Konzept der *Einbettung* (des *Embeddings*). Hierbei werden Vektoren in höherdimensionalen Räumen erzeugt, um die Wörter darzustellen. Die Richtungen dieser Vektoren können im Laufe der Zeit auf Basis der Wörter im Korpus gelernt werden. Danach können Sie die Richtungen der Wortvektoren untersuchen, sie summieren und aus der allgemeinen Richtung die Bedeutung oder Stimmung (*Sentiment*) des Satzes als Produkt der enthaltenen Wörter ableiten. Während das Modell die Sätze untersucht, kann die Position der Wörter außerdem dabei helfen, ein passendes Embedding zu trainieren.

Mithilfe des Datensatzes *Headlines Dataset for Sarcasm Detection* aus Kapitel 5 erstellen Sie Embeddings, die dem Modell helfen, Sarkasmus in einem Satz zu erkennen. Außerdem arbeiten Sie mit einigen praktischen Visualisierungswerkzeugen, um die Zuordnung der Wörter in einem Korpus auf Vektoren besser zu verstehen. So können Sie erkennen, welche Wörter sich auf die Gesamtklassifizierung auswirken.

Bedeutung aus Wörtern ableiten

Bevor wir uns mit höherdimensionalen Vektoren für Embeddings beschäftigen, wollen wir an einem einfachen Beispiel veranschaulichen, wie Bedeutung aus numerischen Werten abgeleitet werden kann. Was passiert wohl, wenn alle Wörter, die zu sarkastischen Überschriften gehören, mit positiven Zahlen encodiert werden, während die realistischen Überschriften negative Werte bekommen?

Ein einfaches Beispiel: Positives und Negatives

Hier ein Beispiel für eine sarkastische Überschrift aus dem Datensatz:

```
christian bale given neutered male statuette named oscar
```

Wenn wir davon ausgehen, dass alle Wörter unseres Vokabulars den Startwert `0` haben, können für jedes Wort im Satz `1` addieren und erhalten dann Folgendes:

```
{ "christian" : 1, "bale" : 1, "given" : 1, "neutered": 1,
"male" : 1,   "statuette": 1, "named" : 1, "oscar": 1}
```

> Das ist nicht das Gleiche wie die *Tokenisierung* von Wörtern aus Kapitel 5. Man könnte ein Wort (zum Beispiel *christian*) auch durch das Token ersetzen, das es im Korpus encodiert. Für den Augenblick behalte ich die Wörter noch bei, damit der Code leichter lesbar ist.

Für den nächsten Schritt stellen wir uns eine gewöhnliche (nicht sarkastische) Überschrift vor, zum Beispiel die hier:

```
gareth bale scores wonder goal against germany
```

Da dies eine andere Stimmung ausdrückt, können wir hier `1` vom aktuellen Wert für jedes Wort subtrahieren. Dadurch hat unser Satz an Werten jetzt folgendes Aussehen:

```
{ "christian" : 1, "bale" : 0, "given" : 1, "neutered": 1, "male" : 1,
  "statuette": 1, "named" : 1, "oscar": 1, "gareth" : -1, "scores": -1,
  "wonder" : -1, "goal" : -1, "against" : -1, "germany" : -1}
```

Wie Sie sehen können, wurde das sarkastische `bale` (aus `christian bale`) durch das nicht sarkastische `bale` (aus `gareth bale`) ausgeglichen und hat nun wieder den Wert `0`. Wird dieser Prozess mehrere Tausend Male wiederholt, erhalten Sie eine riesige Liste mit Wörtern aus Ihrem Korpus, die nach ihrer Verwendung bewertet wurden.

Jetzt stellen Sie sich vor, wir wollten die Stimmung dieses Satzes ermitteln:

```
neutered male named against germany, wins statuette!
```

Anhand unserer bestehenden Werte können wir die Punktzahlen für jedes Wort ermitteln und addieren. Wir erhalten einen Punktestand von 2, der (wegen der positiven Zahl) darauf hinweist, dass es sich um einen sarkastisch gemeinten Satz handelt.

> Insgesamt kommt das Wort `bale` im Sarkasmus-Datensatz fünfmal vor, zweimal in einer normalen Überschrift und dreimal in einer sarkastischen. In einem Modell wie diesem hätte das Wort also, auf den gesamten Datensatz betrachtet, einen Wert von `1`.

Tiefer eintauchen: Vektoren

Hoffentlich hat Ihnen das vorherige Beispiel geholfen, das geistige Modell zu verstehen. Es wird eine Form von relativer Bedeutung für ein Wort durch Assoziation mit anderen Wörtern in der gleichen »Richtung« hergestellt. Auch wenn der Computer nicht »weiß«, was die einzelnen Wörter bedeuten, ist er in der Lage, mit Labels versehene Wörter aus einer Überschrift, die als sarkastisch bekannt ist, in eine Richtung zu verschieben (durch Addition von 1), und Wörter, die aus einer normalen Überschrift stammen, in eine andere Richtung (durch Subtraktion von 1). So erhalten wir zwar ein Grundverständnis von der Bedeutung der Wörter, aber noch keine feine Unterscheidung.

Was wäre aber, wenn wir die Richtung mit zusätzlichen Dimensionen versähen und versuchten, auf diese Weise weitere Informationen zu sammeln? Stellen Sie sich zum Beispiel die Figuren aus dem Roman »Stolz und Vorurteil« (*Pride and Prejudice*) von Jane Austen vor. Hierbei betrachten wir die Dimensionen für Geschlecht und Adel. Ersteres bilden wir auf der x-Achse ab, Letzteres auf der y-Achse. Die Länge der Vektoren zeigt, wie vermögend die jeweiligen Figuren sind (siehe Abbildung 6.1).

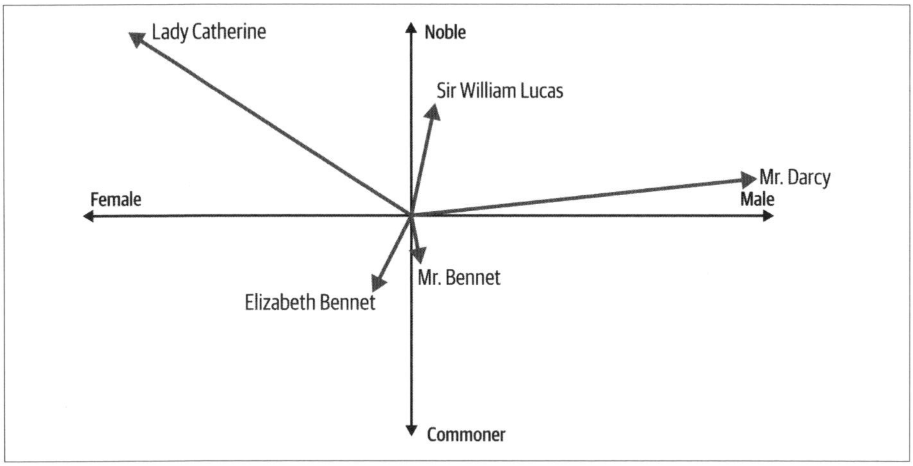

Abbildung 6.1: Figuren in »Stolz und Vorurteil« als Vektoren

Dem Graphen können wir eine Menge Informationen zu den Figuren entnehmen. Drei Personen sind männlich. Mr. Darcy ist außerordentlich wohlhabend, aber sein Adelsstatus ist unklar (er wird als »Mister« bezeichnet, anders als der weniger wohlhabende, aber sehr adlige Sir William Lucas). Der andere »Mister« ist Mr. Bennet. Es ist klar, dass er keiner Adelsfamilie angehört und in finanziellen Schwierigkeiten ist. Elizabeth Bennet, seine Tochter, hat einen ähnlichen Status wie ihr Vater, ist aber weiblich. Die andere weibliche Figur in unserem Beispiel ist Lady Catherine. Sie ist adlig und unglaublich reich. Die Romanze zwischen Mr. Darcy und Elizabeth führt zu Spannungen. Dabei richten sich die Vorurteile der adligen Seite gegen die einfachen Leute.

Dieses Beispiel zeigt, dass wir durch die Betrachtung mehrerer Dimensionen eine echte Bedeutung in den Wörtern finden können (hier die Namen der Figuren). Auch sprechen wir nicht von konkreten Definitionen, sondern von einer relativen Bedeutung auf Basis der Achsen und der Beziehung zwischen den Vektoren für ein Wort und den anderen Vektoren.

Und damit kommen wir im nächsten Abschnitt zum Konzept des *Embeddings* (»Einbettung«). Dabei handelt es sich letztlich um die Vektordarstellung eines Worts, die beim Training in einem neuronales Netzwerk gelernt wurde.

Embedding in PyTorch

Wie `Linear` und `Conv2D` implementiert PyTorch Embeddings als Schicht. Hierbei wird eine Lookup-Tabelle angelegt, die einen Integer-Wert auf eine Embedding-Tabelle mit den

Koeffizienten der Vektoren für das Wort enthält, das durch den Integer-Wert bezeichnet wird. In unserem Beispiel der Figuren aus »Stolz und Vorurteil« würden uns die *x*- und *y*-Koordinaten die Embeddings für eine bestimmte Romanfigur liefern. Für ein echtes NLP-Problem bräuchten wir allerdings deutlich mehr als zwei Dimensionen. Die Richtung eines Vektors im Vektorraum könnte also als Encodierung der »Bedeutung« eines Worts betrachtet werden. Dabei können Wörter mit ähnlichen Vektoren (die also in ungefähr die gleiche Richtung zeigen) als mit dem ursprünglichen Wort verwandt angesehen werden.

Die Embedding-Schicht wird mit Zufallswerten initialisiert. Das heißt, die Koordinaten der Vektoren sind zu Beginn vollkommen zufällig und werden durch Backpropagation im Verlauf des Trainings gelernt. Ist das Training abgeschlossen, enthalten die Embeddings eine grobe Encodierung der Ähnlichkeiten zwischen den Wörtern. So können wir anhand der Richtung ihrer Vektoren Wörter finden, die eine gewisse Ähnlichkeit miteinander haben.

Weil das alles ziemlich abstrakt ist, besteht der beste Weg, um das Verständnis der Verwendung von Embeddings zu verbessern, darin, sie einfach zu benutzen. Also krempeln Sie die Ärmel hoch und probieren Sie es einfach aus. Wir beginnen mit einem Sarkasmus-Detektor auf Basis unseres Sarkasmus-Datensatzes aus Kapitel 5.

Embeddings für die Erstellung eines Sarkasmus-Detektors nutzen

In Kapitel 5 haben Sie einen JSON-Datensatz mit dem Namen *News Headlines Dataset for Sarcasm Detection* (kurz: Sarkasmus-Datensatz) kennengelernt. Sie haben ihn geladen und ein Preprocessing darauf angewendet. Das Ergebnis waren Listen mit Trainings- und Testdaten und die entsprechenden Labels.

```
training_size = 28000
training_sentences = sentences[0:training_size]
testing_sentences = sentences[training_size:]
training_labels = labels[0:training_size]
testing_labels = labels[training_size:]
```

Für die Trainingsdaten haben Sie die Hilfsfunktion `build_vocab` geschrieben, um ein Dictionary zu erstellen, das die Wörter und ihre Häufigkeit enthält, geordnet nach Häufigkeit. Die Größe dieses Dictionarys ergibt den Wert für `vocab_size` (»Vokabulargröße«).

Um in PyTorch eine Embedding-Schicht anzulegen, können Sie den Schichttyp `nn.Embedding` verwenden, wie unten gezeigt. Hierbei geben Sie die gewünschte Vokabulargröße und die Zahl der Embedding-Dimensionen (`embedding_dim`) an:

```
nn.Embedding(vocab_size, embedding_dim)
```

Das initialisiert einen Vektor mit `embedding_dim` Achsen für jedes Wort. Hat `embedding_dim` beispielsweise den Wert `16`, wird jedem Wort im Vokabular ein 16-dimensionaler Vektor zugewiesen.

Im Laufe der Zeit werden die Attribute für jedes Token (encodiert als Werte des Vektors in jeder seiner Dimensionen) durch Backpropagation gelernt, während das Netzwerk lernt, die Trainingsdaten seinen Labels zuzuordnen.

Ein wichtiger Folgeschritt besteht darin, die Ausgaben der Embedding-Schicht in eine vollständig verbundene Schicht weiterzuleiten. Am einfachsten geht das, ähnlich wie bei CNNs, mithilfe von Pooling. Hierbei werden für die Dimensionen der Embeddings die Mittelwerte ermittelt, um einen Ausgabevektor mit fester Länge zu erzeugen. Dabei reduziert `Adaptive AvePool1d(1)` die Eingabe entlang der Länge der Sequenz auf die feste Vektorgröße 1.

Hier ein Beispiel:

```
self.embedding = nn.Embedding(vocab_size, embedding_dim)
self.global_pool = nn.AdaptiveAvgPool1d(1)
self.fc1 = nn.Linear(embedding_dim, 24)
self.fc2 = nn.Linear(24, 1)
self.relu = nn.ReLU()
self.sigmoid = nn.Sigmoid()
```

Bei der Definition der Embedding-Schicht erhält sie die Größe des Vokabulars (in `vocab_size`) und eine Embedding-Dimension (in `embedding_dim`). Mithilfe von `torchinfo.summary` werfen wir einen Blick auf die Parameter im Netzwerk:

```
==========================================================================
Layer (type:depth-idx)                   Output Shape              Param #
==========================================================================
TextClassificationModel                  [32, 1]                   --
├─Embedding: 1-1                         [32, 100, 100]            2,429,200
├─AdaptiveAvgPool1d: 1-2                 [32, 100, 1]              --
├─Linear: 1-3                            [32, 24]                  2,424
├─ReLU: 1-4                              [32, 24]                  --
├─Linear: 1-5                            [32, 1]                   25
├─Sigmoid: 1-6                           [32, 1]                   --
==========================================================================
Total params: 2,431,649
Trainable params: 2,431,649
Non-trainable params: 0
Total mult-adds (M): 77.81
==========================================================================
Input size (MB): 0.03
Forward/backward pass size (MB): 2.57
Params size (MB): 9.73
Estimated Total Size (MB): 12.32
==========================================================================
```

Das Vokabular besteht aus 24.292 Wörtern. Da das Embedding aus 100 Dimensionen besteht, beläuft sich die Gesamtzahl der trainierbaren Parameter auf 2.429.200. Die erste lineare Schicht nimmt 100 Werte entgegen und gibt 24 Werte aus, was 2.400 Gewichtungen entspricht. Da jedes Neuron außerdem einen Bias hat, müssen wir 24 Parameter hinzufügen und kommen so auf eine Gesamtzahl von 2.424 Parametern.

Die letzte Schicht funktioniert so ähnlich: Als Eingabe dienen 24 Werte, als Ausgabe ein einzelnes Neuron. Hinzu kommt noch ein Parameter für den Bias. Die Gesamtzahl liegt in dieser Schicht also bei 25. Das gesamte Netzwerk muss demnach 2.431.649 Parameter lernen. Beachten Sie, dass die Average-Pooling-Schicht keine trainierbaren Parameter enthält, sie bildet nur den Mittelwert der Parameter der vorangehenden Embedding-Schicht, um einen einzelnen Vektor mit 16 Werten zu erhalten.

Wenn wir dieses Modell trainieren, liegt die Genauigkeit nach 30 Epochen bei über 99 % – die Genauigkeit der Validierungsdaten dagegen nur bei 80 % (siehe Abbildung 6.2).

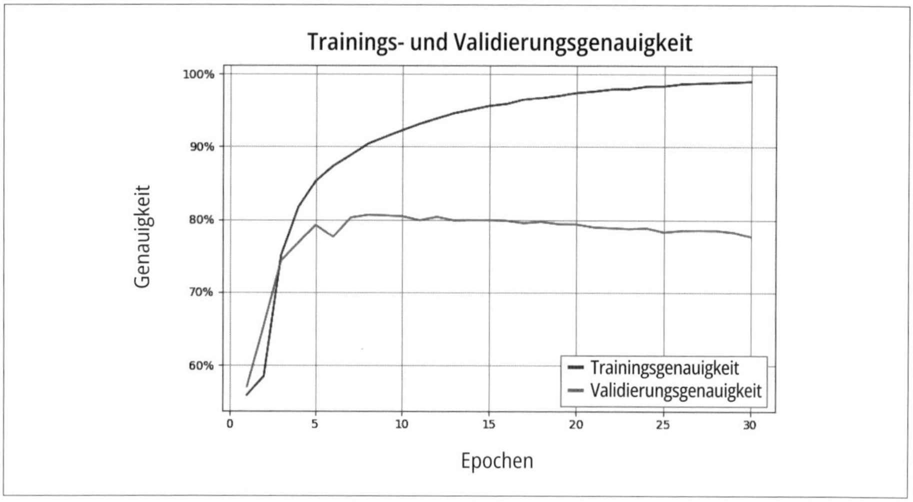

Abbildung 6.2: Genauigkeit von Training und Validierung im Vergleich

Bedenkt man, dass die Validierungsdaten wahrscheinlich Wörter enthalten, die in den Trainingsdaten nicht enthalten sind, scheint das eine vernünftige Kurve zu sein. Wenn Sie dagegen die Verlustkurven für Training und Validierung über 100 Epochen miteinander vergleichen, offenbart sich ein Problem. Grundsätzlich kann man davon ausgehen, dass die Genauigkeit des Trainings höher liegt als die der Validierung. Wenn die Genauigkeit im Laufe der Zeit ein wenig abnimmt (siehe Abbildung 6.2), während ihre Verlustkurve drastisch ansteigt, ist dies dagegen ein klares Indiz für eine Überanpassung, wie in Abbildung 6.3 gezeigt.

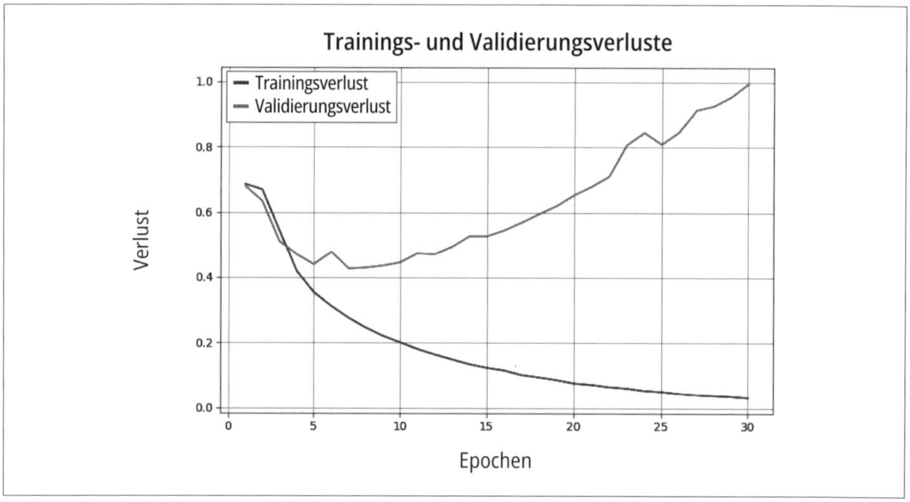

Abbildung 6.3: Trainingsverlust und Validierungsverlust im Vergleich

Eine Überanpassung wie diese ist aufgrund der schwer vorhersagbaren Natur von Sprachen bei NLP-Modellen ein häufig anzutreffendes Problem.

Überanpassung in Sprachmodellen verringern

Eine Überanpassung tritt auf, wenn das Netzwerk sich zu sehr auf die Trainingsdaten spezialisiert. Dabei wird das Netzwerk besonders gut darin, Muster in »verrauschten« Trainingsdaten zu finden, die nur dort existieren. Der Validierungsdatensatz enthält dieses Grundrauschen nicht. Das heißt: Je besser das Netzwerk in der Erkennung dieses »Rauschens« wird, desto schlechter wird der Verlust der Validierungsdaten. Das kann zu einer stark ansteigenden Verlustkurve führen, wie in Abbildung 6.3 gezeigt.

In diesem Abschnitt erforschen wir verschiedene Möglichkeiten, das Modell zu verallgemeinern und die Überanpassung zu reduzieren.

Die Lernrate anpassen

Ein Hyperparameter des Optimizers ist die Lernrate (*Learning Rate*, LR). Die Details zu diesem Parameter würden über den Rahmen dieses Kapitels hinausgehen, daher gebe ich Ihnen an dieser Stelle nur einen Überblick. Ist dieser Wert zu hoch, lernt das Netzwerk zu schnell und übersieht möglicherweise wichtige Details. Ist er dagegen zu niedrig, lernt das Netzwerk nicht effektiv.

In diesem Beispiel haben wir folgenden Code für die Definition des Optimizers verwendet:

```
optimizer = optim.Adam(model.parameters(), lr=0.001,
                       betas=(0.9, 0.999), amsgrad=False)
```

Dies sind die Standardwerte für den Adam-Optimizer. Wir wollen mit dem Parameter für die Lernrate (`lr`) experimentieren. Daher haben wir die Lernrate im folgenden Code um den Faktor 10 auf `0.0001` verringert:

```
optimizer = optim.Adam(model.parameters(), lr=0.0001,
                       betas=(0.9, 0.999), amsgrad=False)
```

Die Werte für `betas` und `amsgrad` bleiben unverändert. Beachten Sie, dass die Werte für `betas` zwischen 0 und 1 liegen müssen und typischerweise einen Wert nahe 1 haben. Amsgrad ist eine alternative Implementierung des Adam-Optimizers, der im Forschungspapier »On the Convergence of Adam and Beyond« von Sashank Reddi, Satyen Kale und Sanjiv Kumar (*https://oreil.ly/FhTDi*) vorgestellt wurde.

Diese deutlich geringere Lernrate hat einen entscheidenden Einfluss auf das Netzwerk. Abbildung 6.4 zeigt die Genauigkeit des Netzwerks über 100 Epochen. Die kleinere Lernrate zeigt sich besonders während der ersten 10 Epochen. Das Netzwerk scheint erst danach wirklich zu lernen, während die Lernkurve vorher sprunghaft anstieg.

Wenn wir uns die entsprechenden Verlustkurven ansehen (siehe Abbildung 6.5), können wir erkennen, dass die Verluste sinken, obwohl sich die Genauigkeit während der ersten Epochen kaum verändert. Sie können also davon ausgehen, dass das Netzwerk einfach nur etwas länger braucht, bis die Lernkurve sichtbar ansteigt.

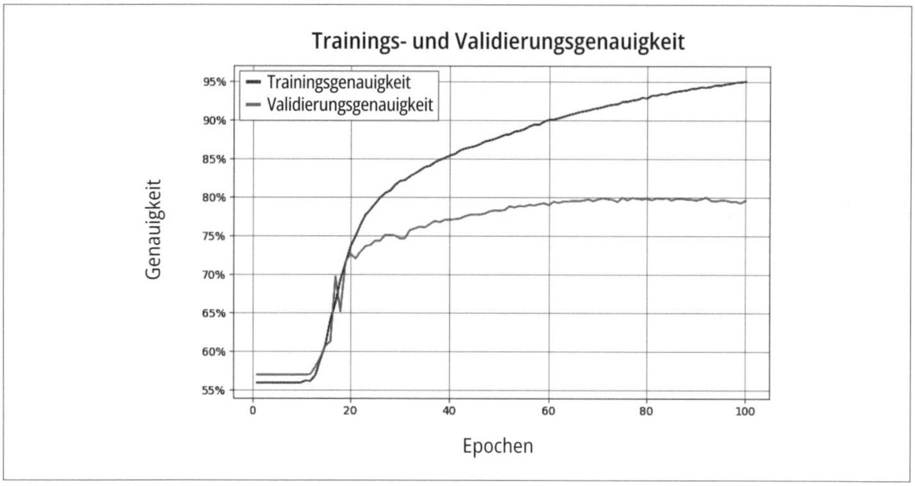

Abbildung 6.4: Genauigkeit mit geringerer Lernrate

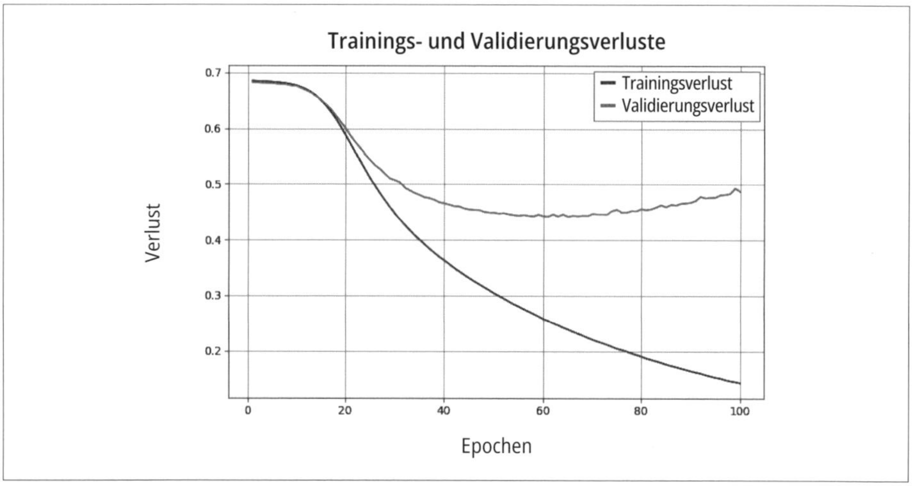

Abbildung 6.5: Verlust bei geringerer Lernrate

Wie in Abbildung 6.3 signalisiert die Kurve auch hier irgendwann eine Überanpassung. Allerdings geschieht das diesmal deutlich später und mit einer viel geringeren Rate. In Epoche 30 liegt der Verlust etwa bei 0,49, während er ohne Anpassung der Lernrate fast doppelt so hoch lag (siehe Abbildung 6.3). Das Netzwerk braucht dadurch zwar länger, bis eine gute Genauigkeit erreicht wird, dafür geschieht das aber mit weniger Verlust, und Sie erhalten belastbarere Ergebnisse. Mit diesen Hyperparametern stieg der Verlust für die Validierungsdaten ungefähr bei Epoche 60 an. Zu diesem Zeitpunkt hatten die Trainingsdaten bereits eine Genauigkeit von 90 %, während die Validierungsdaten bei 81 % lagen, was die Effektivität unseres Netzwerks verdeutlicht.

Natürlich können Sie einfach ein bisschen am Optimizer schrauben und dann Ihren Sieg erklären, oder Sie nutzen eine der vielen weiteren Möglichkeiten, das Modell zu verbessern. Diese lernen Sie in den folgenden Abschnitten kennen. Hierfür werde ich allerdings wieder die Adam-Standardwerte verwenden, damit die Anpassung der Lernrate die Vorteile der anderen Methoden nicht überdeckt.

Die Größe des Vokabulars untersuchen

Der Sarkasmus-Datensatz arbeitet mit Wörtern. Wenn Sie diese untersuchen – speziell ihre Häufigkeit –, finden Sie vielleicht schon einen Hinweis auf den Grund der Überanpassung.

Um das zu erleichtern, habe ich die Funktion `word_frequency` (»Worthäufigkeit«) geschrieben, mit der Sie ermitteln können, wie oft ein Wort in einem Vokabular vorkommt. Hier ist sie:

```
def word_frequency(sentences, word_dict):
    frequency = {word: 0 for word in word_dict}

    for sentence in sentences:
        words = sentence.lower().split()
        for word in words:
            if word in frequency:
                frequency[word] += 1

    return frequency
```

Um den Code auszuführen, können Sie schreiben:

```
word_freq = word_frequency(training_sentences, word_index)
print(word_freq)
```

Das Ergebnis ist ein Dictionary, das die Häufigkeit jedes Worts enthält, geordnet absteigend nach der Anzahl ihrer Vorkommen. Hier die ersten Ergebnisse:

```
{'new': 1318, 'trump': 1117, 'man': 1075, 'not': 634, 'just': 501,
 'will': 484, 'one': 469, 'year': 440, …
```

Um das grafisch darzustellen, können Sie über die Einträge iterieren und x als Positionsangabe verwenden (1 für den ersten Eintrag, 2 für den zweiten und so weiter). Entsprechend ist der y-Wert dann `newlist[item]`. Das können wir mit der `matplotlib`-Bibliothek wie folgt grafisch darstellen:

```
import matplotlib.pyplot as plt
from collections import OrderedDict
newlist = (OrderedDict(sorted(word_freq.items(), key=lambda t: t[1],
                       reverse=True)))

xs=[]
ys=[]
curr_x = 1
for item in newlist:
  xs.append(curr_x)
  curr_x=curr_x+1
  ys.append(newlist[item])

print(ys)
plt.plot(xs,ys)
```

Das Ergebnis sehen Sie in Abbildung 6.6.

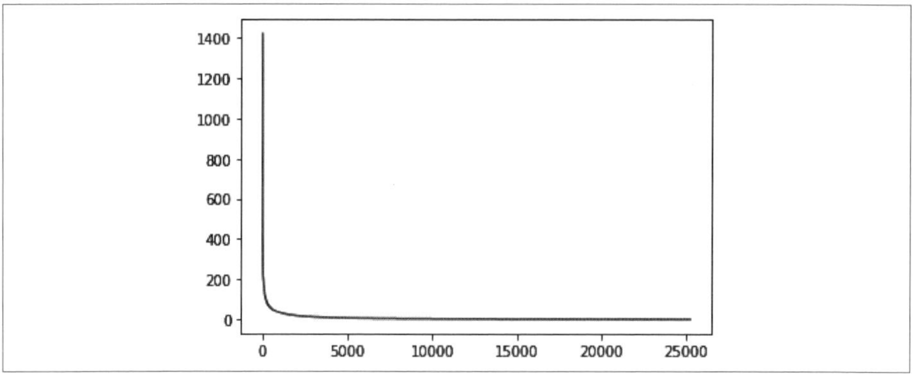

Abbildung 6.6: Untersuchung der Worthäufigkeiten

Diese »Hockeyschläger«-Kurve verdeutlicht, dass wenige Wörter besonders oft vorkommen, während die meisten Wörter eher selten benutzt werden. Da jedes Wort einen Eintrag in den Embeddings hat, besitzt es effektiv auch die gleiche Gewichtung. Weil unser Trainingsdatensatz im Vergleich zu den Validierungsdaten recht groß ist, sind viele Wörter nur in den Trainingsdaten, nicht aber in den Validierungsdaten zu finden.

Wenn Sie die Achsen des Diagramms vor dem Aufruf von `plt.show` verändern, können Sie in die Daten »hineinzoomen«. Folgender Code zeigt beispielsweise die Worthäufigkeit von 300 bis 10.000 auf der *x*-Achse und den Wertebereich von 0 bis 100 auf der *y*-Achse an.

```
plt.plot(xs,ys)
plt.axis([300,10000,0,100])
plt.show()
```

Das Ergebnis sehen Sie in Abbildung 6.7.

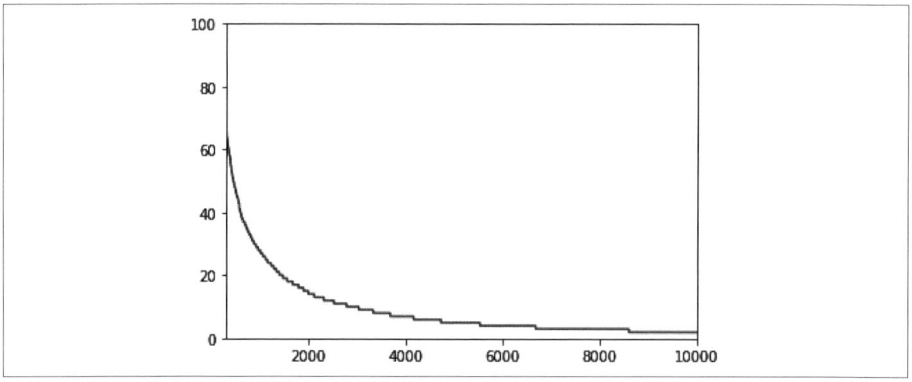

Abbildung 6.7: Worthäufigkeit zwischen 300 und 10.000

Der Korpus enthält fast 25.000 Wörter, und der Code soll an allen trainiert werden. Wenn wir uns nur die Wörter ab Position 2.000 ansehen, also über 90 % unseres Vokabulars, stellen wir fest, dass jedes dieser Wörter weniger als 20 Mal im gesamten Korpus vorkommt.

Das könnte die Überanpassung bereits erklären. Der nächste logische Schritt wäre also der Versuch, das Vokabular, für das wir trainieren, zu reduzieren. Hierfür erweitern wir die

Hilfsfunktion build_vocab um einen Parameter für die Höchstgröße des Vokabulars, an dem wir interessiert sind:

```
def build_vocab(sentences, max_vocab_size=10000):
    counter = Counter()
    for text in sentences:
        counter.update(tokenize(text))

    # Nur die max_vocab_size-1 häufigsten Wörter nehmen
    # (Platz für spezielle Tokens lassen)
    most_common = counter.most_common(max_vocab_size - 2)
    # -2 für <pad> und <unk>

    # Vokabular mit Indizes beginnend bei 2 erstellen
    vocab = {word: idx + 2 for idx, (word, _) in
                              enumerate(most_common)}
    vocab['<pad>'] = 0  # Padding-Token einfügen
    vocab['<unk>'] = 1  # »Unbekannt«-Token einfügen
    return vocab
```

Wenn wir anschließend unseren word_index erstellen, können wir eine Maximalgröße für das Vokabular angeben, das wir erkunden wollen:

```
vocab_size = 2000
word_index = build_vocab(training_sentences, max_vocab_size=vocab_
size)
```

Da die Embedding-Schicht bereits mit der Größe des Vokabulars initialisiert war, sind keine Anpassungen an der Architektur mehr nötig. Durch das verkleinerte Vokabular ist die Menge an zu lernenden Parametern deutlich geringer. Das führt zu einem einfacheren Netzwerk, das schneller lernt:

```
==========================================================================
Layer (type:depth-idx)                   Output Shape              Param #
==========================================================================
TextClassificationModel                  [32, 1]                   --
├─Embedding: 1-1                         [32, 100, 100]            200,100
├─AdaptiveAvgPool1d: 1-2                 [32, 100, 1]              --
├─Linear: 1-3                            [32, 24]                  2,424
├─ReLU: 1-4                              [32, 24]                  --
├─Linear: 1-5                            [32, 1]                   25
├─Sigmoid: 1-6                           [32, 1]                   --
==========================================================================
Total params: 202,549
Trainable params: 202,549
Non-trainable params: 0
Total mult-adds (M): 6.48
==========================================================================
Input size (MB): 0.03
Forward/backward pass size (MB): 2.57
Params size (MB): 0.81
Estimated Total Size (MB): 3.40
==========================================================================
```

Anstelle von 2,4 Millionen Parametern sind es jetzt nur noch 202.549.

Nach dem Training und der Untersuchung des kleineren Modells können wir sehen, wie sich die Ergebnisse verändert haben.

Abbildung 6.8 zeigt die Messungen der Genauigkeit. Jetzt liegt der Trainingsdatensatz bei einer Genauigkeit von 82 % und der Validierungsdatensatz bei 76 %. Die Ergebnisse liegen näher beieinander, und es gibt weniger Abweichungen. Das ist ein gutes Zeichen dafür, dass wir einen Großteil der Überanpassung vermeiden konnten.

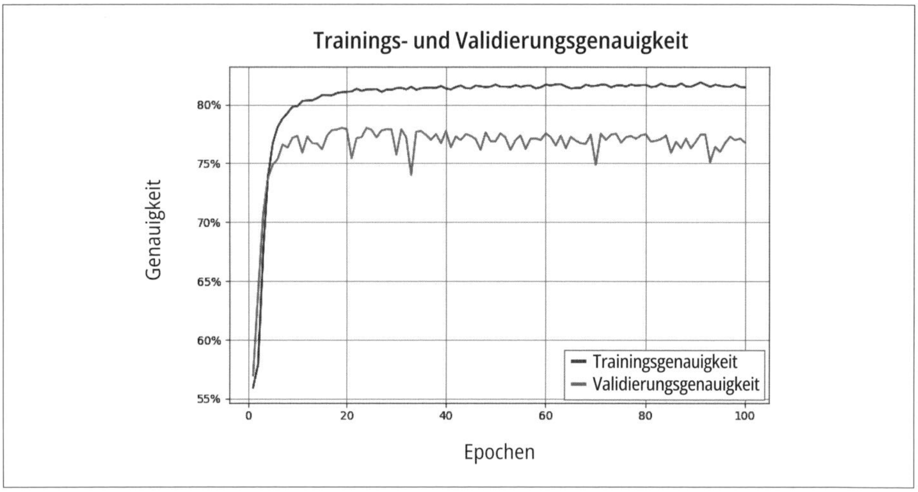

Abbildung 6.8: Genauigkeit bei einem Vokabular von 2.000 Wörtern

Diese Erkenntnis wird durch die Verlustkurven in Abbildung 6.9 noch unterstützt. Hier sieht man, dass der Verlust für die Validierungsdaten langsamer ansteigt als vorher. Es scheint so, als hätte die Verkleinerung des Vokabulars funktioniert. Dadurch wird verhindert, dass die Trainingsdaten durch seltene Wörter, die nur in den Trainingsdaten vorkommen, zu einer Überanpassung führen.

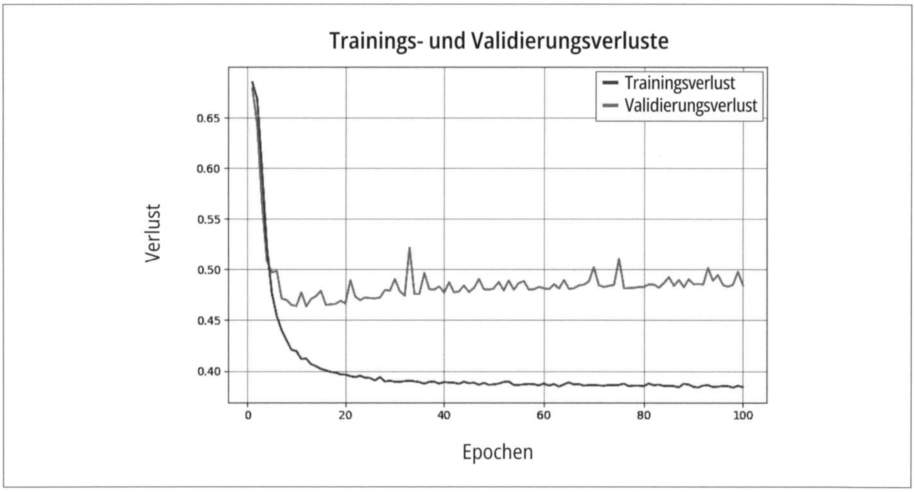

Abbildung 6.9: Verlustkurven bei einem Vokabular mit 2.000 Wörtern.

Es lohnt sich, mit verschiedenen Vokabulargrößen zu experimentieren. Vergessen Sie dabei aber nicht, dass auch ein zu kleines Vokabular zu einer Überanpassung führen kann. Sie müssen ein Gleichgewicht finden. Meine Entscheidung, nur Wörter zu verwenden, die mindestens 20 Mal vorkommen, war vollkommen willkürlich.

Embedding-Dimensionen erkunden

In diesem Beispiel habe ich für die Embedding-Schicht willkürlich 16 Dimensionen gewählt. Das heißt, die Wörter werden als Vektoren in einem 16-dimensionalen Raum encodiert, wobei die Richtungen die jeweilige Bedeutung widerspiegeln. Aber ist 16 wirklich eine gute Zahl an Dimensionen? Bei einem Vokabular von nur 2.000 könnte das etwas zu viel sein, was zu einer hohen *Sparsität* (*Sparseness*, der Anteil der Nullen in einer Matrix) führt.

> Ich glaube, am besten kann man das Konzept der Sparsität verstehen, wenn man es auf drei Dimensionen projiziert. Stellen Sie sich das wie die Erde vor. Vom Erdkern ausgehend, zeigen 1.000 Vektoren auf verschiedene Orte an der Erdoberfläche. Die Vektoren sind in den Dimensionen x, y und z definiert. Es gibt eine Menge Erdoberfläche, die abgedeckt werden kann. Bei vielen Vektoren sind die Werte für x und y aber einfach 0, sie zeigen also auf (0, 0, z). Dadurch wird ein Großteil der Erdoberfläche überhaupt nicht erreicht. Es gibt also kaum Unterscheidbarkeit.

Forschungsergebnisse haben gezeigt, dass die Idealgröße für Embeddings der vierten Wurzel aus der Größe des Vokabulars entspricht. Die vierte Wurzel von 2.000 ist 6,687. Sehen wir mal, was passiert, wenn wir diesen Wert aufrunden und die Zahl der Embedding-Dimensionen auf 7 festlegen.

Das Ergebnis des Trainings für 100 Epochen sehen Sie in Abbildung 6.10. Die Genauigkeit für die Trainingsdaten hat sich bei etwa 83 % stabilisiert, während sie für die Validierungsdaten bei 77 % liegt. Trotz ein paar Schwankungen verlaufen die Kurven recht gleichmäßig, was zeigt, dass sich das Modell eingependelt hat (konvergiert ist). Zwar sind die Unterschiede zu Abbildung 6.8 nicht besonders groß, aber durch die Verringerung der Embedding-Dimensionen kann das Modell nun deutlich schneller trainiert werden.

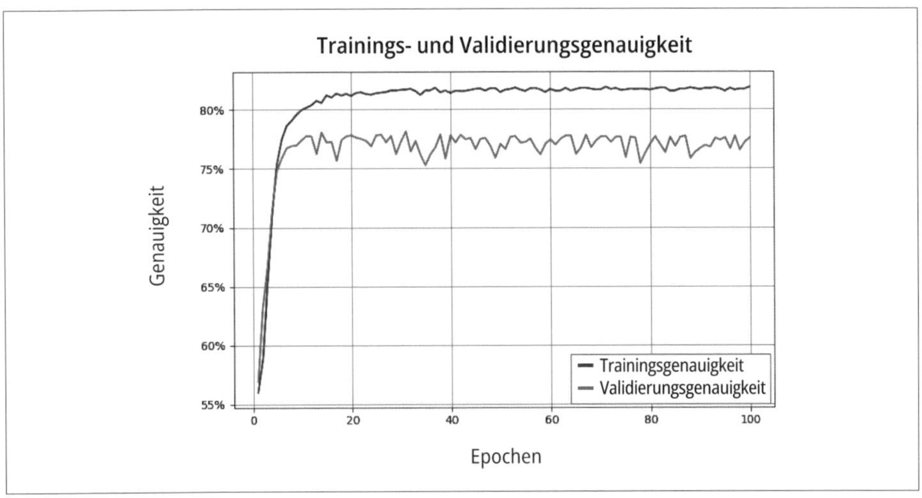

Abbildung 6.10: Vergleich der Genauigkeit von Training und Validierung bei sieben Dimensionen

Abbildung 6.11 zeigt die Verlustkurven für die Trainings- und Validierungsdaten. Obwohl es aussah, als stiege der Verlust etwa ab Epoche 20 wieder an, hat er sich doch schnell wieder stabilisiert. Auch das ist ein gutes Zeichen!

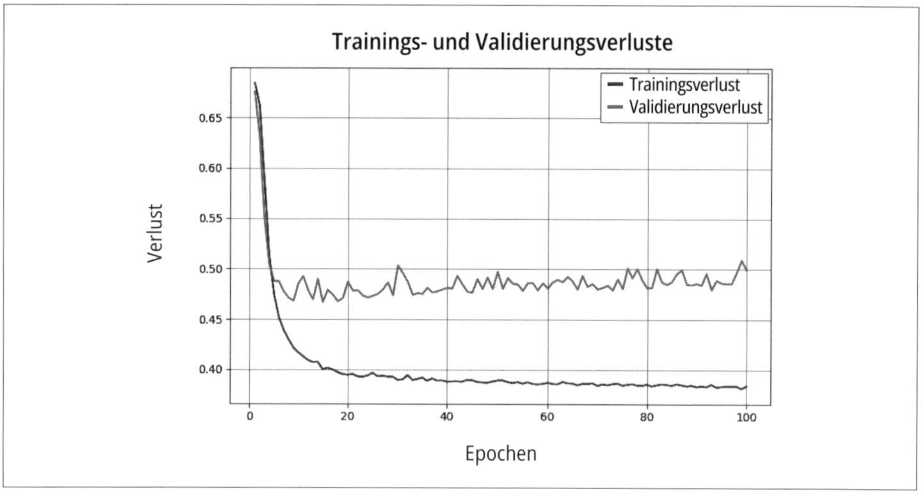

Abbildung 6.11: Verlustkurven für Training und Validierung bei sieben Dimensionen

Nachdem wir die Zahl der Dimensionen verringert haben, können wir nun die Modellarchitektur anpassen.

Die Modellarchitektur erkunden

Nach den Optimierungen aus den vorherigen Abschnitten hat die Modellarchitektur jetzt folgende Gestalt:

```
class TextClassificationModel(nn.Module):
    def __init__(self, vocab_size, embedding_dim, hidden_dim=24):
        super(TextClassificationModel, self).__init__()
        self.embedding = nn.Embedding(vocab_size, embedding_dim)
        self.global_pool = nn.AdaptiveAvgPool1d(1)
        self.fc1 = nn.Linear(embedding_dim, hidden_dim)
        self.fc2 = nn.Linear(hidden_dim, 1)
        self.relu = nn.ReLU()
        self.sigmoid = nn.Sigmoid()
```

Es fällt auf, dass die Schicht `GlobalAveragePooling1D` jetzt sieben Dimensionen ausgibt, die aktuell aber an eine verborgene Schicht mit 24 Neuronen weitergereicht werden. Das ist unnötig. Sehen wir, was passiert, wenn die Zahl auf acht Neuronen verringert wird und wir das Modell für 100 Epochen trainieren.

Einen Vergleich zwischen der Trainings- und der Validierungsgenauigkeit nach dieser Anpassung sehen Sie in Abbildung 6.12. Der Unterschied zu Abbildung 6.7, wo wir noch mit 24 Neuronen gearbeitet haben, ist nicht besonders groß, aber das Modell konnte etwas schneller trainiert werden.

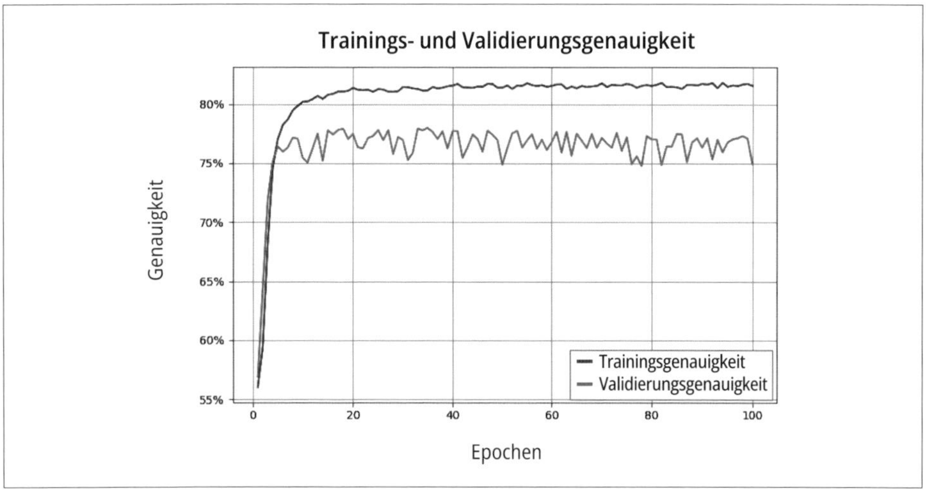

Abbildung 6.12: Ergebnisse bei einer Architektur mit weniger Neuronen in der vollständig verbundenen Schicht

Die Verlustkurven in Abbildung 6.13 zeigen ähnliche Ergebnisse.

Durch diese Anpassungen konnten wir die Modellarchitektur deutlich vereinfachen und die Zahl der Parameter verringern. Im Ergebnis stieg die Qualität, und die Überanpassung sank. Aber wir können noch mehr tun, angefangen mit den Dropouts.

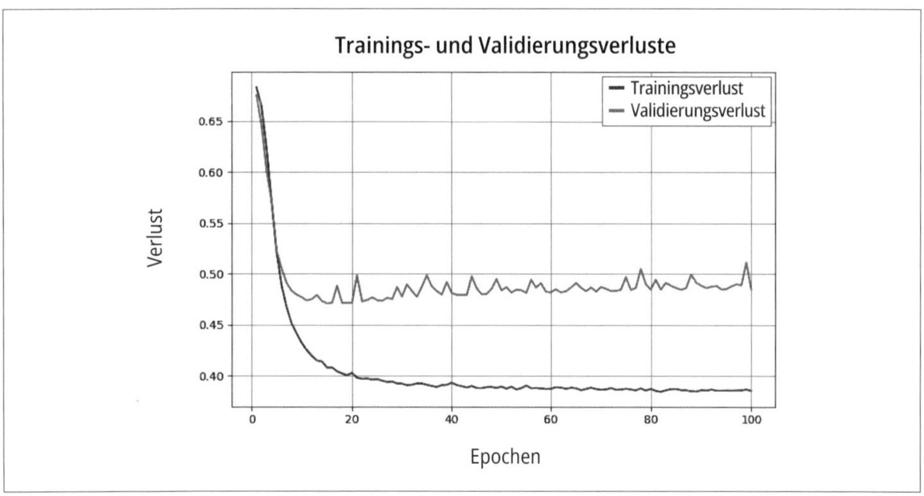

Abbildung 6.13: Auswirkungen der vereinfachten vollständig verbundenen Schicht auf die Verlustkurven

Dropouts verwenden

Eine häufig verwendete Technik zur Verringerung von Überanpassung besteht darin, ein vollständig verbundenes neuronales Netzwerk mit Dropouts zu versehen. Dieses Verfahren kennen Sie bereits aus Kapitel 3, in dem wir sie für CNNs benutzt haben. Die Versuchung ist also groß, die Dropouts einfach einzubauen und zu sehen, welche Wirkung sie auf die

Überanpassung haben. In diesem Fall möchte ich aber noch warten, bis wir uns um die Größe des Vokabulars, die Embedding-Dimensionen und die Komplexität der Architektur gekümmert haben. Wie Sie wissen, haben diese Änderungen oft weit größeren Einfluss auf die Ergebnisse als Dropouts.

Nachdem wir die Architektur so vereinfacht haben, dass die verborgene vollständig verbundene Schicht nur noch acht Neuronen enthält, sind die Auswirkungen der Dropouts eventuell kaum noch wahrnehmbar. Trotzdem wollen wir zumindest einen Blick darauf werfen. Hier der aktualisierte Code für die Modellarchitektur: Wir definieren eine Dropout-Rate von 0,25. Das heißt, zwei unserer acht Neuronen sind davon betroffen.

```
class TextClassificationModel(nn.Module):
    def __init__(self, vocab_size, embedding_dim, hidden_dim=8,
                        dropout_rate=0.25):
        super(TextClassificationModel, self).__init__()
        self.embedding = nn.Embedding(vocab_size, embedding_dim)
        self.global_pool = nn.AdaptiveAvgPool1d(1)
        self.fc1 = nn.Linear(embedding_dim, hidden_dim)
        # Dropout-Schicht hinzufügen:
        self.dropout = nn.Dropout(p=dropout_rate)
        self.fc2 = nn.Linear(hidden_dim, 1)
        self.relu = nn.ReLU()
        self.sigmoid = nn.Sigmoid()

    def forward(self, x):
        x = self.embedding(x)
        x = x.transpose(1, 2)  # Für Pooling-Schicht umwandeln
        x = self.global_pool(x).squeeze(2)
        x = self.dropout(self.relu(self.fc1(x)))
        x = self.sigmoid(self.fc2(x))
        return x
```

Abbildung 6.14 zeigt die Genauigkeitskurven, wenn für 100 Epochen trainiert wird. Die Genauigkeit für Training und Validierung konvergiert, wobei die Genauigkeit des Trainings niedriger ist als zuvor. Auch die Verlustkurven zeigen Konvergenz (siehe Abbildung 6.15). Das heißt, die Dropouts machen unser Netzwerk zwar *weniger* genau, dafür verallgemeinert es aber besser.

Noch haben wir unser Ziel jedoch nicht erreicht! Bei genauer Betrachtung der Kurven sieht man, dass sich die Verluste für Training und Validierung tatsächlich angenähert haben, aber sie sind auch *höher* als vorher. Der Verlust beim Training liegt nun über 0,5, während er ohne Dropouts bei 0,3 lag. Außerdem zeigt die Kurve nach unten. Es lohnt sich also, weiter zu experimentieren, um herauszufinden, ob ein längeres Training zu besseren Ergebnissen führt.

Auch ist zu sehen, dass sich das Modell seinem früheren Muster annähert, das im Laufe der Zeit immer höhere Validierungsverluste erzeugt. Das ist zwar lange nicht so schwerwiegend wie vorher, aber es entwickelt sich in die falsche Richtung.

Offensichtlich war das Einfügen von Dropouts bei nur wenigen Neuronen nicht die richtige Idee. Trotzdem ist es gut, dieses Werkzeug kennen, damit es Ihnen bei komplexeren Architekturen zur Verfügung steht.

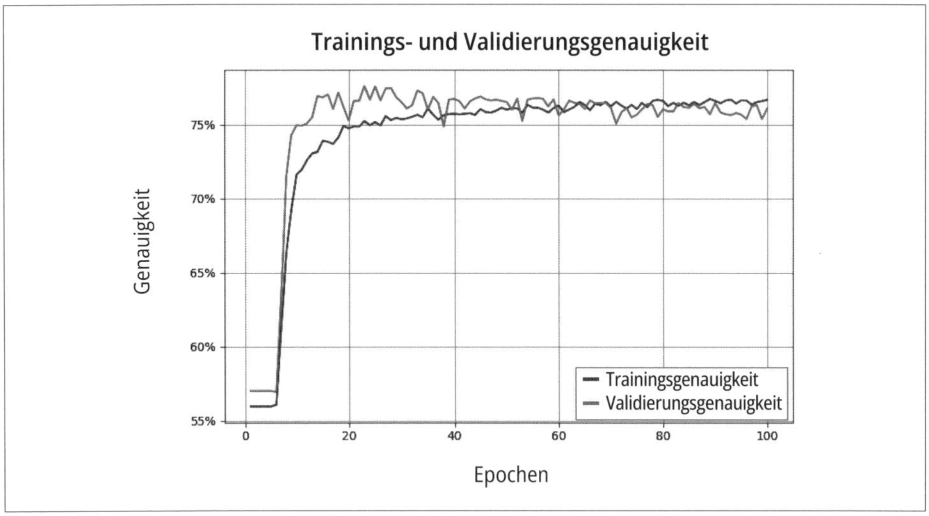

Abbildung 6.14: Genauigkeit mit eingefügten Dropouts

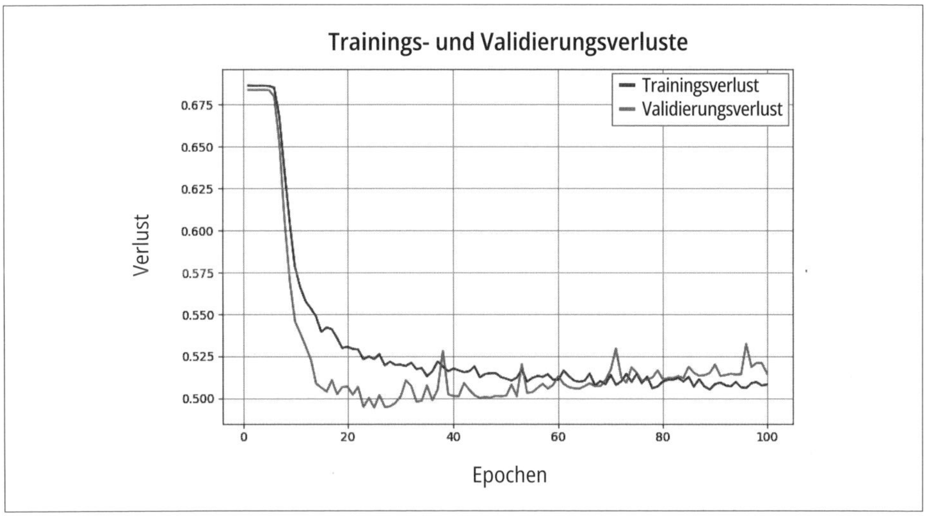

Abbildung 6.15: Verlust mit eingefügten Dropouts

Regularisierung verwenden

Regularisierung (*Regularization*) ist ein Verfahren, das Überanpassung verhindern soll, indem die Polarisierung der Gewichte verringert wird. Sind die Gewichte für einige Neuronen zu schwer, werden sie durch die Regularisierung »bestraft«. Dabei gibt es im Grunde zwei Arten von Regularisierung:

L1-Regularisierung
: Diese Form wird oft als *Least absolute Shrinkage and Selection Operator* oder einfach *Lasso*-Regularisierung (etwa: »Operator zur minimalen absoluten Reduktion und

Auswahl«) bezeichnet. Die Lasso-Regularisierung hilft uns, Gewichte nahe oder gleich null zu ignorieren, wenn das Ergebnis einer Schicht berechnet wird.

L2-Regularisierung
: Diese Form wird oft als *Ridge*-(»Kamm«-)Regularisierung bezeichnet, weil sie die Werte durch Quadrierung auseinanderschiebt. Dadurch werden die Unterschiede zwischen Werten nahe oder gleich null und größeren Werten durch einen Kammeffekt verstärkt.

Beide Verfahren kombiniert, ergeben die sogenannte *elastische* Regularisierung.

Bei NLP-Problemen kommt hauptsächlich die L2-Regularisierung zum Einsatz. Sie kann dem Optimizer (`optimizer`) als *Weight Decay*-(»Gewichtsverfall«)-Parameter (`weight_decay`) hinzugefügt werden. Hier ein Beispiel:

```
optimizer = optim.Adam(model.parameters(), lr=0.001,
                       betas=(0.9, 0.999),
                       amsgrad=False, weight_decay=0.01)
```

Hier erhält `weight_decay` einen Wert von `0.01`. (Üblicherweise wird an dieser Stelle ein Wert zwischen 0.01 und 0.001 verwendet.) Alternativ dazu gibt es in PyTorch einen praktischen Trick, bei dem Sie unterschiedliche Gewichtsverfallwerte für die verschiedenen Schichten in der `Adam`-Deklaration definieren, wie hier gezeigt:

```
# Unterschiedliche weight_decay-Werte für verschiedene Schichten
optimizer = torch.optim.Adam([
# L2-Regularisierung für fc1
       {'params': model.fc1.parameters(), 'weight_decay': 0.01},
# Keine L2-Regularisierung für andere Schichten
{'params': [p for name, p in model.named_parameters()
           if 'fc1' not in name]}
], lr=0.0001)
```

Die Auswirkungen der Regularisierung in einem einfachen Modell wie diesem sind nicht sehr groß. Aber sie glätten die Verlustkurven für Training und Validierung ein wenig. In diesem Szenario ist das vielleicht etwas übertrieben – wie auch die Verwendung von Dropouts. Dennoch ist es sinnvoll, zu verstehen, wie die Regularisierung funktioniert, wenn Sie eine Überanpassung Ihres Modells verhindern wollen.

Weitere Überlegungen zur Optimierung

Die bereits vorgenommenen Anpassungen haben zu einem deutlich verbesserten Modell mit geringerer Überanpassung geführt. Es gibt aber noch weitere Hyperparameter, mit denen Sie experimentieren können. Wir haben beispielsweise entschieden, dass ein Satz maximal 100 Wörter lang sein soll. Dieser Wert war allerdings vollkommen beliebig gewählt und ist wahrscheinlich nicht optimal. Es lohnt sich daher, den Korpus genauer zu untersuchen, um zu sehen, welche Satzlänge besser passen könnte. Hier ein Codestück, das die Länge der Sätze ermittelt und sie absteigend sortiert ausgibt:

```
xs=[]
ys=[]
current_item=1
for item in sentences:
  xs.append(current_item)
```

```
        current_item=current_item+1
        ys.append(len(item))
    newys = sorted(ys)

    import matplotlib.pyplot as plt
    plt.plot(xs,newys)
    plt.show()
```

Die Ergebnisse sehen Sie in Abbildung 6.16.

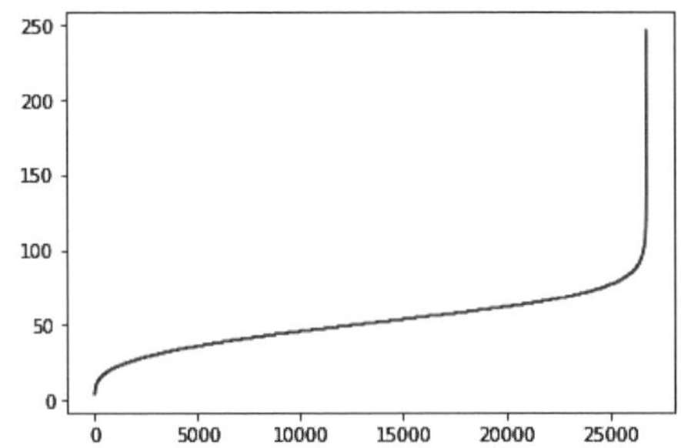

Abbildung 6.16: Darstellung der Satzlängen im Korpus

Im Gesamtkorpus aus über 26.000 Sätzen haben weniger als 200 eine Länge von 100 Wörtern oder mehr. Wählen wir dies als Maximallänge, führt das zu viel unnötigem Padding, was sich negativ auf die Leistung unseres Modells auswirkt. Bei einer Verringerung der Maximallänge auf 85 Wörter könnten wir bei deutlich weniger Padding immer noch 26.000 Sätze nutzen (über 99 %).

Die Einzelteile zusammensetzen

Wenn wir alle bisherigen Optimierungen verwenden und das Modell für 300 Epochen trainieren, erhalten wir die in Abbildung 6.17 gezeigten Ergebnisse für die Genauigkeit der Trainings- und Validierungsdatensätze.

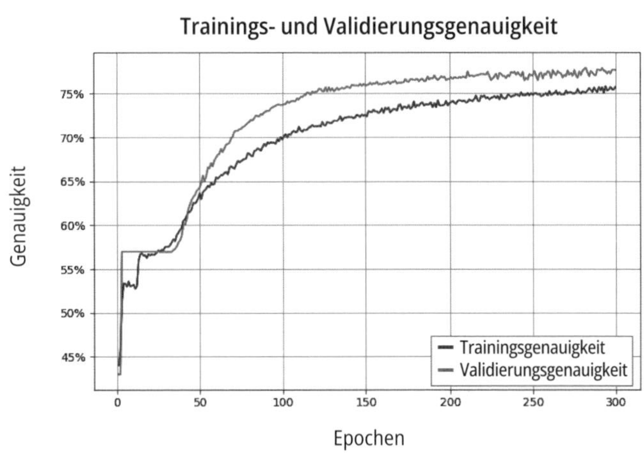

Abbildung 6.17: Höhere Genauigkeit bei Trainings- und Validierungsdaten

Und auch die Verlustkurven für Training und Validierung zeigen nach 300 Epochen eine bemerkenswerte Ähnlichkeit (siehe Abbildung 6.18). Offenbar haben die Optimierungen tatsächlich geholfen, die Überanpassung unseres Modells zu verhindern.

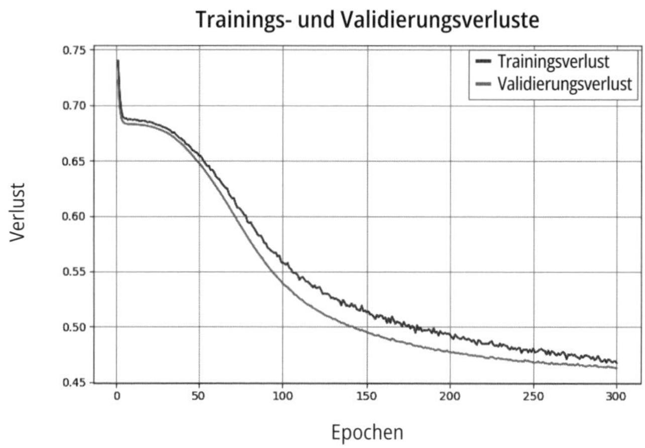

Abbildung 6.18: Optimierte Verlustkurven für Training und Validierung

Das Modell für die Klassifizierung eines Satzes nutzen

Nachdem Sie das Modell erstellt, trainiert und optimiert haben, um verschiedene Probleme mit der Überanpassung in den Griff zu bekommen, besteht der nächste Schritt darin, das Modell auszuführen und die Ergebnisse zu untersuchen. Hierfür legen wir ein Array mit neuen Sätzen an:

```
test_sentences = [
        "granny starting to fear spiders in the garden might be real",
        "game of thrones season finale showing this sunday night",
        "PyTorch book will be a best seller"]
```

Wir encodieren diese Sätze mit dem gleichen Tokenizer, der auch bei der Erstellung des Vokabulars für das Training verwendet wurde:

```
print(texts_to_sequences(test_sentences, word_index))
```

Das ist wichtig, denn er enthält die Tokens für die Wörter, mit denen das Netzwerk trainiert wurde!

Die Ausgabe der `print`-Anweisung sind die Sequenzen der oben definierten Sätze:

```
[
[1, 803, 753, 1, 1, 312, 97],
[123, 1183, 160, 1, 1, 1543, 152],
[1, 235, 7, 47, 1]
]
```

Hier gibt es viele Tokens mit dem Wert `1` (`<OOV>`), weil Wörter wie *granny* und *spiders* nicht im Dictionary enthalten sind. Die Sequenzen sind außerdem kürzer, weil die Stoppwörter entfernt wurden.

Bevor die Sätze an das Modell übergeben werden, müssen sie in die Form gebracht werden, die das Modell erwartet. Das heißt, sie müssen die nötige Länge haben. Wie beim Training können Sie hierfür `pad_sequences` verwenden.

```
padded = pad_sequences(sequences, max_len)
```

Dies gibt die Sätze als Sequenzen der Länge 85 aus. Die Ausgabe für den ersten Satz sähe also aus wie das hier:

```
[1, 803, 753, 1, 1, 312, 97, 0, 0, 0, 0, 0, 0, 0, 0, 0, 0, 0, 0, 0,
0, 0, 0, 0, 0, 0, 0, 0, 0, 0, 0, 0, 0, 0, 0, 0, 0, 0, 0, 0, 0, 0, 0,
0, 0, 0, 0, 0, 0, 0, 0, 0, 0, 0, 0, 0, 0, 0, 0, 0, 0, 0, 0, 0, 0, 0,
0, 0, 0, 0, 0, 0, 0, 0, 0, 0, 0, 0, 0, 0, 0, 0, 0, 0, 0]
```

Dieser Satz war sehr kurz. Daher wird er mit einer Reihe von Nullen auf 85 Tokens aufgefüllt.

Nach Padding und Tokenisierung der Sätze können wir die Sequenzen nun an das Modell übergeben, um eine Vorhersage zu erhalten.

Das geschieht in mehreren Schritten. Zuerst müssen Sie die per Padding aufgefüllten Sequenzen in einen Eingabe-Tensor umwandeln:

```
# In Tensor konvertieren
input_ids = torch.tensor(padded, dtype=torch.long).to(device)
```

Um Vorhersagen zu erhalten, müssen Sie das Modell in den Vorhersagemodus versetzen. Danach übergeben Sie einfach die `input_ids`:.

```
# Vorhersagen erhalten
model.eval()
with torch.no_grad():
    outputs = model(input_ids)
```

Die Ergebnisse werden als Liste zurück- und ausgegeben. Hohe Werte bedeuten, dass unsere Beispielsätze wahrscheinlich Sarkasmus enthalten:

```
tensor([[0.5516],
        [0.0765],
        [0.0987]], device='cuda:0')
```

Der hohe Wert für den ersten Satz (*granny starting to fear spiders in the garden might be real*, zu Deutsch: »Die Oma, die Angst vor Spinnen im Garten hat, gibt es vermutlich wirklich«) zeigt trotz der vielen enthaltenen Stoppwörter und einem starken Padding, dass es sich offenbar um Sarkasmus handelt. Die anderen beiden Sätze haben deutlich geringere Werte, was auf eine wesentlich kleinere Wahrscheinlichkeit für Sarkasmus hinweist.

Um die Wahrscheinlichkeiten zu ermitteln, können Sie mithilfe der `squeeze()`-Methode die Tensor-Werte auslesen. Wenn Sie davon ausgehen, dass Werte über 0,5 (in `threshold`) auf Sarkasmus hinweisen und darunter auf einen normalen Satz, können Sie diesen Vergleich mit folgendem Code implementieren:

```
# Wahrscheinlichkeiten
probabilities = outputs.squeeze().cpu().numpy()
# Vorhersagen
predictions = (probabilities >= threshold).astype(int)
```

Je nachdem, wie Sie Ihr Netzwerk eingestellt haben, können Sie einen passenden Schwellenwert (*Threshold*) für die Trennung zwischen »Sarkasmus« und »normal« festlegen. Bei einem `threshold`-Wert von `0.5` bekommen wir die folgenden Ergebnisse:

```
Text: granny starting to fear spiders in the garden might be real
Probability: 0.5516
Classification: Sarcastic
Confidence: 0.5516
--------------------------------------------------------------------

Text: game of thrones season finale showing this sunday night
Probability: 0.0765
Classification: Not Sarcastic
Confidence: 0.9235
--------------------------------------------------------------------

Text: PyTorch book will be a best seller
Probability: 0.0987
Classification: Not Sarcastic
Confidence: 0.9013
--------------------------------------------------------------------
```

Die Bewertung der Probesätze ist ein gutes Indiz dafür, dass unser Netzwerk wie gewünscht funktioniert. Sie sollten es mit anderen Daten testen, um zu sehen, ob etwas kaputtgeht. Passiert das ständig, ist es an der Zeit, eine andere Modellarchitektur zu testen, Transferlernen aus einem anderen Netzwerk zu nutzen oder sich mit dem Einsatz vortrainierter Embeddings zu beschäftigen.

Genau darum soll es im folgenden Abschnitt gehen. Vorher möchte ich Ihnen aber noch zeigen, wie Sie die selbst erstellten Embeddings visualisieren können, die das Netzwerk gelernt hat.

Embeddings visualisieren

Um Embeddings zu visualisieren, können Sie das Onlinewerkzeug Embedding Projector (*http://projector.tensorflow.org*) verwenden. Es enthält bereits eine Vielzahl an Datensätzen. In diesem Beispiel wollen wir aber mit den Daten aus dem gerade trainierten Modell arbeiten und diese mit dem Werkzeug visualisieren.

Dafür brauchen Sie eine Funktion, die den Wortindex umkehrt. Aktuell ordnet er jedem Wort eine Zahl (ein *Token*) zu. Wir benötigen aber die umgekehrte Zuordnung, von Zahl zu Wort, damit die Wörter im Projector dargestellt werden können. Wir verwenden hierfür die aus Kapitel 5 bereits bekannte Funktion `reverse_word_index`.

```
reverse_word_index = dict([(value, key)
for (key, value) in word_index.items()])
```

Außerdem brauchen wie die Gewichte der Embedding-Vektoren:

```
embedding_weights = model.embedding.weight.data.cpu().numpy()
print(embedding_weights.shape)
```

Wenn Sie die Optimierungen in diesem Kapitel durchgeführt haben, lautet die Ausgabe `(2000,7)`, weil wir ein Vokabular von 2.000 Wörtern und sieben Dimensionen für das Embedding verwendet haben. Um ein Wort und dessen Vektordetails zu untersuchen, können Sie zum Beispiel folgenden Code nutzen:

```
print(reverse_word_index[2])
print(embedding_weights[2])
```

Die Ausgabe sieht dann so aus:

```
new
[-0.27116913 -1.3026129   1.6390767   0.4922502  -0.6025921
1.4584142
  0.05054485]
```

Das Wort `new` wird also durch einen Vektor mit diesen sieben Koeffizienten auf seinen Achsen dargestellt.

Als Eingabe für den Embedding Projector dienen zwei Dateien mit Tabulator-getrennten Werten (TSV), eine für die Vektordimensionen und eine für die Metadaten. Dieser Code kann beide Dateien für Sie erzeugen:

```
import io
out_v = io.open('vecs.tsv', 'w', encoding='utf-8')
out_m = io.open('meta.tsv', 'w', encoding='utf-8')
for word_num in range(1, vocab_size):
  word = reverse_word_index[word_num]
  embeddings = embedding_weights[word_num]
  out_m.write(word + "\n")
  out_v.write('\t'.join([str(x) for x in embeddings]) + "\n")
out_v.close()
out_m.close()
```

In Google Colab können Sie die TSV-Dateien ansonsten auch mit folgendem Code aus dem *Files*-Bereich herunterladen:

```
try:
  from google.colab import files
except ImportError:
  pass
else:
  files.download('vecs.tsv')
  files.download('meta.tsv')
```

Sobald die Dateien vorliegen, können Sie im Projector den *Load*-Button anklicken, um die Embeddings visuell darzustellen (siehe Abbildung 6.19).

Abbildung 6.19: Verwendung des Embedding Projector

Wenn Sie die Checkbox *Spherize data* (in Abbildung 6.19 links unterhalb des rot markierten *Load*-Buttons) aktivieren, werden die Wörter auf eine Kugel projiziert, was die binäre Natur (»Sarkasmus« oder »normal«) dieses Classifiers deutlich sichtbar macht. Da er nur auf zwei mögliche Werte trainiert wurde, bilden die Wörter Cluster um die jeweiligen Labels, wie in Abbildung 6.20 gezeigt.

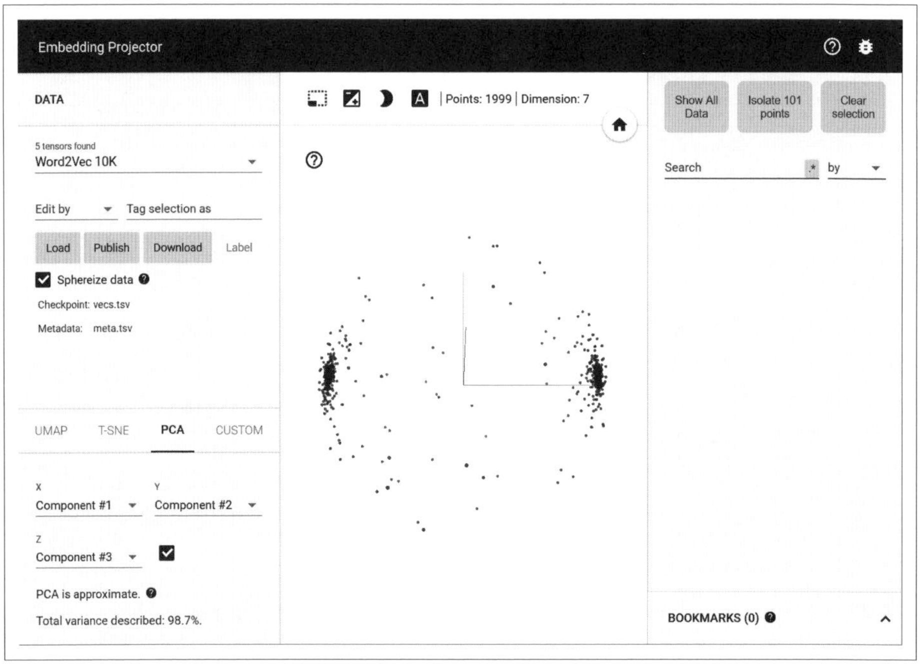

Abbildung 6.20: Die Sarkasmus-Embeddings visualisieren

Screenshots werden dieser Darstellung nicht wirklich gerecht. Sie sollten diese Visualisierung selbst ausprobieren! Sie können das Zentrum der Kugel rotieren und die Wörter an jedem »Pol« untersuchen, um zu sehen, welche Auswirkung sie auf die Gesamtklassifizierung haben. Außerdem können Sie in der rechten Seitenleiste einzelne Wörter auswählen und deren Verwandtschaften anzeigen. Nehmen Sie sich etwas Zeit zum Experimentieren!

Vortrainierte Embeddings einsetzen

Anstelle eigener Embeddings können Sie auch solche verwenden, die bereits von anderen vortrainiert wurden. Hierfür gibt es viele Quellen, unter anderem Kaggle und Hugging Face. Es gibt sogar vortrainierte Embeddings, die zusammen mit entsprechenden Forschungsergebnissen veröffentlicht wurden. Eines davon sind die Stanford GloVe-Embeddings (*https://oreil.ly/s1YWw*), die wir hier etwas genauer betrachten wollen.

Beim Einsatz vortrainierter Embeddings müssen Sie daran denken, Ihren Tokenizer entsprechend anzupassen, damit er auf die Regeln dieser Embeddings passt.

Die GloVE-Daten bestehen einfach aus einer Textdatei, die Wörter und die vortrainierten Embeddings in 50 bis 300 Dimensionen enthält. Die für das Tokenizing verwendeten Regeln unterscheiden sich von denen im Tokenizer für unsere Rohdaten. Unter anderem geht GloVE davon, dass alle Wörter in Kleinbuchstaben vorliegen und alle enthaltenen Zahlen zu 0 normalisiert wurden.

Sobald die Anpassungen abgeschlossen sind (den nötigen Code für GloVe finden Sie in den Downloads zu diesem Buch), müssen Sie die Gewichte der vortrainierten Embeddings nur noch in Ihr Modell laden, wie hier:

```
# Embedding-Schicht initialisieren
self.embedding = nn.Embedding(vocab_size, embedding_dim)

# Vortrainierte Embeddings laden, falls vorhanden
if pretrained_embeddings is not None:
    self.embedding.weight.data.copy_(pretrained_embeddings)
    if freeze_embeddings:
        self.embedding.weight.requires_grad = False
```

Wenn Sie diese Embeddings nicht für das Training verwenden, sondern einfach einsetzen wollen, sollten Sie `freeze_embeddings` den Wert `True` zuweisen. Ansonsten nutzt das Netzwerk die Gewichte der vorab geladenen Embeddings als Startpunkt für weitere Anpassungen.

Dieses Modell erreicht schnell die größtmögliche Genauigkeit beim Training. Dabei ist die Überanpassung nicht so groß wie in den bisherigen Beispielen. Nach 300 Epochen verlaufen die Genauigkeitskurven für Trainings- und Validierungsdaten sehr nah beieinander (siehe Abbildung 6.21). Gleiches gilt für die Verlustkurven, die für den größten Teil der Epochen ebenfalls sehr eng beieinanderliegen. Es ist allerdings auch zu sehen, dass sie später divergieren (siehe Abbildung 6.22).

Hierbei sollte man aber beachten, dass die Gesamtgenauigkeit mit etwa 70 % ziemlich niedrig ist, wenn man bedenkt, dass die Genauigkeit bei einem Münzwurf auch schon bei 50 % liegt! Vortrainierte Embeddings können das Training zwar beschleunigen und die Überanpassung verringern, sie sind aber nicht unbedingt die beste Wahl für Ihr Szenario. Daher sollten Sie bei Bedarf auch die anderen Optimierungsmöglichkeiten nicht außer Acht lassen.

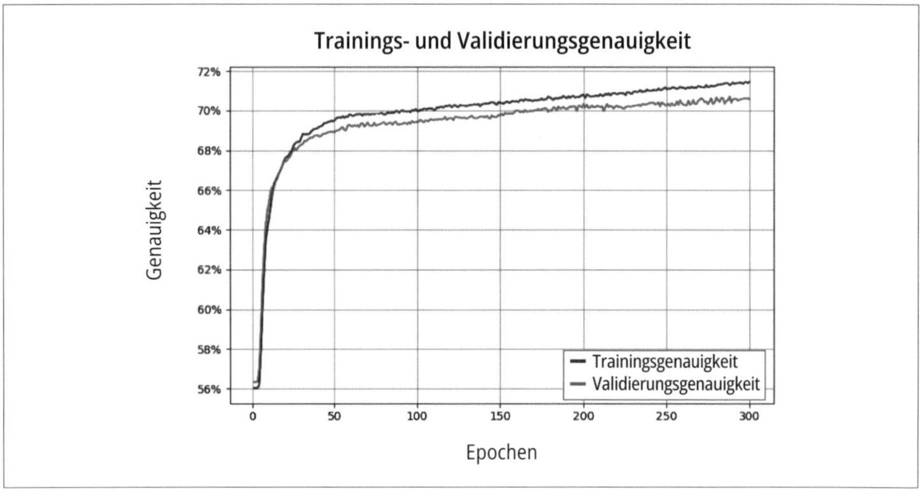

Abbildung 6.21: Genauigkeitskurven bei Verwendung der GloVe-Embeddings

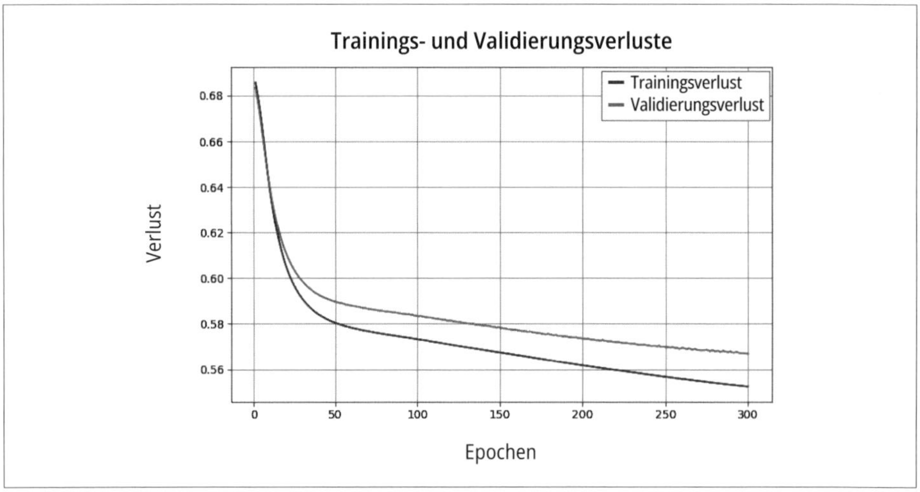

Abbildung 6.22: Verlustkurven bei Verwendung der GloVe-Embeddings

Zusammenfassung

In diesem Kapitel haben Sie Ihr erstes Modell erstellt, das Stimmungen in Texten erkennen kann. Hierfür haben wir den tokenisierten Text aus Kapitel 5 auf Vektoren abgebildet. Durch Backpropagation hat das Modell dann die »Richtung« der einzelnen Vektoren auf Basis des Labels für den Satz gelernt, der es enthielt. Am Ende konnte das Modell alle diese Vektoren für eine Wortsammlung verwenden, um eine »Vorstellung« von der Stimmung in einem Satz zu bekommen.

Zudem haben Sie verschiedene Wege erforscht, eine Überanpassung Ihres Modells zu vermeiden, und dabei eine praktische Möglichkeit kennengelernt, die finalen Vektoren für Ihre Wörter zu visualisieren. Auch wenn es praktisch war, Sätze auf diese Weise zu klassifizieren, haben wir sie bisher nur als Ansammlung von Wörtern behandelt. Und obwohl die Reihenfolge der Wörter in einem Satz sehr wichtig ist, um seine wahre Bedeutung zu erkennen, haben wir sie bisher nicht berücksichtigt.

Daher scheint es sinnvoll, zu überlegen, wie wir unsere Modelle weiter verbessern können, indem wir die Reihenfolge der Wörter einbeziehen. Das erforschen wir im folgenden Kapitel mit der Einführung *rekurrenter* Schichten, die die Grundlage für rekurrente neuronale Netzwerke (RNN) bilden.

## KAPITEL 7

Rekurrente neuronale Netzwerke für das Natural Language Processing

In Kapitel 5 haben Sie gelernt, Text zu tokenisieren und zu sequenzieren. So wurden Sätze in Tensoren aus Zahlen umgewandelt, die anschließend an ein neuronales Netzwerk übergeben werden konnten. Dieses Wissen haben wir in Kapitel 6 mit Embeddings erweitert, um Wörter mit ähnlicher Bedeutung zusammenzufassen und so eine Berechnung der enthaltenen Stimmung (*Sentiment*) zu ermöglichen. Das hat sehr gut funktioniert, wie Sie am Beispiel eines Classifiers für Sarkasmus sehen konnten. Dieses Vorgehen hat aber seine Grenzen: Sätze sind nicht einfach eine Sammlung von Wörtern; oft definiert die *Reihenfolge* der Wörter die Bedeutung eines ganzen Satzes. Auch Adjektive können die Bedeutung der Substantive, neben denen sie erscheinen, erweitern oder verändern. So beeinflussen Wörter wie *blue* oder *sky* für sich genommen die Bedeutung vielleicht nur wenig. Zusammengenommen, erhalten Sie *blue sky*, was normalerweise eine positive Stimmung signalisiert. Zudem können Substantive andere Substantive genauer definieren, etwa bei *rain cloud*, *writing desk* und *coffee mug*.

Um auch solche Sequenzen zu berücksichtigen, brauchen wir einen zusätzlichen Ansatz: Sie müssen die Modellarchitektur mit *Rekurrenz* versehen. In diesem Kapitel zeigen wir Ihnen verschiedene Wege, das zu tun. Wir erforschen, wie Informationen zur Wortreihenfolge gelernt werden können und wie Sie diese Informationen nutzen können, um einen Modelltyp zu erstellen, der Text besser verstehen kann: das *rekurrente neuronale Netzwerk* (RNN).

Grundlagen der Rekurrenz

Um zu verstehen, wie Rekurrenz funktioniert, betrachten wir zunächst die aus diesem Buch schon bekannten Modelle. Grundsätzlich funktioniert die Erstellung eines Modells so, wie in Abbildung 7.1 gezeigt. Sie stellen Daten und Labels zur Verfügung und definieren eine Modellarchitektur. Das Modell lernt anschließend die Regeln, nach denen die Daten auf ihre Labels abgebildet werden. Diese Regeln stehen Ihnen in Form einer API (*Application Programming Interface*) zur Verfügung, die Ihnen die vorhergesagten Labels für zukünftige Daten zurückgibt.

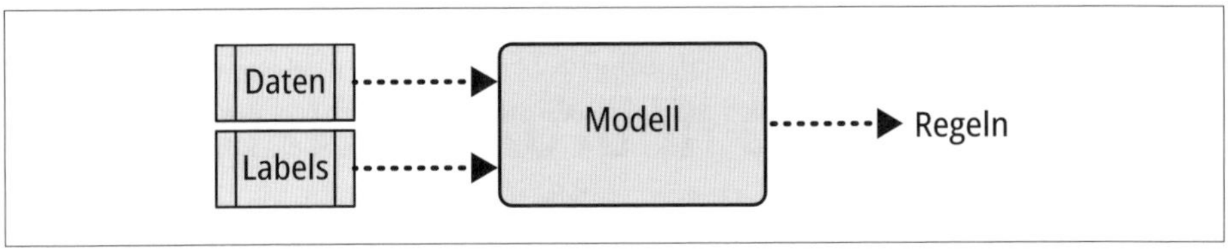

Abbildung 7.1: Allgemeines Vorgehen bei der Erstellung eines Modells

Wie Sie sehen, liegen die Daten als ein großer Block vor. Es gibt keine feinere Unterteilung. Es wird auch nicht versucht, die Reihenfolge, in der die Daten auftreten, weiter zu untersuchen. Das heißt, die Wörter *blue* und *sky* haben aus Sicht des Modells in Sätzen wie »Today I am blue, because the sky is gray.« (»Heute habe ich schlechte Laune, weil der Himmel grau ist.«) und »Today I am happy, and there's a beautiful blue sky.« (»Heute bin ich glücklich, und der Himmel ist schön blau.«) die gleiche Bedeutung. Für uns ist die Bedeutung der Wörter offensichtlich, das Modell in der oben gezeigten Architektur sieht dagegen keinen Unterschied.

Wie können wir das ändern? Hierfür müssen wir erst einmal die Natur der Rekurrenz verstehen, um anschließend zu sehen, wie ein einfaches RNN funktionieren könnte.

Sehen wir uns hierzu die berühmte Fibonacci-Zahlenfolge an. Den Anfang der Folge sehen Sie in Abbildung 7.2.

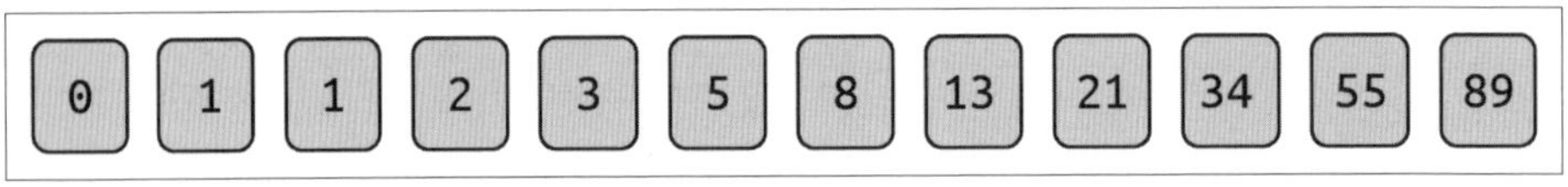

Abbildung 7.2: Die ersten Zahlen der Fibonacci-Folge

Bei dieser Zahlenfolge ist jede Zahl die Summe der beiden vorhergehenden Zahlen. Wenn wir mit 1 und 2 beginnen, ist die nächste Zahl 1 + 2 = 3. Die Zahl danach ist 2 + 3 = 5, die nächste 3 + 5 = 8 und so weiter.

Grafisch dargestellt, sieht das aus wie in Abbildung 7.3.

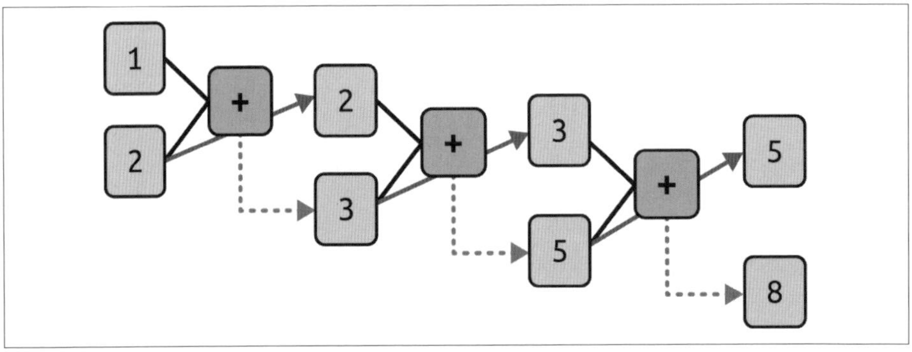

Abbildung 7.3: Eine grafische Darstellung der Berechnungen der Fibonacci-Folge

Wie Sie sehen, übergeben wir 1 und 2 an die Funktion (in Orange, Addition) und erhalten als Ausgabe 3. Danach übernehmen wir den zweiten Parameter (2) in den folgenden Schritt (3). Die Ausgabe dieses Schritts ist 5. Dies wird in die Funktion mit dem zweiten Parameter des vorherigen Schritts (3) übernommen, was die Ausgabe 8 ergibt. Dieser Prozess wird unendlich oft wiederholt, wobei jede Operation auf den vorangegangenen basiert. Die 1 in der linken oberen Ecke »überlebt« den Prozess, denn sie ist ein Element der 3, die an die zweite Operation weitergereicht wird, und sie ist ein Element der 5, die an die dritte Operation übergeben wird, und so weiter. Die Essenz der 1 bleibt also über die gesamte Folge erhalten, auch wenn ihre Auswirkung auf die berechneten Werte immer weiter abnimmt.

Die Architektur eines rekurrenten Neurons ist damit vergleichbar. Die typische Darstellung eines rekurrenten Neurons sehen Sie in Abbildung 7.4.

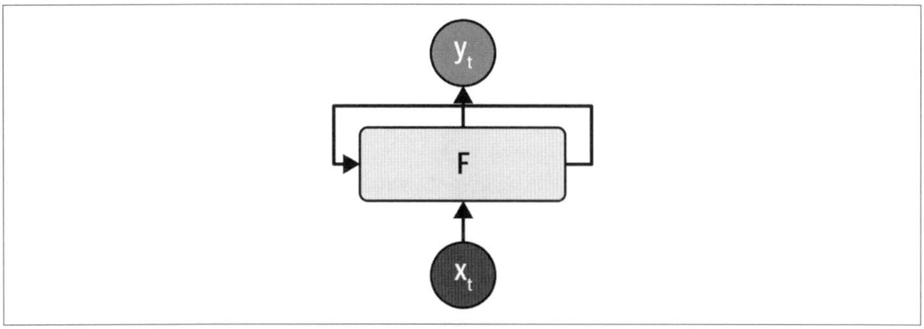

Abbildung 7.4: Ein rekurrentes Neuron

Während eines Zeitschritts wird ein Wert x an die Funktion F übergeben und daher typischerweise als x_t bezeichnet. Das erzeugt die Ausgabe y für diesen Zeitschritt, die entsprechend als y_t bezeichnet wird. Außerdem erzeugt das Neuron einen Wert, der an den folgenden Schritt weitergereicht wird, hier als Pfeil dargestellt, der von F auf F zurückzeigt.

Dieses Verfahren wird klarer, wenn Sie betrachten, wie rekurrente Neuronen über mehrere Zeitschritte nebeneinander arbeiten (siehe Abbildung 7.5).

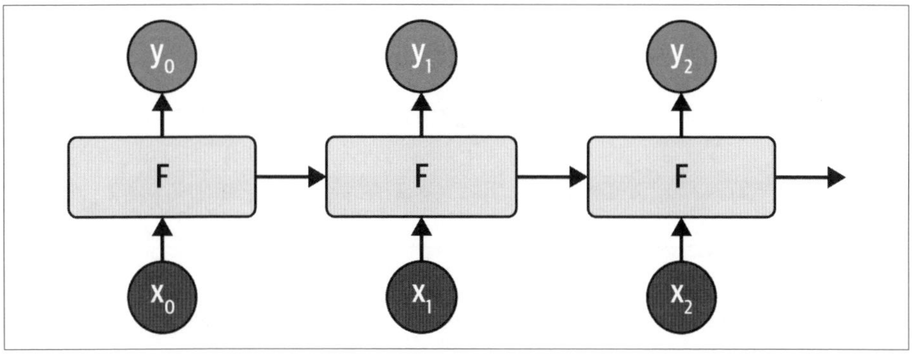

Abbildung 7.5: Rekurrente Neuronen über mehrere Zeitschritte

Hier wird x_0 verarbeitet, um y_0 und einen Wert zu erhalten, der weitergegeben wird. Der folgende Schritt erhält diesen Wert und x_1 und erzeugt y_1 sowie einen Wert, der weitergereicht wird. Das nächste Neuron erhält diesen Wert und x_2. Daraus erzeugt es y_2 und einen neuen Wert, der weitergegeben wird. Das setzt sich durch sämtliche verketteten Neuronen fort. Dieses Verfahren hat Ähnlichkeit mit der Berechnung der Fibonacci-Folge. Die Ähnlichkeit kann dabei helfen, sich die Funktionsweise von RNNs zu merken.

Rekurrenz für die Verarbeitung natürlicher Sprachen erweitern

Im vorherigen Abschnitt haben Sie gesehen, wie ein RNN, das über mehrere Zeitschritte arbeitet, dabei helfen kann, den Kontext über eine Sequenz beizubehalten. Später im Buch werden wir RNNs tatsächlich für die Modellierung von Sequenzen einsetzen. Beim Einsatz eines einfachen RNN wie denen in Abbildung 7.4 und Abbildung 7.5 gibt es allerdings ein wichtiges Detail zu beachten: Wie bei der Fibonacci-Folge wird der weitergereichte Kontext im Laufe der Zeit immer schwächer. Die Auswirkungen auf das Neuron in Schritt 1 sind riesig. In Schritt 2 sind sie schon kleiner und in Schritt 3 und 4 noch kleiner und so weiter. In einem Satz wie »Today has a beautiful blue <something>.« (»Heute gibt es einen wunderschönen blauen <irgendetwas>.«) hat das Wort *blue* einen großen Einfluss darauf, was das folgende Wort sein könnte. Vermutlich ist es das Wort *sky* (»Himmel«). Was aber, wenn der Kontext weiter vorne im Satz definiert wird, wie hier: »I lived in Ireland, so in high school, I had to learn how to speak and write <something>.« (»Ich habe in Irland gelebt. Deshalb musste ich in der Highschool <irgendetwas> lernen.«)

Das <something> ist hier *Gaelic* (»Gälisch«)[1]. Das Wort, das hier den Kontext herstellt, ist *Ireland*, das deutlich weiter vorne im Satz auftaucht. Um herauszufinden, was <something> sein könnte, müssen wir den Kontext über eine weite Entfernung aufrechterhalten. Das Kurzzeitgedächtnis eines RNN muss länger halten. Um das zu erreichen, wurde eine architektonische Erweiterung namens *Long Short-Term Memory* (»langes Kurzzeitgedächtnis«, LSTM) erfunden.

Zwar kann ich hier nicht detailliert auf die grundlegende Architektur von LSTMs eingehen, aber das Wichtigste sollte aus Abbildung 7.6 entnommen werden können. Weitere Informationen zur internen Funktionsweise von LSTMs finden Sie in einem ausgezeichneten Blogpost von Christopher Olah (*https://oreil.ly/6KcFA*) zu diesem Thema.

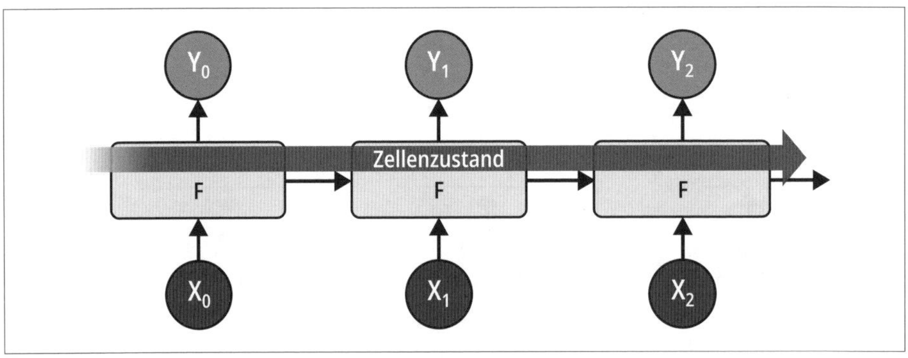

Abbildung 7.6: Übersicht über die Architektur des LSTM

Die LSTM-Architektur verbessert das einfache RNN, indem sie einen »Zellenzustand« (*Cell State*) hinzufügt, wodurch der Kontext nicht nur von einem Schritt zum anderen, sondern über die gesamte Schrittfolge erhalten bleibt. Da es sich hier um Neuronen handelt, die

1 Irisches Gälisch ist offizielle Amtssprache in Irland. (Anmerkung des Übersetzers, der selbst in Irland gelebt hat.)

wie Neuronen lernen, sorgt diese Verbesserung dafür, dass der wichtige Kontext im Laufe der Zeit gelernt wird.

Eine wichtige Eigenschaft des LSTM ist seine *Bidirektionalität*. Es kann also vorwärts und rückwärts über die Zeitschritte iteriert werden. So kann der Kontext in beide Richtungen gelernt werden. Oft kommt der Kontext für ein Wort erst *nach* diesem und nicht vorher.

Einen Überblick über dieses Konzept sehen Sie in Abbildung 7.7.

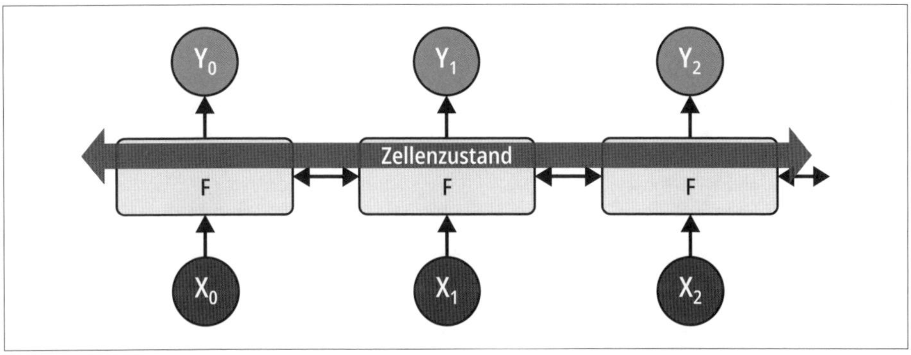

Abbildung 7.7: Übersicht über die bidirektionale Architektur des LSTM

Auf diese Weise wird die Auswertung von `0` bis `anzahl_der_schritte` und von `anzahl_der_schritte` bis `0` durchgeführt. Bei jedem Schritt ist das Ergebnis *y* eine Zusammenführung oder Verknüpfung (*Aggregation*) der Vorwärts- und der Rückwärtsbewegung, wie in Abbildung 7.8 gezeigt.

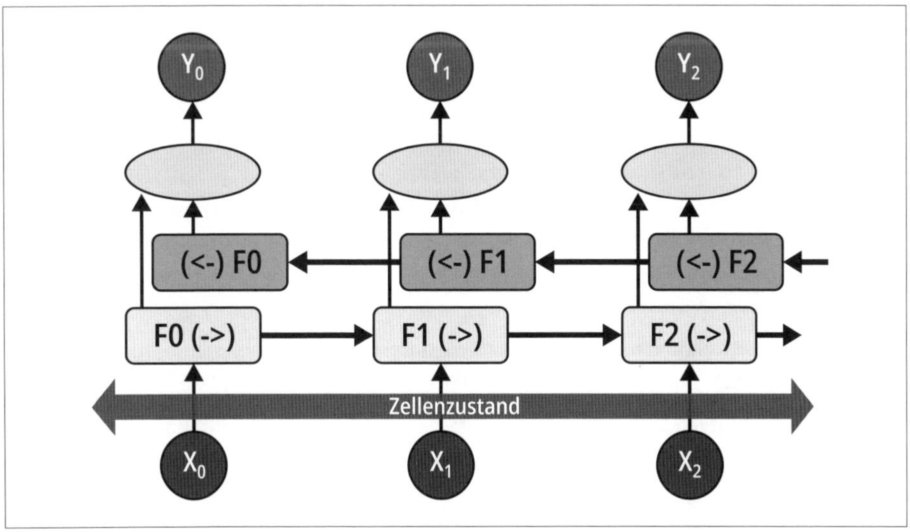

Abbildung 7.8: Bidirektionales LSTM

Dabei kann man die bidirektionale Natur des LSTM leicht mit dem Forward oder Backward Pass (oder Propagation) verwechseln, die sich auf das Training des Netzwerks beziehen. Ich meine hier die Parameter der Neuronen und ihre Aktualisierung durch den Lernprozess. Verwechseln Sie das nicht mit den Werten der vorhergehenden oder folgenden Tokens, die sich das LSTM »merkt«.

Betrachten Sie die einzelnen Neuronen bei jedem Zeitschritt als F0, F1, F2 etc. Für jeden Zeitschritt wird die Richtung gezeigt. Für F1 ist die »Vorwärts«-Richtung also F1(→), für die »Rückwärts«-Richtung demnach (←) F1. Diese Werte werden aggregiert und ergeben den *y*-Wert für diesen Zeitschritt. Außerdem ist auch der Zellenzustand bidirektional, was bei der Arbeit mit Kontexten in Sätzen ebenfalls sehr hilfreich sein kann. Sehen wir uns jetzt noch einmal den Satz »I lived in Ireland, so in high school, I had to learn how to speak and write <something>.« an. Hier stellt das Wort *Ireland* den Kontext für unser <something>, also *Gaelic*, bereit. Was aber, wenn es andersherum wäre? Also: »I lived in <this country>, so in high school, I had to learn how to speak and write Gaelic.« Auch hier können Sie herausfinden, was mit <this country> gemeint ist, indem Sie sich *rückwärts* durch den Satz bewegt haben. Der Einsatz birektionaler LSTMs kann ein sehr mächtiges Werkzeug für das Verständnis von Stimmungen in Texten sein. (Und wie Sie in Kapitel 8 sehen werden, sind sie außerdem eine große Hilfe bei der *Erzeugung* von Texten!)

Selbstverständlich ist hinter den Kulissen, besonders von bidirektionalen LSTMs, eine Menge los. Das Training wird also seine Zeit brauchen. Für Aufgaben wie diese lohnt sich die Investition in eine dedizierte GPU, zumindest aber die Verwendung einer gehosteten Lösung wie Google Colab.

Erstellung eines Text-Classifiers mit RNNs

In Kapitel 6 haben Sie bereits mit der Verwendung von Embeddings für die Erstellung eines Classifiers für den Sarkasmus-Datensatz experimentiert. Dabei haben Sie Wörter in Vektoren umgewandelt, sie aggregiert und anschließend an vollständig verbundene Schichten weitergeleitet. Beim Einsatz einer RNN-Schicht, etwa einem LSTM, ist eine Aggregation nicht nötig. Sie können die Ausgaben der Embedding-Schicht direkt an die rekurrente Schicht übergeben. Für rekurrente Schichten gilt die Faustregel, dass die Zahl ihrer Dimensionen der Zahl der Embedding-Dimensionen entsprechen sollte. Das ist zwar nicht nötig, kann aber ein guter Anfangswert sein. In Kapitel 6 habe ich gesagt, dass die Größe der Embedding-Dimensionen oft der vierten Wurzel der Größe des Vokabulars entspricht. Bei RNNs wird diese Regel eher nicht angewendet, weil sie die Größe der rekurrenten Schicht zu stark verkleinern würde.

Für dieses Beispiel habe ich die Zahl der Neuronen in der verborgenen Schicht als Startpunkt genommen, von dem aus Sie eigene Experimente durchführen können.

Sie könnten die einfache Modellarchitektur für den Sarkasmus-Classifier aus Kapitel 6 folgendermaßen erweitern, um ein bidirektionales LSTM zu integrieren:

```
class TextClassificationModel(nn.Module):
    def __init__(self, vocab_size, embedding_dim,
                 hidden_dim=24, lstm_layers=1):
        super(TextClassificationModel, self).__init__()

        # Embedding-Schicht
        self.embedding = nn.Embedding(vocab_size, embedding_dim)
```

```
        # LSTM-Schicht
        self.lstm = nn.LSTM(
            input_size=embedding_dim,
            hidden_size=hidden_dim,
            num_layers=lstm_layers,
            batch_first=True,
            bidirectional=True
        )

        # Globales Pooling
        self.global_pool = nn.AdaptiveAvgPool1d(1)

        # Vollständig verbundene Schichten
        self.fc1 = nn.Linear(hidden_dim * 2, hidden_dim)
        self.fc2 = nn.Linear(hidden_dim, 1)

        # Aktivierungsfunktionen
        self.relu = nn.ReLU()
        self.sigmoid = nn.Sigmoid()

    def forward(self, x):
        # Form von x: (batch_size, sequence_length)

        # Embeddings auslesen
        embedded = self.embedding(x)
        # Form: (batch_size, sequence_length, embedding_dim)

        # Durch das LSTM leiten
        lstm_out, _ = self.lstm(embedded)
        # Form: (batch_size, sequence_length, hidden_dim)

        # Für globales Pooling umwandeln
        # (erwartet: batch, channels, sequence_length)
        lstm_out = lstm_out.transpose(1, 2)
        # Form: (batch_size, hidden_dim, sequence_length)

        # Globales Pooling anwenden
        pooled = self.global_pool(lstm_out)
        # Form: (batch_size, hidden_dim, 1)
        pooled = pooled.squeeze(-1)
        # Form: (batch_size, hidden_dim)

        # Durch vollständig verbundene Schichten leiten
        x = self.relu(self.fc1(pooled))
        x = self.sigmoid(self.fc2(x))

        return x
```

Verlustfunktion und Optimizer können Sie wie hier gezeigt definieren (beachten Sie, dass die Lernrate `lr` hier den Wert `0.001` bzw. `1e-3` hat):

```
# Verlustfunktion und Optimizer
criterion = nn.BCELoss()
optimizer = optim.Adam(model.parameters(), lr=0.001,
                       betas=(0.9, 0.999), amsgrad=False)
```

Wenn Sie die Zusammenfassung der Modellarchitektur ausgeben, erhalten Sie in etwa Folgendes:

```
===========================================================================
Layer (type:depth-idx)                    Output Shape              Param #
===========================================================================
TextClassificationModel                   [32, 1]                   --
├─Embedding: 1-1                          [32, 85, 7]               14,000
├─LSTM: 1-2                               [32, 85, 48]              6,336
├─AdaptiveAvgPool1d: 1-3                  [32, 48, 1]               --
├─Linear: 1-4                             [32, 24]                  1,176
├─ReLU: 1-5                               [32, 24]                  --
├─Linear: 1-6                             [32, 1]                   25
├─Sigmoid: 1-7                            [32, 1]                   --
===========================================================================
Total params: 21,537
Trainable params: 21,537
Non-trainable params: 0
Total mult-adds (M): 17.72
===========================================================================
Input size (MB): 0.02
Forward/backward pass size (MB): 1.20
Params size (MB): 0.09
Estimated Total Size (MB): 1.31
===========================================================================
```

Das Vokabular hat in diesem Fall eine Größe von 2.000, während die Zahl der Embedding-Dimensionen bei 7 lag. Damit erhalten wir 14.000 Parameter in der Embedding-Schicht. Die bidirektionale Schicht besitzt 48 Neuronen (je 24 in jede Richtung), und die Sequenzlänge beträgt 85 Zeichen.

Abbildung 7.9 zeigt die Ergebnisse nach einem Training über 300 Epochen.

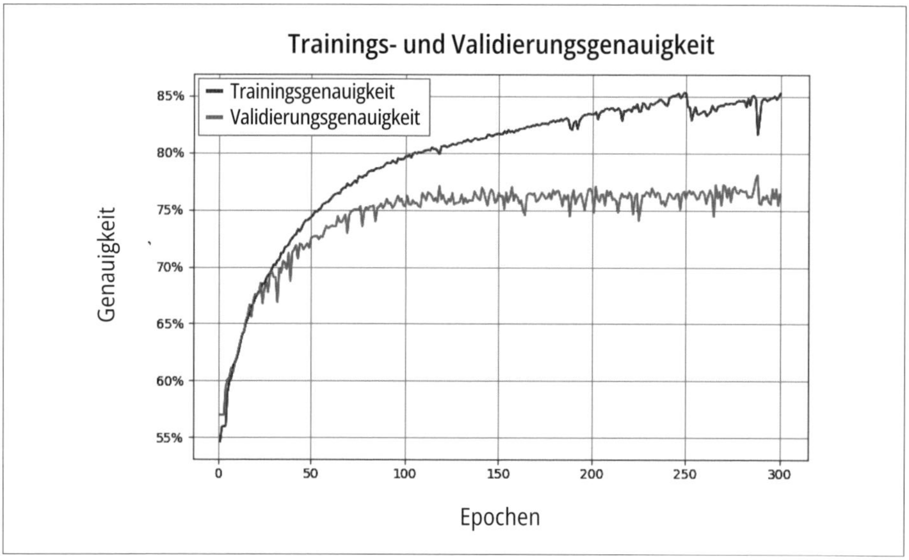

Abbildung 7.9: Genauigkeit für das LSTM nach 300 Epochen

Somit hat unser Netzwerk nur 21.537 Parameter. Wie Sie sehen, steigt die Genauigkeit für die Trainingsdaten schnell auf 85 %, während sich die Genauigkeit für die Validierungsdaten bei etwa 75 % einpendelt. Das entspricht ungefähr den Zahlen, die wir auch zuvor schon hatten. Ein Blick auf die Verlustgrafik in Abbildung 7.10 zeigt allerdings, dass die Verlustkurve für die Trainingsdaten nach etwa 15 Epochen beginnt, von der Kurve für die Validierungsdaten abzuweichen. Die Kurve für die Validierungsdaten steigt nach einiger Zeit wieder an, was auf eine Überanpassung hinweist.

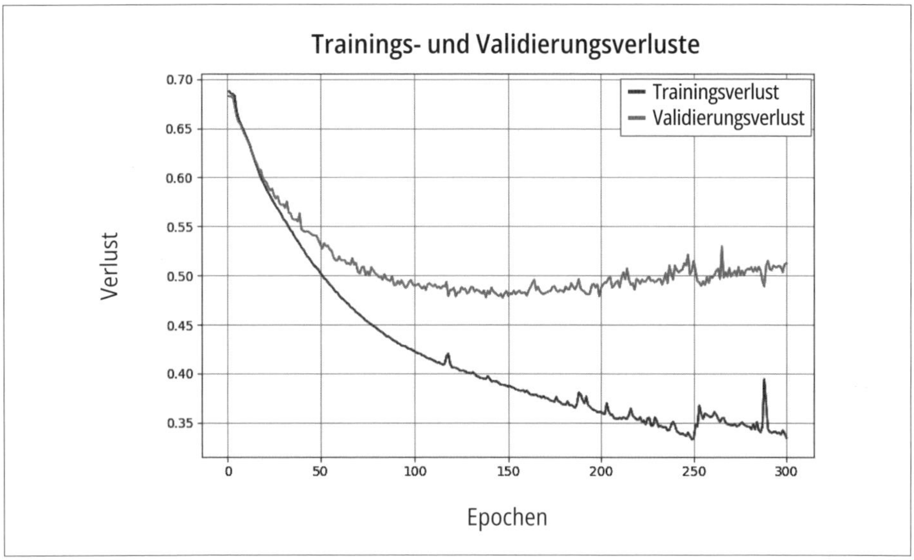

Abbildung 7.10: Verlust mit LSTM nach 300 Epochen

Hierbei sollten Sie bedenken, dass wir nur eine einzelne LSTM-Schicht mit einer verborgenen Schicht aus gerade einmal 24 Neuronen verwendet haben. Im folgenden Abschnitt zeigen wir Ihnen, wie Sie LSTMs »stapeln« können und wie sich dieses »Stacking« auf die Genauigkeit bei der Klassifizierung dieses Datensatzes auswirkt.

LSTMs stapeln (Stacking)

Im vorherigen Abschnitt haben wir gezeigt, wie Sie nach der Embedding-Schicht eine LSTM-Schicht einfügen, um den Inhalt des Sarkasmus-Datensatzes besser klassifizieren zu können. Dabei können LSTMs auch »übereinandergestapelt« werden. Dieser Ansatz kommt in vielen modernen NLP-Modellen zum Einsatz.

Das Stacking von LSTMs ist in PyTorch recht unkompliziert. Sie fügen die zusätzlichen LSTMs einfach als weitere Schichten hinzu. Dabei müssen Sie bei der Angabe der Dimensionen allerdings vorsichtig sein. Hat das erste LSTM beispielsweise x versteckte Schichten, dann hat das folgende LSTM x Eingaben. Ist das LSTM bidirektional, muss die Größe jedoch *verdoppelt* werden. Hier ein Beispiel:

```
# Erste LSTM-Schicht
self.lstm1 = nn.LSTM(
    input_size=embedding_dim,
    hidden_size=hidden_dim,
```

```
        num_layers=lstm_layers,
        batch_first=True,
        bidirectional=True
    )

    # Zweite LSTM-Schicht
    # Hinweis: Die Größe der Eingaben entspricht hidden_dim*2,
    # weil das erste LSTM bidirektional ist.
    self.lstm2 = nn.LSTM(
        input_size=hidden_dim * 2,
        hidden_size=hidden_dim,
        num_layers=lstm_layers,
        batch_first=True,
        bidirectional=True
    )
```

Hier entspricht der Wert für `input_size` der Zahl der Embedding-Dimensionen, weil da ihr die Embedding-Schicht vorausgeht. Für das zweite LSTM wird `input_size` mit `hidden_dim * 2` angegeben, weil es bidirektional ist.

Die Modellarchitektur sieht nun so aus:

```
==========================================================================
Layer (type:depth-idx)                    Output Shape              Param #
==========================================================================
TextClassificationModel                   [32, 1]                   --
├─Embedding: 1-1                          [32, 85, 7]               14,000
├─LSTM: 1-2                               [32, 85, 48]              6,336
├─LSTM: 1-3                               [32, 85, 48]              14,208
├─AdaptiveAvgPool1d: 1-4                  [32, 48, 1]               --
├─Linear: 1-5                             [32, 24]                  1,176
├─ReLU: 1-6                               [32, 24]                  --
├─Linear: 1-7                             [32, 1]                   25
├─Sigmoid: 1-8                            [32, 1]                   --
==========================================================================
Total params: 35,745
Trainable params: 35,745
Non-trainable params: 0
Total mult-adds (M): 56.37
==========================================================================
Input size (MB): 0.02
Forward/backward pass size (MB): 2.25
Params size (MB): 0.14
Estimated Total Size (MB): 2.41
==========================================================================
```

Durch die zusätzliche Schicht erhalten wir ungefähr 14.000 zusätzliche Parameter, die gelernt werden müssen, es ist also eine Steigerung von etwa 75 %. Das macht das Netzwerk zwar langsamer, aber die Vorteile überwiegen.

Nach dem Training für 300 Epochen sieht das Ergebnis aus, wie in Abbildung 7.11 dargestellt. Die Genauigkeit der Validierungsdaten verläuft flach, die Verlustkurven (in Abbildung 7.12) bieten jedoch ein anderes Bild. Während die Genauigkeit für Trainings- und Validierungsdaten noch recht gut aussah, zeigt die Verlustkurve für die Validierungsdaten eine kleine Aufwärtsbewegung – ein deutliches Zeichen für eine Überanpassung.

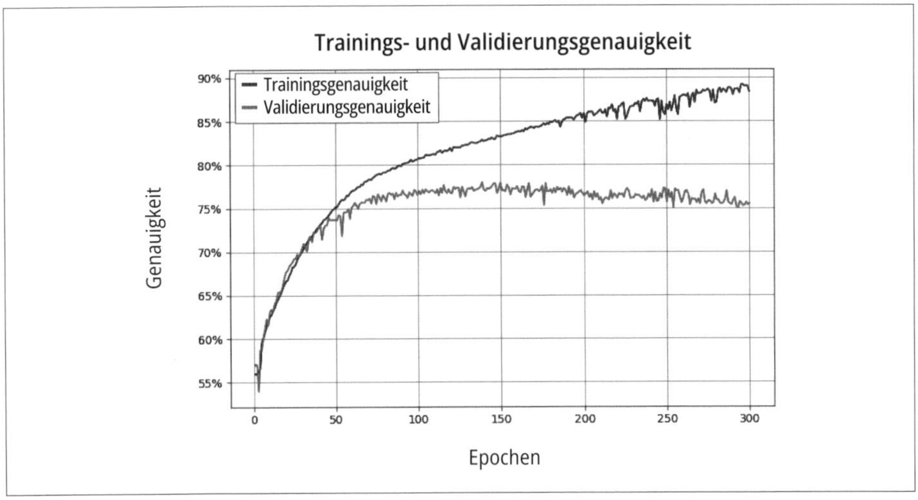

Abbildung 7.11: Genauigkeit für eine LSTM-Architektur mit »Stacking«

Diese Überanpassung wird sichtbar durch das Ansteigen der Genauigkeitskurve und das sanfte Abfallen der Verlustkurve für die Trainingsdaten. Die Genauigkeit der Validierungsdaten verläuft dagegen recht gradlinig, während ihr Verlust drastisch ansteigt. Der Grund ist eine Überspezialisierung des Modells auf den Trainingsdatensatz. Die Beispiele in Kapitel 6 demonstrieren wieder einmal, wie einfach es ist, sich in falscher Sicherheit zu wiegen, wenn Sie nur auf die Genauigkeit schauen, ohne auch den Verlust zu untersuchen.

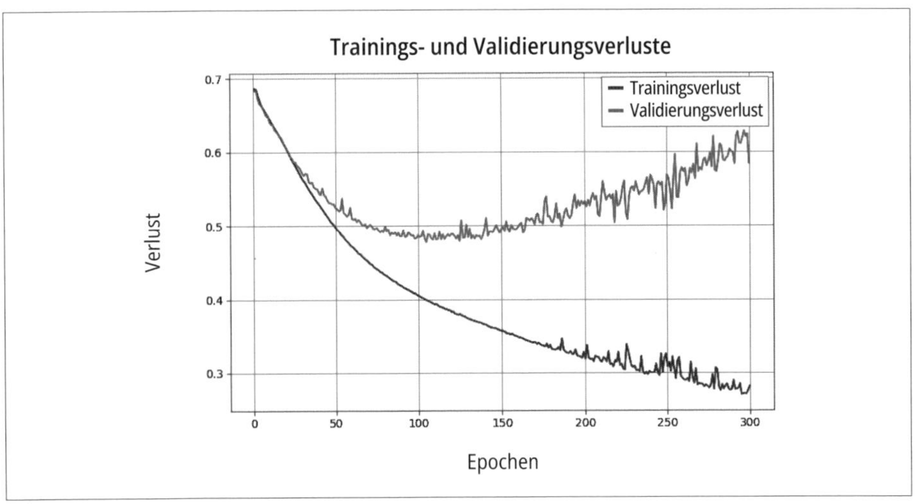

Abbildung 7.12: Verlustkurven für eine LSTM-Architektur mit »Stacking«

Gestapelte LSTMs optimieren

In Kapitel 6 haben wir bereits gesehen, dass eine Verringerung der Lernrate (LR) eine sehr effektive Methode zur Vermeidung von Überanpassung ist. Es lohnt sich, zu untersuchen, ob sich dieses Vorgehen auch auf RNNs positiv auswirkt.

Der folgende Code verringert die Lernrate um 50 % – von 0,0001 auf 0,00005:

```
# Verlustfunktion und Optimizer definieren
criterion = nn.BCELoss()
optimizer = optim.Adam(model.parameters(), lr=0.00005,
                       betas=(0.9, 0.999), amsgrad=False)
```

Abbildung 7.13 zeigt die Auswirkungen auf das Training. Wie Sie sehen, gibt es geringe Abweichungen bei der Genauigkeit der Validierungsdaten, was zeigt, dass die Überanpassung leicht abgenommen hat.

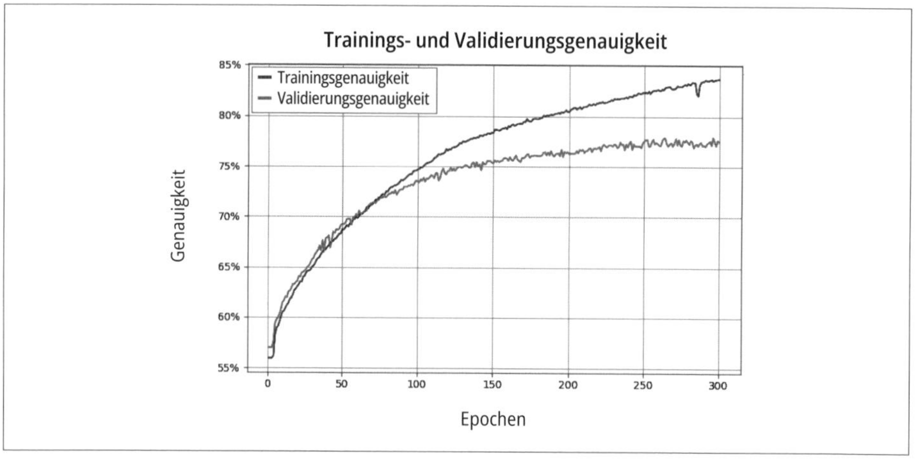

Abbildung 7.13: Auswirkung einer verringerten Lernrate auf die Genauigkeit von LSTMs mit »Stacking«

Ein erster Blick auf Abbildung 7.14 scheint auf entsprechend wahrnehmbare Auswirkungen auf die Verluste bei verringerter Lernrate hinzuweisen. Diesmal steigt die Kurve für die Validierungsdaten deutlich weniger stark an. Wenn wir genauer hinsehen, stellen wir fest, dass der Verlust bei den Trainingsdaten tatsächlich etwas höher liegt als im vorherigen Beispiel (~0,35 gegenüber ~0,27), während der Verlust beim Validierungsdatensatz geringer ausfällt (~0,5 gegenüber 0,6).

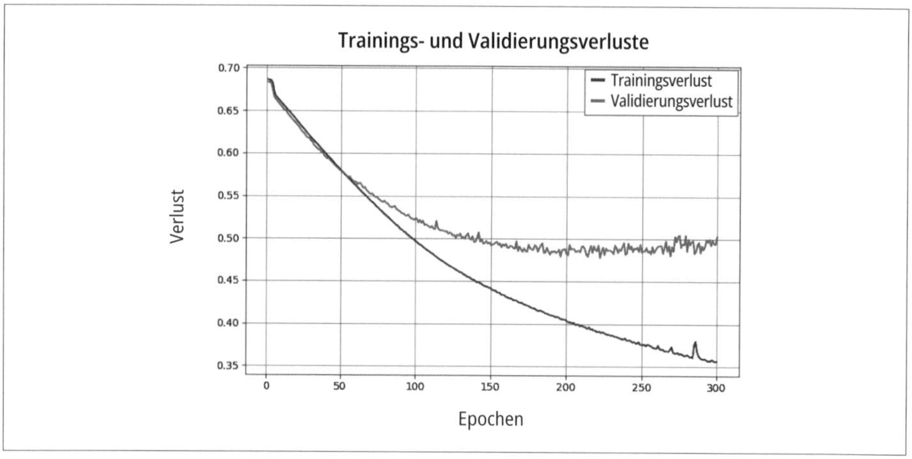

Abbildung 7.14: Auswirkungen einer reduzierten Lernrate auf LSTMs mit »Stacking«

Es ist also sicherlich sinnvoll, sich genauer mit der Anpassung des Hyperparameters für die Lernrate zu beschäftigen.

Weitere Experimente mit der Lernrate führen zu einer deutlichen Verbesserung der Konvergenz von Trainings- und Validierungskurven. Das heißt, obwohl das Netzwerk nach dem Training etwas weniger genau war, konnte es besser verallgemeinern. Die Abbildung 7.15 und Abbildung 7.16 zeigen die Auswirkungen einer niedrigeren Lernrate (0,0003 anstelle von 0,0005).

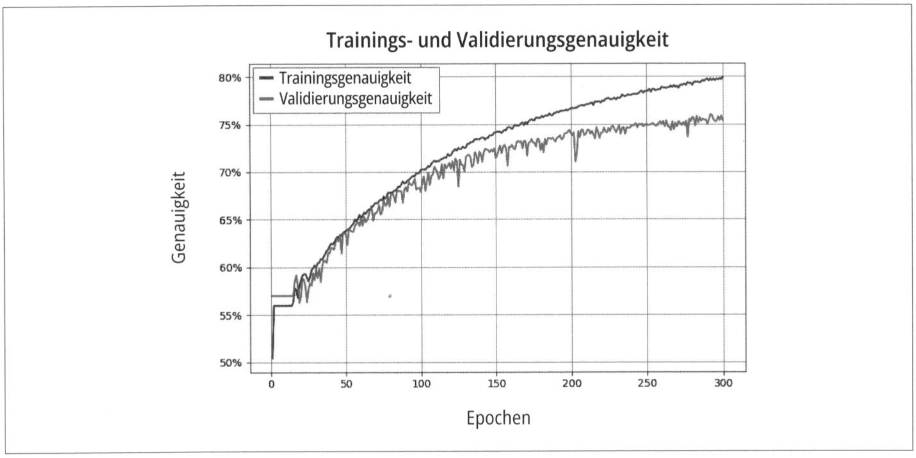

Abbildung 7.15: Genauigkeit bei weiter reduzierter Lernrate für LSTMs mit Stacking

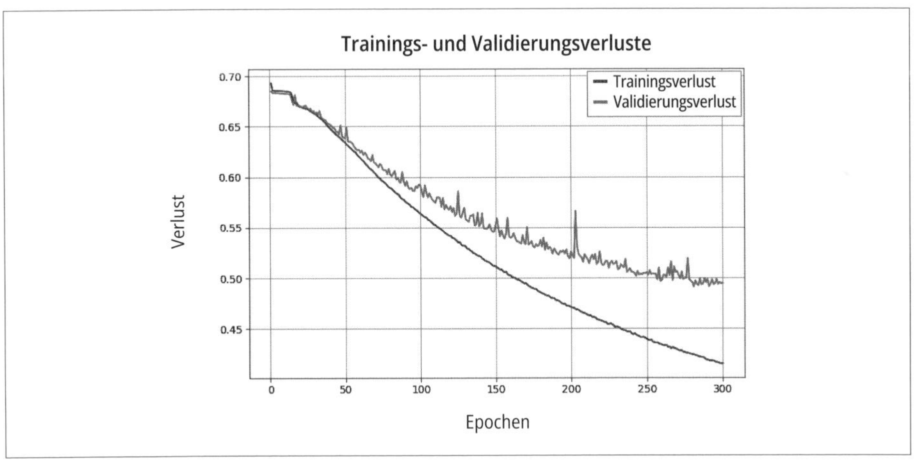

Abbildung 7.16: Verlust bei weiter reduzierter Lernrate für LSTMs mit »Stacking«

Tatsächlich führt eine weitere Verringerung der Lernrate auf 0,00001 zu potenziell besseren Ergebnissen, wie in Abbildung 7.17 und Abbildung 7.18 zu sehen ist. Wie in den vorherigen Diagrammen ist die Gesamtgenauigkeit nicht ganz so hoch wie vorher, und der Verlust ist höher. Das ist ein Hinweis darauf, dass wir uns einem »realistischen« Ergebnis für diese Netzwerkarchitektur annähern, ohne uns aufgrund von Überanpassung in falscher Sicherheit zu wiegen.

Neben der Anpassung der Parameter für die Lernrate kann die Verwendung von Dropout in den LSTM-Schichten ebenfalls sinnvoll sein. Das Dropout funktioniert hierbei entsprechend den vollständig verbundenen Schichten in Kapitel 3, wo wir durch das zufällige »Abschalten« von Neuronen verhindern konnten, dass ein Proximity-Bias den Lernprozess negativ beeinflusst. Dabei sollten Sie die Einstellung für den Dropout allerdings nicht zu niedrig wählen, weil dies in verschiedenen Architekturen die Lernfähigkeit »einfrieren« kann.

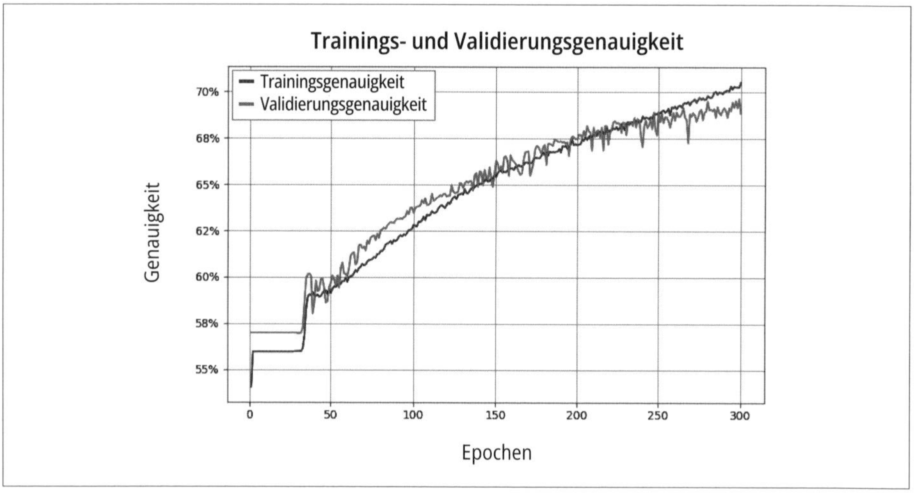

Abbildung 7.17: Genauigkeit bei reduzierter Lernrate

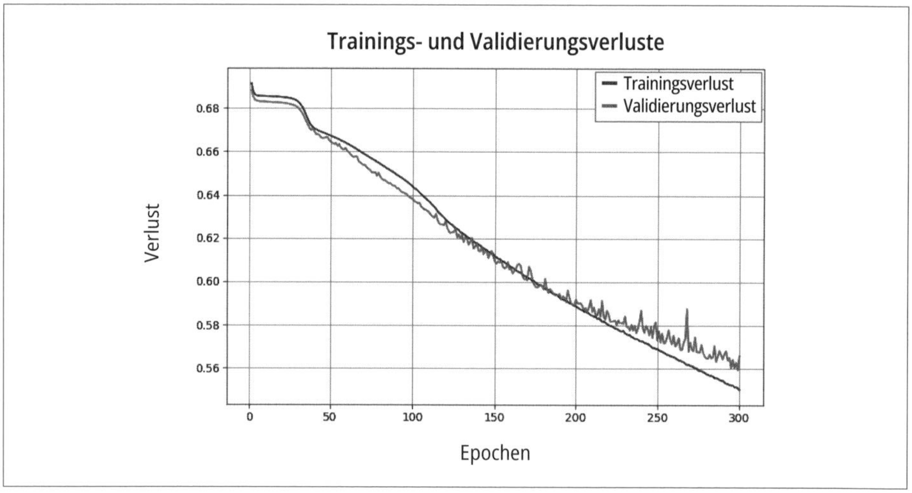

Abbildung 7.18: Verlust bei reduzierter Lernrate

Dropout verwenden

Neben der Anpassung der Parameter für die Lernrate kann es sinnvoll sein, in den LSTM-Schichten Dropouts zu verwenden. Sie funktionieren wie in den vollständig verbundenen

Schichten, die wir in Kapitel 3 besprochen haben. Dort haben wir zufällig ausgewählte Neuronen deaktiviert, um zu verhindern, dass sich ein Proximity-Bias negativ auf den Lernerfolg auswirkt.

Dropouts werden über `nn.Dropout` implementiert. Hier ein Beispiel:

```
self.embedding_dropout = nn.Dropout(dropout_rate)
self.lstm_dropout = nn.Dropout(dropout_rate)
self.final_dropout = nn.Dropout(dropout_rate)
```

Beim Forward Pass können Sie anschließend die Dropouts auf die gewünschten Schichten anwenden, wie hier gezeigt:

```
def forward(self, x):
    # Embeddings auslesen
    embedded = self.embedding(x)

    # Ersten Dropout nach Embedding-Schicht anwenden
    embedded = self.embedding_dropout(embedded)

    lstm1_out, _ = self.lstm1(embedded)

    # Dropout zwischen LSTM-Schichten anwenden
    lstm1_out = self.lstm_dropout(lstm1_out)

    lstm2_out, _ = self.lstm2(lstm1_out)

    # Abschließenden Dropout anwenden
    lstm2_out = self.final_dropout(lstm2_out)

    lstm_out = lstm2_out.transpose(1, 2)

    pooled = self.global_pool(lstm_out)
    pooled = pooled.squeeze(-1)

    x = self.relu(self.fc1(pooled))
    x = self.sigmoid(self.fc2(x))

    return x
```

Als ich das mit der niedrigsten Lernrate ausgeführt habe, die ich vor dem Dropout getestet hatte, hat das Netzwerk nicht gelernt. Also habe den LR-Wert wieder auf 0,0003 erhöht und das Modell für 300 Epochen mit den oben definierten Dropouts laufen lassen (bei einer Rate von 0,2, was bedeutet, dass 20 % der Neuronen zufällig abgeschaltet werden). Die Ergebnisse für die Genauigkeit sehen Sie in Abbildung 7.19. Die Kurven für Trainings- und Validierungsdaten liegen immer noch sehr nah beieinander, erreichen jetzt allerdings eine Genauigkeit von über 75 %. Ohne Dropouts lag diese nur knapp über 70 %.

Man sieht also, dass sich der Einsatz von Dropouts positiv auf die Genauigkeit des Netzwerks auswirken kann. Es gibt immer die Sorge, dass ein Verlust an Neuronen die Qualität des Netzwerks verschlechtert. Das ist hier aber nicht der Fall. Trotzdem sollten Sie Dropouts mit Vorsicht verwenden, da falsche Dropout-Werte leicht zu Über- oder auch zu Unteranpassung führen können.

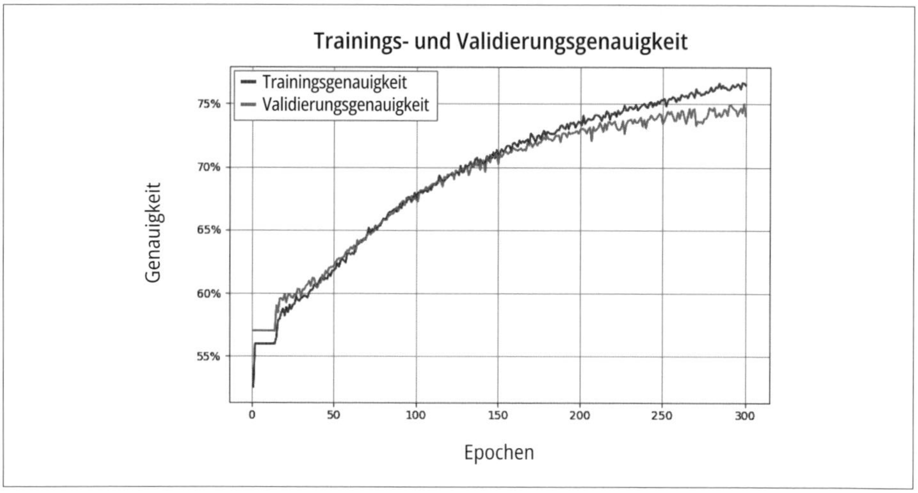

Abbildung 7.19: Genauigkeit von LSTMs mit Stacking und Dropouts

Wie in Abbildung 7.20 zu sehen ist, wirken sich die Dropouts auch positiv auf die Verlustkurven aus. Zwar laufen die Kurven immer noch sichtbar auseinander, aber sie liegen nun näher beieinander als vorher. Dabei verflacht sich die Validierungskurve bei einem Verlust von etwa 0,45, was ebenfalls eine Verbesserung signalisiert! Wie dieses Beispiel zeigt, sind Dropouts eine weitere praktische Methode, die Leistung von LSTM-basierten RNNs zu steigern.

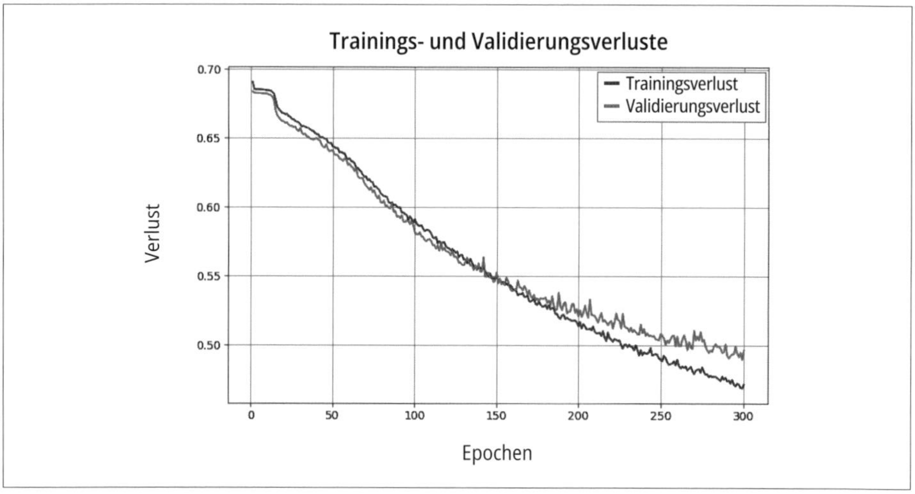

Abbildung 7.20: Verlustkurven für LSTMs mit Stacking und Dropouts

Neben der Erforschung dieser Techniken zur Vermeidung von Überanpassung sollten Sie die Möglichkeiten des Preprocessings, also der Vorverarbeitung der Daten, die wir in Kapitel 6 besprochen haben, nicht aus den Augen verlieren. Eines haben wir dort aber noch nicht ausprobiert: eine Form des Transferlernens, bei der Sie anstelle eigener Embeddings bereits gelernte Wort-Embeddings nutzen. Damit werden wir uns im folgenden Abschnitt beschäftigen.

Vortrainierte Embeddings mit RNNs verwenden

In allen vorherigen Beispielen haben Sie das vollständige Vokabular für die Trainingsdaten verwendet und damit die Embeddings trainiert. Zuerst wurden die Tokens aggregiert, um sie anschließend an das vollständig verbundene Netzwerk zu übergeben. In diesem Kapitel haben Sie untersucht, wie Sie die Ergebnisse mithilfe eines RNN verbessern können. Dabei waren Sie allerdings darauf beschränkt, welche Wörter Ihr Datensatz enthält und wie die Embeddings anhand der im Datensatz enthaltenen Labels gelernt wurden.

In Kapitel 4 haben wir bereits über das Transferlernen gesprochen. Wie wäre es, wenn Sie die Embeddings nicht selbst lernen müssen, sondern bereits »vorgelernte« Embeddings nutzen könnten, bei denen Forscherinnen und Forscher die Wörter bereits in verifizierte Vektoren umgewandelt haben? Ein Beispiel hierfür haben wir bereits in Kapitel 6 gesehen. Es ist das von Jeffrey Pennington, Richard Socher und Christopher Manning an der Stanford University entwickelte GloVe-Modell (*Global Vectors for Word Representation*) (*https://oreil.ly/4ENdQ*).

Die Forscher haben ihre vortrainierten Word-Vektoren für mehrere verschiedene Datensätze zur Verfügung gestellt.

- Ein Vokabular aus 6 Milliarden Tokens für 400.000 Wörter in 50, 100, 200 und 300 Dimensionen, die von Wikipedia und Gigaword stammen.
- Ein Vokabular aus 42 Milliarden Tokens für 1,9 Millionen Wörter in 300 Dimensionen, die aus einem allgemeinen Web-Crawl stammen.
- Ein Vokabular aus 840 Milliarden Tokens für 2,2 Millionen Wörter in 300 Dimensionen, die aus einem allgemeinen Web-Crawl stammen.
- Ein Vokabular aus 27 Milliarden Tokens für 1,2 Millionen Wörter in 25, 50, 100 und 200 Dimensionen, die aus einem Crawl von Twitter stammen.

Wenn die Vektoren bereits vortrainiert sind, ist es einfach, sie in Ihrem PyTorch-Code wiederzuverwenden, anstatt die Embeddings komplett neu zu lernen. Hierfür müssen Sie zunächst die GloVe-Daten herunterladen. Ich habe mich hier für die Version mit 6 Milliarden Tokens in 50 Dimensionen entschieden. Folgender Code lädt die Daten herunter und entpackt sie:

```
import urllib.request
import zipfile

# GloVe-Embeddings herunterladen
url = "https://nlp.stanford.edu/data/glove.6B.zip"
urllib.request.urlretrieve(url, "glove.6B.zip")

# Entpacken
with zipfile.ZipFile("glove.6B.zip", 'r') as zip_ref:
    zip_ref.extractall()

# Sie können entweder glove.6B.50d.txt (50 Dimensionen)
# oder glove.6B.100d.txt (100 Dimensionen) verwenden.
```

Jeder Eintrag besteht aus einem Wort, gefolgt von den gelernten dimensionalen Koeffizienten. Am einfachsten lassen sich die Daten in Form eines Dictionarys nutzen, bei dem das

Wort als Schlüssel und die Embeddings als Wert dienen. Das Dictionary können Sie anlegen, wie hier gezeigt:

```
import numpy as np
glove_embeddings = dict()
f = open('glove.6B.50d.txt')
for line in f:
    values = line.split()
    word = values[0]
    coefs = np.asarray(values[1:], dtype='float32')
    glove_embeddings[word] = coefs
f.close()
```

Danach können Sie die Koeffizienten für ein Wort einfach abfragen, indem Sie es als Schlüssel verwenden. Um beispielsweise die Embeddings für das Wort *frog* auszugeben, können Sie schreiben:

```
glove_embeddings['frog']
```

Diese Embeddings können Sie nun in die Embedding-Schicht Ihrer neuronalen Architektur laden und als vortrainierte Embeddings verwenden, anstatt sie von Grund auf neu zu lernen, wie in der unten stehenden Modellarchitektur gezeigt. Sofern der Wert von `pretrained_embeddings` nicht `0` ist, werden die Gewichte für die Embedding-Schicht hieraus geladen. Hat `freeze_embeddings` den Wert `True`, werden die Gewichte »eingefroren«. Ansonsten dienen sie als Startpunkt für weiteres Lernen (zum Beispiel um die Embeddings genauer auf Ihren Korpus abzustimmen).

```
class TextClassificationModel(nn.Module):
    def __init__(self, vocab_size, embedding_dim=100, hidden_dim=16,
                 dropout_rate=0.25, pretrained_embeddings=None,
                 freeze_embeddings=True, lstm_layers=2):
        super(TextClassificationModel, self).__init__()

        # Embedding-Schicht initialisieren
        self.embedding = nn.Embedding(vocab_size, embedding_dim)

        # Vortrainierte Embeddings laden, falls vorhanden
        if pretrained_embeddings is not None:
            self.embedding.weight.data.copy_(pretrained_embeddings)
            if freeze_embeddings:
                self.embedding.weight.requires_grad = False

        # LSTM-Schicht
        self.lstm = nn.LSTM(
            input_size=embedding_dim,
            hidden_size=hidden_dim,
            num_layers=lstm_layers,
            batch_first=True
        )

        # Globales Pooling
        self.global_pool = nn.AdaptiveAvgPool1d(1)
```

```
        # Vollständig verbundene Schichten
        self.fc1 = nn.Linear(hidden_dim, hidden_dim)
        self.fc2 = nn.Linear(hidden_dim, 1)

        # Aktivierungsfunktionen
        self.relu = nn.ReLU()
        self.sigmoid = nn.Sigmoid()
```

Dieses Modell zeigt insgesamt 406.817 Parameter, von denen 6.817 trainierbar sind. Das Training sollte also recht schnell gehen.

```
=========================================================================
Layer (type:depth-idx)                  Output Shape              Param #
=========================================================================
TextClassificationModel                 [32, 1]                   --
├─Embedding: 1-1                        [32, 60, 50]
(400,000)
├─Dropout: 1-2                          [32, 60, 50]              --
├─LSTM: 1-3                             [32, 60, 16]              6,528
├─Dropout: 1-4                          [32, 60, 16]              --
├─AdaptiveAvgPool1d: 1-5                [32, 16, 1]               --
├─Linear: 1-6                           [32, 16]                  272
├─ReLU: 1-7                             [32, 16]                  --
├─Dropout: 1-8                          [32, 16]                  --
├─Linear: 1-9                           [32, 1]                   17
├─Sigmoid: 1-10                         [32, 1]                   --
=========================================================================
Total params: 406,817
Trainable params: 6,817
Non-trainable params: 400,000
Total mult-adds (M): 25.34
=========================================================================
Input size (MB): 0.02
Forward/backward pass size (MB): 1.02
Params size (MB): 1.63
Estimated Total Size (MB): 2.66
=========================================================================
```

Jetzt können Sie trainieren wie zuvor. Dabei wird klar, wie diese Architektur mit vortrainierten Embeddings und »gestapelten« LSTMs die Überanpassung deutlich reduziert! Abbildung 7.21 zeigt die Genauigkeit der Trainings- und Validierungsdaten für den Sarkasmus-Datensatz im Vergleich, wenn LSTMs und die vortrainierten GloVe-Embeddings verwendet werden. In Abbildung 7.22 sehen Sie die Verlustkurven für dieses Szenario: Offenbar haben wir die Überanpassung tatsächlich in den Griff bekommen!

Um dieses Vorgehen weiter zu untersuchen, könnten Sie die Größe des Vokabulars verändern. Eine der Optimierungen zur Verhinderung von Überanpassung aus dem vorherigen Kapitel zielte darauf ab, die Embeddings nicht mit dem Lernen von selten vorkommenden Wörtern zu überlasten. Da die Embeddings in diesem Fall bereits mit GloVe gelernt wurden, könnten Sie das Vokabular erweitern – aber wie?

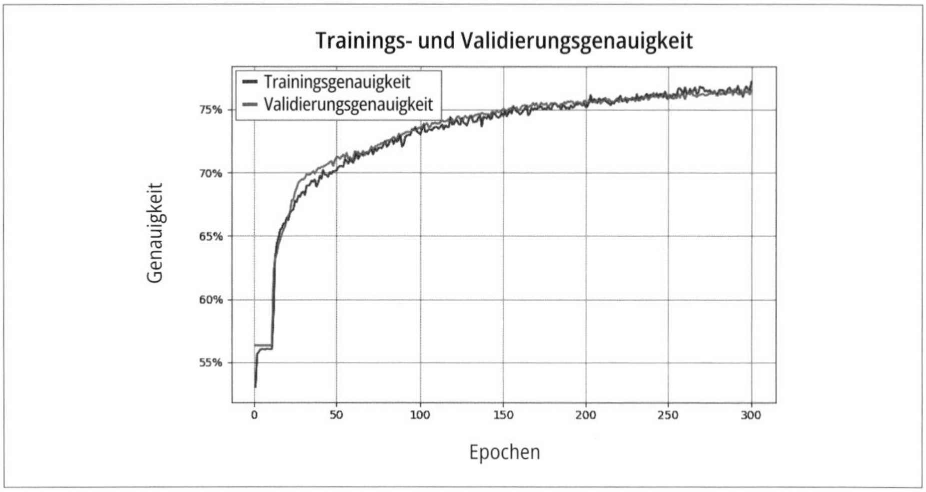

Abbildung 7.21: Vergleich der Genauigkeit von Training und Validierung für den Sarkasmus-Datensatz bei Verwendung von LSTMs und GloVe

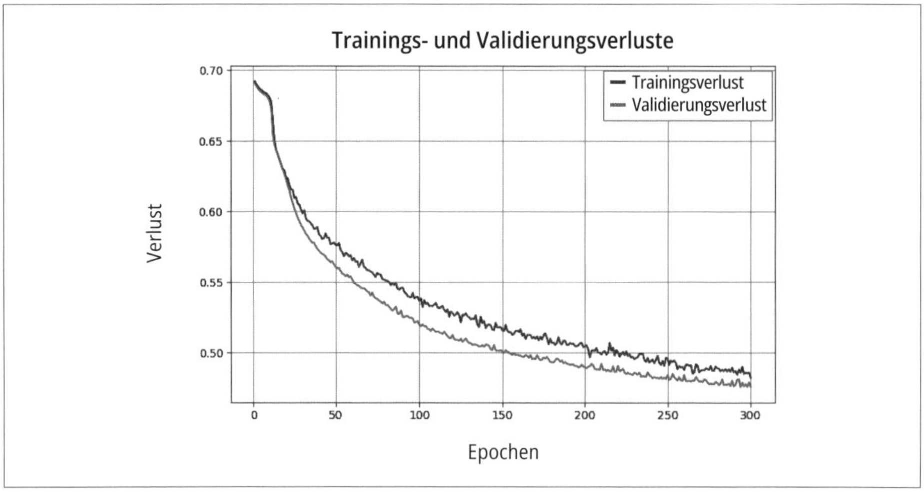

Abbildung 7.22: Vergleich der Verlustkurven von Training und Validierung für den Sarkasmus-Datensatz bei Verwendung von LSTMs und GloVe

Zuerst sollten Sie herausfinden, wie viele der Wörter in Ihrem Korpus sich tatsächlich im GloVe-Datensatz befinden. Auch wenn er 1,2 Millionen Wörter enthält, gibt es keine Garantie dafür, dass *alle* Wörter enthalten sind.

Wenn Sie den `word_index` erstellen, können Sie `build_vocab_glove` mit einer *sehr* großen Zahl aufrufen. Dadurch werden Wörter, die über die Gesamtzahl hinausgehen, ignoriert. Hier ein Beispiel:

```
word_index = build_vocab_glove(training_sentences, max_vocab_size=
100,000)
```

Beim Sarkasmus-Datensatz wird für vocab_size die Größe 22.457 zurückgegeben. Wenn Sie wollen, können Sie anschließend die GloVe-Embeddings untersuchen, um herauszufinden, welche dieser Wörter enthalten sind. Hierfür legen Sie zunächst ein Dictionary der Embeddings an und speichern darin die GloVe-Daten:

```
embeddings_dict = {}
embedding_dim = 50
glove_file = f'glove.6B.{embedding_dim}d.txt'

# GloVe-Embeddings auslesen
print(f"Loading GloVe embeddings from {glove_file}...")
with open(glove_file, 'r', encoding='utf-8') as f:
    for line in f:
        values = line.split()
        word = values[0]
        vector = np.asarray(values[1:], dtype='float32')
        embeddings_dict[word] = vector
```

Anschließend können Sie dies mit Ihrem word_index vergleichen, den Sie weiter oben für den gesamten Korpus angelegt haben:

```
found_words = 0
for word, idx in word_index.items():
    if word in embeddings_dict:
        found_words += 1
print(found_words)
```

Für den Sarkasmus-Datensatz wurden 21.291 Wörter in den GloVe-Embeddings gefunden, also fast alle. Das heißt, die Grundsätze aus Kapitel 6 zur Auswahl der Wörter für das Training (mit einer ausreichenden Häufigkeit) gelten weiterhin!

Anhand dieser Methode habe ich ein Vokabular von 8.000 Wörtern (anstelle der zuvor verwendeten 2.000, um Überanpassung zu vermeiden) ausgewählt, um die gerade gesehenen Ergebnisse zu erhalten. Danach habe ich Überschriften aus *The Onion* (der Quelle für die sarkastischen Überschriften im Sarkasmus-Datensatz) mit anderen Sätzen verglichen:

```
test_sentences = ["It Was, For, Uh, Medical Reasons, Says Doctor To
                   Boris Johnson, Explaining Why They Had To Give Him
                   Haircut",
                  "It's a beautiful sunny day",
                  "I lived in Ireland, so in high school they made me
                   learn to speak and write in Gaelic",
                  "Census Foot Soldiers Swarm Neighborhoods, Kick
                   Down
                   Doors To Tally Household Sizes"]
```

Unten sehen Sie die Ergebnisse für diese Überschriften. Dabei wurden Werte nahe 50 % (0,5) als neutral betrachtet, während Werte nahe 0 als nicht sarkastisch und solche nahe 1 als sarkastisch eingeordnet wurden:

```
tensor([[0.9316],
        [0.1603],
        [0.6959],
        [0.9594]], device='cuda:0')
```

```
Text: It Was, For, Uh, Medical Reasons, Says Doctor To Boris Johnson,
      Explaining Why They Had To Give Him Haircut
Probability: 0.9316
Classification: Sarcastic
--------------------------------------------------------------------

Text: It's a beautiful sunny day
Probability: 0.1603
Classification: Not Sarcastic
--------------------------------------------------------------------

Text: I lived in Ireland, so in high school they made me learn to
speak
      and write in Gaelic
Probability: 0.6959
Classification: Sarcastic
--------------------------------------------------------------------

Text: Census Foot Soldiers Swarm Neighborhoods, Kick Down Doors To
Tally
      Household Sizes
Probability: 0.9594
Classification: Sarcastic
--------------------------------------------------------------------
```

Satz 1 und Satz 4 stammen aus *The Onion* und enthalten mit einer Wahrscheinlichkeit von 93 % Sarkasmus. Die Aussage über das Wetter wurde als stark nicht sarkastisch eingeordnet (16 %) und der Satz über den Besuch der Highschool in Irland als möglicherweise sarkastisch, aber nur mit geringer Wahrscheinlichkeit (69 %).

Zusammenfassung

In diesem Kapitel haben wir Ihnen rekurrente neuronale Netzwerke vorgestellt, die mit einer sequenzbasierten Logik entworfen wurden. Sie können Ihnen helfen, Stimmungen in Sätzen nicht nur auf Basis der enthaltenen Wörter, sondern auch anhand ihrer Reihenfolge zu erkennen. Sie haben gesehen, wie einfache RNNs funktionieren und wie man auf dieser Basis ein LSTM aufbauen kann, um Kontext über viele Schritte zu erhalten. Diese Modelle sind die Vorgänger der berühmten »Transformer«-Modelle, die als Fundament generativer KI gelten.

Zudem haben Sie LSTMs verwendet, um das Modell zur Analyse von Stimmungen zu verbessern, und sich mit Überanpassung in RNNs beschäftigt. Dabei haben Sie eine Reihe von Techniken zur Verhinderung dieser Probleme kennengelernt, wie zum Beispiel den Einsatz von Transferlernen aus vortrainierten Embeddings.

In Kapitel 8 werden Sie das bisher Gelernte anwenden, um zu untersuchen, wie Wörter vorhergesagt werden können. Das dient uns als Sprungbrett zu einem Modell, das für Sie Texte erstellen und Gedichte schreiben kann!

KAPITEL 8

Mit Machine Learning Texte erzeugen

Mit der Veröffentlichung von ChatGPT im Jahr 2022 ist der Begriff *generative KI* im allgemeinen Sprachgebrauch angekommen. Dieses einfache Programm, mit dessen Hilfe Sie sich mit einer Cloud-basierten KI unterhalten können, ist auf fast schon magische Weise in der Lage, Ihre Anfragen zu fast allen Themen menschlichen Wissens zu beantworten. Hierfür nutzt es eine sehr fortgeschrittene Weiterentwicklung der rekurrenten neuronalen Netzwerke, die wir im vorherigen Kapitel kennengelernt haben, die als *Transformer* bezeichnet wird.

Ein *Transformer* lernt die Muster, die einen Text in einen anderen verwandeln. Ist die Transformer-Architektur groß genug und gibt es genug Text, von dem gelernt werden kann, kann das GPT-Modell (*GPT* steht für *Generative Pretrained Transformers*, also generative vortrainierte Transformer) vorhersagen, welche Tokens auf ein bestimmtes Stück Text folgen. Das Verpacken von GPT in eine benutzerfreundliche Applikation war der Beginn einer vollkommen neuen Branche.

Eine ausführliche Beschäftigung mit der Erstellung von Transformer-Modellen würde den Umfang dieses Buchs sprengen. In Kapitel 15 finden Sie aber einen Überblick über ihre Architektur.

Immerhin können die Grundprinzipien für das Training von Modellen mit Transformern mit kleineren und einfacheren Architekturen wie RNNs oder LSTMs nachgebildet werden. In diesem Kapitel werden wir diese Prinzipien weiter erforschen. Hierfür verwenden wir allerdings einen deutlich kleineren Textkorpus: irische Volkslieder.

Nehmen wir hierfür zum Beispiel folgende Zeile aus einer berühmten Fernsehserie:

> You know nothing, Jon Snow.

Ein RNN-basiertes Modell zur Vorhersage des nächsten Tokens erzeugte als Antwort die folgenden Liedzeilen:

> You know nothing, Jon Snow
>
> the place where he's stationed
>
> be it Cork or in the blue bird's son
>
> sailed out to summer
>
> old sweet long and gladness rings
>
> so I'll wait for the wild Colleen dying

Dieser Text wurde von einem sehr einfachen Modell erzeugt, das an einem kleinen Korpus trainiert wurde. Ich habe ihn etwas verbessert, indem ich Zeilenumbrüche und Satzzeichen eingefügt habe. Davon abgesehen, wurde der gesamte Text von dem Modell erzeugt, dessen Erstellung Sie in diesem Kapitel lernen werden. Besonders cool dabei ist, dass das Modell hier eine *wild Colleen dying* erwähnt. Wenn Sie die Serie gesehen haben, aus der Jon Snow stammt, verstehen Sie, warum!

In den vorherigen Kapiteln haben Sie gelernt, wie PyTorch bei der Arbeit mit textbasierten Daten verwendet werden kann. Hierfür werden diese zuerst zu Zahlen und Sequenzen tokenisiert, die dann von einem neuronalen Netzwerk verarbeitet werden können. Danach haben wir vektorbasierte Embeddings genutzt, um Stimmungen (*Sentiments*) im Text zu simulieren, und schließlich haben wir vollständig verbundene rekurrente neuronale Netzwerke eingesetzt, um zu zeigen, wie alle diese Bestandteile zusammenarbeiten.

In diesem Kapitel wechseln wir die Gangart. Anstatt einen bereits vorhandenen Text zu klassifizieren, erstellen Sie diesmal ein neuronales Netzwerk, das Text *vorhersagen* und demnach auch *erzeugen* kann.

Auf Basis eines Textkorpus soll das Netzwerk versuchen, die Wortmuster innerhalb des Texts zu lernen und zu verstehen. Anhand eines neuen Textabschnitts, der als *Seed* bezeichnet wird, soll es dann vorhersagen, was auf diesen Text folgt. Der ursprüngliche Seed und das vorhergesagte Wort bilden wiederum den Seed für die nächste Vorhersage. Dadurch kann ein neuronales Netzwerk, das anhand eines bestimmten Textkorpus trainiert wurde, versuchen, einen neuen Text in einem ähnlichen Stil zu schreiben. Um die oben stehenden »Jon-Snow-Zeilen« zu erzeugen, habe ich ein neuronales Netzwerk an einer Reihe von irischen Volksliedern trainiert, um damit Wörter vorherzusagen.

Wir beginnen mit einer kleinen Textmenge, um zu zeigen, wie ein solches Vorhersagemodell aussehen kann. Am Ende bauen wir ein vollständiges Modell, das auf deutlich mehr Text zurückgreift. Danach können Sie es selbst ausprobieren, um zu sehen, welche Art von Gedichten und Liedtexten Sie damit erzeugen können.

Für den Anfang müssen Sie den Text etwas anders behandeln als bis jetzt. Wir haben bisher Sätze in Sequenzen umgewandelt, die auf Basis der Embeddings für die enthaltenen Tokens klassifiziert wurden. Bei der Erstellung von Daten für das Training von Vorhersagemodellen ist allerdings noch ein zusätzlicher Schritt nötig. Hierbei wandeln Sie die Sequenzen in *Eingabesequenzen* und *Labels* um. Die Eingabesequenz ist eine Gruppe von Wörtern, das Label ist jeweils das folgende Wort im Satz. Anschließend können Sie ein Modell trainieren, das die Eingabesequenzen auf ihre Labels abbildet, sodass die Vorhersage ein Label auswählen kann, das möglichst genau zur Eingabesequenz passt.

Sequenzen in Eingabesequenzen umwandeln

Bei der Vorhersage von Text müssen Sie das neuronale Netzwerk mit einer Eingabesequenz (einem Merkmal oder Feature) trainieren, dem ein bestimmtes Label zugeordnet wird. Die Abbildung von Sequenzen auf Labels ist der Schlüssel für die Vorhersage von Texten. Im Gegensatz zur Klassifizierung von Text gibt es hierbei keine expliziten Labels. Stattdessen wird der Satz aufgetrennt, und für einen Block aus n Wörtern ist das folgende Wort ($n + 1$) im Satz das entsprechende Label.

Enthält Ihr Korpus also beispielsweise den Satz »Today has a beautiful blue sky.«, könnten Sie diesen in »Today has a beautiful blue« als Feature und »sky« als Label betrachten. Wollen Sie anschließend eine Vorhersage für den Text »Today has a beautiful blue« treffen, würde diese sehr wahrscheinlich »sky« lauten. Wenn die Trainingsdaten außerdem den Satz »Yesterday had a beautiful blue sky« enthalten und Sie diesen auf die gleiche Weise auftrennen, dann würde die Vorhersage auch hier sehr wahrscheinlich das Wort »sky« sein.

Wenn Sie das Netzwerk mit einer Menge an Sätzen trainieren, bei denen Sie das letzte Wort entfernen und als Label verwenden, können Sie in recht kurzer Zeit ein Vorhersagemodell aufbauen, das für einen gegebenen Text das am wahrscheinlichsten darauffolgende Wort vorhersagt.

Wir beginnen mit einem sehr kleinen Textkorpus, dem Auszug aus dem irischen Volkslied »Lanigan's Ball« aus den 1860er-Jahren:

> In the town of Athy one Jeremy Lanigan
> Battered away 'til he hadn't a pound.
> His father died and made him a man again
> Left him a farm and ten acres of ground.
> He gave a grand party for friends and relations
> Who didn't forget him when come to the wall,
> And if you'll but listen I'll make your eyes glisten
> Of the rows and the ructions of Lanigan's Ball.
>
> Myself to be sure got free invitation,
> For all the nice girls and boys I might ask,
> And just in a minute both friends and relations
> Were dancing round merry as bees round a cask.
> Judy O'Daly, that nice little milliner,
> She tipped me a wink for to give her a call,
> And I soon arrived with Peggy McGilligan
> Just in time for Lanigan's Ball.

Für diese Aufgabe enthält ein einzelner String, der den gesamten Text enthält, unsere Ausgangsdaten. Die Zeilenumbrüche werden dabei mit dem Newline-Zeichen `\n` markiert. Anschließend kann dieser Korpus einfach geladen und tokenisiert werden. Hierbei trennt die `tokenize`-Funktion den Text zunächst in einzelne Wörter auf. Anschließend legt `create_word_dictionary` ein Dictionary mit einem Index für jedes einzelne Wort im Text an:

```
def tokenize(text):
    tokens = text.lower().split()
    return tokens

def create_word_dictionary(word_list):
    # Leeres Dictionary anlegen
    word_dict = {}
    word_dict["UNK"] = 0
    # Zähler für einmalige Werte
    counter = 1
```

```
    # Über die Liste iterieren und
    # einmaligen Wörtern Zahlen zuweisen
    for word in word_list:
        if word not in word_dict:
            word_dict[word] = counter
            counter += 1

    return word_dict
```

Hier geht es vor allem darum, die Funktionsweise zu verstehen. Daher ist Ansatz stark vereinfachend. In Produktionssystemen würden Sie stattdessen vorgefertigte Bausteine verwenden, die für einen Einsatz in großem Maßstab konzipiert sind und über ein angemessenes Exception-Handling verfügen.

Mit diesen Funktionen können Sie anschließend einen `word_index` des einfachen Korpus erstellen, wie hier gezeigt:

```
data="In the town of Athy one Jeremy Lanigan \n
      Battered away til he hadnt a pound. ..."

tokens = tokenize(data)
word_index = create_word_dictionary(tokens)

total_words = len(tokenizer.word_index) + 1
```

Das Ziel dieses Prozesses besteht darin, die Wörter durch die Werte ihrer Tokens zu ersetzen (siehe Abbildung 8.1).

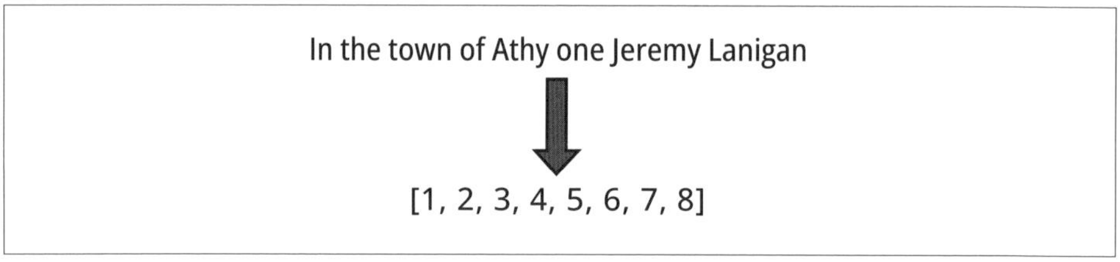

Abbildung 8.1: Einen Satz tokenisieren

Für das Training eines Vorhersagemodells ist ein weiterer Schritt nötig: Der Satz muss in mehrere kleine Sequenzen aufgeteilt werden. Eine Sequenz könnte beispielsweise aus den ersten zwei Tokens bestehen, eine andere aus den ersten drei und so weiter. Diese würden wir vorne mit Nullen auffüllen, damit alle die gleiche Länge haben wie die Eingabesequenz (siehe Abbildung 8.2).

Zeile	Eingabesequenzen
[1, 2, 3, 4, 5, 6, 7, 8]	[0, 0, 0, 0, 0, 0, 1, 2]
	[0, 0, 0, 0, 0, 1, 2, 3]
	[0, 0, 0, 0, 1, 2, 3, 4]
	[0, 0, 0, 1, 2, 3, 4, 5]
	[0, 0, 1, 2, 3, 4, 5, 6]
	[0, 1, 2, 3, 4, 5, 6, 7]
	[1, 2, 3, 4, 5, 6, 7, 8]

Abbildung 8.2: Eine Sequenz in eine Reihe von Eingabesequenzen umwandeln

Hierfür müssen Sie jede Zeile im Korpus durchlaufen und sie in eine Liste aus Tokens umwandeln. Mithilfe von Funktionen werden die Wörter im Text in ein Array aus ihren Lookup-Werten im `word_dictionary` umgewandelt, und anschließend werden die per Padding aufgefüllten Versionen der Teilsätze erstellt. Um Ihnen diese Aufgabe zu erleichtern, habe ich die Funktionen `text_to_sequence` und `pad_sequence` geschrieben:

```
def text_to_sequence(sentence, word_dict):
    # Sätze in Kleinbuchstaben umwandeln und
    # in einzelne Wörter auftrennen
    words = sentence.lower().strip().split()

    # Jedes Wort in die entsprechende Zahl umwandeln
    number_sequence = [word_dict[word] for word in words]

    return number_sequence

def pad_sequences(sequences, max_length=None):
    # Finde die Länge der längsten Sequenz,
    # falls max_length nicht angegeben wurde.
    if max_length is None:
        max_length = max(len(seq) for seq in sequences)

    # Jede Sequenz am Anfang mit Nullen auffüllen
    padded_sequences = []
    for seq in sequences:
        # Zahl der nötigen Nullen berechnen
        num_zeros = max_length - len(seq)
        # Aufgefüllte Sequenz erstellen
        padded_seq = [0] * num_zeros + list(seq)
        padded_sequences.append(padded_seq)

    return padded_sequences
```

Mit diesen Hilfsfunktionen können Sie anschließend wie hier gezeigt die Eingabesequenzen erstellen:

```
corpus = data.lower().split("\n")

input_sequences = []
for line in corpus:
    token_list = text_to_sequence(line, word_index)
    for i in range(1, len(token_list)):
        n_gram_sequence = token_list[:i+1]
        input_sequences.append(n_gram_sequence)

max_sequence_len = max([len(x) for x in input_sequences])
input_sequences = pad_sequences(input_sequences, max_sequence_len)
```

Am Ende haben Sie einen Satz an aufgefüllten Eingabesequenzen, die Sie in Features und Labels auftrennen können. Dabei ist jedes Label einfach das letzte Token der jeweiligen Eingabesequenz (siehe Abbildung 8.3).

Wenn Sie ein neuronales Netzwerk trainieren, wird jedes Feature dem entsprechenden Label zugeordnet. Für `[0 0 0 0 0 0 1]` ist das Label beispielsweise `[2]`.

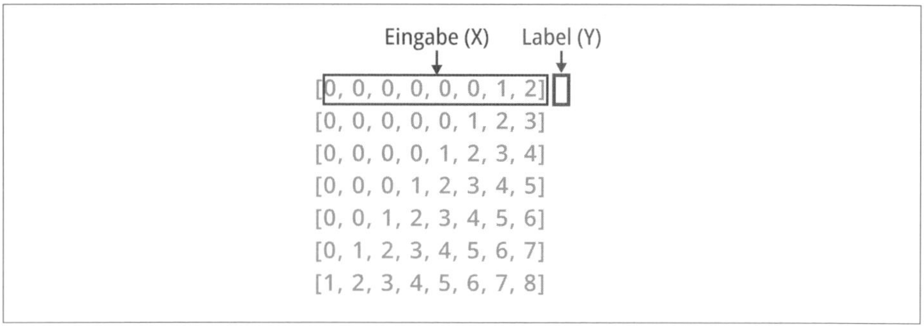

Abbildung 8.3: Aufgefüllte Sequenzen in Features (x) und Labels (y) umwandeln

Hier der Code, mit dem Sie die Labels und die Eingabesequenzen trennen können:

```
def split_sequences(sequences):
    # x-Werte erzeugen, indem das letzte Element aus
    # jeder Sequenz entfernt wird
    xs = [seq[:-1] for seq in sequences]

    # Label erzeugen, indem nur das letzte Element einer
    # Sequenz benutzt wird
    labels = [seq[-1:] for seq in sequences]
    # Durch [-1:] wird nur dies als Liste mit nur einem
    # Element gespeichert. Wollen Sie stattdessen die Labels
    # als einzelne Zahlen anstelle von Listen benutzen, können
    # Sie alternativ schreiben:
    # labels = [seq[-1] for seq in sequences]

    return xs, labels
xs, labels = split_sequences(input_sequences)
```

Danach müssen die Labels encodiert werden. Im Moment haben wir nur Tokens, wie zum Beispiel die Zahl 2 in der ersten Zeile von Abbildung 8.3. Soll ein Token als Label in einem Classifier verwendet werden, müssen Sie es auf ein Ausgabeneuron abbilden. Wenn Sie also n Wörter klassifizieren wollen und jedes Wort ein möglicher Ausgabewert (oder eine Kategorie) sein soll, brauchen Sie dementsprechend auch n Neuronen. Dabei ist es wichtig, die Größe des Vokabulars unter Kontrolle zu behalten, denn je mehr Wörter Sie haben, desto mehr Kategorien werden benötigt. In den Kapiteln 2 und 3 gab es bei der Klassifizierung des Fashion-MNIST-Datensatzes zehn verschiedene Arten von Kleidungsstücken. Demnach musste die Ausgabeschicht aus zehn Neuronen bestehen, je eins für jede Art von Kleidung. Wenn wir jetzt aber 10.000 verschiedene Wörter aus unserem Vokabular unterscheiden wollen, brauchen wir auch eine Ausgabeschicht mit 10.000 Neuronen!

Außerdem müssen Sie Ihre Labels nach dem »One-Hot-Prinzip«[1] encodieren, damit sie zu den gewünschten Ausgaben eines neuronalen Netzwerks passen. Sehen Sie sich hierzu noch einmal Abbildung 8.3 an. Wird einem neuronalen Netzwerk die Eingabe x übergeben, die aus einer Reihe von Nullen gefolgt von einer 1 besteht, sollte die Vorhersage 2 lauten. Hier-

1 Siehe *https://de.wikipedia.org/wiki/1-aus-n-Code*.

für besitzt das Netzwerk `vocabulary_size` Neuronen, wobei das zweite Neuron die höchste Wahrscheinlichkeit enthält.

Mit folgendem Code können Sie Ihre Labels in eine Reihe von *y*-Werten encodieren, die für das Training geeignet sind:

```
def one_hot_encode_with_checks(value, corpus_size):
    # Überprüfen, ob sich der Wert im gültigen Bereich befindet
    if not 0 <= value < corpus_size:
        raise ValueError(f"Value {value}
                                 is out of range for corpus size
                                 {corpus_size}")
    # One-Hot-encodierte Liste erzeugen und zurückgeben
    encoded = [0] * corpus_size
    encoded[value] = 1
    return encoded
```

Es existiert bereits eine große Zahl an Bibliotheken und Hilfsfunktionen für diese Aufgaben. Sie müssen also nicht unbedingt den einfachen Code aus diesem Kapitel verwenden. Mir war es einfach wichtig, zu zeigen, wie das Ganze hinter den Kulissen funktioniert.

Eine Visualisierung dieses Vorgangs finden Sie in Abbildung 8.4.

```
   Satz: [1, 2, 3, 4, 5, 6, 7, 8]
     Xs: [0, 1, 2, 3, 4, 5, 6, 7]
 Labels: [8]
     Ys: [0, 0, 0, 0, 0, 0, 0, 1, 0, 0, 0, 0
          0, 0, 0, 0, 0, 0, 0, 0, 0, 0, 0, 0
          0, 0, 0, 0, 0, 0, 0, 1, 0, 0, 0, 0
         ....]
```

Abbildung 8.4: One-Hot-Encodierung der Labels

Dies ist eine sehr schlichte Umsetzung, die bei einer großen Menge an Trainingsdaten und möglichen Wörtern in kurzer Zeit sehr viel Arbeitsspeicher verbraucht! Angenommen, Sie hätten 100.000 Sätze für das Training aus einem Vokabular von 10.000 Wörtern, dann bräuchten Sie allein 1.000.000.000 Bytes, um die Labels vorzuhalten! Andererseits müssen wir unser Netzwerk nun einmal so entwerfen, wenn es Wörter zuordnen und vorhersagen soll.

Das Modell erstellen

Jetzt wollen wir ein einfaches Modell erstellen, das an diesen Eingabedaten trainiert werden kann. Es besteht aus nur einer Embedding-Schicht, gefolgt von einem LSTM, gefolgt von einer vollständig verbundenen Schicht.

Für das Embedding benötigen wir einen Vektor pro Wort. Die Parameter entsprechen also der Gesamtzahl der Wörter und der Zahl der für das Embedding verwendeten Dimensionen. In diesem Fall haben wir nur wenige Wörter, daher sollten acht Dimensionen ausreichen.

Sie können das LSTM bidirektional definieren. Dabei kann die Zahl der Schritte der Länge einer Sequenz entsprechen, also dem Wert von max_sequence_len minus 1 (da wir ein Token am Ende entfernt haben, um unser Label zu erhalten).

Die Ausgabeschicht wird ebenfalls eine vollständig verbundene Schicht mit der Gesamtzahl der Wörter als Parameter, die mit der Softmax-Funktion aktiviert werden. Jedes Neuron dieser Schicht beschreibt die Wahrscheinlichkeit, dass das folgende Wort auf das Wort für den aktuellen Indexwert passt:

```
class LSTMPredictor(nn.Module):
    def __init__(self, total_words, embedding_dim=8,
                                    hidden_dim=None):
        super(LSTMPredictor, self).__init__()

        # Falls hidden_dim nicht angegeben wurde,
        # max_sequence_len-1 verwenden, wie in der TF-Version
        if hidden_dim is None:
            hidden_dim = max_sequence_len-1

        # Embedding-Schicht
        self.embedding = nn.Embedding(total_words, embedding_dim)

        # Birektionales LSTM
        self.lstm = nn.LSTM(
            input_size=embedding_dim,
            hidden_size=hidden_dim,
            bidirectional=True,
            batch_first=True
        )

        # Abschließende vollständig verbundene Schicht (unter
        # Berücksichtigung des bidirektionalen LSTM)
        self.fc = nn.Linear(hidden_dim * 2, total_words)

        # Softmax-Aktivierung
        self.softmax = nn.Softmax(dim=1)

    def forward(self, x):
        # Embedding-Schicht
        x = self.embedding(x)

        # LSTM-Schicht
        lstm_out, _ = self.lstm(x)

        # Ausgabe aus dem vorherigen Zeitschritt übernehmen
        lstm_out = lstm_out[:, -1, :]

        # Vollständig verbundene Schicht
        out = self.fc(lstm_out)

        # Softmax-Aktivierung
        out = self.softmax(out)

        return out
```

Danach kompilieren Sie das Modell mit einer kategorischen Verlustfunktion, wie der kategorischen Kreuzentropie, und einem Optimizer wie Adam. Außerdem können Sie angeben, ob Sie Metriken protokollieren wollen:

```
# Trainingsaufbau
total_words = len(word_index)
model = LSTMPredictor(total_words)
criterion = nn.CrossEntropyLoss()
optimizer = torch.optim.Adam(model.parameters())
```

Wie gesagt, dies ist ein sehr einfaches Modell, das nur eine geringe Datenmenge verarbeitet, was das Training kurz hält. Hier sehen Sie die Trainingsergebnisse nach etwa 15.000 Epochen, die ungefähr zehn Minuten gedauert haben. In der realen Welt trainieren Sie wahrscheinlich mit deutlich mehr Daten, was entsprechend länger dauert. Um eine höhere Genauigkeit und eventuell eine geringere Trainingszeit zu erreichen, können die Techniken aus Kapitel 7 helfen.

Auch wenn das Modell schon eine sehr hohe Genauigkeit erreicht hat, gibt es noch »Luft nach oben« (siehe Abbildung 8.5).

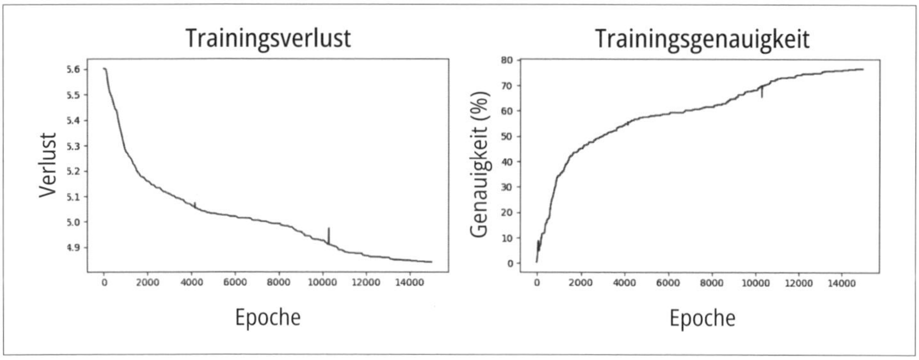

Abbildung 8.5: Verlust- und Genauigkeitskurven für das Training

Wenn das Modell eine Genauigkeit von 80 % erreicht hat, können wir sicher sein, dass für einen bereits gesehenen Textstring das folgende Wort in 80 von 100 Fällen korrekt vorhergesagt wird.

Dabei müssen Sie bedenken, dass das Modell bei der Erzeugung von Text immer wieder Wörter sieht, die es noch nicht kennt. Sie werden feststellen, dass das Modell trotz dieser anfänglich recht guten Werte schnell dazu neigen wird, unsinnige Texte zu erzeugen.

Text erzeugen

Nachdem Sie ein Netzwerk darauf trainiert haben, das nächste Wort einer Folge vorherzusagen, ist der nächste Schritt ein Praxistest. Sehen wir uns an, wie das geht.

Das nächste Wort vorhersagen

Sie beginnen mit der Erstellung einer Phrase, die als *Seed Text* bezeichnet wird. Dies ist der anfängliche Ausdruck, auf dessen Basis das Netzwerk sämtliche erzeugten Inhalte aufbaut, indem es jeweils das nächste Wort vorhersagt.

Starten Sie mit einer Phrase, die das Modell »schon gesehen« hat, wie »In the town of Athy«:

```
input_text = "In the town of Athy"
```

Im nächsten Schritt wird dieser Eingabetext (`input_text`) tokenisiert, wobei die Tokens die gleiche Länge haben wie diejenigen, die für das Training verwendet wurden:

```
# Text in Kleinbuchstaben umwandeln und in Wörter auftrennen
words = input_text.lower().strip().split()

# Wörter mithilfe das Wort-Dictionarys in Zahlen
# konvertieren. Unbekannte Wörter als 0 encodieren.
number_sequence = [word_dict.get(word, 0) for word in words]

# Padding: Sequenz auffüllen
padded_sequence = [0] * (sequence_length - len(number_sequence))
                  + number_sequence
```

Anschließend wird die per Padding aufgefüllte Sequenz in einen Tensor umgewandelt, damit sie das gleiche Format hat wie die Trainingsdaten:

```
input_tensor = torch.LongTensor([padded_sequence])
```

Daraufhin können Sie das nächste Wort für dieses Token vorhersagen, indem Sie diesen Eingabe-Tensor an das Modell übergeben, um die entsprechende Ausgabe zu erhalten. Dies ist wiederum ein Tensor, der die Wahrscheinlichkeiten für jedes der Wörter im Dictionary enthält, dass es sich hierbei um das nächste Token handelt.

```
# Wahrscheinlichkeiten erhalten
with torch.no_grad():  # Gradienten für die Vorhersage nicht nötig
    output = model(input_tensor)
```

Das gibt die Wahrscheinlichkeiten für jedes Wort im Korpus zurück. Um das Wort mit der höchsten Wahrscheinlichkeit zu finden, übergeben Sie die Ergebnisse an `torch.argmax`:

```
# Vorhergesagten Wortindex erhalten (höchste Wahrscheinlichkeit)
predicted_idx = torch.argmax(output[0]).item()
```

In unserem Beispiel sollte das Ergebnis 6 lauten. Ein Blick auf den Wortindex zeigt, dass es sich hier um das Wort »one« handelt:

```
{'UNK': 0, 'in': 1, 'the': 2, 'town': 3, 'of': 4, 'Athy': 5,
 'one':6, 'Jeremy': 7, 'Lanigan': 8,
```

Dieses Nachschlagen können Sie auch per Code erledigen, indem Sie den Wortindex durchsuchen, bis Sie das vorhergesagte Wort finden und per `print` ausgeben. Hierfür können Sie eine umgekehrte Version von `word_dict` anlegen, bei der ein Wert jeweils auf das entsprechende Wort verweist, wie hier:

```
# Umgekehrtes Dictionary anlegen, um eine Zahl in ein Wort
# zurückzuverwandeln
reverse_dict = {v: k for k, v in word_dict.items()}

# Vorhergesagten Index in ein Wort umwandeln
predicted_word = reverse_dict[predicted_idx]
```

Wenn wir mit dem Text »In the town of Athy« beginnen, sagt das Netzwerk voraus, dass das nächste Wort »one« lautet. Ein Blick auf die Trainingsdaten zeigt, dass dies korrekt ist, denn das Lied beginnt mit diesen Zeilen:

In the town of Athy one Jeremy Lanigan

Battered away til he hadn't a pound

Die Vorhersagen mit den besten Ergebnissen sehen so aus:

```
Top 5 predictions:
one: 0.9999
youll: 0.0000
didnt: 0.0000
creature: 0.0000
nelly: 0.0000
```

Nachdem Sie bestätigt haben, dass das Modell funktioniert, können Sie Ihrer Kreativität freien Lauf lassen und einen anderen Seed Text als Startpunkt nutzen. Für »sweet Jeremy saw Dublin« wurde als nächstes Wort beispielsweise »his« vorhergesagt.

```
Top 5 predictions:
his: 0.7782
go: 0.1393
bellows,: 0.0605
accident: 0.0090
til: 0.0048
```

Ich habe diesen Text gewählt, weil alle Wörter im Korpus enthalten sind. In solchen Fällen sollten Sie für die vorhergesagten Wörter von genaueren Ergebnissen ausgehen – zumindest für den Anfang.

Vorhersagen kombinieren, um Text zu erzeugen

Im vorherigen Abschnitt haben wir gezeigt, wie Sie das Modell mithilfe eines Seed Text für die Vorhersage des folgenden Worts nutzen können. Damit das Netzwerk neuen Text erzeugen kann, müssen Sie einfach ein neues Wort hinzufügen und die Vorhersage wiederholen.

In dem Beispiel weiter oben wurde für die Phrase »sweet Jeremy saw Dublin« als nächstes Wort »his« vorhergesagt. Das können Sie erweitern, indem Sie »his« an den Seed Text anhängen, um eine neue Vorhersage zu erhalten (»sweet Jeremy saw Dublin his«). Wenn Sie diesen Prozess wiederholen, erhalten Sie einen KI-generierten Textstring.

Hier der aktualisierte Code aus dem vorherigen Abschnitt, der diese Schleife mehrere Male ausführt. Die Zahl der Wiederholungen wird durch den Parameter num_words gesteuert.

```
def generate_sequence(model, initial_text, word_dict,
                      sequence_length, num_words=10):
    # Modell in Auswertungsmodus versetzen
    model.eval()
```

```
# Mit Ausgangstext beginnen
current_text = initial_text
generated_sequence = initial_text

# Umgekehrtes Dictionary anlegen, um eine Zahl in ein Wort
# zurückzuverwandeln
reverse_dict = {v: k for k, v in word_dict.items()}

print(f"Initial text: {initial_text}")

for i in range(num_words):
    # Aktuellen Text in Kleinbuchstaben umwandeln und
    # in Wörter auftrennen
    words = current_text.lower().strip().split()

    # Nur die letzten 'sequence_length' Wörter verwenden,
    # falls die Anzahl überschritten wird
    if len(words) > sequence_length:
        words = words[-sequence_length:]

    # Wörter mithilfe des Dictionarys in Zahlen umwandeln,
    # unbekannte Wörter als 0 codieren
    number_sequence = [word_dict.get(word, 0) for word in words]

    # Sequenz auffüllen (Padding)
    padded_sequence = [0] * (sequence_length
                                    - len(number_sequence))
                                    + number_sequence

    # In einen PyTorch-Tensor umwandeln und
    # Batch-Dimension hinzufügen
    input_tensor = torch.LongTensor([padded_sequence])

    # Vorhersage abrufen
    with torch.no_grad():
        output = model(input_tensor)

    # Vorhergesagten Wortindex abrufen (höhere
    # Wahrscheinlichkeit)
    predicted_idx = torch.argmax(output[0]).item()

    # Vorhergesagten Index in Wort umwandeln
    predicted_word = reverse_dict[predicted_idx]

    # Vorhergesagtes Wort an Sequenz anhängen
    generated_sequence += " " + predicted_word

    # Text für nächste Vorhersage aktualisieren
    current_text = generated_sequence

    # Fortschritt ausgeben
    print(f"Generated word {i+1}: {predicted_word}")

    # Optional die fünf besten Vorhersagen für
    # jeden Schritt ausgeben
    _, top_indices = torch.topk(output[0], 5)
    print(f"\nTop 5 predictions for step {i+1}:")
    for idx in top_indices:
        word = reverse_dict[idx.item()]
```

```
                probability = output[0][idx].item()
                print(f"{word}: {probability:.4f}")
            print("\n" + "-"*50 + "\n")

        return generated_sequence

    # Verwendungsbeispiel:
    initial_text = "sweet Jeremy saw Dublin"
    generated_text = generate_sequence(
        model=model,
        initial_text=initial_text,
        word_dict=word_index,
        sequence_length=max_sequence_len,
        num_words=10
    )

    print("\nFinal generated sequence:")
    print(generated_text)
```

Das Ergebnis ist ein String wie dieser:

```
sweet jeremy saw dublin his right leg acres of the nolans, dolans,
daughter, of
```

Schnell wird nur noch Buchstabensuppe ausgegeben. Aber warum? Einerseits ist der für das Training verwendete Textkorpus sehr klein. Es steht also nur wenig Kontext zur Verfügung. Andererseits hängt die Vorhersage des folgenden Worts von den vorherigen Wörtern der Sequenz ab. Wurden für die vorhergehenden Wörter nur schlechte Treffer erzielt, ist es entsprechend unwahrscheinlich, dass der »nächste« Treffer wirklich passt. Je mehr Wörter Sie auf diese Weise zur Sequenz hinzufügen, desto geringer wird die Wahrscheinlichkeit, das »richtige« Wort zu finden, und der Satz wird folglich immer unverständlicher.

Zwar sind alle Wörter der Phrase »sweet Jeremy saw Dublin« im Korpus enthalten, aber nicht in dieser Reihenfolge. Für die erste Vorhersage hat das Modell das Wort »his« gewählt, weil es mit der größten Wahrscheinlichkeit (78 %) als das »nächste« Wort erkannt wurde.

```
Initial text: sweet Jeremy saw Dublin
Generated word 1: his

Top 5 predictions for step 1:
his: 0.7782
go: 0.1393
bellows,: 0.0605
accident: 0.0090
til: 0.0048
```

Danach lautet der Seed Test entsprechend »sweet Jeremy saw Dublin his« – eine weitere Phrase, die nicht in den Trainingsdaten enthalten war. Das am wahrscheinlichsten nächste Wort lautet »right«. Allerdings lag die Wahrscheinlichkeit hier nur noch bei 48 %:

```
Generated word 2: right

Top 5 predictions for step 2:
right: 0.7678
pipes,: 0.1376
```

```
creature: 0.0458
didnt: 0.0136
youll: 0.0113
```

Es kann immer wieder Momente geben, in denen ein bestimmtes Token mit hoher Wahrscheinlichkeit auf ein anderes folgt (zum Beispiel, dass »leg« auf »right« folgt). Je mehr Wörter Sie der Sequenz hinzufügen, desto stärker sinken trotzdem die Chancen auf einen korrekten Treffer. Die Vorhersagegenauigkeit nimmt immer weiter ab, was den Text immer »zufälliger« wirken lässt.

Dies ist der Grund, warum viele KI-generierte Texte mit der Zeit immer unsinniger wirken.

Ein Beispiel hierfür ist die ausgezeichnete Science-Fiction-Kurzgeschichte *Sunspring* (*https://oreil.ly/hTBtJ*). Sie wurde komplett von einem LSTM-Netzwerk (ähnlich dem, das wir hier erstellen) geschrieben, das mit Science-Fiction-Filmdrehbüchern trainiert wurde. Das Modell erhielt die Aufgabe, anhand eines Seeds ein neues Drehbuch zu schreiben. Die Ergebnisse waren urkomisch. Zu Anfang ergibt der Text noch Sinn. Je weiter er aber fortschreitet, desto konfuser wird er.

Dies ist übrigens auch der Grund für *Halluzinationen* in LLMs, ein häufiges Phänomen, das dafür sorgt, dass ihnen so wenig vertraut wird.

Den Datensatz erweitern

Sie können dieses Vorgehen erweitern, indem Sie anstelle eines hartcodierten Datensatzes eine Textdatei verwenden. Eine solche Datei, bestehend aus etwa 1.700 Zeilen Text aus verschiedenen Volksliedern, habe ich für Ihre Experimente im Netz bereitgestellt. Mit wenigen Anpassungen können Sie diese anstelle des hartcodierten Songs verwenden.

Mit folgendem Code können Sie die Datei in Colab herunterladen:

```
!wget --no-check-certificate \
    "https://storage.googleapis.com/learning-datasets/"\
    "irish-lyrics-eof.txt" -O /tmp/irish-lyrics-eof.txt
```

Danach fügen Sie den Text einfach in Ihren Korpus ein:

```
data = open('/tmp/irish-lyrics-eof.txt').read()
corpus = data.lower().split("\n")
```

Damit der übrige Code funktioniert, sind anschließend nur noch wenige Anpassungen nötig.

Auf einer T4-Colab-Instanz dauerte das Training für 50.000 Epochen etwa 30 Minuten. Danach lag die Genauigkeit bei etwa 30 %, wobei sich die Kurve verflachte (siehe Abbildung 8.6).

> Wenn Sie Google Colab einsetzen, können Sie verschiedene Backend-Beschleuniger (*Accelerators*) wählen, die das Training deutlich verkürzen können. In diesem Fall habe ich, wie gesagt, eine T4-Instanz verwendet. Hierfür wählen Sie im *Connect*-Menü von Colab die Menüoption *Change Runtime Type*. Anschließend werden die verfügbaren Beschleuniger angezeigt.

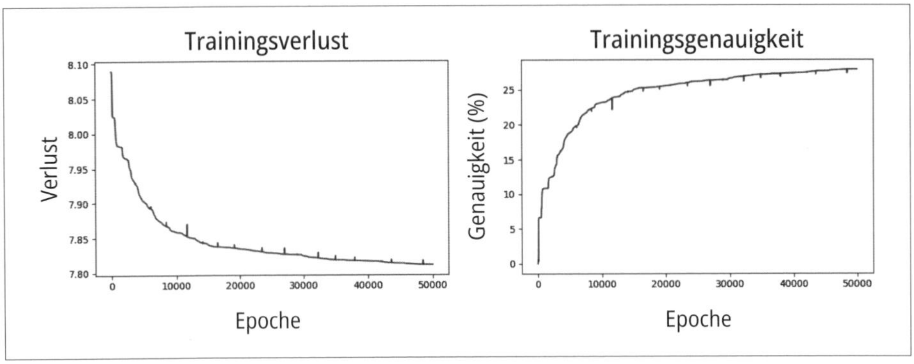

Abbildung 8.6: Training mit einem größeren Datensatz

Ein Versuch mit der Phrase »in the town of Athy« ergab erneut »one« als Vorhersage. Diesmal lag die Wahrscheinlichkeit allerdings bei 83 %:

```
Initial text: in the town of Athy
Using device: cuda
Generated word 1: one

Top 5 predictions for step 1:
one: 0.8318
is: 0.1648
she: 0.0016
thee: 0.0013
that: 0.0003

--------------------------------------------------

Generated word 2: my

Top 5 predictions for step 2:
my: 0.9377
of: 0.0622
is: 0.0001
that: 0.0000
one: 0.0000
```

Wenn wir das für ein paar weitere Tokens ausführen, erhalten wir eine Ausgabe wie die unten gezeigte. Das Modell erzeugt tatsächlich Liedtexte, die allerdings schnell ins Unsinnige abgleiten.

```
in the town of athy one my heart
was they were the a reflections
on me all the frivolity;
of me and me and me and the
there was my heart was
on the a over the frivolity;
```

Für die Zeile »sweet Jeremy saw Dublin« lautete die Vorhersage mit einer Wahrscheinlichkeit von 80 % nun »she«. Die Vorhersage der folgenden Wörter ergab diese Ausgabe:

```
sweet jeremy saw dublin she of his on the frivolity; of a heart is
the ground
```

Das sieht schon etwas besser aus. Aber vielleicht können wir das Modell noch weiter optimieren.

Die Modellarchitektur verbessern

Eine Möglichkeit, das Modell zu verbessern, ist die Anpassung seiner Architektur. Hierfür kommen mehrere gestapelte (*stacked*) LSTMs und weitere Optimierungstechniken zum Einsatz. Für einen Datensatz wie diesen gibt es keine Klassifizierung in »richtig« oder »falsch« und keine Zielwertregression (kein »korrektes« nächstes Wort). Daher ist es schwer, die Genauigkeit objektiv zu messen, um festzustellen, ob ein Modell nun gut oder schlecht funktioniert, und so fällt die Genauigkeit der Ergebnisse in diesem Fall entsprechend subjektiv aus.

Trotzdem können die Genauigkeitswerte als Richtschnur dienen. Daher werde ich in diesem Abschnitt ein paar Erweiterungen der Architektur vorstellen, mit der Sie die gemessene Genauigkeit verbessern.

Embedding-Dimensionen

In Kapitel 6 haben wir gesagt, dass die optimale Zahl der Embedding-Dimensionen der vierten Wurzel aus der Anzahl der Wörter entspricht. In unserem Fall besteht das Vokabular aus 3.259 Wörtern, die vierte Wurzel daraus ist ungefähr 8. Eine weitere »Wegmarke« ist der Logarithmus aus der Zahl der enthaltenen Wörter. So ist `log(3259)` ungefähr 32. Lernt das Netzwerk nur langsam, sollte die Zahl der Embedding-Dimensionen also zwischen diesen beiden Werten liegen. Das gibt Ihnen genug »Raum«, um die Beziehungen zwischen den Wörtern zu finden.

Die LSTMs initialisieren

Oft werden die Parameter eines neuronalen Netzwerks mit Nullwerten initialisiert. Sie können den Lernprozess verbessern, indem Sie die verschiedenen Schichten mit Werten initialisieren, die wissenschaftlich belegt gut funktionieren. In den folgenden Unterabschnitten werden wir daher kurz auf die verschiedenen Arten von Schichten eingehen.

Embedding-Schichten

Embedding-Schichten können auf Basis einer Normalverteilung initialisiert werden, bei der die Standardabweichung mit `1/sqrt(embedding_dim)` skaliert wird, um einen besseren Gradientenfluss zu erreichen. Dieses Vorgehen hat Ähnlichkeit mit einer Initialisierung per `word2vec`.

LSTM-Schichten

LSTMs bestehen aus vier internen Neuronentypen: *Input*, *Forget*, *Cell* und *Output*. Ihre Gewichtungsmatrix besteht aus Kombinationen dieser Typen. Die können davon profitieren, dass man sie unterschiedlich initialisiert. Mit diesem Thema befassen sich zwei großartige Forschungspapiere: »An Empirical Exploration of Recurrent Network Architectures« von Rafal Jozefowicz et al. (*https://oreil.ly/UuvQO*) und »On the Difficulty of Training Recurrent Neural Networks« (*https://oreil.ly/Ttvll*) von Razvan Pascanu et al. Auch wenn die

Einzelheiten zu LSTMs den Rahmen dieses Kapitels sprengen würden, lohnt sich ein Blick auf den dort verwendeten Code, um eine mögliche Vorgehensweise für die Initialisierung dieser Neuronen kennenzulernen.

Finale lineare Schicht

In ihrem Forschungspapier aus dem Jahr 2015 mit dem Titel »Delving Deep into Rectifiers« untersuchten Kaiming He et al. () die Initialisierung linearer Schichten und schlugen vor, die »Kaiming«-Initialisierung (auch: »He«-Initialisierung) zu nutzen. Eine detaillierte Erklärung würde den Rahmen dieses Buchs sprengen. Den Code finden Sie aber in den Notebooks im GitHub-Repository (*https://github.com/lmoroney/PyTorch-Book-Files*).

Variable Lernrate

In allen bisherigen Beispielen haben wir verschiedene Lernraten und ihre Auswirkungen auf das Netzwerk untersucht. Tatsächlich ist es sogar möglich, die Lernrate *während* des Lernprozesses zu variieren. Werte, die in frühen Epochen gut funktionieren, sind später eventuell schlechter geeignet. Es kann also helfen, einen Scheduler zu verwenden, der die Lernrate Epoche für Epoche anpasst, damit das Netzwerk noch effektiver lernen kann.

Einen solchen Scheduler stellt PyTorch per `torch.optim.lr_scheduler` zur Verfügung. Seine Einrichtung sieht aus wie folgt:

```
scheduler = torch.optim.lr_scheduler.OneCycleLR(
    optimizer,
    max_lr=0.01,                # Höchste Lernrate
    epochs=20000,               # Gesamtzahl der Epochen
    steps_per_epoch=1,          # Schritte pro Epoche
    pct_start=0.1,              # Aufwärmphase in Prozent der
                                # Lerndauer,
                                # in der sich die LR steigert
    div_factor=10.0,            # Anfangslernrate = max_lr/10
    final_div_factor=1000.0     # Finale Lernrate = initial_lr/1000
)
```

In Kapitel 7 haben wir uns mit dem Konzept einer *Lernrate* (LR) befasst. Ist dieser Hyperparameter hoch, lernt das Netzwerk zu stark, ist er zu klein, verhindert er, dass das Netzwerk effektiv lernt. Die gute Nachricht ist, dass die Lernrate keinen festen Wert haben muss, sondern variieren kann, was wir hier nutzen. In den anfänglichen Epochen soll das Netzwerk schnell lernen, also nehmen wir hier einen hohen LR-Wert. In späteren Epochen wollen wir eine Überanpassung vermeiden. Daher verringern wir die Lernrate nach und nach.

Der Parameter `pct_start` definiert die ersten 10 % des Trainings als »Aufwärmphase«, in der sich die LR nach und nach bis zum Maximum steigert (hier 0,01). Danach sinkt die Lernrate auf 1/1000 des Ausgangswerts (festgelegt durch `final_div_factor`).

Die Auswirkungen auf das Training lassen sich in Abbildung 8.7 beobachten. Mit diesen Anpassungen erreichte das Modell eine Genauigkeit von ungefähr 90 % im Verlauf von 6.800 Epochen, bevor ein Early Stopping ausgelöst wurde.

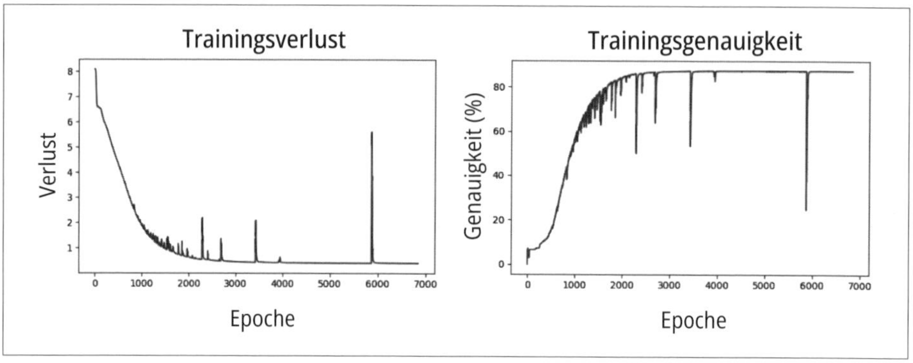

Abbildung 8.7: Verlust und Genauigkeit bei variabler Lernrate

Beim Test mit den gleichen Zeilen wie vorher erhielt ich für »in the town of Athy« die Vorhersage »little« mit einer Wahrscheinlichkeit von 26%. Für »sweet Jeremy saw Dublin« lautete das wahrscheinlichste nächste Wort »one« (32%). Auch diesmal wurden die Ausgaben mit höherer Wortzahl immer unsinniger.

Hier ein paar Beispiele:

```
sweet jeremy saw dublin one evening two white
ever we once to raise you,
tis young i was told my heart as found has

you know nothing jon snow you should laugh all the while
at me curious style,
twould set your heart a bubblin will lámh. you that

in the town of athy one jeremy lanigan do lámh.
pretty generation her soul,
fell on the stony ground red we were feeble was down
```

Das Wort `lámh` in diesem Text ist Gälisch und bedeutet »Hand«. Der Begriff `do lámh` bedeutet »*Deine Hand*«.

Keine Sorge, wenn Sie andere Ergebnisse erhalten. Sie haben nichts falsch gemacht. Die zufällige Initialisierung der Neuronen kann sich auf die Endergebnisse auswirken.

Die Daten verbessern

Es gibt einen kleinen Trick, um Ihren Datensatz zu vergrößern, ohne neue Lieder hinzufügen zu müssen. Hierfür verwenden Sie *Datenfenster*. Im Moment wird jede Liedzeile im Ganzen eingelesen und dann in Eingabesequenzen umgewandelt, wie in Abbildung 8.2 gezeigt. Während Menschen Liedzeilen nacheinander lesen, um Rhythmus und Reime zu erkennen, ist das Modell darauf nicht angewiesen. Das gilt besonders für die Verwendung von bidirektionalen LSTMs.

Anstatt also die gesamte Zeile »In the town of Athy, one Jeremy Lanigan« zu verarbeiten und dann mit der nächsten Zeile entsprechend weiterzumachen (»Battered away 'til he hadn't a pound«), könnten wir alle Zeilen als einen zusammenhängenden String betrachten. Anschließend könnten wir ein »Fenster« definieren, das aus *n* Wörtern des Strings besteht. Dieses Fenster könnten wir verarbeiten und dann um ein Wort nach hinten verschieben, um so die nächste Eingabesequenz zu erhalten (siehe Abbildung 8.8).

Auf diese Weise können deutlich mehr Trainingsdaten in Form einer höheren Zahl von Eingabesequenzen gewonnen werden. Wenn wir das »Fenster« nach und nach über den gesamten Korpus bewegen, erhalten wir ((*anzahl_der_wörter* – *fenstergröße*) × *fenstergröße*) Eingabesequenzen, mit denen wir trainieren können.

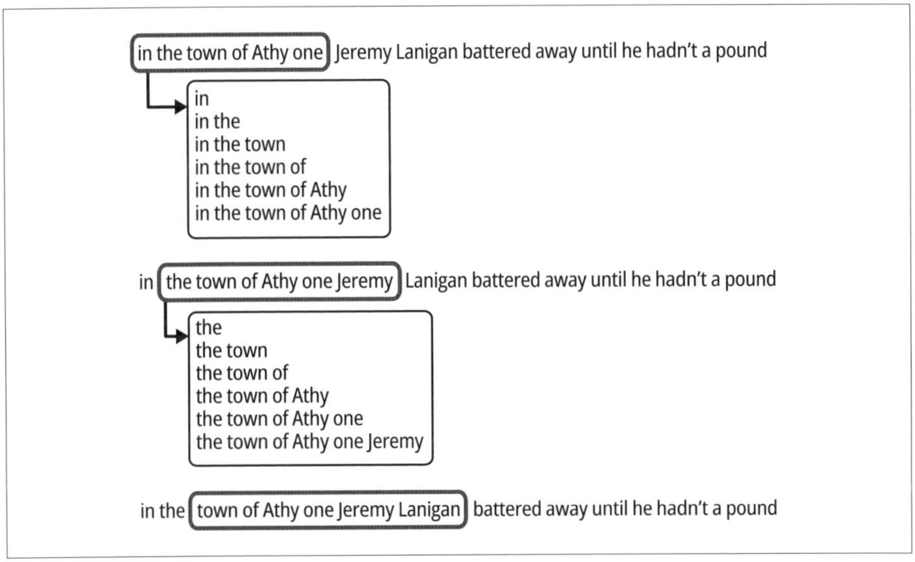

Abbildung 8.8: Ein verschiebbares Wortfenster

Der Code ist relativ einfach. Anstatt die Daten beim Laden zeilenweise aufzuteilen, können wir die Sequenzen im laufenden Betrieb aus den Wörtern im Korpus erzeugen:

```
window_size=10
sentences=[]
alltext=[]
data = open('/tmp/irish-lyrics-eof.txt').read()
corpus = data.lower()
words = corpus.split(" ")
range_size = len(words)-max_sequence_len
for i in range(0, range_size):
    thissentence=""
    for word in range(0, window_size-1):
        word = words[i+word]
        thissentence = thissentence + word
        thissentence = thissentence + " "
    sentences.append(thissentence)
```

Hier arbeiten wir nicht länger mit Sätzen, und die Sequenzen haben jeweils die Größe des beweglichen Textfensters, das durch max_sequence_len festgelegt wird. Die ganze Datei wird gelesen, in Kleinbuchstaben umgewandelt, in einzelne Wörter aufgetrennt und dann in einem Array abgelegt. Anschließend iteriert der Code über diese Wörter, und zwar jeweils vom aktuellen Index bis zum aktuellen Index plus der Fenstergröße. Dabei wird jede dieser neu erzeugten Wortfolgen im Array sentences abgelegt.

> Um ein solches Modell zu trainieren, brauchen Sie vermutlich eine GPU mit mehr Arbeitsspeicher. Ich habe hier die 40Gb-A100-GPU aus Colab genutzt.

Beim Training werden Sie merken, dass die zusätzlichen Daten das Training pro Epoche deutlich verlangsamen. Andererseits erhalten Sie auch deutlich bessere Ergebnisse, und der Sinn bleibt länger erhalten.

Hier ein Beispiel, das mir aufgefallen ist – besonders die letzte Zeile:

```
you know nothing jon snow
tell the loved ones and the friends
we would neer see again.
and the way of their guff again
and high tower might ask,
not see night unseen
```

Es gibt eine große Zahl Hyperparameter, die Sie anpassen können. Eine Änderung der Fenstergröße wirkt sich auf die Menge der Trainingsdaten aus: Ein kleineres Textfenster führt beispielsweise zu mehr Trainingsdaten. Gleichzeitig gibt es weniger Wörter, die einem Label zugewiesen werden können. Ein zu kleines Textfenster kann wiederum dazu führen, dass der Text schneller seinen Sinn verliert. Auch wenn Sie die Embedding-Dimensionen, die Anzahl der LSTMs oder die Größe des Trainingsvokabulars anpassen, kann dies die Ergebnisse beeinflussen. Da eine in Prozent angegebene Genauigkeit nicht unbedingt die beste Messgröße ist, wollen Sie vielleicht eher intuitiv und subjektiv untersuchen, wie viel »Sinn« ein erzeugter Text ergibt. Insgesamt gibt es jedoch keine allgemeingültige Regel, nach der Sie feststellen können, wie »gut« oder »schlecht« Ihr Modell wirklich ist. Dennoch werden die Menge der Trainingsdaten und die verfügbare Rechenleistung eigentlich *immer* einen begrenzenden Faktor darstellen – je größer das Modell, desto mehr Leistung werden Sie brauchen.

Am Ende kommt es vor allem darauf an, zu experimentieren und Spaß zu haben!

Zeichenbasierte Encodierung

In den vorherigen Kapiteln haben wir für die natürliche Sprachverarbeitung (NLP) wortbasierte Encodierungen verwendet. Sie sind besonders für den Einstieg gut geeignet. Wenn es um die Erzeugung von Texten geht, sollten Sie sich aber auch mit der *zeichenbasierten* Encodierung beschäftigen, weil die Zahl einmaliger *Zeichen* in einem Korpus deutlich geringer ist als die Zahl einmaliger *Wörter*. Bei diesem Ansatz werden in der Ausgabeschicht deutlich weniger Neuronen benötigt, und die Vorhersagen müssen entsprechend weniger Möglichkeiten berücksichtigen. Wenn Sie sich beispielsweise den Datensatz für das Gesamtwerk von Shakespeare (*https://oreil.ly/XW_ab*) ansehen, werden Sie feststellen, dass der gesamte Datensatz gerade einmal 65 einzigartige Zeichen enthält. Shakespeare verwendete letztlich auch nur Groß- und Kleinbuchstaben sowie einige Satzzeichen.

Wenn Sie mit diesem Datensatz Vorhersagen treffen, haben Sie es, statt der Wahrscheinlichkeiten für das nächste Wort aus 2.700 Wörtern wie im Datensatz mit den irischen Volksliedern, hier nur mit 65 Möglichkeiten zu tun. Dadurch wird Ihr Modell etwas einfacher.

Ein weiterer Vorteil der zeichenbasierten Encodierung ist außerdem, dass Satzzeichen enthalten sind, sodass auch Zeilenumbrüche vorhergesagt werden können. Als ich beispielsweise ein RNN mit dem Shakespeare-Korpus trainiert habe, um den Text vorherzusagen, der auf meine Lieblings-*Game-of-Thrones*-Zeile folgt, erhielt ich dieses Ergebnis:

YGRITTE:

You know nothing, Jon Snow.

Good night, we'll prove those body's servants to

The traitor be these mine:

So diswarl his body in hope in this resceins,

I cannot judg appeal't.

MENENIUS:

Why, 'tis pompetsion.

KING RICHARD II:

I think he make her thought on mine;

She will not: suffer up thy bonds:

How doched it, I pray the gott,

We'll no fame to this your love, and you were ends

Es ist schon ziemlich erstaunlich, dass Ygritte Jon Snow hier als Verräter (»traitor«) bezeichnet und ihn fesseln möchte (»diswarl his body«). Dennoch habe ich keine Ahnung, was »resceins« bedeuten soll. Wenn Sie die Fernsehserie kennen, wissen Sie, dass dies ein Teil des Plots ist. Shakespeare hat das offenbar vorhergesehen, ohne es zu merken.

Natürlich verzeihen wir Fehler eher, wenn wir Shakespeare-Texte als Trainingsdaten verwenden, weil die Sprache uns ohnehin nicht so geläufig ist.

Wie bei dem Modell für die irischen Volkslieder verschlechtern sich auch die Ausgaben aus dem Shakespeare-Datensatz sehr schnell ins Unsinnige. Trotzdem macht es Spaß, damit zu experimentieren. Um das selbst auszuprobieren, können Sie diese Colab-Instanz (*https://oreil.ly/cbz9c*) verwenden. Sie basiert allerdings nicht auf PyTorch, sondern auf TensorFlow. Im GitHub-Repository (*https://oreil.ly/kQ7aa*) finden Sie ein Beispiel, das ähnliche Ergebnisse auf Basis von PyTorch liefert.

Zusammenfassung

In diesem Kapitel haben wir erforscht, wie einfache Texte mit einem trainierten LSTM-basierten Modell erzeugt werden können. Sie haben gelernt, den Text in Trainings-Features und Labels aufzutrennen, indem Sie die Wörter als Labels verwendet haben. Außerdem haben wir Ihnen gezeigt, wie Sie ein Modell erstellen können, das anhand eines Seed Text das am wahrscheinlichsten nächste Wort vorhersagen konnte. Danach haben Sie Möglichkeiten, das Modell zu verbessern, kennengelernt, indem Sie einen Datensatz mit irischen Volksliedern untersucht haben. Dies war hoffentlich eine unterhaltsame Einführung in die Texterzeugung mithilfe von Machine Learning, die Ihnen hilft, die Grundprinzipien generativer KI besser zu verstehen. Dieser Ansatz wurde durch die Transformer-Architektur enorm verbessert, die die Grundlage für das Funktionieren von LLM-Modellen wie ChatGPT und Gemini bilden!

KAPITEL 9

Sequenz- und Zeitreihendaten verstehen

Zeitreihen sind allgegenwärtig. Sie kennen sie aus Wettervorhersagen, Aktienkursen und historischen Projektionen wie dem Mooreschen Gesetz. Dieses besagt, dass sich die Anzahl von Transistoren auf einem Mikrochip etwa alle zwei Jahre verdoppelt. Fast 50 Jahre lang war dies eine ziemlich genaue Vorhersage für Rechenleistung und -kosten (siehe Abbildung 9.1).

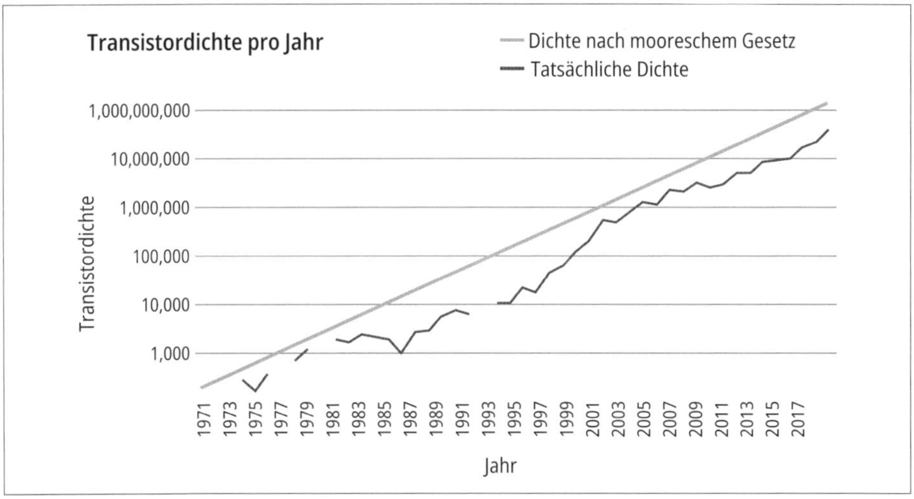

Abbildung 9.1: Mooresches Gesetz

Der Grund für die Lücken in der Abbildung sind fehlende Daten für den jeweiligen Zeitraum. Der allgemeine Trend ist aber trotzdem gut erkennbar.

Zeitreihendaten bestehen aus Werten, die über einen bestimmten Zeitraum verteilt sind, normalerweise in einer bestimmten Reihenfolge oder als Werte einer bestimmten Sache zu einem bestimmten Zeitpunkt. Bei der grafischen Darstellung einer Zeitreihe steht die x-Achse üblicherweise für den zeitlichen Verlauf. Oft werden dabei mehrere Werte auf der Zeitachse dargestellt, wie in Abbildung 9.1 zu sehen ist. Hier werden die Anzahl der Transistoren und die durch das Mooresche Gesetz vorhergesagten Werte gemeinsam dargestellt.

Das nennt man eine *multivariate* Zeitreihe. Gibt es dagegen nur einen Wert, etwa die Regenmenge zu einem bestimmten Zeitpunkt, spricht man von einer *univariaten* Zeitreihe.

Mithilfe des Mooreschen Gesetzes sind die Vorhersagen nicht schwierig, weil sie auf einer festen und einfachen Regel basieren, mit der wir grob die Zukunft vorhersagen können – einer Regel, die seit fast 50 Jahren gültig ist.

Wie geht man dagegen mit einer Zeitreihe um, wie sie in Abbildung 9.2 zu sehen ist?

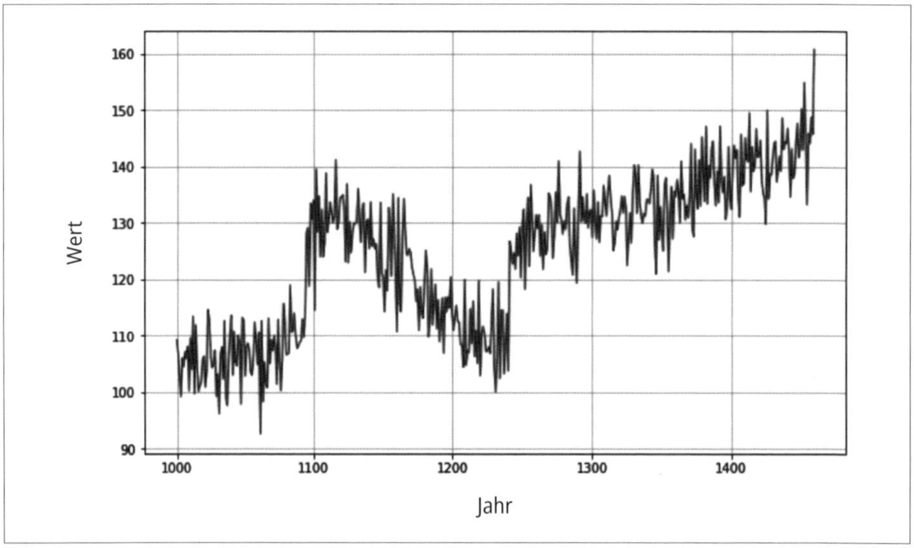

Abbildung 9.2: Eine Zeitreihe aus der realen Welt

Obwohl diese Zeitreihe künstlich erzeugt wurde (wie das geht, zeigen wir Ihnen etwas später in diesem Kapitel), besitzt sie alle Attribute einer komplexen Zeitreihe aus der realen Welt, wie beispielsweise eines Börsen-Charts oder einer Darstellung der jahreszeitlichen Unterschiede von Regenmengen. Trotz ihrer scheinbaren Zufälligkeit besitzen Zeitreihen einige Gemeinsamkeiten, die bei der Entwicklung von ML-Modellen zur Vorhersage dieser Zeitreihen hilfreich sind, wie im folgenden Abschnitt beschrieben.

Häufige Attribute von Zeitreihen

Obwohl Zeitreihen zufällig und »verrauscht« *erscheinen* können, haben sie oftmals gemeinsame vorhersagbare Attribute. In diesem Abschnitt wollen wir einige davon genauer untersuchen.

Trend

Zeitreihen bewegen sich typischerweise in eine bestimmte Richtung. Im Fall des Mooreschen Gesetzes ist leicht zu erkennen, dass die Werte auf der *y*-Achse im Laufe der Zeit ansteigen. Einen solchen Aufwärtstrend gibt es auch in der Zeitreihe in Abbildung 9.2. Das ist natürlich nicht immer der Fall. Manche Zeitreihen bleiben trotz saisonaler Änderungen im Laufe der Zeit ungefähr auf gleichem Niveau, während andere eher einem Abwärtstrend folgen. Das ist beispielsweise bei der umgekehrten Version des Mooreschen Gesetzes der Fall, das den Preis pro Transistor vorhersagt.

Saisonalität

Viele Zeitreihen enthalten Muster, die sich im Verlauf der Zeit wiederholen. Wiederholungen, die regelmäßig wiederkehren, werden als *saisonale Abschnitte* (engl. *Seasons*) bezeichnet, zum Beispiel Temperaturverläufe bei Wetteraufzeichnungen. Typischerweise gibt es pro Jahr vier Jahreszeiten (engl. ebenfalls *Seasons*), wobei die Temperaturen im Sommer am höchsten sind. Wenn Sie die Temperaturen über mehrere Jahre hinweg aufzeichnen, sehen Sie, dass jeweils nach vier Jahreszeiten/saisonalen Abschnitten ein Höchstwert auftritt. Dies ist der Ursprung der Saisonalität von Zeitreihen. Dabei ist dieses Phänomen nicht auf das Wetter beschränkt. Abbildung 9.3 zeigt beispielsweise den Traffic einer Website über einen bestimmten Zeitraum.

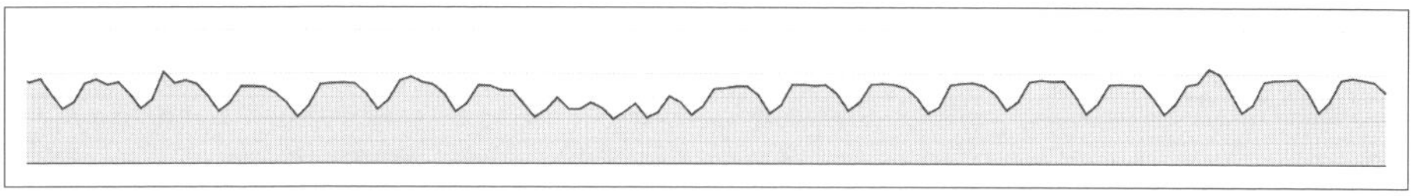

Abbildung 9.3: Website-Traffic

Wenn man die *x*-Achse in Wochen unterteilt, lassen sich regelmäßige »Dellen« in der Kurve erkennen. Was könnte das sein? Diese Website stellt Informationen für Softwareentwickler zur Verfügung. Wie erwartet, wird sie an Wochenenden nicht so häufig frequentiert und hat dann weniger Besucherinnen und Besucher. Diese Zeitreihe hat demnach eine Saisonalität von fünf Tagen mit hohen Werten, gefolgt von zwei Tagen mit niedrigen Werten. Die Daten erstrecken sich über mehrere Monate, wobei Weihnachten und Neujahr ungefähr in der Mitte liegen und eine weitere Saisonalität offenbaren. Hätte ich die Daten über mehrere Jahre dargestellt, wäre der zusätzliche Einschnitt zum Jahresende noch deutlicher sichtbar.

Die Saisonalität von Zeitreihen kann sehr unterschiedlich ausfallen. Der Traffic einer Einzelhandelsplattform könnte beispielsweise an Wochenenden die höchsten Werte erreichen.

Autokorrelation

Ein weiteres Merkmal, das sich in Zeitreihen beobachten lässt, ist das vorhersagbare Verhalten nach einem bestimmten Ereignis. In Abbildung 9.4 sehen Sie klare Ausschläge. Aber auf jeden Ausschlag folgt ein deterministischer Abfall der Kurve. Dieses Verhalten nennt man *Autokorrelation*.

Hier sehen wir, wie sich bestimmte Verhaltensmuster wiederholen. Auch wenn Autokorrelationen in einem Zeitreihenmuster verborgen sein können, erhöhen sie die Vorhersagbarkeit. Eine Zeitreihe mit vielen Autokorrelationen ist also möglicherweise vorhersagbar.

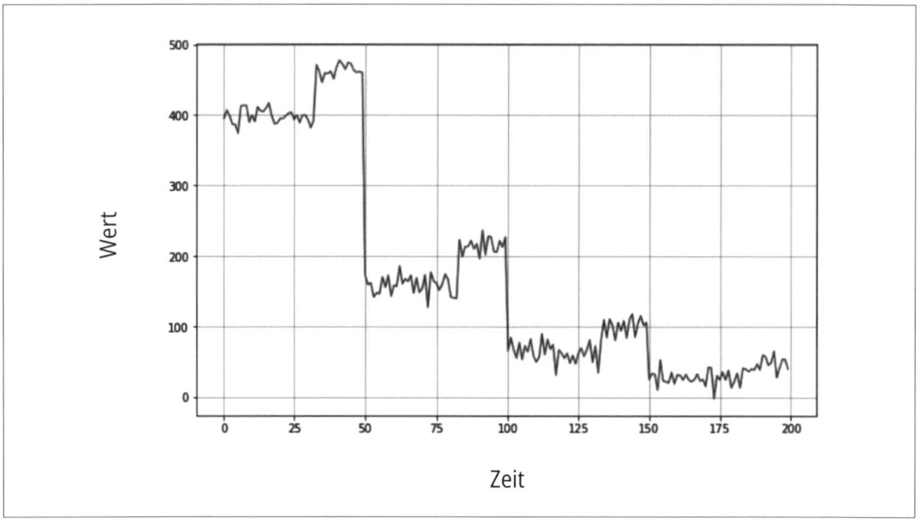

Abbildung 9.4: Autokorrelation

Rauschen

Wie der Name schon sagt, ist *Rauschen* (*Noise*) eine scheinbar zufällige Störung einer Zeitreihe. Diese Störungen erschweren die Vorhersagbarkeit deutlich und können Trends, saisonales Verhalten und Autokorrelation verdecken. Abbildung 9.5 zeigt die gleiche Zeitreihe wie Abbildung 9.4, allerdings wurde ihr hier etwas Rauschen hinzugefügt. Plötzlich ist es viel schwerer, die Autokorrelation zu erkennen und Werte vorherzusagen.

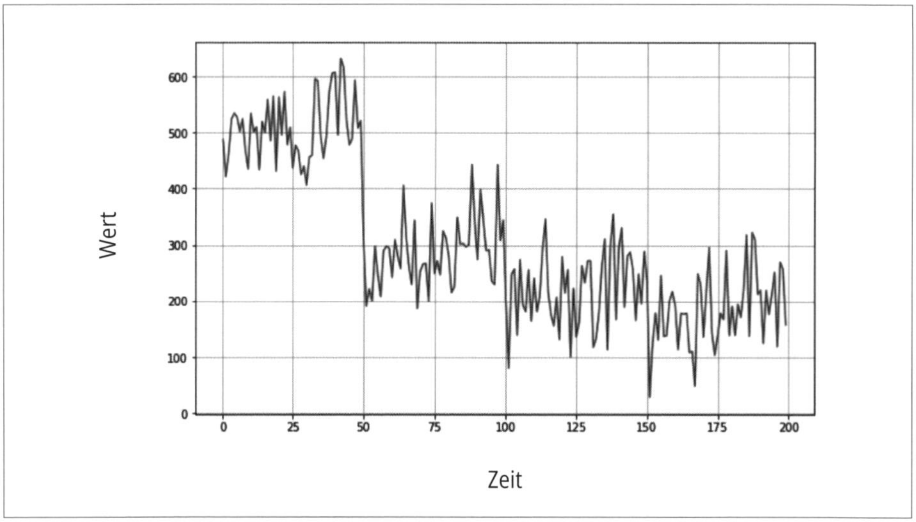

Abbildung 9.5: Autokorrelierte Zeitreihe mit hinzugefügtem Rauschen

Im nächsten Abschnitt wollen wir sehen, wie Sie Zeitreihen anhand der hier vorgestellten Attribute vorhersagen können.

Techniken für die Vorhersage von Zeitreihen

Bevor wir uns mit der ML-basierten Vorhersage beschäftigen – dem Thema der folgenden Kapitel –, wollen wir einige naive Vorhersagemethoden untersuchen. Mit diesen können Sie eine Grundlinie ermitteln, an der Sie die Genauigkeit Ihrer ML-Vorhersagen messen können.

Naive Vorhersage zur Ermittlung einer Grundlinie

Die einfachste Methode zur Vorhersage einer Zeitreihe besteht in der Annahme, dass der vorhergesagte Wert zum Zeitpunkt $t + 1$ dem Wert zum Zeitpunkt t entspricht, wodurch die Zeitreihe um eine Periode verschoben wird.

Wir beginnen mit der Erstellung einer Zeitreihe, die einen Trend, Saisonalität und Rauschen enthält:

```
def plot_series(time, series, format="-", start=0, end=None):
    plt.plot(time[start:end], series[start:end], format)
    plt.xlabel("Time")
    plt.ylabel("Value")
    plt.grid(True)

def trend(time, slope=0):
    return slope * time

def seasonal_pattern(season_time):
    """Nur ein einfaches Muster, das Sie bei Bedarf ändern können"""
    return np.where(season_time < 0.4,
                    np.cos(season_time * 2 * np.pi),
                    1 / np.exp(3 * season_time))

def seasonality(time, period, amplitude=1, phase=0):
    """Wiederholt das gleiche Muster für jede Periode"""
    season_time = ((time + phase)% period) / period
    return amplitude * seasonal_pattern(season_time)

def noise(time, noise_level=1, seed=None):
    rnd = np.random.RandomState(seed)
    return rnd.randn(len(time)) * noise_level

time = np.arange(4 * 365 + 1, dtype="float32")
baseline = 10
series = trend(time, .05)
baseline = 10
amplitude = 15
slope = 0.09
noise_level = 6

# Zeitreihe anlegen
series = baseline + trend(time, slope)
                 + seasonality(time, period=365, amplitude=
amplitude)
# Mit Rauschen versehen
series += noise(time, noise_level, seed=42)
```

Die Ausgabe sieht ungefähr so aus wie die in Abbildung 9.6.

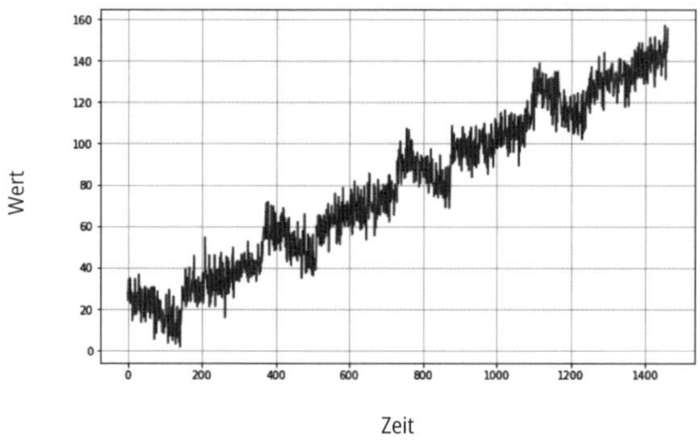

Abbildung 9.6: Eine Zeitreihe mit Trend, Saisonalität und Rauschen

Diese Daten können Sie nun wie jede andere Datenquelle auch in Trainings-, Test- und Validierungsdatensatz aufteilen. Wenn die Daten, wie hier, eine Saisonalität enthalten, ist es sinnvoll, bei der Aufteilung dafür zu sorgen, dass jeder Teil der Zeitreihe vollständige saisonale Abschnitte enthält. Um beispielsweise die Daten in Abbildung 9.6 in Trainings- und Validierungsdatensatz aufzuteilen, bietet sich die Stelle nach Schritt 1.000 für die Trennung an.

Andererseits ist eine Trennung an dieser Stelle nicht unbedingt nötig, weil hier nur eine naive Vorhersage getroffen wird, bei der jeder Wert t einfach dem Wert bei Schritt $t - 1$ entspricht. Um das in den folgenden Abbildungen besser zu veranschaulichen, werden wir in die Daten nach Schritt 1.000 hineinzoomen.

Folgenden Code können Sie verwenden, um die Zeitreihe nach einem bestimmten Trennungszeitpunkt vorherzusagen, wobei sich der Wert für den Zeitabschnitt, nach dem Sie trennen wollen, in der Variablen `split_time` befindet:

```
naive_forecast = series[split_time - 1:-1]
```

Abbildung 9.7 zeigt den Validierungsdatensatz (ab Zeitschritt 1.000, den Sie erhalten, indem Sie `split_time` den Wert `1000` zuweisen). Dies haben wir mit der naiven Vorhersage überlagert.

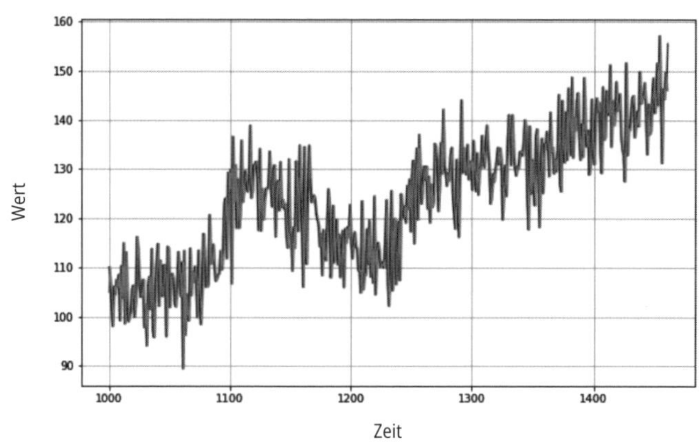

Abbildung 9.7: Naive Vorhersage für eine Zeitreihe

Das sieht schon ziemlich gut aus – zwischen den Werten besteht offenbar eine Beziehung. Werden sie über einen gewissen Zeitraum dargestellt, liegen die Vorhersagen nahe an den Originalwerten. Aber wie kann man damit die Genauigkeit messen?

Vorhersagegenauigkeit messen

Zur Messung der Vorhersagegenauigkeit gibt es verschiedene Methoden. Zwei davon wollen wir Ihnen hier vorstellen: den *mittleren quadratischen Fehler* (*Mean Squared Error*, MSE) und den *mittleren absoluten Fehler* (*Mean Absolute Error*, MAE).

Zur Ermittlung des MSE berechnen Sie einfach die Differenz zwischen dem vorhergesagten und dem tatsächlichen Wert zum Zeitpunkt t. Das Ergebnis wird quadriert (um negative Werte zu entfernen). Anschließend wird der Mittelwert für alle Werte gebildet.

Beim MAE berechnen Sie dagegen die Differenz zwischen dem vorhergesagten Wert und dem tatsächlichen Wert zum Zeitpunkt t. Danach berechnen Sie (anstelle der Quadrierung) den absoluten Wert, um negative Werte zu entfernen. Anschließend wird wiederum der Mittelwert aller Werte berechnet.

Für die gerade erstellte naive Vorhersage auf Basis unserer synthetischen Zeitreihe können Sie MSE und MAE wie folgt berechnen:

```
import torch
import torch.nn.functional as F

# Mittlerer quadratischer Fehler, MSE
mse = F.mse_loss(torch.tensor(x_valid), torch.tensor(naive_
forecast)).item()
print(mse)

# Mittlerer absoluter Fehler, MAE
mae = F.l1_loss(torch.tensor(x_valid), torch.tensor(naive_
forecast)).item()
print(mae)
```

In meinem Fall lag der Wert für den MSE bei 76,47 und für den MAE bei 6,89. Wie bei jeder Vorhersage gilt: Wenn Sie die Fehlerrate verringern können, erhöht sich die Genauigkeit Ihrer Vorhersage. Das sehen wir uns als Nächstes an.

Weniger naive Vorhersagen: Verwendung eines gleitenden Mittelwerts (Moving Average)

Bei der vorherigen naiven Vorhersage haben wir den Wert zum Zeitpunkt $t - 1$ als Vorhersage für den Wert bei Zeitpunkt t verwendet. Der gleitende Mittelwert funktioniert ähnlich. Anstatt einfach den Wert von $t - 1$ zu nehmen, wird hier jedoch eine Gruppe von Werten (zum Beispiel 30) verwendet. Hieraus wird der Mittelwert gebildet und anschließend als vorhergesagter Wert für den Zeitpunkt t genutzt.

```
def moving_average_forecast(series, window_size):
  """Sagt den Mittelwert der letzten paar Werte vorher.
     Ist window_size=1, entspricht dies der naiven Vorhersage."""
  forecast = []
```

```
  for time in range(len(series) - window_size):
    forecast.append(series[time:time + window_size].mean())
  return np.array(forecast)

moving_avg = moving_average_forecast(series, 30)[split_time - 30:]

plt.figure(figsize=(10, 6))
plot_series(time_valid, x_valid)
plot_series(time_valid, moving_avg)
```

Abbildung 9.8 zeigt die Darstellung des gleitenden Mittelwerts vor dem Hintergrund unserer Daten.

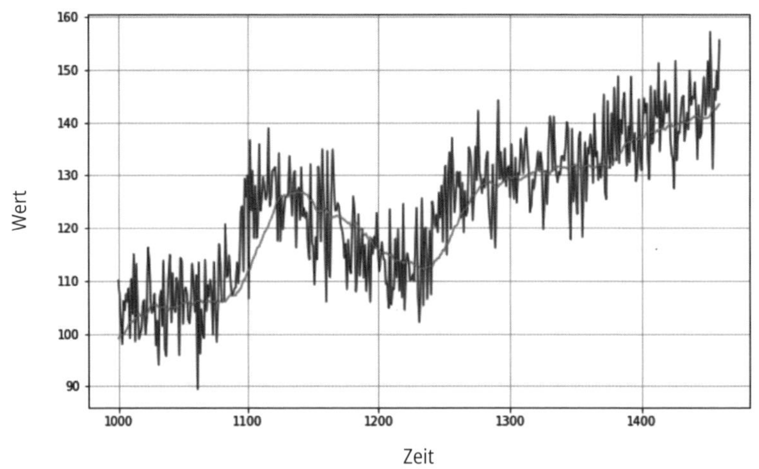

Abbildung 9.8: Darstellung des gleitenden Mittelwerts

Bei der Darstellung dieser Zeitreihe erhielt ich für MSE und MAE die Werte 49 bzw. 5,5. Die Vorhersage hat sich also definitiv etwas verbessert. Allerdings berücksichtigt dieser Ansatz weder Trend noch Saisonalität. Durch eine genauere Betrachtung sollte es möglich sein, die Vorhersage weiter zu verbessern.

Verbesserung der Moving-Average-Analyse

Ausgehend davon, dass die Saisonalität in dieser Zeitreihe 365 Tage umfasst, können Sie Trend und Saisonalität anhand von *Differenzbildung* (*Differencing*) etwas glätten. Hierbei wird einfach der Wert bei $t - 365$ vom Wert bei t subtrahiert, wodurch das Diagramm eine Glättung erfährt. Hier der Code:

```
diff_series = (series[365:] - series[:-365])
diff_time = time[365:]
```

Jetzt können Sie einen gleitenden Mittelwert *dieser* Werte berechnen und die *vorherigen* Werte wieder hinzuaddieren:

```
diff_moving_avg =
    moving_average_forecast(diff_series, 50)[split_time - 365 - 50:]
```

```
diff_moving_avg_plus_smooth_past =
    moving_average_forecast(series[split_time - 370:-360], 10) +
    diff_moving_avg
```

Wenn Sie das grafisch darstellen (siehe Abbildung 9.9), können Sie bereits eine deutliche Verbesserung der vorhergesagten Werte erkennen: Die Trendlinie liegt jetzt sehr nah an den tatsächlichen Werten, wobei das Rauschen allerdings deutlich geglättet wurde. Saisonalität und Trend scheinen korrekt zu funktionieren.

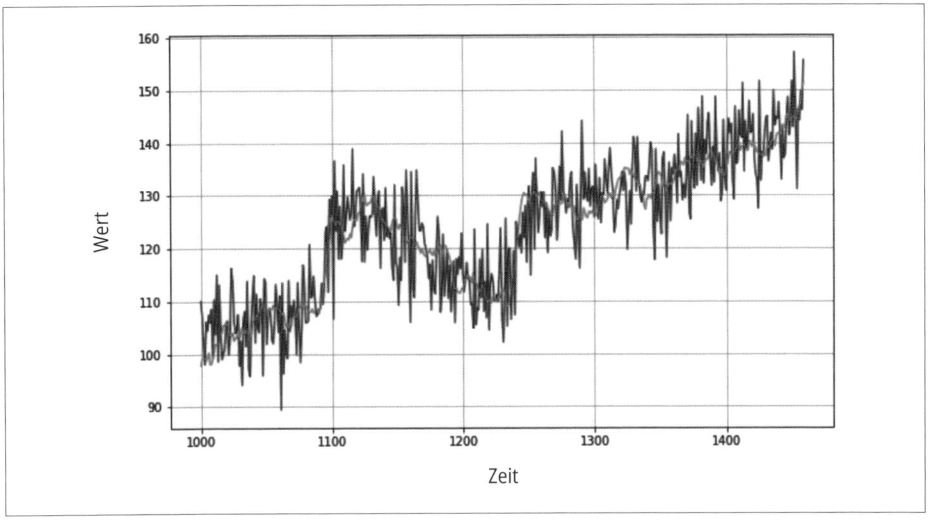

Abbildung 9.9: Verbesserter gleitender Mittelwert

Dieser Eindruck wird bestätigt, wenn Sie MSE und MAE berechnen. Für dieses Beispiel erhielt ich die Werte 40,9 bzw. 5,13, was auf eine klare Verbesserung der Vorhersagen hinweist.

Zusammenfassung

In diesem Kapitel haben wir uns mit Daten von Zeitreihen und einigen ihrer häufigsten Eigenschaften befasst. Sie haben eine synthetische Zeitreihe erzeugt und gelernt, wie naive Vorhersagen erstellt werden. Mithilfe von MSE und MAE haben Sie Grundlinienmessungen durchgeführt. Es lohnt sich, synthetische Daten weiter zu erforschen. Hoffentlich sind Ihnen einige der hier gezeigten Techniken auf Ihrem weiteren Lernweg eine Hilfe.

Nachdem dieses Kapitel eine willkommene Pause von PyTorch und ML war, werden Sie im folgenden Kapitel erfahren, wie Sie Machine Learning einsetzen können, um Ihre Vorhersagen weiter zu verbessern.

KAPITEL 10

Erstellung von ML-Modellen für die Vorhersage von Sequenzen

In Kapitel 9 haben Sie Sequenzdaten und die Attribute einer Zeitreihe kennengelernt, wie Saisonalität, Autokorrelation und Rauschen. Sie haben eine synthetische Zeitreihe erstellt, sie für Vorhersagen genutzt und erforscht, wie einfache statistische Vorhersagen funktionieren.

Im Laufe der nächsten Kapitel werden Sie lernen, wie Sie maschinelles Lernen zur Erstellung von Vorhersagen nutzen können. Bevor wir aber damit beginnen, müssen Sie noch lernen, wie Sie Zeitreihendaten für das Training von Vorhersagemodellen strukturieren, indem Sie ein sogenanntes *Windowed Dataset*, also einen »fensterbasierten Datensatz« anlegen.

Um den Grund zu verstehen, sehen Sie sich noch einmal die Zeitreihe an, die Sie in Kapitel 9 erstellt haben. Eine grafische Darstellung sehen Sie in Abbildung 10.1.

Wenn Sie einen Wert am Zeitpunkt *t* vorhersagen wollen, möchten Sie dies als Funktion der Werte ausdrücken, die vor dem Zeitpunkt *t* liegen. Soll beispielsweise der Wert einer Zeitreihe bei Schritt 1.200 als Funktion der 30 davorliegenden Werte formuliert werden, bestimmen die Werte der Schritte 1.170 bis 1.199 den Wert bei Schritt 1.200 (siehe Abbildung 10.2).

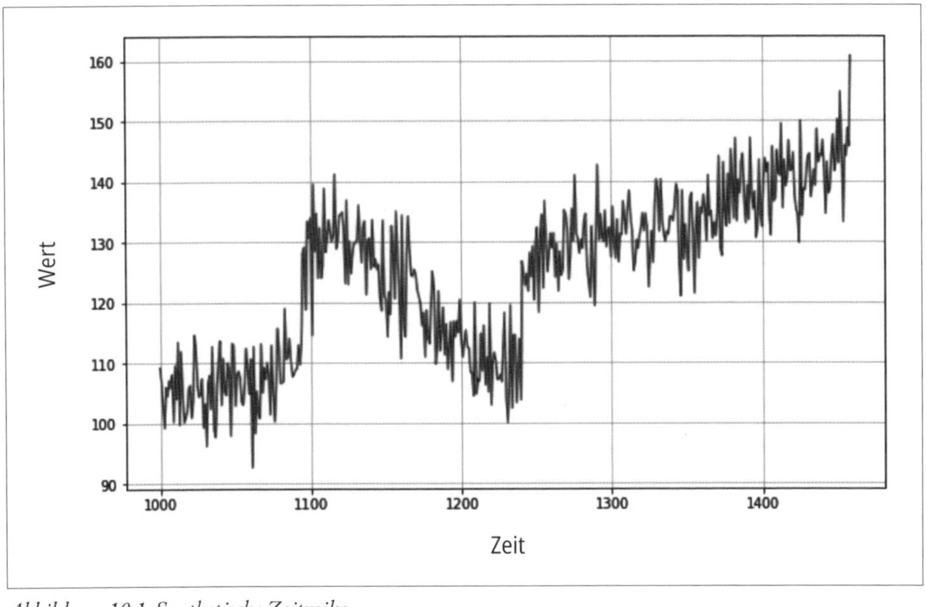

Abbildung 10.1: Synthetische Zeitreihe

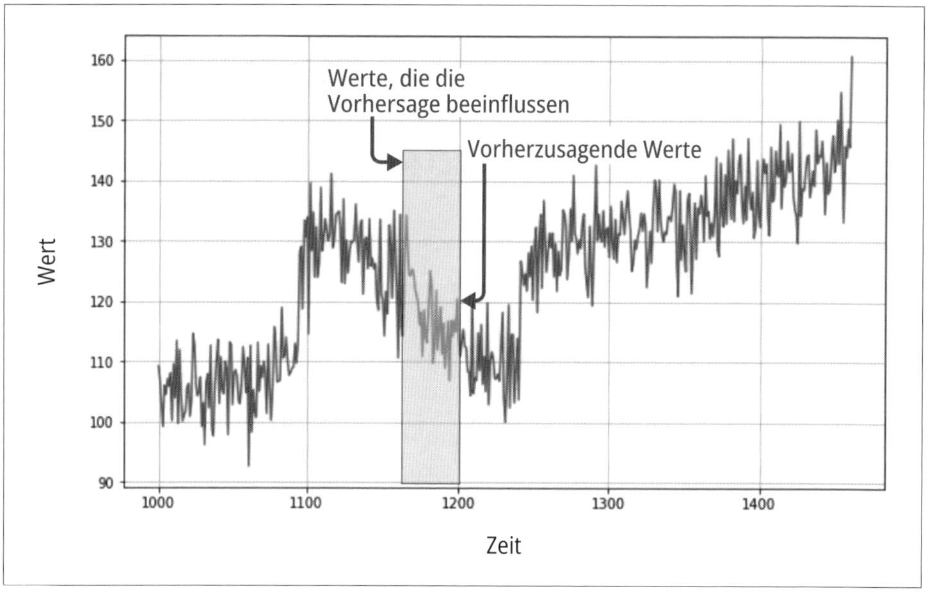

Abbildung 10.2: Vorherige Werte beeinflussen die Vorhersage.

So langsam sollten Sie ein Muster erkennen können. Nehmen wir an, die Werte von 1.170 bis 1.199 sind unsere *Features* (Merkmale) und der Wert bei Schritt 1.200 ist unser Ziel-(*Target-*)*Label*. Wenn Sie Ihren Datensatz in einen Zustand versetzen können, in dem eine bestimmte Anzahl von Werten als Features und der folgende Wert als Label verwendet werden, und wenn Sie das für jeden bekannten Wert im Datensatz durchführen, sollten Sie eine recht anständige Sammlung an Features und Ziel-Labels erhalten, die Sie für das Training eines Modells einsetzen können

Bevor wir das für unseren Zeitreihendatensatz aus Kapitel 9 machen, wollen wir einen einfacheren Datensatz erzeugen, der die gleichen Attribute besitzt, aber deutlich weniger Daten enthält.

Ein »Windowed Dataset« erzeugen

PyTorch besitzt eine Vielzahl von APIs für die Bearbeitung von Daten. So können Sie `torch.arange(10)` verwenden, um einen einfachen Datensatz zu erzeugen, der die Zahlen von 0 bis 9 enthält, und damit eine Zeitreihe nachzubilden. Diesen Datensatz können Sie anschließend in den Anfang eines Windowed Dataset umwandeln. Hier der nötige Code:

```
import torch

def create_sliding_windows(data, window_size, shift=1):
    # Eingabe in Tensor umwandeln, falls noch nicht geschehen
    if not isinstance(data, torch.Tensor):
        data = torch.tensor(data)

    # Anzahl gültiger Fenster berechnen
    n = len(data)
```

```
    num_windows = max(0, (n - window_size) // shift + 1)

    # Neuen "Strided View" auf die Daten erzeugen
    windows = data.unfold(0, window_size, shift)

    return windows

# Anwendungsbeispiel:
data = torch.arange(10)
windows = create_sliding_windows(data, window_size=5, shift=1)

# Die einzelnen Fenster ausgeben:
for window in windows:
    print(window.numpy())
```

Mithilfe eines Zahlenbereichs aus den Werten 0 bis $n - 1$ wird ein Datensatz erzeugt, wobei n in diesem Beispiel 10 ist.

Es folgt der Aufruf von `create_sliding_windows` mit dem Parameter 5. Damit wird das Netzwerk angewiesen, den Datensatz in Fenster aus jeweils fünf Elementen aufzuteilen. Durch die Anweisung `shift=1` wird das Fenster jeweils um einen Schritt weiter verschoben: Das erste Fenster enthält die ersten fünf Elemente beginnend bei 0, das nächste Fenster enthält die nächsten fünf Elemente beginnend bei 1 und so weiter.

Wenn Sie diesen Code ausführen, erhalten Sie folgendes Ergebnis:

```
[0 1 2 3 4]
[1 2 3 4 5]
[2 3 4 5 6]
[3 4 5 6 7]
[4 5 6 7 8]
[5 6 7 8 9]
```

Das wollen wir letztlich in Trainingsdaten umwandeln, bei denen n Werte ein Feature definieren und der folgende Wert als Label dient. Das lässt sich mit einfachen Python-Listen-Slices erledigen, die jedes Fenster in die zwei Bestandteile auftrennen: alles vor dem letzten Wert und den letzten Wert selbst.

Hier kommt außerdem die `unfold`-Technik zum Einsatz, die ein »Sliding Window« über Ihre Daten legt und in Sets wie die oben gezeigten umwandelt.

`unfold` übernimmt die folgenden drei Parameter:

Dimension (in unserem Fall 0)
: Die Dimension, an der entlang der Tensor »entfaltet« werden soll.

fenster_groesse
: Die Größe für jedes »Sliding Window«.

shift
: Die Schrittweite zwischen den Fenstern.

Dieser Prozess liefert uns einen x- und einen y-Datensatz, wie hier gezeigt:

```
import torch

def create_sliding_windows_with_target(data, window_size, shift=1):
    # Eingabe in Tensor umwandeln, falls noch nicht geschehen
```

```
    if not isinstance(data, torch.Tensor):
        data = torch.tensor(data, dtype=torch.float32)

    # unfold() verwenden, um Fenster zu erzeugen
    windows = data.unfold(0, window_size, shift)

    # Jedes Fenster in Features aufteilen
    features = windows[:, :-1]  # Alle Elemente außer dem letzten
    targets = windows[:, -1:]   # Nur das letzte Element

    return features, targets

# Anwendungsbeispiel:
data = torch.arange(10)
features, targets = create_sliding_windows_with_target(data,
                                            window_size=5, shift=1)

# Features und Ziel-Labels ausgeben
for x, y in zip(features, targets):
    print(f"Features: {x.numpy()}, Target: {y.numpy()}")
```

Die Ergebnisse sind wie erwartet. Die ersten vier Werte des Fensters stehen für die Features und der darauffolgende Wert für das Label:

```
[0 1 2 3] [4]
[1 2 3 4] [5]
[2 3 4 5] [6]
[3 4 5 6] [7]
[4 5 6 7] [8]
[5 6 7 8] [9]
```

Mit dem PyTorch-Datentyp `TensorDataset` können Sie dies in einen Datensatz umwandeln und das Shuffling (»Mischen«) sowie das Batching nativ erledigen.

Beim Shuffling von Daten gilt es als gute Vorgehensweise, die Test- und Validierungsdatensätze zuerst voneinander zu trennen. Bei Zeitreihendaten kann es sonst passieren, dass Daten aus dem Trainingsdatensatz in die Testdaten »überlaufen«, was den Auswertungsprozess kompromittieren würde.

Der folgende Code mischt die Daten und teilt sie in Zweier-Batches auf:

```
from torch.utils.data import TensorDataset, DataLoader

# Datensatz erzeugen
data = torch.arange(10)
features, targets = create_sliding_windows_with_target(data,
                                            window_size=5, shift=1)

# Features und Ziel-Labels zu Datensatz kombinieren
dataset = TensorDataset(features, targets)

# DataLoader mit Shuffling und Batching anlegen
batch_size = 2
dataloader = DataLoader(dataset, batch_size=batch_size, shuffle=True)

# Beispiel für Iteration:
for batch_features, batch_targets in dataloader:
    print(f"Batch features shape: {batch_features.shape}")
```

```
    print(f"Features:\n{batch_features}")
    print(f"Targets:\n{batch_targets}\n")
```

Die Ergebnisse zeigen, dass der erste Batch aus zwei Sets mit x-Werten (beginnend bei 5 und 0) und ihren Ziel-Labels (*Targets*) besteht. Der zweite Batch besteht ebenfalls aus zwei Sets mit x-Werten (diesmal beginnend bei 1 bzw. 3) und den entsprechenden Ziel-Labels und so weiter:

```
tensor([[5, 6, 7, 8],
        [0, 1, 2, 3]])
Targets:
tensor([[9],
        [4]])


Features:
tensor([[1, 2, 3, 4],
        [3, 4, 5, 6]])
Targets:
tensor([[5],
        [7]])


Features:
tensor([[4, 5, 6, 7],
        [2, 3, 4, 5]])
Targets:
tensor([[8],
        [6]])
```

Mit dieser Technik können Sie nun beliebige Zeitreihendatensätze in Trainingsdaten für ein neuronales Netzwerk umwandeln. Im folgenden Abschnitt wollen wir untersuchen, wie wir aus den synthetischen Daten aus Kapitel 9 einen Trainingsdatensatz erzeugen können. Danach erstellen wir ein einfaches DNN, das an diesen Daten trainiert wird und für die Vorhersage zukünftiger Werte genutzt werden kann.

Eine »Sliding Window«-Version des Zeitreihendatensatzes erstellen

Hier zur Erinnerung noch einmal der Code aus dem vorherigen Kapitel, mit dem wir einen synthetischen Zeitreihendatensatz erzeugt haben:

```
import numpy as np
def trend(time, slope=0):
    return slope * time

def seasonal_pattern(season_time):
    return np.where(season_time < 0.4,
                    np.cos(season_time * 2 * np.pi),
                    1 / np.exp(3 * season_time))

def seasonality(time, period, amplitude=1, phase=0):
    season_time = ((time + phase)% period) / period
    return amplitude * seasonal_pattern(season_time)
```

```
def noise(time, noise_level=1, seed=None):
    rnd = np.random.RandomState(seed)
    return rnd.randn(len(time)) * noise_level

time = np.arange(4 * 365 + 1, dtype="float32")
series = trend(time, 0.1)
baseline = 10
amplitude = 20
slope = 0.09
noise_level = 5

series = baseline + trend(time, slope)
series += seasonality(time, period=365, amplitude=amplitude)
series += noise(time, noise_level, seed=42)
```

Der Code erzeugt eine Zeitreihe wie die in Abbildung 10.3. Um sie zu ändern, müssen Sie nur die Werte der verschiedenen Konstanten anpassen.

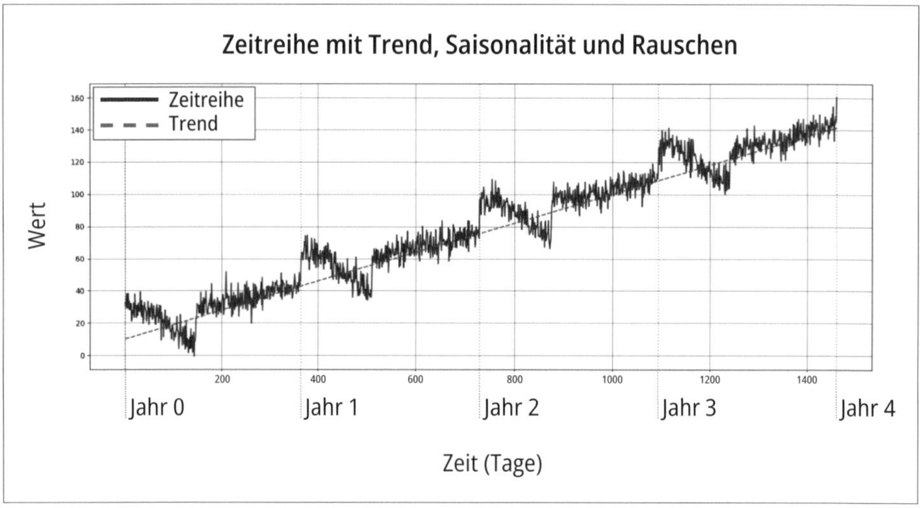

Abbildung 10.3: Darstellung der Zeitreihe mit Trend, Saisonalität und Rauschen

Sobald die Zeitreihe vorliegt, kann sie in einen »Sliding Window«-Datensatz umgewandelt werden. Der Code ist eng mit dem aus dem vorherigen Abschnitt verwandt:

```
import torch
from torch.utils.data import TensorDataset, DataLoader

# Die numpy-Zeitreihe in einen PyTorch-Tensor umwandeln
series_tensor = torch.tensor(series, dtype=torch.float32)

# Einen "Sliding Window"-Datensatz mit einer Fenstergröße von
# 30 Tagen erstellen (Vorhersage für den folgenden Tag)
window_size = 30
features, targets = create_sliding_windows_with_target(
    series_tensor, window_size=window_size, shift=1)

# PyTorch-Datensatz DataLoader anlegen
dataset = TensorDataset(features, targets)
batch_size = 32
```

```
train_loader = DataLoader(dataset, batch_size=batch_size,
                                    shuffle=True)

# Einige Informationen über den neuen Datensatz ausgeben
print(f"Series length: {len(series)}")
print(f"Number of windows: {len(features)}")
print(f"Feature shape: {features.shape}")  # Erwartet:
                                           # (num_windows,
                                              window_size-1)
print(f"Target shape: {targets.shape}")  # Erwartet: (num_windows, 1)

# Ein paar Beispiele zeigen
print("\nFirst few windows:")
for i in range(3):
    print(f"\nWindow {i+1}:")
    print(f"Features (previous {window_size-1} days):
                           {features[i].numpy()}")
    print(f"Target (next day): {targets[i].item():.2f}")
```

Hier die Ausgaben:

```
Series length: 1461
Number of windows: 1432
Feature shape: torch.Size([1432, 29])
Target shape: torch.Size([1432, 1])

First few windows:

Window 1:
Features (previous 29 days): [32.48357 29.395714 33.40659 37.858486
  29.14184 29.20528 38.32948 34.322147 28.183279 33.283253 28.287313
  28.303862 31.864614 21.104889 22.057411 27.875519 25.622026
  32.25094 26.127428 23.588236 37.95459 29.468477 30.900469 23.39905
  27.755371 30.980967 24.615065 32.186863 27.23822 ]
Target (next day): 28.71

Window 2:
Features (previous 29 days): [29.395714 33.40659 37.858486 29.14184
  29.20528 38.32948 34.322147 28.183279 33.283253 28.287313 28.303862
  31.864614 21.104889 22.057411 27.875519 25.622026 32.25094
  26.127428 23.588236 37.95459 29.468477 30.900469 23.39905 27.755371
  30.980967 24.615065 32.186863 27.23822 28.710733]
Target (next day): 27.08

Window 3:
Features (previous 29 days): [33.40659 37.858486 29.14184 29.20528
  38.32948 34.322147 28.183279 33.283253 28.287313 28.303862
  31.864614 21.104889 22.057411 27.875519 25.622026 32.25094
  26.127428 23.588236 37.95459 29.468477 30.900469 23.39905 27.755371
  30.980967 24.615065 32.186863 27.23822 28.710733 27.083256]
Target (next day): 39.27
```

Um das Modell mit diesen Daten zu trainieren, müssen Sie die Zeitreihe in Trainings- und Validierungsdatensätze aufteilen. In unserem Fall trainieren wir mit 1.000 Einträgen, indem wir die Liste mithilfe der Klasse `Subset` aus `torch.utils.data` in die Datensätze `train_dataset` und `val_dataset` auftrennen.

Anschließend können Sie diese mit einem DataLoader in das Modell laden, wie in Kapitel 3 gezeigt:

```
train_size = 1000
total_windows = len(full_dataset)
train_indices = list(range(train_size))
val_indices = list(range(train_size, total_windows))

# Subset-Klasse verwenden, um Trainings- und
# Validierungsdatensätze zu erzeugen
train_dataset = Subset(full_dataset, train_indices)
val_dataset = Subset(full_dataset, val_indices)

# DataLoader anlegen
batch_size = 32
train_loader = DataLoader(train_dataset, batch_size=batch_size,
                          shuffle=True)
val_loader = DataLoader(val_dataset, batch_size=batch_size,
                        shuffle=False)
```

Hierbei sollten Sie nicht vergessen, dass Ihre Daten nun als Datensatz vorliegen, wodurch sie leicht ohne weitere Programmierung für das Training von Modellen eingesetzt werden können. Wenn Sie die Daten näher untersuchen wollen, können Sie dafür zum Beispiel folgenden Code nutzen:

```
features, target = train_dataset[0]
print("First window:")
print(f"Features shape: {features.shape}")
print(f"Features: {features.numpy()}")
print(f"Target: {target.item()}\n")
```

Wir haben batch_size den Wert 1 gegeben, damit die Ergebnisse besser lesbar sind. Die Ausgaben sehen also ungefähr so aus wie hier (ein Datenpunkt pro Batch):

```
First window:
Features shape: torch.Size([29])
Features: [32.48357  29.395714 33.40659  37.858486 29.14184  29.20528
  38.32948 34.322147 28.183279 33.283253 28.287313 28.303862
  31.864614 21.104889 22.057411 27.875519 25.622026 32.25094
  26.127428 23.588236 37.95459 29.468477 30.900469 23.39905
  27.755371 30.980967 24.615065 32.186863 27.23822 ]
Target: 28.71073341369629
```

Der erste Batch enthält die Features. Die Fenstergröße beträgt 30, der Tensor hat also die Form 1 × 30. Die zweite Zahl (*Target*) ist das Label (hier 28,710), mit dem das Modell versucht, die Features zur Deckung zu bringen. Wie das funktioniert, sehen Sie im nächsten Abschnitt.

Erstellung und Training eines DNN für die Vorhersage aus Sequenzdaten

Mit diesen Daten ist die Erstellung eines neuronalen Netzwerkmodells recht einfach. Sehen wir uns zuerst das DNN an. Hier die Modelldefinition:

```
# Modell definieren
class TimeSeriesModel(nn.Module):
    def __init__(self, window_size):
        super(TimeSeriesModel, self).__init__()
        # window_size-1, weil für unsere Features
        # ebenfalls window_size-1 definiert wurde
        self.network = nn.Sequential(
            nn.Linear(window_size-1, 10),
            nn.ReLU(),
            nn.Linear(10, 10),
            nn.ReLU(),
            nn.Linear(10, 1)
        )

    def forward(self, x):
        return self.network(x)
```

Dies ist ein äußerst einfaches Modell mit drei `Linear`-Schichten. Die erste übernimmt die Eingabeform von `window_size`, die folgende ist eine Schicht mit zehn Neuronen, und die Ausgabeschicht enthält schließlich den vorhergesagten Wert.

Das Modell wird wie zuvor mit einer Verlustfunktion und einem Optimizer initialisiert:

```
# Modell, Verlustfunktion und Optimizer initialisieren
model = TimeSeriesModel(window_size)
criterion = nn.MSELoss()
optimizer = optim.Adam(model.parameters())
```

Hier haben wir `MSELoss` als Verlustfunktion angegeben. MSE steht für *Mean Squared Error* (mittlerer quadratischer Fehler) und wird häufig bei Regressionsproblemen verwendet (was das hier letztendlich ist). Für den Optimizer ist `Adam` eine gute Wahl. Wir werden diese Funktionen in diesem Buch nicht detailliert behandeln, aber es gibt reichlich gute Informationsquellen zum Machine Learning, die Ihnen weiterhelfen können. Ein guter Startpunkt ist der bahnbrechende Kurs »Specialization for Deep Learning (*https://oreil.ly/A8QzN*)« von Andrew Ng auf Coursera.

Das Training selbst folgt dem bekannten Muster: Die Trainings-Batches werden per `DataLoader` geladen. Es wird eine Vorwärtspropagation (*Forward Pass*) durchgeführt, gefolgt von einer Rückwärtspropagation (*Backward Pass*) mit Optimierung:

```
for batch_features, batch_targets in train_loader:
    batch_features = batch_features.to(device)
    batch_targets = batch_targets.to(device)

    # Vorwärtspropagation
    outputs = model(batch_features)
    loss = criterion(outputs, batch_targets)

    # Rückwärtspropagation und Optimierung
    optimizer.zero_grad()
    loss.backward()
    optimizer.step()

    train_loss += loss.item()
```

Da wir außerdem über einen Validierungsdatensatz verfügen, können wir für jede Epoche außerdem einen Validierungslauf durchführen:

```
# Validierungsphase
model.eval()
val_loss = 0
with torch.no_grad():
    for batch_features, batch_targets in val_loader:
        batch_features = batch_features.to(device)
        batch_targets = batch_targets.to(device)

        outputs = model(batch_features)
        val_loss += criterion(outputs, batch_targets).item()

# Durchschnittliche Verluste berechnen
train_loss /= len(train_loader)
val_loss /= len(val_loader)

train_losses.append(train_loss)
val_losses.append(val_loss)
```

Beim Training werden Sie sehen, dass die Verlustfunktion zuerst eine sehr hohe Zahl ausgibt, die dann aber schnell abnimmt. Abbildung 10.4 zeigt den Verlust über 100 Epochen.

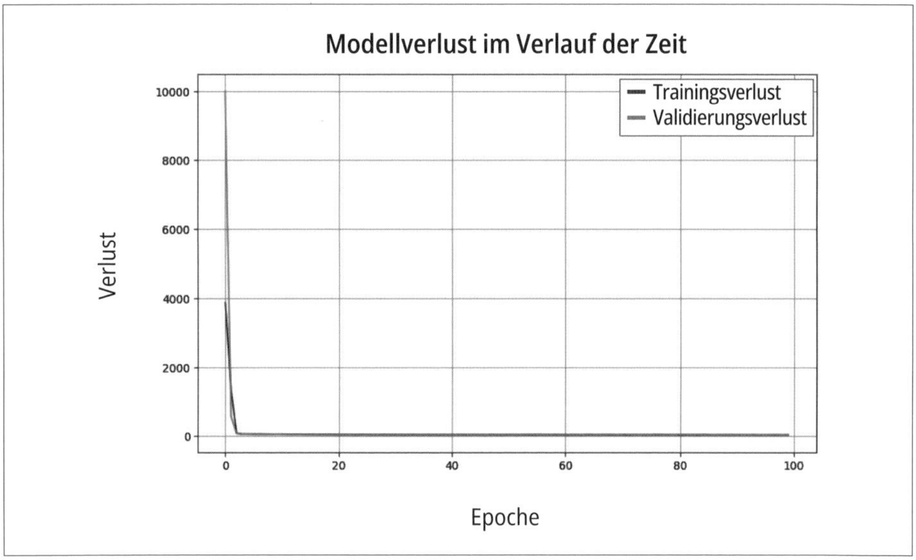

Abbildung 10.4: Die DNN-Vorhersage für den Verlust des Modells über 100 Epochen für die Zeitreihendaten

Die Ergebnisse des DNN auswerten

Sobald das DNN trainiert ist, können Sie mit den Vorhersagen beginnen. Bedenken Sie, dass wir hier mit einem »Sliding Window«-Datensatz arbeiten, also der Vorhersage für einen bestimmten Punkt anhand der Werte einer festgelegten Zahl von davorliegenden Zeitschritten.

Da der Datensatz in Batches aufgeteilt ist, können wir außerdem leicht über die DataLoader auf die Batches zugreifen und untersuchen, wie die Vorhersagen damit aussehen.

Hier ist der Code. Wir iterieren über die Batches im Loader und lesen dabei die Features und Ziel-Labels aus. Anschließend bekommen wir die Vorhersagen für den Batch, indem wir den Batch an das Modell übergeben:

```
for batch_features, batch_targets in val_loader:
    batch_features = batch_features.to(device)
    predictions = model(batch_features)
    val_predictions.extend(predictions.cpu().numpy())
    val_targets.extend(batch_targets.numpy())
```

Die Vorhersage wird anschließend per numpy() von einem PyTorch-Tensor in NumPy-Arrays umgewandelt, die daraufhin durch einen Aufruf von extend() in eine einzelne Liste konvertiert wird.

Vielleicht ist Ihnen die Verwendung von cpu() in diesem Code aufgefallen. In PyTorch können Sie angeben, *wo* Ihr Code ausgeführt wird. Steht Ihnen eine GPU oder ein anderer Beschleuniger zur Verfügung, können Sie die aufwendigen Berechnungen des ML dorthin auslagern. Andersherum können Sie auch explizit eine »normale« CPU für andere Dinge wie die Verarbeitung und das Preprocessing von Daten nutzen, um Rechenzeit auf dem Beschleuniger zu sparen. Mit cpu() können Sie dies ausdrücklich festlegen.

Danach lassen sich Ihre Vorhersagen leicht mit den tatsächlichen Werten vergleichen. Der folgende Code erstellt mithilfe von matplotlib ein Diagramm, das die vorhergesagten Werte den tatsächlichen Werten gegenüberstellt:

```
# Vorhersagen treffen
model.eval()
with torch.no_grad():
    # Vorhersagen für Validierungsdatensatz erhalten
    val_predictions = []
    val_targets = []
    for batch_features, batch_targets in val_loader:
        batch_features = batch_features.to(device)
        outputs = model(batch_features)
        val_predictions.extend(outputs.cpu().numpy())
        val_targets.extend(batch_targets.numpy())

# Vergleich von Vorhersagen und tatsächlichen Daten ausgeben
plt.figure(figsize=(15, 6))
plt.plot(val_targets, label='Actual', color="lightgrey")
plt.plot(val_predictions, label='Predicted', color="red")
plt.title('Predictions vs Actual Values (Validation Set)')
plt.xlabel('Time')
plt.ylabel('Value')
plt.legend()
plt.grid(True)
plt.show()
```

Die Ergebnisse sehen Sie in Abbildung 10.5. Die Linie für die vorhergesagten Werte (in Schwarz, im E-Book in Rot) folgt eng dem Muster der Originaldaten (in Grau). Gegenüber dem Original enthält sie allerdings weniger Rauschen und Abweichungen.

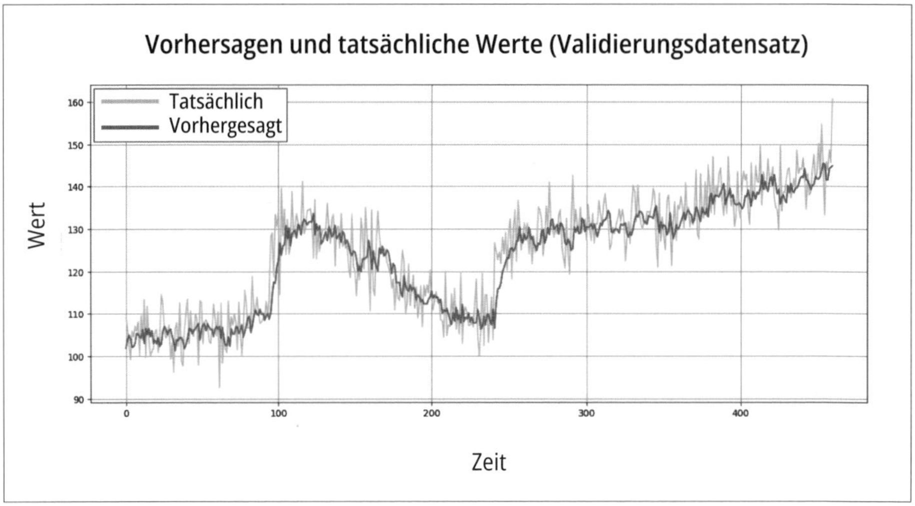

Abbildung 10.5: Vorhergesagte und tatsächliche Werte im Validierungsdatensatz

Auf den ersten Blick scheint die Vorhersage nicht schlecht zu funktionieren, denn sie folgt grundsätzlich der Kurve der Originaldaten. Bei schnellen Änderungen in den Daten braucht sie ein wenig Zeit, um hinterherzukommen. Insgesamt ist das Ergebnis aber schon recht gut.

Für genaue Resultate reicht ein rein visueller Beweis aber nicht aus. Klar definierte Metriken eignen sich wesentlich besser für eine Bewertung. Wir verwenden hier den mittleren absoluten Fehler (MAE), den Sie in Kapitel 9 kennengelernt haben. Nachdem uns die gültigen Daten und die Ergebnisse vorliegen, können wir die PyTorch-Funktionen `torch.mean` und `torch.abs` nutzen, um den MAE zu messen, wie in diesem Code:

```
val_predictions_tensor = torch.tensor(val_predictions)
val_targets_tensor = torch.tensor(val_targets)
mae_torch = torch.mean(torch.abs(
                        val_predictions_tensor - val_targets_tensor))
print(f"Validation MAE (PyTorch): {mae_torch:.4f}")
```

Da die Daten zufällig erzeugte Werte enthalten, können Ihre Ergebnisse von den hier gezeigten abweichen. Der von mir ermittelte MAE-Wert lag bei 4,57.

Jetzt könnten Sie argumentieren, dass der Prozess zum Erhalten möglichst genauer Vorhersagen dem Prozess für die Minimierung des MAE entspricht. Hierfür gibt es eine Reihe von Techniken, wozu natürlich auch die Anpassung der Fenstergröße zählt. Ich überlasse es Ihnen, damit zu experimentieren. Zusätzlich werden wir im folgenden Abschnitt ein paar Anpassungen der Hyperparameter des Optimizers vornehmen, um die Lernfähigkeit Ihres neuronalen Netzwerks zu verbessern, und beobachten, wie sich das auf den MAE auswirkt.

Die Lernrate anpassen

Im vorherigen Beispiel haben Sie das Modell mit einem Optimizer wie diesem kompiliert:

```
optimizer = optim.Adam(model.parameters())
```

Da keine explizite Lernrate angegeben war, hat das Modell den Standardwert (1×10^{-3}) benutzt. Diese Zahl scheint allerdings ziemlich willkürlich. Was passiert wohl, wenn Sie diesen Wert ändern? Um die beste Lernrate zu finden, wären auf jeden Fall umfangreiche Experimente nötig.

Eine Möglichkeit besteht in der Verwendung des`torch.optim.lr_schedule`, den Sie bereits aus Kapitel 8 (*ch08.html#ch08_variable_learning_rate_17485496718535 76*) kennen. Er kann die Lernrate Epoche für Epoche während des Trainings anpassen.

Hierbei ist es sinnvoll, mit einer höheren Lernrate zu beginnen und diese, während das Netzwerk lernt, nach und nach zu verringern. Ein Beispiel dazu:

```
optimizer = optim.Adam(model.parameters(), lr=0.01)
```

Hier beginnen wir mit einer Lernrate von 1e – 2 (0,01), einem ziemlich hohen Wert. Sie können den Scheduler jedoch anweisen, die Lernrate alle *n* Epochen mit einem *Gamma*-Wert zu multiplizieren. Der folgende Code ändert den Wert beispielsweise alle 30 Epochen. Wir beginnen bei 0,01. Nach 30 Epochen wird der Wert mit 0,1 multipliziert, und die Lernrate sinkt auf 0,001, nach 60 Epochen auf 0,0001 und so weiter:

```
scheduler = lr_scheduler.StepLR(optimizer, step_size=30, gamma=0.1)
```

Wenn wir den Scheduler wie hier gezeigt ausführen, steigt die Leistung tatsächlich etwas an, und der MAE liegt nun bei 4,36.

Durch Anpassungen der Lernrate und der Fenstergröße lässt sich das Ergebnis vielleicht noch verbessern. Eventuell reichen die Daten von 30 Tagen nicht aus, um einen Tag vorherzusagen, und ein Fenster von 40 Tagen ist besser geeignet. Auch sollten Sie testen, über mehr Epochen zu trainieren. Mit ein wenig Experimentieren können Sie einen MAE nahe 4 erreichen, was kein schlechtes Ergebnis ist.

Zusammenfassung

In diesem Kapitel haben Sie die statistische Analyse von Zeitreihen aus Kapitel 9 auf maschinelles Lernen angewendet, um bessere Vorhersagen zu treffen. Beim maschinellen Lernen (*Machine Learning*) geht es vor allem um Mustererkennung. Daher war es naheliegend, ein vollständig verbundenes neuronales Netzwerk zu erstellen, das die Muster mit einer geringen Fehlerrate erkennt. Abschließend haben wir uns noch mit der Anpassung einiger Hyperparameter beschäftigt, um die Genauigkeit des Netzwerks weiter zu steigern.

In Kapitel 11 werden wir das Konzept eines einfachen DNN erweitern und untersuchen, welche Folgen der Einsatz eines RNN für die Vorhersage sequenzieller Daten hat.

## KAPITEL 11

Faltungsbasierte und rekurrente Verfahren für Sequenzmodelle

In den vorherigen Kapiteln haben wir uns mit Sequenzdaten beschäftigt, und wir haben gezeigt, wie diese vorhergesagt werden können – zuerst anhand von statistischen Methoden und danach mit einer einfachen Machine-Learning-Methode, die ein vollständig verbundenes neuronales Netzwerk verwendete. Außerdem haben wir untersucht, wie Sie die Hyperparameter zur Leistungssteigerung anpassen können.

In diesem Kapitel zeigen wir Ihnen weitere Techniken, die Ihre Fähigkeit, Sequenzdaten vorherzusagen, weiter verbessern können. Hierfür nutzen wir faltungsbasierte und rekurrente neuronale Netzwerke (CNNs und RNNs).

Faltung für Sequenzdaten

Das Konzept der Faltung (*Convolution*) haben wir bereits in Kapitel 3 vorgestellt. Dort wurde ein zweidimensionaler (2-D-)Filter über ein Bild bewegt, um es zu verändern und dabei mögliche Features zu finden. Im Laufe der Zeit lernte das Netzwerk, welche Filterwerte am besten geeignet waren, die vorgenommenen Änderungen an den Pixeln auf ihre Labels abzubilden und so die Features aus dem Bild zu extrahieren. Die gleiche Technik kann auch auf numerische Zeitreihendaten angewandt werden. Allerdings ist hierfür eine Anpassung nötig: Die Faltung ist in diesem Fall nicht zweidimensional, sondern eindimensional (1-D).

Sehen Sie sich hierzu die Zahlenfolge in Abbildung 11.1 an.

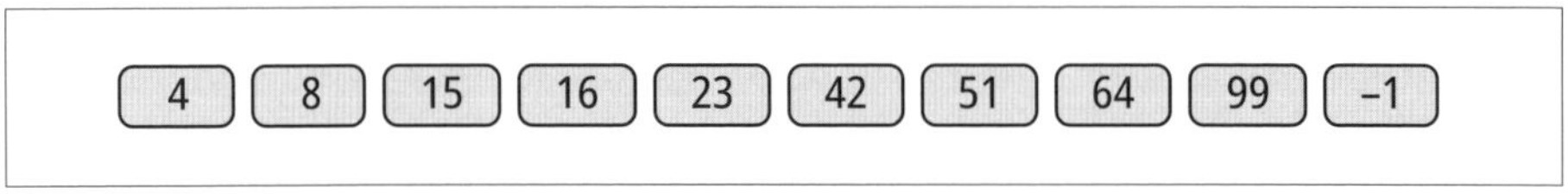

Abbildung 11.1: Eine Zahlenfolge

Eine eindimensionale Faltung würde wie folgt funktionieren. Nehmen wir an, die Faltung bestünde aus einem 1 × 3-Filter mit den Werten –0,5, 1 und –0,5. In diesem Fall geht der erste Wert der Folge (Sequenz) verloren, und der zweite Wert wird von 8 zu –1,5 umgewandelt (siehe Abbildung 11.2).

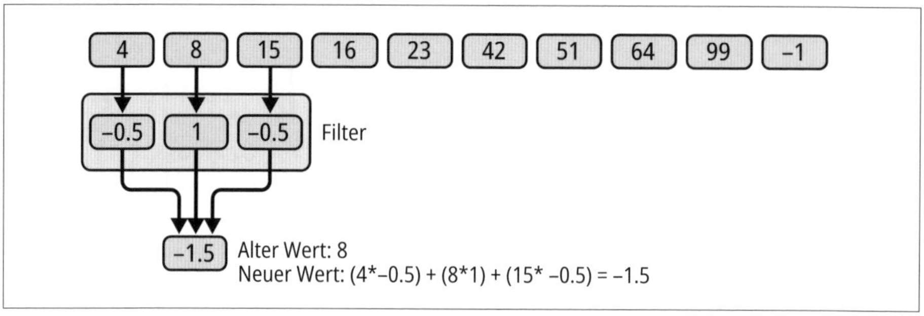

Abbildung 11.2: Eine Faltung auf eine Zahlenfolge anwenden

Der Filter wird nun schrittweise über die Werte verschoben und berechnet diese auf seinem Weg neu. Im nächsten Schritt wird 15 beispielsweise zu 3 umgewandelt (siehe Abbildung 11.3).

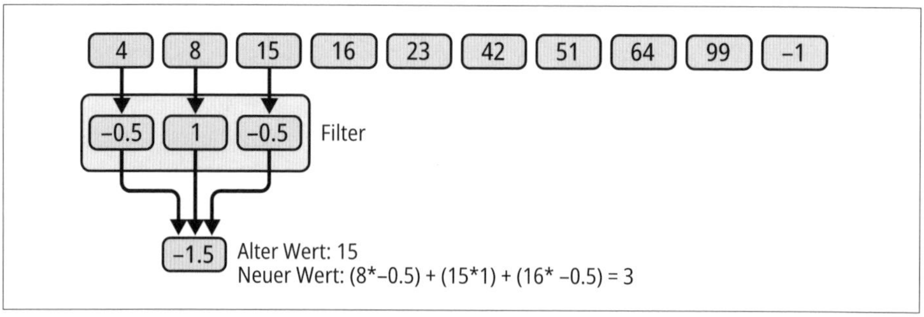

Abbildung 11.3: Ein weiterer Schritt in der 1-D-Faltung

Mit dieser Methode ist es möglich, das Muster zwischen den Werten zu extrahieren und die Filter zu lernen, die diese Muster erfolgreich finden. Das funktioniert so ähnlich, wie Faltungen auf den Pixeln eines Bilds Features extrahieren. Obwohl es hier keine Filter gibt, können die Faltungen, die den Verlust verringern, gelernt werden.

Faltungen programmieren

Bevor Sie die Faltungen programmieren, müssen Sie die »Sliding Windows«-Technik anwenden, um einen passenden Datensatz zu erzeugen, wie in Kapitel 10 beschrieben. Den hierfür nötigen Code finden Sie auf der GitHub-Seite zu diesem Buch (*https://oreil.ly/pytorch_ch11*).

Sobald der Datensatz vorliegt, können Sie vor den schon vorhandenen vollständig verbundenen Schichten eine faltungsbasierte Schicht einfügen. Hier ist der Code, den wir uns gleich genauer ansehen werden:

```
class CNN1D(nn.Module):
    def __init__(self, input_size):
        super(CNN1D, self).__init__()
        self.conv1 = nn.Conv1d(in_channels=1,
                               out_channels=128,
                               kernel_size=3,
                               padding=1)
```

```
        # Gleiche Auffüllung zur Beibehaltung der Eingabegröße
        conv_output_size = input_size

        self.relu = nn.ReLU()
        self.flatten = nn.Flatten()
        self.dense1 = nn.Linear(128 * conv_output_size, 28)
        self.dense2 = nn.Linear(28, 10)
        self.dense3 = nn.Linear(10, 1)

    def forward(self, x):
        # Eingabe von [batch_size, sequence_length]
        # in [batch_size, 1, sequence_length] umwandeln
        if len(x.shape) == 2:
            x = x.unsqueeze(1)
        elif len(x.shape) == 3 and x.shape[1] != 1:
            x = x.transpose(1, 2)

        x = self.relu(self.conv1(x))
        x = self.flatten(x)
        x = self.relu(self.dense1(x))
        x = self.relu(self.dense2(x))
        x = self.dense3(x)
        return x
```

Sehen wir uns zuerst die neue Zeile für die 1-D-Faltungsschicht an:

```
self.conv1 = nn.Conv1d(in_channels=1,
                       out_channels=128,
                       kernel_size=3,
                       padding=1)
```

Der Parameter `in_channels` definiert die Zahl der Dimensionen der Eingabedaten. Da wir es mit einer einzelnen Zahlenfolge zu tun haben, die pro Datenpunkt je einen Wert besitzt, hat `in_channels` entsprechend den Wert 1. Hätten wir mehrere Features pro Zeitschritt verwendet, etwa einen RGB-Farbwert, hätte `in_channels` den Wert 3.

Der Parameter `out_channels` definiert die Anzahl der Filter (Faltungen), die das Netzwerk lernen soll.

Der Parameter `kernel_size` legt die Größe der Faltung fest, also die Zahl der Datenpunkte in der Zeile, die eine Faltung filtern soll. In Abbildung 11.2 und Abbildung 11.3 sehen Sie eine Faltung, bei der `kernel_size` den Wert 3 hat.

Der Parameter `padding` fügt am Anfang und am Ende Ihrer Liste mit Daten zusätzliche Elemente ein. Angenommen, die Liste mit Zahlen in Abbildung 11.1 lautet `[4 8 15 16 23 42 51 64 99 -1]`. Wenn der Filter mit `kernel_size=3` die Liste betrachtet, beginnt er bei `[4 8 15]`. Dabei ist 4 niemals die »mittlere« Zahl. Der Filter ignoriert also die Zahlen am Anfang und am Ende der Liste. Mit Padding wird vor der ersten und nach der letzten Zahl der Liste jeweils eine `0` eingefügt, sodass sie nun `[0 4 8 15 16 23 42 51 64 99 -1 0]` lautet. Dadurch lautet die erste Gruppe, die der Filter sieht, jetzt `[0 4 8]`.

Es folgen diese Zeilen:

```
# Gleiche Auffüllung zur Beibehaltung der Eingabegröße
conv_output_size = input_size
```

Diese Anweisung hilft uns dabei, die Größe der Ausgaben aus der Faltungsschicht zu ermitteln und an die folgende Schicht weiterzugeben.

Aber warum ist dies die Eingabegröße? Der Grundgedanke der »gleichen Auffüllung« bezieht sich auf die Parameterdefinition `padding=1`.

Wenn Sie überlegen, was passiert, wenn Sie einen Kernel der Größe 3 über eine Liste mit Werten bewegen, wie in Abbildung 11.2 und Abbildung 11.3 gezeigt, wird ein seltsamer Effekt sichtbar. Zu Beginn ist die linke Seite des Kernels am ersten Wert der Liste ausgerichtet. Seine Mitte befindet sich am zweiten Wert. Wird der Kernel ans Ende der Liste verschoben, befindet sich seine Mitte nun am vorletzten Listenwert. Das Ergebnis der Berechnungen an den Werten dieser Liste liefert uns also $n - 2$ Antworten, wobei n für die Länge der Liste steht. Wenn wir die Liste nun mit `padding=1` auffüllen, liefert der Kernel uns genau n Antworten, und die Ausgabegröße dieser Schicht *gleicht* seiner Eingabegröße.

Nach der Anwendung von `nn.ReLU()` und `nn.flatten()` auf die Ergebnisse folgt diese Zeile:

```
self.dense1 = nn.Linear(128 * conv_output_size, 28)
```

Die Eingabe für diese Schicht besteht aus mehreren Werten. Ihre Anzahl entspricht der Größe der Liste multipliziert mit 128 (der Anzahl der Kernel). Sie gibt 28 Werte aus, die an die folgende lineare Schicht weitergereicht werden.

Auf die Definition der Schichten folgt die `forward`-Funktion. Sie beginnt mit diesen Zeilen:

```
if len(x.shape) == 2:
    x = x.unsqueeze(1)
elif len(x.shape) == 3 and x.shape[1] != 1:
    x = x.transpose(1, 2)
```

Das sieht ungewöhnlich aus, ist aber nötig, um mit den Faltungen richtig umzugehen. Zuerst sollten Sie überlegen, wie die Eingaben für eine Faltung aussehen müssen. Es wird Batches mit je einer Dimension geben, die an die Faltungen übergeben werden. Dabei enthält jeder Batch eine bestimmte Anzahl von Elementen. Wenn wir beispielsweise aus Sequenzen mit 20 Elementen lernen und davon jeweils 32 zu einem Batch zusammenfassen, ist die Dimensionalität der an das neuronale Netzwerk übergebenen Daten `[32, 1, 20]`.

Hat unser Datensatz dagegen eine andere Form und es gibt beispielsweise nur zwei Dimensionen `[32, 20]`, können wir `unsqueeze()` nutzen, um eine weitere Dimension hinzuzufügen. Übergeben wir `1` als Parameter, wird die neue Dimension an Index 1 eingefügt, und wir erhalten wie gewünscht die Dimensionen `[32, 1, 20]`.

Es kann aber auch passieren, dass wir unsere Dimension versehentlich am Ende eingefügt haben, wie in `[32, 20, 1]`. In diesem Fall kehrt die Anweisung `x = x.transpose(1, 2)` die Position der beiden letzten Elemente (mit den Indizes 1 und 2) um, und wir erhalten wieder `[32, 1, 20]`.

Dies sind zwei spezifische Fälle, die ich hartcodiert habe. Bei Ihrer Arbeit sieht das möglicherweise anders aus. Daher sollten Sie auf Probleme mit den Daten achten, die Sie an ein neuronales Netzwerk übergeben wollen. An dieser Stelle lässt sich das Problem gegebenenfalls noch beheben.

Der Rest der Vorwärtspropagation ist relativ einfach. Sie reicht die Daten einfach durch die verschiedenen Schichten weiter.

Verlustfunktion und Optimizer kennen wir schon. Wir verwenden `MSELoss()` für den Verlust und `Adam()` als Optimizer.

```
criterion = nn.MSELoss()
optimizer = optim.Adam(model.parameters(), lr=learning_rate)
```

Beim Training mit diesen Einstellungen erhalten Sie wie zuvor ein Modell. Um Vorhersagen zu treffen, können Sie den Loader auf die gleiche Weise verwenden wie beim Training, zum Beispiel:

```
# DataLoader anlegen
batch_size = 32
train_loader = DataLoader(train_dataset, batch_size=batch_size,
                          shuffle=True)
val_loader = DataLoader(val_dataset, batch_size=batch_size, shuffle=
False)
```

Außerdem gibt es noch eine Hilfsfunktion, die Batch für Batch eine ganze Sequenz vorhersagen kann:

```
def predict(model, loader):
    device = torch.device("cuda" if torch.cuda.is_available()
                          else "cpu")
    model.eval()
    predictions = []

    with torch.no_grad():
        for inputs, _ in loader:
            inputs = inputs.to(device)
            batch_predictions = model(inputs)
            predictions.append(batch_predictions.cpu().numpy())

    return np.concatenate(predictions)
```

Mit folgendem Code erhalten Sie einen vollständigen Satz an Vorhersagen:

```
# Vorhersagen treffen
train_predictions = predict(model, train_loader)
val_predictions = predict(model, val_loader)
```

Wollen Sie die Ergebnisse grafisch darstellen, könnten wir dieses Vorgehen erweitern. Wir übergeben einen Loader und erhalten Arrays mit den Vorhersagen, den Zielwerten und einer Kennzahl, zum Beispiel dem MAE, zurück:

```
def evaluate_predictions(model, loader):
    """Generate predictions and calculate metrics"""
    model.eval()
    device = torch.device("cuda" if torch.cuda.is_available()
                          else "cpu")

    all_predictions = []
    all_targets = []

    with torch.no_grad():
```

```
        for inputs, targets in loader:
            inputs = inputs.to(device)
            outputs = model(inputs)
            all_predictions.extend(outputs.cpu().numpy())
            all_targets.extend(targets.cpu().numpy())

    predictions = np.array(all_predictions)
    targets = np.array(all_targets)

    # Kennzahlen berechnen
    mae = mean_absolute_error(targets, predictions)

    return predictions, targets, mae
```

Diese Funktion können Sie anschließend aufrufen, um Mehrfachantworten zu erhalten, wie hier gezeigt:

```
# Vorhersagen erzeugen
val_predictions, val_targets, val_mae
            = evaluate_predictions(model, val_loader)
```

Das lässt sich jetzt schnell und einfach grafisch darstellen:

```
def plot_predictions(val_pred, val_true):
    """Vergleich von Vorhersagen und tatsächlichen Werten
darstellen"""
    plt.figure(figsize=(15, 6))
    # Validierungsdaten ausgeben
    offset = len(val_true)
    plt.plot(range(offset, offset + len(val_true)),
                val_true, 'b-', label='Validation Actual')
    plt.plot(range(offset, offset + len(val_pred)),
                val_pred, 'r-', label='Validation Predicted')
    plt.title('Time Series Prediction vs Actual')
    plt.xlabel('Time Step')
    plt.ylabel('Value')
    plt.legend()
    plt.grid(True)
    plt.show()
```

Ein Diagramm der Ergebnisse im Vergleich mit der Sequenz sehen Sie in Abbildung 11.4.

In diesem Fall beträgt der MAE 5,33, was etwas schlechter ist als unsere vorherige Vorhersage. Der Grund könnte sein, dass wir die Faltungsschicht nicht korrekt angepasst haben oder auch dass Faltung hier einfach nicht weiterhilft. Um die richtige Lösung für Ihre Daten zu finden, werden Sie experimentieren müssen.

Vergessen Sie nicht, dass diese Daten ein Zufallselement enthalten. Die Werte können sich also von Session zu Session unterscheiden. Wenn Sie den Code aus Kapitel 10 verwenden und ihn separat ausführen, wird es selbstverständlich zufällige Abweichungen geben, die sich auf Ihre Daten und damit auch Ihren MAE auswirken.

Beim Einsatz von Faltung kommt es grundsätzlich zu Fragen wie: Warum sollten wir gerade diese Parameter wählen? Warum 128 Filter? Warum die Größe 3 × 1? Die gute Nachricht ist, dass Sie einfach mit diesen Dingen experimentieren und die verschiedenen Ergebnisse untersuchen können.

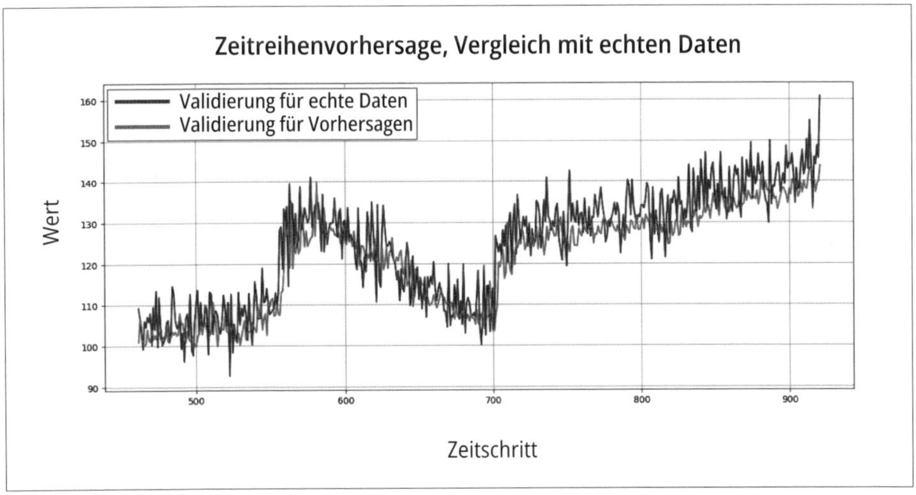

Abbildung 11.4: CNN mit Vorhersagen zu Zeitreihendaten im Vergleich mit den tatsächlichen Werten

Mit den Conv1-D-Hyperparametern experimentieren

Im letzten Abschnitt haben wir Ihnen eine 1-D-Faltung gezeigt, in der Parameter für die Anzahl der Filter, der Kernelgröße, der Schrittweite und so weiter hartcodiert waren. Beim Training eines neuronalen Netzwerks mit diesen Werten schien es, als würde das MAE leicht ansteigen und dass demnach die Verwendung von `Conv1D` keine Vorteile bringt. Abhängig von Ihren Daten muss das aber nicht immer so sein. Vielmehr kann dieses Verhalten auch an nicht optimalen Hyperparametern liegen. In diesem Abschnitt werden wir Ihnen daher zeigen, wie Sie vorgehen können, um die neuronale Architektur mit den besten Ergebnissen zu finden.

PyTorch ist bei der Definition von neuronalen Netzwerken und der Vorwärtspropagation besonders ausführlich. Das vereinfacht Änderungen der verwendeten Parameter stark. Die Idee einer *automatisierten Architektursuche* besteht darin, verschiedene Parameterkombinationen zu testen und zu untersuchen, welche Auswirkungen sie auf die Ergebnisse haben. Hierfür wird jeweils für einen kurzen Zeitraum trainiert, um die Einstellungen zu finden, die die besten Ergebnisse liefern.

Bisher haben wir beispielsweise eine einzelne `Conv1D`-Schicht verwendet. Was passiert aber, wenn wir die Zahl der Schichten erhöhen? Ähnliches gilt für die Zahl der Eingabedimensionen (Kanäle oder *Channels*), der Kernelgröße, der Größe der vollständig verbundenen Schichten und der Lernrate, die bisher alle hartcodiert waren. Wie wäre es, wenn wir stattdessen eine Reihe von Optionen definierten?

```
# Den Suchraum definieren
num_conv_layers_options = [1, 2]  # Für initiales Testen reduziert
conv_channels_options = [
    [32],
    [64],
    [32, 16],
    [64, 32],
]
```

```
kernel_sizes = [3, 5]
dense_sizes_options = [
    [16],
    [32, 16],
    [64, 32],
]
learning_rates = [0.001, 0.0001]
```

Für die conv-Schichten gibt es 4 Optionen, für die Kernelgröße 2, für die Größe der vollständig verbundenen Schichten 3 und für die Lernrate 2. Insgesamt ergeben diese 4 × 2 × 3 × 2 Optionen also 48 verschiedene Kombinationen. Diese werden als *Suchraum* (*Search Space*) bezeichnet.

Sie mögen denken, dass dies eigentlich 96 Kombinationen sein müssten, weil es 2 Optionen für die Schichten und 4 Optionen für die Zahl der Eingabekanäle gibt. Bei der Definition des Suchraums habe ich, wie Sie gleich sehen werden, aber festgelegt, dass es nur Kanaloptionen für conv geben darf, die der Anzahl der Schichten entsprechen. Aus diesem Grund gibt es für die conv-Schichten insgesamt nur 4 Optionen.

Diese Optionen werden in ein Konfigurations-Array geladen, das Name/Wert-Paare für die einzelnen Parameter enthält, wie hier gezeigt:

```
# Gültige Konfigurationen erstellen
configurations = []
for num_conv_layers in num_conv_layers_options:
    for channels in conv_channels_options:
        # Nur Kanalkonfigurationen verwenden, die der
        # Zahl der Schichten entsprechen
        if len(channels) == num_conv_layers:
            for kernel_size in kernel_sizes:
                for dense_sizes in dense_sizes_options:
                    for lr in learning_rates:
                        configurations.append({
                            'num_conv_layers': num_conv_layers,
                            'conv_channels': channels,
                            'kernel_size': kernel_size,
                            'dense_sizes': dense_sizes,
                            'learning_rate': lr
                        })
```

Jetzt können wir über diese Konfigurationen iterieren und unser CNN1D-Modell wie hier gezeigt einrichten. Beachten Sie die Verwendung des config[]-Arrays:

```
for idx, config in enumerate(configurations):
    print(f"\nTrying configuration {idx + 1}/{len(configurations)}:")
    print(config)

    try:
        model = CNN1D(
            input_size=input_size,
            num_conv_layers=config['num_conv_layers'],
            conv_channels=config['conv_channels'],
            kernel_size=config['kernel_size'],
            dense_sizes=config['dense_sizes']
        ).to(device)
```

```
        criterion = nn.MSELoss()
        optimizer = torch.optim.Adam(model.parameters(),
                                      lr=config['learning_rate'])
```

Allerdings wäre es sehr zeitaufwendig, alle 48 Kombinationen für die volle Zahl von Epochen (zum Beispiel 100) zu trainieren. Daher haben wir das Konzept des *Early Stopping* (*ch02.html#ch02_early_stopping_1748548889076713*) genutzt. Zuerst wollen wir das Modell mit den Parametern aus dem Konfigurations-Array und einem neuen Parameter trainieren: `early_stopping_patience` (»Geduld beim Early Stopping«).

```
trained_model, val_loss = train_model(
    model, train_loader, val_loader, criterion, optimizer,
    epochs=100, device=device, early_stopping_patience=10
)
```

Innerhalb der Trainingsschleife können wir das Early Stopping anschließend wie folgt implementieren:

```
# Test für Early Stopping
if val_loss < best_val_loss:
    best_val_loss = val_loss
    best_model = deepcopy(model)
    patience_counter = 0
else:
    patience_counter += 1

if patience_counter >= early_stopping_patience:
    print(f'Early stopping triggered after {epoch} epochs')
    break
```

Dies speichert den Verlust für das beste Modell und vergleicht den Wert für das aktuelle Modell mit dem bisher besten. »Verliert« das aktuelle Modell öfter als der in `early_stopping_patience` festgelegte Wert (in unserem Fall `10`), werfen wir das Modell raus und machen mit dem nächsten weiter. Wenn das aktuelle Modell dagegen »gewinnt«, wird es zum neuen »besten« Modell.

Von diesem Code ausgehend, können Sie mit eigenen Hyperparameterwerten für die Zahl der Filter, die Kernelgröße und die Schrittweite experimentieren, während die übrigen Parameter statisch bleiben.

Nach ein paar Versuchen habe ich entdeckt, dass zwei Faltungsschichten mit 64 bzw. 32 Filtern, einer Kernelgröße von 5, zwei vollständig verbundenen Schichten mit den Größen 64 und 32 sowie einer Lernrate von 0,0001 den besten MAE-Wert (4,4439) für den Validierungsdatensatz lieferte.

Nach einem Training mit diesen Werten hatte sich die Genauigkeit des Modells gegenüber dem zuvor erstellten naiven CNN *und* dem originalen DNN verbessert. Die Ergebnisse sehen Sie in Abbildung 11.5.

Weitere Experimente mit den Hyperparametern des CNN verbessern diese Ergebnisse möglicherweise noch mehr.

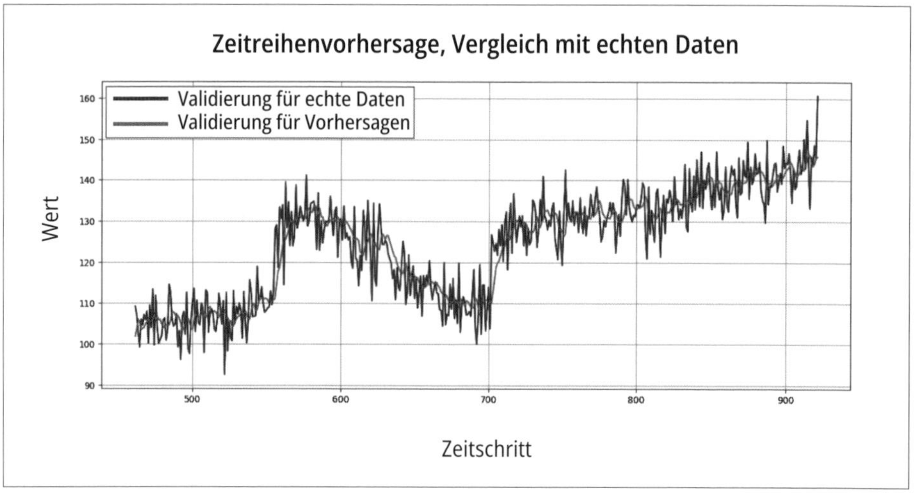

Abbildung 11.5: Zeitreihenvorhersagen mit optimiertem CNN im Vergleich mit Originalwerten

Neben Faltungsschichten können bei der Arbeit mit Sequenzdaten auch die in den vergangenen Kapiteln zur natürlichen Sprachverarbeitung (NLP) benutzten RNNs (die rekurrenten neuronalen Netzwerke) und LSTMs (*Long Short-Term Memory*) hilfreich sein. RNNs wurden speziell dafür entwickelt, Kontext zu erhalten, damit frühere Werte spätere beeinflussen können. Als Nächstes geht es um den Einsatz von RNNs für die Sequenzmodellierung. Aber vorher wollen wir von einem künstlich erzeugten Datensatz zu Daten aus dem echten Leben wechseln. In unserem Fall verwenden wir Wetterdaten.

NASA-Wetterdaten verwenden

Eine besonders gute Quelle für Zeitreihen-Wetterdaten ist das NASA Goddard Institute for Space Studies (GISS) Surface Temperature Analysis (*https://oreil.ly/6IixP*) (Oberflächentemperaturanalyse). Wenn Sie dem Link *Station Data* (*https://oreil.ly/F9Hmw*) auf der rechten Seite folgen, können Sie sich eine Wetterstation aussuchen, von der Sie Daten beziehen wollen. Für dieses Beispiel habe ich mich für den Flughafen Seattle Tacoma (SeaTac) entschieden. Daraufhin landete ich auf der in Abbildung 11.6 gezeigten Seite.

Unten auf der Seite gibt es außerdem einen Link, über den man monatliche Daten im CSV-Format herunterladen kann. Wenn Sie diesen Link anklicken, wird eine Datei namens *station.csv* auf Ihr Gerät heruntergeladen. Wenn Sie die Datei öffnen, sehen Sie ein Raster, das pro Zeile die Daten für ein bestimmtes Jahr und pro Spalte die Daten für je einen Monat enthält (siehe Abbildung 11.7).

Da die Daten im CSV-Format vorliegen, können sie leicht in Python verarbeitet werden. Wie bei allen Datensätzen sollten Sie jedoch auf die Formatierung achten. Üblicherweise werden CSV-Dateien zeilenweise gelesen, wobei jede Zeile einen für Sie wichtigen Datenpunkt enthält. Hier sind es pro Zeile jedoch zwölf Datenpunkte, was Sie beim Einlesen der Daten berücksichtigen müssen.

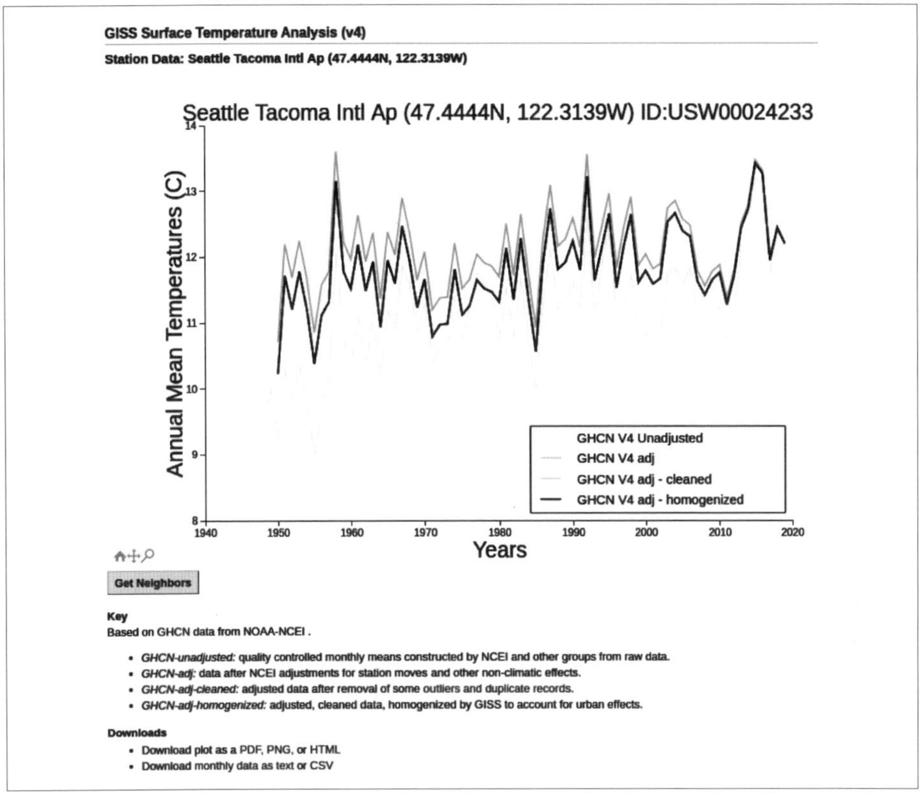

Abbildung 11.6: Oberflächentemperaturen des GISS

	A	B	C	D	E	F	G	H	I	J	K	L	M
1	YEAR	JAN	FEB	MAR	APR	MAY	JUN	JUL	AUG	SEP	OCT	NOV	DEC
2	1950	-2.54	5.85	6.99	9.37	12.31	17.04	18.99	19.05	15.74	10.95	7.84	8.5
3	1951	4.14	6.19	5.49	11.15	13.73	17.57	19.38	17.86	16.43	11.85	8.38	3.87
4	1952	3.86	6.21	7.13	10.55	13.63	15.01	18.86	18.63	16.51	13.77	6.43	6.76
5	1953	8.25	5.95	7.49	9.63	12.85	14.45	18	18.49	16.77	13.17	9.56	7.12
6	1954	3.67	7.08	6.24	8.94	13.57	14.91	17.02	17.3	16.24	11.73	10.83	6.26
7	1955	5.38	4.86	5.37	8.39	11.78	15.83	17	17.49	15.3	11.62	5.23	4.96
8	1956	5.3	3.45	6.32	11.2	15.2	15.25	19.54	18.61	15.81	10.77	6.98	5.64

Abbildung 11.7: Die heruntergeladenen Daten untersuchen

GIS-Daten in Python importieren

Der folgende Code liest die GIS-Daten ein:

```
def get_data():
    data_file = "station.csv"
    f = open(data_file)
    data = f.read()
    f.close()
    lines = data.split('\n')
    header = lines[0].split(',')
    lines = lines[1:]
    temperatures=[]
    for line in lines:
```

```
        if line:
            linedata = line.split(',')
            linedata = linedata[1:13]
            for item in linedata:
                if item:
                    temperatures.append(float(item))

    series = np.asarray(temperatures)
    time = np.arange(len(temperatures), dtype="float32")
    return time, series
```

Die Datei am angegebenen Pfad wird geöffnet (für Sie liegt die Datei wahrscheinlich woanders) und als Set gespeichert. Hierbei führt das Programm eine Schleife über den Dateiinhalt aus und trennt ihn an den Newline-Zeichen (`\n`) in einzelne Zeilen auf. Die erste Zeile enthält die Spaltenbeschriftungen und wird übersprungen (`header`). Die einzelnen Zeilen werden wiederum am Komma aufgetrennt und die resultierenden Einzelwerte in einem Array (`linedata`) abgelegt. Die Elemente mit den Indizes 1 bis 13 stehen für die Werte pro Monat. (Das Element `0` ist die Zeilenbeschriftung und wird hier nicht weiter verwendet.) Die übrigen Werte werden in Floats umgewandelt und dem Array `temperatures` hinzugefügt. Sobald dieser Vorgang beendet ist, wird es in ein NumPy-Array (`series`) konvertiert. Außerdem wird ein NumPy-Array namens `time` angelegt, das die gleiche Größe hat wie `series`. Während seiner Erstellung mit `np.arange` ist das erste Element 1, das zweite 2 und so weiter. Dadurch gibt die Funktion `time` in Schritten von 1 bis zur Anzahl der Datenpunkte und `series` als die Daten für den gewünschten Zeitschritt zurück.

Mir ist aufgefallen, dass die Zeilen oft »nicht ausgefüllte« Zellen enthalten. Statt eines tatsächlichen Werts wurde als Platzhalter der Wert `999.9` verwendet. Das würde die Vorhersagewerte natürlich stark verzerren. Glücklicherweise befinden sich diese Platzhalterwerte meistens am Ende des Datensatzes und können leicht entfernt werden. Hier eine kleine Hilfsfunktion, um die Zeitreihe zu normalisieren und die Platzhalterwerte zu löschen.

```
import numpy as np

def normalize_series(data, missing_value=999.9):
    # In NumPy-Array umwandeln, falls noch nicht geschehen
    data = np.array(data, dtype=np.float64)

    # Maske für gültige Werte anlegen (nicht NaN oder missing_value)
    valid_mask = (data != missing_value) & (~np.isnan(data))

    # Nur gültige Werte behalten
    clean_data = data[valid_mask]

    # Normalisieren, nur gültige Werte verwenden
    mean = np.mean(clean_data)
    std = np.std(clean_data)
    normalized = (clean_data - mean) / std

    return normalized

time, series = get_data()
series_normalized = normalize_series(series)
```

Mit folgender Hilfsfunktion können Sie dies nun in einen `torch.tensor` laden und wie zuvor in ein Set von »Sliding Windows« mit einem Zielwert umwandeln. Die Funktion haben wir bereits in Kapitel 10 besprochen:

```
series_tensor = torch.tensor(series_normalized, dtype=torch.float32)
window_size = 48
features, targets = create_sliding_windows_with_target(series_tensor,
                       window_size=window_size, shift=1)
```

Anschließend können Sie dies in ein `TensorDataset` konvertieren und in zwei Datensätze für Training und Validierung aufteilen:

```
split_location = 800
# Kompletten Datensatz anlegen
full_dataset = TensorDataset(features, targets)

# Indizes für die Trennung berechnen
# Hinweis: Da wir "Sliding Windows" verwenden, müssen wir die
# Überschneidungen berücksichtigen.
train_size = 800 - window_size + 1  # Anpassung für Überschneidungen
total_windows = len(full_dataset)
train_indices = list(range(train_size))
val_indices = list(range(train_size, total_windows))

# Mithilfe von Subset() Trainings- und Validierungs-
# datensätze anlegen
train_dataset = Subset(full_dataset, train_indices)
val_dataset = Subset(full_dataset, val_indices)
```

Sobald wir die Datensätze haben, können wir die nötigen `DataLoader` für das neuronale Netzwerk anlegen:

```
batch_size = 32
train_loader = DataLoader(train_dataset, batch_size=batch_size,
                          shuffle=True)
val_loader = DataLoader(val_dataset, batch_size=batch_size, shuffle=False)
```

Und damit können wir das Training mit diesen Daten beginnen. Wir können die Aufteilung untersuchen, indem wir ein Diagramm der Daten erzeugen (siehe Abbildung 11.8).

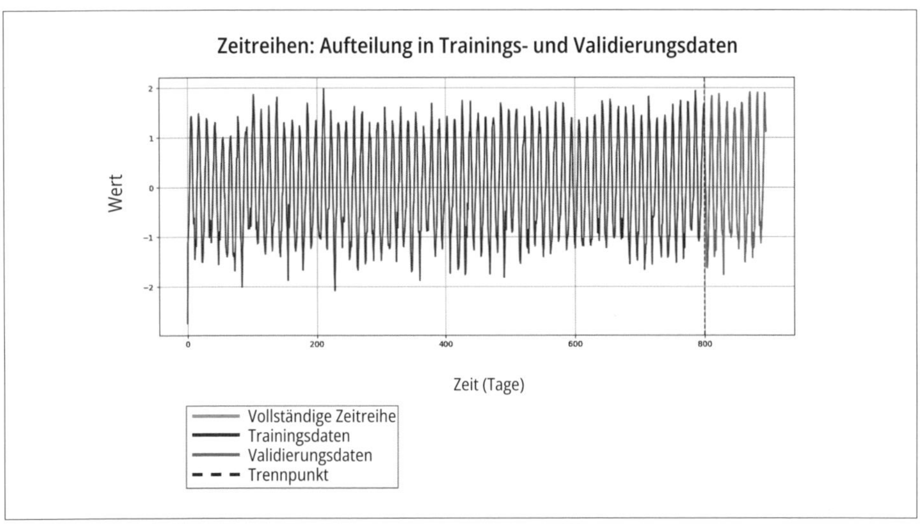

Abbildung 11.8: Aufteilung der Zeitreihendaten in Trainings- und Validierungsdatensatz

Im folgenden Abschnitt beschäftigen wir uns mit der Erstellung eines einfachen RNN-basierten neuronalen Netzwerks, um herauszufinden, ob wir die nächsten Werte der Sequenz vorhersagen können.

Verwendung von RNNs für die Sequenzmodellierung

Sobald die NASA-CSV-Daten in einem »Sliding Windows«-Datensatz vorliegen, ist die Erstellung eines Modells für das Vorhersagetraining recht einfach. (Das Training für ein *gutes* Vorhersagemodell ist allerdings etwas schwieriger!) Beginnen wir mit einem einfachen, naiven RNN-Modell. Hier ist der Code:

```
class SimpleRNNModel(nn.Module):
    def __init__(self, input_size=1, hidden_size=100,
                 output_size=1, dropout_rate=0.3):
        super(SimpleRNNModel, self).__init__()

        self.rnn1 = nn.RNN(input_size=input_size,
                           hidden_size=hidden_size,
                           batch_first=True,
                           # Dropout für RNN:
                           dropout=dropout_rate)

        self.rnn2 = nn.RNN(input_size=hidden_size,
                           hidden_size=hidden_size,
                           batch_first=True,
                           # Dropout für RNN:
                           dropout=dropout_rate)

        self.dropout = nn.Dropout(dropout_rate)
        # Zusätzliche Dropout-Schicht:
        self.linear = nn.Linear(hidden_size, output_size)

    def forward(self, x):
        out1, _ = self.rnn1(x)
        out2, _ = self.rnn2(out1)
        last_out = out2[:, -1, :]
        # Dropout vor letzter Schicht hinzufügen:
        last_out = self.dropout(last_out)
        output = self.linear(last_out)
        return output
```

Hier verwenden wir ein einfaches RNN. RNNs sind eine Klasse neuronaler Netzwerke, die sich besonders gut für die Erforschung von Sequenzmodellen eignen, wie Sie bereits in in Kapitel 7 gesehen haben, als wir uns mit NLP beschäftigten. Ich werde hier nicht weiter auf ihre Funktionsweise eingehen. Falls es Sie dennoch interessiert und Sie das Kapitel nicht gelesen haben, wäre jetzt ein guter Zeitpunkt, das nachzuholen. Im Besonderen verwendet ein RNN eine interne Schleife, die über die Zeitschritte der Sequenz iteriert und dabei den internen Zustand der bisher gesehenen Zeitschritte beibehält.

Für das Training eignet sich die folgende Kombination aus Verlustfunktion und Optimizer:

```
criterion = nn.MSELoss()
optimizer = torch.optim.Adam(model.parameters(), lr=learning_rate)
```

Den vollständigen Code finden Sie im GitHub-Repository (*https://oreil.ly/pytorch_ch11*) zu diesem Buch. Schon 100 Epochen Training reichen aus, um sich einen Eindruck davon zu verschaffen, wie das Modell die Werte vorhersagen kann. Die Ergebnisse sehen Sie in Abbildung 11.9.

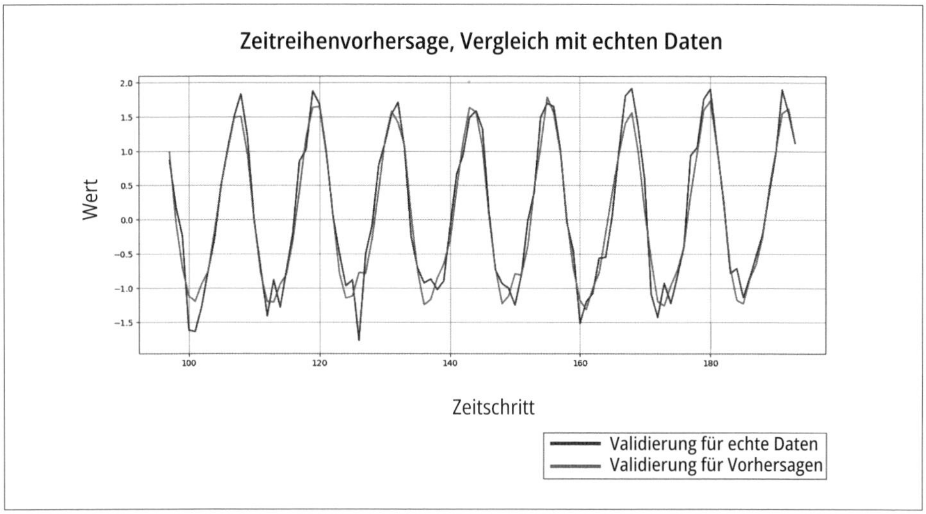

Abbildung 11.9: Vergleich der Zeitreihenvorhersage mit einem »SimpleRNN«-Modell und den tatsächlichen Werten

Wie Sie sehen, sind die Ergebnisse schon ziemlich gut. Es liegt bei den Spitzenwerten und bei unerwarteten Änderungen des Musters zwar noch etwas daneben (wie bei den Schritten 160 bis 170), aber insgesamt funktioniert das Modell nicht schlecht. Jetzt wollen wir sehen, was passiert, wenn das Modell für 1.500 Epochen trainiert (siehe Abbildung 11.10).

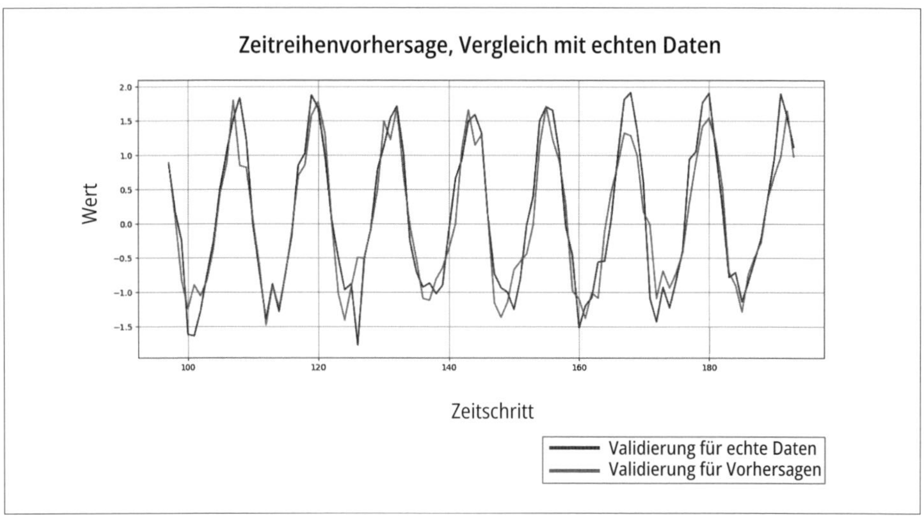

Abbildung 11.10: Vergleich der Zeitreihenvorhersage mit einem »SimpleRNN«-Modell und den tatsächlichen Werten nach einem Training für 1.500 Epochen

Die Unterschiede sind nicht besonders groß, abgesehen davon, dass die Spitzenwerte etwas sanfter verlaufen. Den Verlauf der Verlustkurven für Trainings- und Validierungsdaten sehen Sie in Abbildung 11.11.

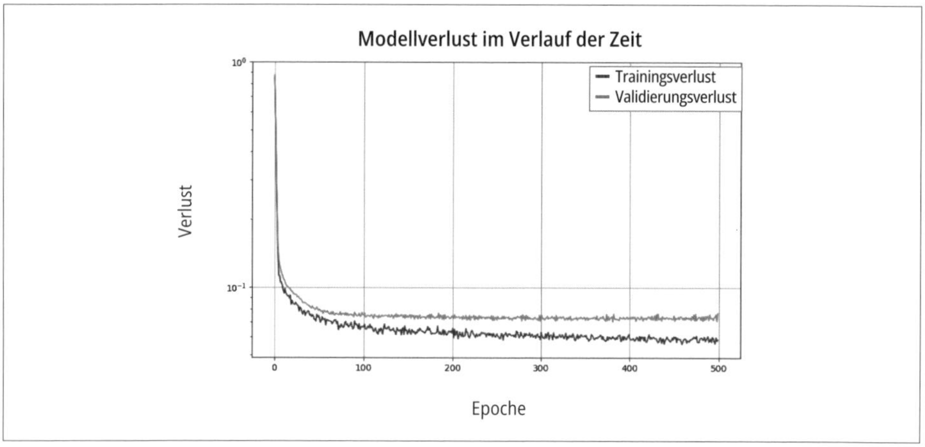

Abbildung 11.11: Verlustkurven für Trainings- und Validierungsdaten im Laufe der Zeit für das »SimpleRNN«

Wie Sie sehen, gibt es eine gesunde Übereinstimmung zwischen den Verlustkurven für Training und Validierung. Allerdings zeigt das Modell mit steigender Zahl der Epochen eine Überanpassung an die Trainingsdaten. Vielleicht wären 500 Epochen ein besserer Wert für das Training.

Ein Grund hierfür könnte sein, dass es sich um monatliche Wetterdaten handelt, die besonders saisonal sind. Ein weiterer Grund ist der im Vergleich zu den Validierungsdaten ziemlich große Trainingsdatensatz.

Im folgenden Abschnitt wollen wir einen größeren Klimadatensatz untersuchen.

Einen größeren Datensatz untersuchen

Mit dem KNMI Climate Explorer (*https://oreil.ly/J8CP0*) können Sie hoch aufgelöste Klimadaten aus vielen Gegenden der Welt untersuchen. Ich habe einen Datensatz heruntergeladen (*https://oreil.ly/Ci9DI*), der tägliche Temperaturmessungen aus der Mitte von England zwischen 1772 und 2020 enthält. Diese Daten sind anders strukturiert als die GISS-Daten. Das Datum der Messung liegt als String vor, gefolgt von mehreren Leerzeichen, gefolgt von der Messung. Weitere Details zur Arbeit mit großen Datensätzen finden Sie in Kapitel 4.

Ich habe die Daten so weit vorbereitet, dass die Kopfzeilen und die überflüssigen Whitespace-Zeichen entfernt sind. Zwischen Datum und Messung steht also nur noch ein Leerzeichen. Auf diese Weise lassen sich die Daten mit Code wie diesem einfach importieren:

```
import numpy as np
def get_data():
    data_file = "tdaily_cet.dat.txt"
    f = open(data_file)
    data = f.read()
    f.close()
```

```
    lines = data.split('\n')
    temperatures=[]
    for line in lines:
        if line:
            linedata = line.split(' ')
            temperatures.append(float(linedata[1]))

    series = np.asarray(temperatures)
    time = np.arange(len(temperatures), dtype="float32")
    return time, series
```

Dieser Datensatz enthält insgesamt 91.502 Datenpunkte. Daher sollten Sie ihn vor dem Training Ihres Modells sinnvoll aufteilen. Ich habe mich dafür entschieden, 80.000 Einträge für das Training zu reservieren, wodurch noch 10.663 Einträge für die Validierung bleiben:

```
split_location = 80000

features = features.unsqueeze(1)
# Kompletten Datensatz anlegen
full_dataset = TensorDataset(features, targets)

# Indizes für die Trennung berechnen
# Hinweis: Da wir "Sliding Windows" verwenden, müssen wir die
# Überschneidungen berücksichtigen.
# Anpassen für Überschneidungen:
train_size = split_location - window_size + 1
total_windows = len(full_dataset)
train_indices = list(range(train_size))
val_indices = list(range(train_size, total_windows))

# Mithilfe von Subset() Trainings- und Validierungs-
# datensätze anlegen
train_dataset = Subset(full_dataset, train_indices)
val_dataset = Subset(full_dataset, val_indices)
```

Alles andere kann gleich bleiben. Wie Sie in Abbildung 11.12 sehen können, präsentiert sich das Diagramm für den Vergleich der Vorhersagen mit den realen Werten bereits nach 100 Epochen schon recht gut.

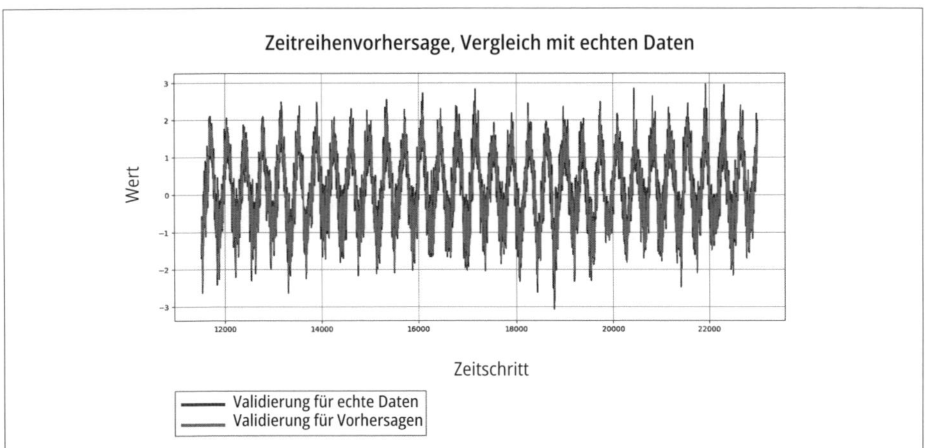

Abbildung 11.12: Vergleichsdiagramm von Vorhersage und realen Daten

Da wir es hier mit einer Menge Daten zu tun haben, wollen wir in die letzten 100 Tage hineinzoomen (siehe Abbildung 11.13).

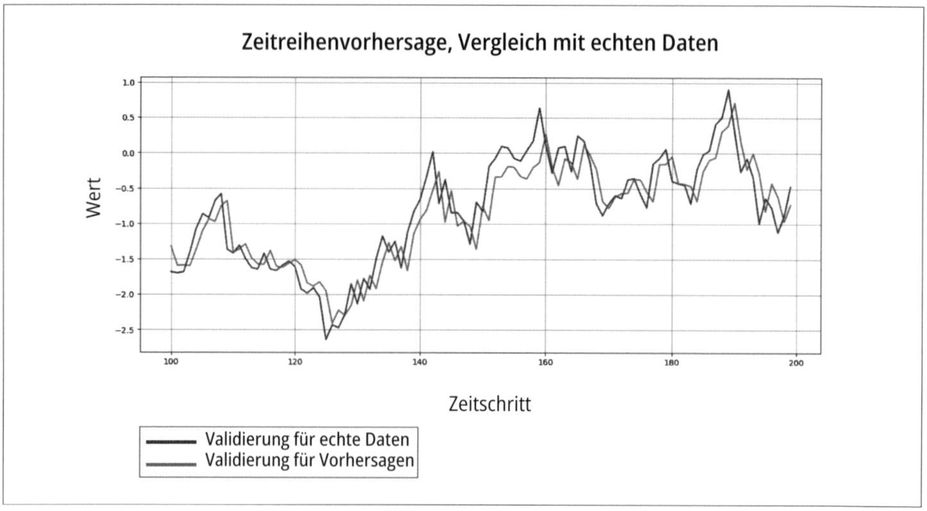

Abbildung 11.13: Ergebnisse der Zeitreihenvorhersage im Vergleich mit den Messdaten für die letzten 100 Tage

Grundsätzlich folgt die Vorhersagekurve den Daten und bildet die Trends einigermaßen korrekt ab. Bei extremeren Werten liegt das Modell allerdings noch weit daneben. Es gibt also Raum für Verbesserungen.

Wir sollten auch nicht vergessen, dass wir die Daten normalisiert haben, wodurch Verlust und MAE recht niedrig erscheinen. Normalisierte Werte besitzen eine deutlich geringere Varianz als echte Messungen. Wie Abbildung 11.14 zeigt, kann ein sehr kleiner Verlust zu einer trügerischen Sicherheit führen.

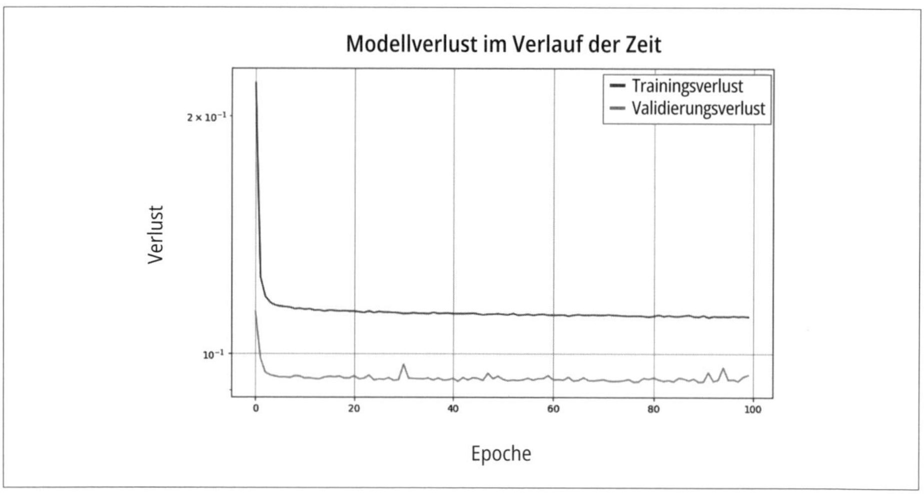

Abbildung 11.14: Verlustkurven für Training und Validierung im Laufe der Zeit für einen großen Datensatz

Um die Daten zu denormalisieren, können Sie die Normalisierung einfach umkehren: Multiplizieren Sie zuerst mit der Standardabweichung und addieren Sie dann den Mittelwert. Anschließend können Sie bei Bedarf wie zuvor den echten MAE für die Vorhersagedaten berechnen.

Andere rekurrente Verfahren einsetzen

Neben `RNN` besitzt PyTorch weitere Typen rekurrenter Schichten, zum Beispiel *Gated Recurrent Units* (GRUs) und *Long Short-Term Memory* (LSTM), die wir in Kapitel 7 besprochen haben. Falls Sie experimentieren wollen, ist es relativ einfach, den aktuell verwendeten Typ gegen einen dieser RNN-Typen auszutauschen.

Um unser einfaches naives RNN durch ein GRU auszutauschen, können Sie einfach `nn.GRU` schreiben:

```
class SimpleRNNModel(nn.Module):
    def __init__(self, input_size=1, hidden_size=100,
                 output_size=1, dropout_rate=0.3):
        super(SimpleRNNModel, self).__init__()

        self.rnn1 = nn.GRU(input_size=input_size,
                           hidden_size=hidden_size,
                           batch_first=True,
                           dropout=dropout_rate)

        self.rnn2 = nn.GRU(input_size=hidden_size,
                           hidden_size=hidden_size,
                           batch_first=True,
                           dropout=dropout_rate)

        self.dropout = nn.Dropout(dropout_rate)
        self.linear = nn.Linear(hidden_size, output_size)
```

Der Einsatz von LSTMs sieht ähnlich aus:

```
# Optionale LSTM-Architektur
import torch.nn as nn

class SimpleLSTMModel(nn.Module):
    def __init__(self, input_size=1, hidden_size=100,
                 output_size=1, dropout_rate=0.3):
        super(SimpleLSTMModel, self).__init__()

        self.lstm1 = nn.LSTM(input_size=input_size,
                             hidden_size=hidden_size,
                             batch_first=True,
                             dropout=dropout_rate)  # LSTM um Dropout
                                                    # ergänzen

        self.lstm2 = nn.LSTM(input_size=hidden_size,
                             hidden_size=hidden_size,
                             batch_first=True,
                             dropout=dropout_rate)  # LSTM um Dropout
                                                    # ergänzen
```

```
        # Weitere Schichten vor der Ausgabe hinzufügen
        self.fc1 = nn.Linear(hidden_size, hidden_size)
        self.relu = nn.ReLU()
        self.linear = nn.Linear(hidden_size, output_size)

    def forward(self, x):
        out1, _ = self.lstm1(x)  # Rückgabe des LSTM:
                                 # (output, (h_n, c_n))
        out2, _ = self.lstm2(out1) # Versteckte und Zellenzustände
                                   # per _ ignorieren
        last_out = out2[:, -1, :]
        output = self.linear(last_out)
        return output
```

Es lohnt sich, nicht nur mit diesen Schichttypen zu experimentieren, sondern auch mit verschiedenen Hyperparametern, Verlustfunktionen und Optimizern. Eine allgemeingültige Lösung gibt es nicht. Es hängt also von Ihren Daten und den Anforderungen für die Vorhersage mit ihnen ab, was für Sie am besten funktioniert.

Dropouts verwenden

Kommt es zu einer Überanpassung in Ihren Modellen und das MAE oder der Verlust für die Trainingsdaten ist deutlich besser als für die Validierungsdaten, können Sie Dropouts verwenden. Wie weiter oben im Buch besprochen, werden beim Dropout während des Trainings benachbarte Neuronen zufällig ignoriert, um einen *Proximity*-Bias zu vermeiden. Bei der Verwendung von RNNs können Sie außerdem einen Parameter für *rekurrentes Dropout* nutzen.

Aber worin liegt der Unterschied? Bei RNNs gibt es in der Regel einen Eingabewert, und das Neuron berechnet den Ausgabewert und einen weiteren Wert, der an den folgenden Zeitschritt weitergereicht wird. Beim Dropout werden Eingabewerte nach dem Zufallsprinzip ausgelassen. Beim *rekurrenten* Dropout werden dagegen rekurrente Werte per Zufall ausgelassen, die ansonsten an den folgenden Schritt weitergereicht würden.

Betrachten Sie sich hierzu die RNN-Architektur in Abbildung 11.15.

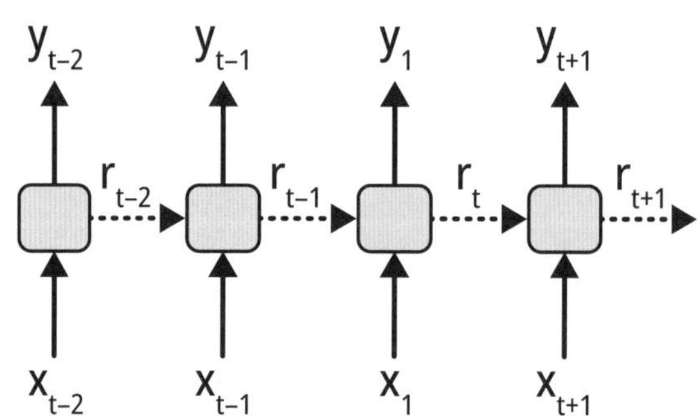

Abbildung 11.15: Ein rekurrentes neuronales Netzwerk

Hier sehen Sie die Eingaben für die Schichten an verschiedenen Zeitschritten (x). Der aktuelle Zeitschritt ist t. Die gezeigten Schritte sind $t - 2$ bis $t + 1$. Außerdem werden die relevanten Ausgaben für die gleichen Zeitschritte (y) gezeigt sowie die rekurrenten Werte (r), die zwischen den Zeitschritten weitergereicht werden (symbolisiert durch die gepunkteten Linien).

Bei der Verwendung von *Dropouts* werden zufällig ausgewählte x-Eingaben weggelassen. Bei *rekurrenten Dropouts* werden dagegen zufällig ausgewählte r-Werte verworfen.

Weitere Informationen über die Funktionsweise von rekurrenten Dropouts aus einer tieferen mathematischen Sicht finden Sie im Forschungspapier »A Theoretically Grounded Application of Dropout in Recurrent Neural Networks« von Yarin Gal und Zoubin Ghahramani (*https://oreil.ly/MqqRR*). In seinen Forschungen zur Unsicherheit beim Deep Learning (*https://oreil.ly/3v8IB*) beschreibt Gal, dass für jeden Zeitschritt dieselbe Dropout-Maske verwendet werden sollte und dass entsprechend eine konstante Dropout-Maske über alle Zeitschritte hinweg angewendet werden sollte.

Um Dropout und rekurrentes Dropout zu verwenden, müssen Sie die entsprechenden Parameter für Ihre Schichten angeben. Für das weiter oben vorgestellte GRU reichte es aus, einen Parameter in den rekurrenten Schichten zu setzen und eine zusätzliche Schicht zwischen den RNNs und den linearen Schichten einzufügen:

```
class SimpleRNNModel(nn.Module):
    def __init__(self, input_size=1, hidden_size=100,
                 output_size=1, dropout_rate=0.1):
        super(SimpleRNNModel, self).__init__()

        self.rnn1 = nn.GRU(input_size=input_size,
                           hidden_size=hidden_size,
                           batch_first=True,
                          dropout=dropout_rate)

        self.rnn2 = nn.GRU(input_size=hidden_size,
                           hidden_size=hidden_size,
                           batch_first=True,
                          dropout=dropout_rate)

        self.dropout = nn.Dropout(dropout_rate)
        self.linear = nn.Linear(hidden_size, output_size)
```

Jeder Parameter übernimmt einen Wert zwischen `0` und `1`, der das Verhältnis der Werte angibt, die ausgelassen werden sollen. Der Wert `0.1` sorgt beispielsweise für ein Dropout bei 10 % der Werte.

Das Training eines Modells mit Dropouts wie diesen zeigt eine deutlich steilere Lernkurve, die bei 100 Epochen immer noch einen Abwärtstrend besitzt. Die Validierungskurve ist relativ flach, was bedeutet, dass ein größerer Validierungsdatensatz nötig sein könnte. Die Kurve ist außerdem ziemlich verrauscht, was bei der Verwendung von Dropouts häufig der Fall sein kann. Dies ist ein Hinweis darauf, dass Sie die Anzahl der Dropouts und die Parameter von Verlustfunktion, Optimizer und Lernrate weiter anpassen sollten (siehe Abbildung 11.16).

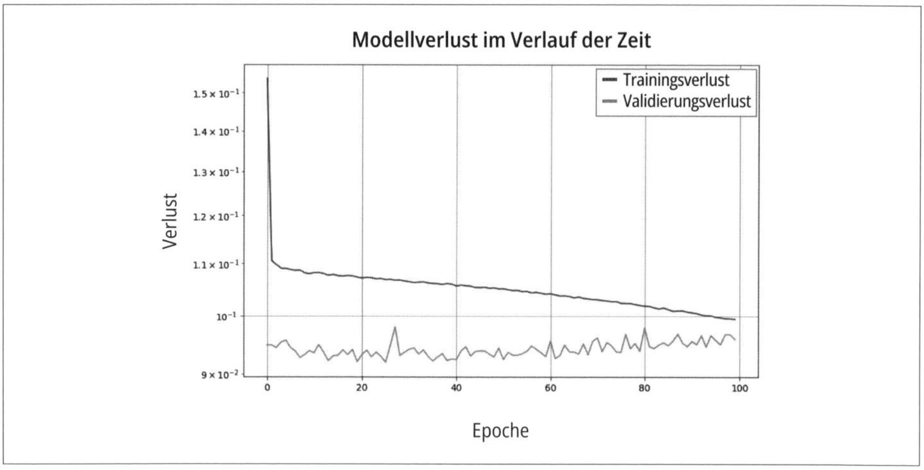

Abbildung 11.16: Verlustkurven für Training und Validierung bei Verwendung eines GRU mit Dropout

Wie Sie in diesem Kapitel gesehen haben, ist die Vorhersage von Zeitreihendaten mit neuronalen Netzwerken nicht ganz einfach. Allerdings können Anpassungen der Hyperparameter das Modell und damit auch die Qualität der Vorhersagen deutlich verbessern.

Bidirektionale RNNs verwenden

Eine weitere Technik für die Klassifizierung von Sequenzen ist das bidirektionale Training. Das mag zunächst nicht besonders intuitiv erscheinen, weil Sie sich fragen, wie zukünftige Werte vergangene Werte beeinflussen sollen. Dabei sollten Sie aber nicht vergessen, dass Zeitreihendaten Saisonalität enthalten können, die sich im Laufe der Zeit wiederholt, und letztlich ist der Einsatz von neuronalen Netzwerken für die Vorhersage auch nur eine Form hoch entwickelter Mustererkennung. Gehen wir davon aus, dass sich die Daten wiederholen, könnte ein Signal für die Art dieser Wiederholung in zukünftigen Werten zu finden sein. Beim bidirektionalen Training können wir das Netzwerk darauf trainieren, nach Mustern zu suchen, während es sich von Zeitschritt t zu Zeitschritt $t + x$ bewegt und von Zeitschritt $t + x$ in Richtung Zeitschritt t.

Die Programmierung für dieses Verfahren ist glücklicherweise nicht schwer. Nehmen wir beispielsweise das GRU aus dem vorherigen Abschnitt. Um es bidirektional zu machen, müssen Sie einfach einen Wert für den Parameter `bidirectional` angeben. Das sorgt dafür, dass für jeden Schritt zweimal trainiert wird – einmal mit den Sequenzdaten in der ursprünglichen Reihenfolge und einmal umgekehrt. Die Ergebnisse werden dann vor dem jeweils nächsten Schritt zusammengefasst.

Hier ein Beispiel:

```
class BidirectionalGRUModel(nn.Module):
    def __init__(self, input_size=1, hidden_size=100,
                 output_size=1, dropout_rate=0.1):
        super(BidirectionalGRUModel, self).__init__()
```

```
        self.gru1 = nn.GRU(input_size=input_size,
                           hidden_size=hidden_size,
                           batch_first=True,
                           dropout=dropout_rate,
                           bidirectional=True)

        self.gru2 = nn.GRU(input_size=hidden_size * 2,
                           hidden_size=hidden_size,
                           batch_first=True,
                           dropout=dropout_rate,
                           bidirectional=True)

        # Zusätzliche Schichten
        self.fc1 = nn.Linear(hidden_size * 2, hidden_size)
        self.relu = nn.ReLU()
        self.dropout = nn.Dropout(dropout_rate)
        self.linear = nn.Linear(hidden_size, output_size)

    def forward(self, x):
        out1, _ = self.gru1(x)
        out2, _ = self.gru2(out1)
        last_out = out2[:, -1, :]

        # Zusätzliche Verarbeitung
        x = self.fc1(last_out)
        x = self.relu(x)
        x = self.dropout(x)
        output = self.linear(x)
        return output
```

Ein Diagramm der Trainingsergebnisse mit einem bidirektionalen GRU mit Dropouts für die Zeitreihe sehen Sie in Abbildung 11.17. Zwar hat sich der MAE leicht verbessert, aber die größere Veränderung liegt darin, dass die Kurve im Vergleich zur Version mit nur einer Richtung eine deutlich kleinere zeitliche Verzögerung zeigt.

Eine Anpassung der Trainingsparameter, insbesondere `window_size`, um mehrere Saisons zu überblicken, kann zusätzlich große Auswirkungen auf das Ergebnis haben.

Abbildung 11.17: Training für eine Zeitreihenvorhersage mit einem bidirektionalen GRU

Wie Sie sehen, lohnt sich das Experimentieren mit verschiedenen Netzwerkarchitekturen und unterschiedlichen Hyperparametern, um die Gesamtvorhersagen zu verbessern. Die beste Wahl hängt dabei stark von den Daten ab. Die Fähigkeiten, die Sie in diesem Kapitel gelernt haben, können Ihnen bei der Arbeit mit bestimmten Datensätzen helfen.

Zusammenfassung

In diesem Kapitel haben Sie verschiedene Netzwerktypen für die Erstellung von Vorhersagemodellen für Zeitreihen erforscht. Wir haben das einfache DNN aus Kapitel 10 mit Faltungsschichten erweitert, und Sie haben mit rekurrenten Netzwerktypen wie einfachen RNNs, GRUs und LSTMs experimentiert. Sie haben außerdem gelernt, wie Sie Hyperparameter und die Netzwerkarchitektur anpassen können, um die Genauigkeit des Modells zu verbessern. Außerdem haben Sie das Arbeiten mit realen Datensätzen geübt, inklusive eines massiven Datensatzes, der Temperaturaufzeichnungen aus mehreren Jahrhunderten enthielt.

Damit sind Sie bereit für die Erstellung von Netzwerken für verschiedenste Datensätze und haben ein gutes Verständnis davon, was für ihre Optimierung nötig ist!

TEIL II

Generative KI einsetzen

KAPITEL 12

Konzepte der Inferenz

Bisher haben wir uns in diesem Buch hauptsächlich mit dem *Training* von Modellen mit PyTorch sowie mit der Erstellung von Modellen beschäftigt, die mit Bildern (Computer Vision), Textinhalten (NLP) und mit Sequenzen umgehen können. Im Rest dieses Buchs geht es um den Einsatz *bereits trainierter Modelle*, mit denen Vorhersagen für neue Daten getroffen werden, die sogenannte *Inferenz*. Dabei werden wir uns besonders mit der Verwendung großer generativer Modelle für Text-zu-Text- und Text-zu-Bild-Anwendungen beschäftigen, wie sie in der generativen KI zum Einsatz kommt.

Vorher müssen Sie allerdings die zugrunde liegende Datentransfertechnologie verstehen. Wir sind in den Kapiteln zum Training bereits am Rande darauf eingegangen. Bei einer detaillierteren Beschäftigung mit Machine Learning – entweder beim Training oder bei der Inferenz – müssen Sie in der Lage sein, die zugrunde liegenden Konzepte von Tensoren zu verstehen.

Letztlich spielt es keine Rolle, mit welchem Datentyp Sie arbeiten. Sie konvertieren die Daten in Tensoren und speisen sie *in* das Modell ein. Genauso unwichtig ist es, welche Art von Daten Sie Ihren Nutzerinnen und Nutzern letztlich zurückgeben wollen. Sie erhalten die Daten ebenfalls in Form von Tensoren zurück.

In vielen Fällen werden Sie Hilfsfunktionen wie *Transformer* einsetzen, auf die wir in Kapitel 15 (im Zusammenhang mit LLMs) eingehen, sowie *Diffusers*, die Sie in Kapitel 19 (das sich mit Bilderzeugung beschäftigt) kennenlernen werden. Und auch wenn Sie es dort nicht direkt mit Tensoren zu tun haben, kommen sie hinter den Kulissen zum Einsatz.

Tensoren

Ein *Tensor* ist ein Array, das eine beliebige Zahl von Dimensionen haben kann. Tensoren werden typischerweise genutzt, um numerische Daten für Deep-Learning-Algorithmen zuzuordnen. Tensoren sind Container, die Zahlen in vielen Dimensionen enthalten können.

Tensoren können einfache skalare Werte (in null Dimensionen), Vektoren (in einer Dimension) oder Matrizen (in zwei oder mehr Dimensionen) enthalten. In PyTorch bilden Tensoren die grundlegende Datenstruktur für alle Berechnungen.

Sie bilden außerdem den Ursprung des Namens *TensorFlow*, das alternative Deep-Learning-Framework von Google.

Hier ein paar Beispiele für Tensoren in PyTorch, die durch einen Aufruf von `torch.tensor` erzeugt wurden:

```
import torch

# Skalar (0-D-Tensor)
scalar = torch.tensor(42)  # Einzelne Zahl

# Vektor (1-D-Tensor)
vector = torch.tensor([1, 2, 3, 4])  # Array mit Zahlen

# Matrix (2-D-Tensor)
matrix = torch.tensor([[1, 2, 3],
                       [4, 5, 6]])  # 2 x 3-Raster mit Zahlen

# Matrix (3-D-Tensor)
cube = torch.tensor([[[1, 2], [3, 4]],
                     [[5, 6], [7, 8]]])  # 2 x 2 x 2-Würfel mit Zahlen
```

Der Nutzen von Tensoren für das Machine Learning liegt vor allem in ihrer Flexibilität, verschiedene Wertetypen zu enthalten. Zahlen können als 0-D-Tensoren gespeichert werden, Embedding-Vektoren, die Text darstellen, als 1-D-Tensoren, und Bilder können als 3-D-Tensoren dargestellt werden, bei denen die Dimensionen für Höhe, Breite und Pixelwert stehen können. Darüber hinaus können für Batches weitere Dimensionen hinzugefügt werden. So kann ein Bild beispielsweise als 3-D-Matrix dargestellt werden. Anstatt 100 Bilder aber nun als 100 einzelne 3-D-Tensoren zu speichern, können Sie diese auch als einen gemeinsamen 4-D-Tensor abbilden, bei dem die vierte Dimension die Indizes für die einzelnen Bilder enthält.

Wenn Sie `torch.tensor` verwenden, sollten Sie daran denken, dass viel Arbeit und hohe Investitionen darauf verwendet wurden, die Tensoren für eine Ausführung auf GPUs zu optimieren, was sie für Deep-Learning-Berechnungen besonders effizient macht.

Bilddaten

Üblicherweise werden Bilder in Formaten wie JPEG oder PNG gespeichert, die optimiert sind für die Betrachtung durch Menschen und für eine effiziente Speicherung. Jeder Bildpunkt (Pixel) besteht normalerweise aus einer Reihe von Werten, die jeweils für die Intensität eines bestimmten Farbkanals stehen. Dabei enthält ein Bild typischerweise 24 Bit an Daten pro Pixel, je 8 Bit pro Farbkanal (Rot, Grün und Blau). Bei Bildern mit 32 Bit pro Pixel werden die zusätzlichen 8 Bit für einen Alpha- oder Transparenzkanal verwendet.

Ein grünes Pixel könnte für die Rot-, Blau- und Alpha-Kanäle den Wert `0` haben und für den Grün-Kanal den Wert `255`. Ist das Pixel halb transparent, wären die Werte für Rot und Blau weiterhin `0`, für Grün `255` und für den Alpha-Kanal `128`.

Bilddateien sind oftmals *komprimiert*. Es wurde also ein mathematisches Verfahren angewandt, um die Datenmenge für das Bild zu verringern. Ein Bild kann außerdem Metadaten,

Dateiheader und weitere Informationen enthalten. Sobald das Bild im Arbeitsspeicher gelandet ist, wird es normalerweise auf die oben genannten 32 Bit pro Pixel dekomprimiert.

Intern speichern ML-Modelle Bilddaten typischerweise als Zahlenbereich zwischen `-1` und `1` anstelle von `0` bis 255. Wollen wir die Details eines Bilds lernen, ist es daher sinnvoll, die Werte zu standardisieren, indem wir uns auf die wichtigen *Variationen* zwischen den Pixelintensitäten konzentrieren anstatt nur auf ihre Werte. Eine Standardisierungsmethode besteht beispielsweise darin, wie weit ein bestimmter Pixelwert vom Mittelwert und der Standardabweichung entfernt ist. Dadurch erhalten wir ein weiteres Spektrum an Werten, was zu sanfteren Verlustkurven und effizienterem Lernen führen kann.

In PyTorch können Sie dafür Code wie diesen einsetzen:

```
import torch
from torchvision import transforms
from PIL import Image

def prepare_image(image_path):
    # Das Bild mit PIL laden
    raw_image = Image.open(image_path)

    # Transformationen definieren
    preprocess = transforms.Compose([
        transforms.Resize(256),
        transforms.CenterCrop(224),
        transforms.ToTensor(),
        transforms.Normalize(
            mean=[0.485, 0.456, 0.406],
            std=[0.229, 0.224, 0.225]
        )
    ])

    # Transformationen anwenden
    input_tensor = preprocess(raw_image)

    # Batch-Dimension hinzufügen
    input_batch = input_tensor.unsqueeze(0)
    return input_batch
```

Dieser Code nutzt die besonders beliebte Python-Bibliothek *Pillow*, kurz PIL.

Hier liest die PIL-Funktion `Image.open` das Bild, dekomprimiert es und wendet dann eine Reihe von Transformationen auf die resultierenden Pixel an, um die Kanäle in Machine-Learning-freundliche Werte umzuwandeln, wie oben beschrieben wurde, und sie anschließend in Tensoren umzuwandeln.

Anschließend liegt der `input_tensor` als 3-D-Matrix/-Tensor vor. Sollen mehrere davon als Batch verarbeitet werden, können wir `unsqueeze()` verwenden, um eine neue Dimension hinzuzufügen. Wir erhalten also ein 4-D-Tensor.

Abbildung 12.1 zeigt ein einzelnes Bild als 3-D-Tensor mit jeweils einer Dimension für die Farbtiefe.

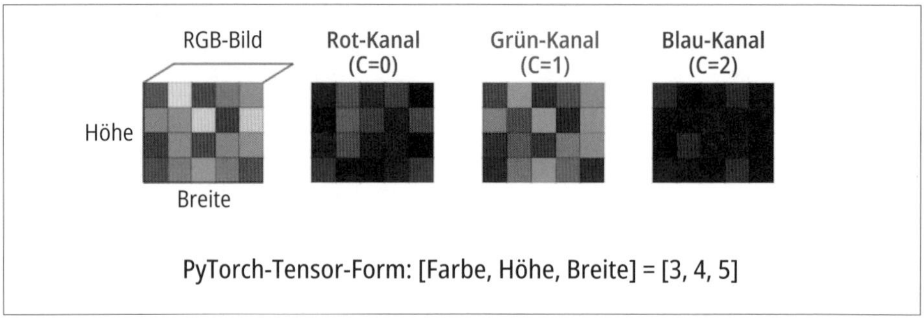

Abbildung 12.1: Darstellung eines RGB-Farbbilds als Tensor

In Abbildung 12.2 sehen Sie einen Batch mit mehreren Bildern, der als vierte Dimension dargestellt wird.

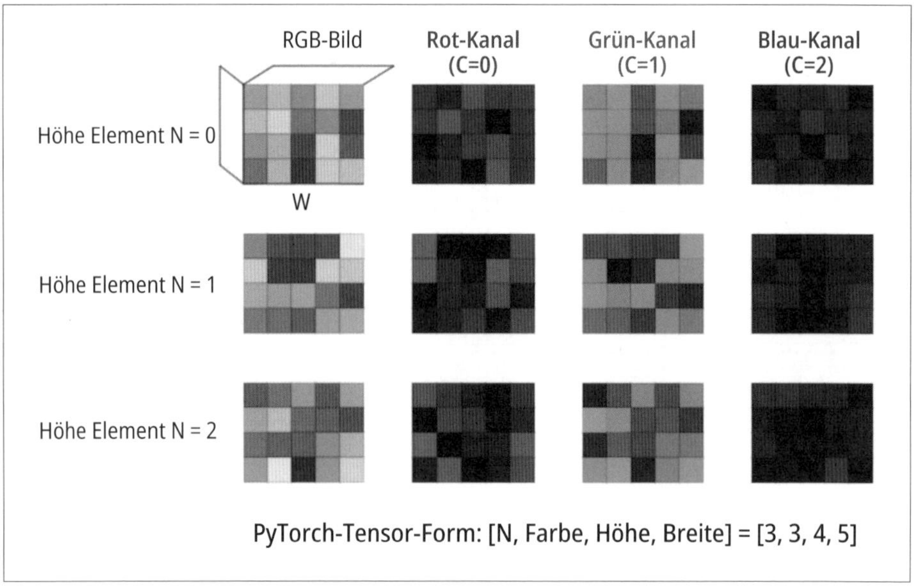

Abbildung 12.2: Tensor, der einen Batch mit RGB-Farbbildern darstellt

Textdaten

Textdaten werden üblicherweise als Strings wie »Die Katze saß auf der Matratze« gespeichert. Um ein Modell zu trainieren oder Text wie diesen an ein bereits trainiertes Modell zu übergeben, ist das allerdings ziemlich umständlich. Wie Sie aus den vorherigen Kapiteln wissen, werden Modelle mit numerischen Daten trainiert. Die beste Methode besteht also in einer *Tokenisierung* oder in einer Berechnung der *Embeddings* der Wörter (oder Wortbestandteile), indem man sie in Vektoren umwandelt. Wenn Sie Embeddings für einen Text berechnen wollen, können Sie auch bestimmte Stimmungen (zum Beispiel Sarkasmus) encodieren, wie in den Kapiteln 5 und 6 beschrieben.

Hier ein einfaches Beispiel mit zwei Sätzen:

```
texts = [
    "I love my dog",              # "Ich liebe meinen Hund"
    "The manatee became a doctor" # "Die Seekuh wurde Arzt"
]
```

Mithilfe eines Tokenizers können Sie den Text in eine Reihe von Zahlen *tokenisieren*. Sie können, wie in Kapitel 5 beschrieben, Ihre eigenen tokenisierten Zahlenfolgen anlegen oder einen bereits fertigen Tokenizer nutzen, zum Beispiel BERT:

```
import torch
from transformers import BertTokenizer, BertModel

def text_to_embeddings(texts):
    # Vortrainierten BERT-Tokenizer und Modell laden
    tokenizer = BertTokenizer.from_pretrained('bert-base-uncased')
    model = BertModel.from_pretrained('bert-base-uncased')
    model.eval()  # In Auswertungsmodus versetzen

    # Eingabetexte tokenisieren
    encoded = tokenizer(
        texts,
        padding=True,         # Zu kurze Sequenzen auffüllen
        truncation=True,      # Zu lange Sequenzen kürzen
        return_tensors='pt'   # PyTorch-Tensoren zurückgeben
    )
```

Weitere Informationen über die `transformers`-Bibliothek und über die Nutzung für BERT finden Sie in Kapitel 13 und den folgenden Kapiteln.

Die wichtige Zeile ist in diesem Fall die letzte, in der wir den Tokenizer anweisen, Tensoren im PyTorch-Format zurückzugeben. Die Ergebnisse können dann so aussehen:

```
Encodings:
tensor([[  101,  1045,  2293,  2026,  3899,   102,     0,     0],
        [  101,  1996, 24951, 17389,  2150,  1037,  3460,   102]])
```

Bei genauer Betrachtung fällt auf, dass die zwei Sätze in Zahlenfolgen umgewandelt wurden. Der erste Satz mit vier Wörtern wird in sechs Zahlen übersetzt. Der zweite Satz mit sechs Wörtern wird durch acht Zahlen ausgedrückt. Beide Tensoren beginnen mit der Zahl `101` und enden (vor der Auffüllung) mit der Zahl `102`. Dies sind spezielle Tokens, die den Anfang und das Ende des Satzes markieren.

Ein String kann als 1-D-Vektor ausgedrückt werden. Hier haben wir es aber mit mehreren Strings zu tun. Durch das Hinzufügen einer zweiten Dimension können wir alle Strings in einem gemeinsamen Tensor speichern. Dabei steht der Wert mit dem Index 0 für den ersten Satz, der Wert mit dem Index 1 für den zweiten und so weiter.

Das BERT-Modell kann außerdem Embeddings aus den Sätzen erstellen. Hierbei wird für jedes Wort des Satzes ein Embedding angelegt. Diese werden anschließend summiert, um einen Satz an Gesamtwerten zu erhalten. In der Basisversion von BERT besteht jedes Embedding aus einem 1-D-Vektor mit 768 Werten. Das Embedding für einen Satz folgt diesem Muster. Mehrere Sätze erhalten, wie oben gezeigt, eine zweite Dimension.

Hier der Code:

```
# Embeddings erzeugen
with torch.no_grad():  # Berechnung von Gradienten nicht nötig
    outputs = model(**encoded)
    embeddings = outputs.last_hidden_state
```

Jedes Embedding besitzt 768 Werte, die ich hier nicht alle ausgeben werden. Die Embeddings für das erste Wort sehen ungefähr so aus:

```
First word embedding (first 5 values):
        tensor([ 0.0401,  0.3046,  0.0669, -0.1975, -0.0103])
```

Keine Sorge, wenn Sie das jetzt noch nicht vollständig verstehen. Wir werden ab Kapitel 13 genauer darauf eingehen. Wichtig ist hier vor allem, dass ein Tensor eine hoch flexible Matrix mit einer beliebigen Zahl an Dimensionen ist, die als konsistente Eingabe für ein Modell dient. Sie müssen Modelle also nicht an verschiedenen Datentypen trainieren. Als Ein- und Ausgabe werden grundsätzlich Tensoren verwendet.

Tensoren als Ausgabe eines Modells

Wie bereits gesagt, liegt die Stärke der Tensoren in ihrer Konsistenz. Sobald es Tensoren gibt, können Sie diese in einer einheitlichen Programmierung verwenden, unabhängig davon, welchen Datentyp Sie an das Modell *übergeben*. Das Gleiche gilt, wenn das Modell Tensoren *ausgibt*.

Nehmen Sie beispielsweise einen Datensatz wie *ImageNet*, der 15 Millionen Bilder aus über 21.000 Kategorien enthält. Um ein Modell zu entwerfen, das Bilder aus diesem Datensatz erkennt, brauchen Sie 21.000 Ausgabeneuronen. Jedes Neuron gibt dabei an, wie wahrscheinlich das Bild zu einer bestimmten Kategorie gehört. Steht Neuron 0 beispielsweise für »goldfish«, ist der Ausgabewert der Inferenz die Wahrscheinlichkeit, mit der das Bild einen Goldfisch zeigt.

Anstatt die Klassifizierung auszugeben, gibt das Modell also die Werte aller seiner Ausgabeneuronen zurück. Diese Werte werden oftmals als *Logits* bezeichnet.

Diese Werteliste ist letztlich ein 1-D-Vektor. Daher ist ein Tensor hier selbstverständlich der passende Datentyp.

Es folgt ein simuliertes Beispiel mit einem Satz beispielhafter Ausgaben von mehreren Bildern, die dem Modell übergeben wurden, und einer Liste der Namen der Kategorien (`class_names`):

```
# ImageNet-Kategorien (vereinfacht - nur ein paar Beispiele)
class_names = [
    'tench', 'goldfish', 'great white shark', 'tiger shark',
    'hammerhead shark', 'electric ray', 'stingray', 'rooster', 'hen',
    'ostrich', 'brambling', 'goldfinch', 'house finch', 'junco',
    'indigo bunting', 'robin', 'bulbul', 'jay', 'magpie', 'chickadee'
]
```

```
# Modellausgabe zu Demonstrationszwecken simulieren
# Kommt normalerweise von model(input_tensor)
example_output = torch.tensor([
    [ 1.2,  4.5, -0.8,  2.1,  0.3,  # Vorhersagen für Bild 1
     -1.5,  0.9,  3.2, -0.4,  1.1,
      0.5, -0.2,  1.8,  0.7, -1.0,
      2.8,  1.6, -0.6,  0.4,  1.3],
    [-0.5,  5.2,  0.3,  1.4, -0.8,  # Vorhersagen für Bild 2
      0.9,  1.2,  2.8,  0.6,  1.5,
     -1.1,  0.4,  2.1,  0.2, -0.7,
      1.9,  0.8, -0.3,  1.6,  0.5]
])
```

Da *Tensoren* ausgegeben werden, können wir viele der in PyTorch integrierten Funktionen nutzen.

Beim Umgang mit diesen Ausgabewerten wollen wir die besten Ergebnisse finden und sie eventuell auf einen bestimmten Bereich beschränken. Die *Softmax*-Funktion ist besonders gut geeignet, um die rohen Ausgaben in Wahrscheinlichkeiten umzurechnen, während *TopK* vor allem bei der Auswahl der besten *k* Werte funktioniert.

```
def interpret_output(output_tensor, top_k=5):
    # Logits per Softmax in Wahrscheinlichkeiten konvertieren
    probabilities = torch.nn.functional.softmax(output_tensor, dim=1)

    # Die besten k Wahrscheinlichkeiten und Klassenindizes ermitteln
    top_probs, top_indices = torch.topk(probabilities, k=top_k)

    # Zur einfacheren Handhabung ins numpy-Format konvertieren
    top_probs = top_probs.numpy()
    top_indices = top_indices.numpy()

    return top_probs, top_indices
```

Anschließend können die Werte in das NumPy-Format konvertiert werden, damit anderer Code leichter damit umgehen kann, etwa für die Ausgabe.

Unten sehen Sie ein Beispiel für eine Ausgabe nach der Anwendung von Softmax und TopK, um die Daten zu filtern:

```
Image 1 Predictions:
------------------------
Raw logits (first 5): [1.2000000476837158, 4.5, -0.800000011920929,
                       2.0999999046325684, 0.30000001192092896]

Top 5 Predictions:
1. goldfish: 52.3%
2. rooster: 14.2%
3. robin: 9.5%
4. tiger shark: 4.7%
5. house finch: 3.5%
```

Den vollständigen Code finden Sie im GitHub-Repository (*https://github.com/lmoroney/PyTorch-Book-FIles*) zu diesem Buch.

Zusammenfassung

In diesem Kapitel haben Sie einen kurzen Einblick in Tensoren und die hierfür nötigen Grundkonzepte erhalten. Tensoren sind eine flexible Datenstruktur. Sie stellen die beste Möglichkeit dar, Daten – einzeln oder als Batches – an ein ML-Modell zu *übergeben*, und zwar unabhängig davon, was die Daten darstellen. Sie dienen außerdem als konsistente Methode für den Umgang mit den Ausgaben eines Modells. Hierbei werden die Werte typischerweise über Neuronen ausgegeben, die in der Ausgabeschicht als Liste vorliegen. Wenn Sie wissen, wie Sie Tensoren richtig einsetzen, können Sie eine Grundlage für den Datenfluss *in* ein Modell und *aus* ihm *heraus* schaffen.

Nachdem wir uns in den vorherigen Kapiteln vor allem mit dem Training von Modellen beschäftigt haben, wollen wir uns nun der Inferenz zuwenden. Hierbei geht es vor allem um generative KI. Im folgenden Kapitel zeigen wir Ihnen, wie Sie Ihre Modelle für den Produktivbetrieb bereitstellen können.

KAPITEL 13

PyTorch-Modelle für den produktiven Betrieb bereitstellen

In den vorherigen Kapiteln dieses Buchs haben Sie eine Reihe von Szenarien für das Training von ML-Modellen kennengelernt, inklusive solcher für Computer Vision, NLP und Sequenzmodellierung. Aber das war lediglich der erste Schritt. Ein Modell hat nur geringen Nutzen, solange niemand seine Fähigkeiten verwenden kann! In diesem Kapitel stellen wir Ihnen einige beliebte Werkzeuge vor, mit denen Sie ML-Modelle für andere zur Nutzung bereitstellen können.

Es gehört deutlich mehr dazu, ein trainiertes PyTorch-Modell für den produktiven Betrieb in den Dienst zu stellen, als es einfach nur verfügbar zu machen. Genau zu diesem Zweck wurde die Disziplin der *Machine Learning Operations* (MLOps) geschaffen. Wenn Sie diese Modelle produktiv bereitstellen wollen, müssen Sie die neuen Herausforderungen verstehen, zum Beispiel den Umgang mit Echtzeit-Requests, die Verwaltung von Rechenressourcen, das Sicherstellen eines verlässlichen Betriebs und die Aufrechterhaltung der Leistung unter wechselnden Lastbedingungen.

Letztlich geht es bei MLOps um den Brückenschlag zwischen Data Science und Software Engineering. Eine detaillierte Beschäftigung mit diesem Thema würde allerdings den Rahmen dieses Kapitels sprengen, aber es gibt eine Reihe sehr guter O'Reilly-Bücher, zum Beispiel *Implementing MLOps in the Enterprise* (*https://learning.oreilly.com/library/view/implementing-mlops-in/9781098136574*) von Yaron Haviv und Noah Gift sowie *LLMOps* (*https://learning.oreilly.com/library/view/llmops/9781098154196*) von Abi Aryan.

In diesem Kapitel stellen wir Ihnen zwei beliebte Ansätze für die produktive Bereitstellung von PyTorch-Modellen vor.

Wir beginnen mit *TorchServe*, der offiziellen Serverlösung von PyTorch. TorchServe bietet ein robustes Framework, das besonders auf die Bereitstellung von Deep-Learning-Modellen in großem Maßstab ausgelegt ist. Es ist ohne zusätzliche Erweiterungen in der Lage, die Standardanforderungen zu erfüllen. Hierzu gehören die Versionierung von Modellen, A/B-Testing und die Erfassung von Kennzahlen. TorchServe ist außerdem eine ausgezeichnete Wahl für Teams, die nach einer Lösung suchen, die mit minimalem Aufwand für den Produktivbetrieb eingesetzt werden kann.

Anschließend untersuchen wir die Erstellung von Serverlösungen mit dem ebenfalls sehr beliebten *Flask*-Framework. Dieses ist vor allem für Entwicklerinnen und Entwickler geeignet, die mehr Flexibilität benötigen oder weniger komplexe Anforderungen an den Server stellen. Die Einfachheit und das umfangreiche Ökosystem von Flask machen es zu einer hervorragenden Wahl für kleinere Projekte und Proof-of-Concept-Dienste.

Während Sie dieses Kapitel durcharbeiten, bekommen Sie selbst Gelegenheit, einige der in früheren Kapiteln erstellten Modelle bereitzustellen und über Serveraufrufe, Inferenzen auf ihnen durchzuführen.

Einführung in TorchServe

> Zu Beginn der offiziellen TorchServe-Dokumentation (*https://docs.pytorch.org/serve/*) findet sich der Hinweis, dass das Projekt nicht weitergepflegt wird. Vorhandene Releases bleiben zwar weiterhin verfügbar, es gibt aber keine geplanten Updates, Bug Fixes, neue Features oder Sicherheitspatches. Nutzer sollten sich im Klaren darüber sein, dass Sicherheitslücken möglicherweise nicht mehr geschlossen werden.
>
> Diese Tatsache war bei Drucklegung der englischen Ausgabe noch nicht bekannt. Am Ende des Kapitels finden Sie eine Reihe möglicher Alternativen zu TorchServe.

TorchServe ist das Standard-Server-Framework von PyTorch, das besonders auf Leistung und Flexibilität ausgelegt ist. Sie finden es unter pytorch.org/serve (*http://pytorch.org/serve*).

Ursprünglich war TorchServe als Referenzimplementierung eines Modellservers mit einer modularen und erweiterbaren Architektur gedacht. Inzwischen hat es sich allerdings zu einem voll ausgestatteten Framework auf professionellem Niveau entwickelt, das für jede Art von Serveraufgabe bestens geeignet ist.

Die modulare Architektur soll dabei helfen, die Komplexität der produktiven Bereitstellung von Modellen in großem Maßstab in den Griff zu bekommen. Aus diesem Grund besteht TorchServe aus folgenden Komponenten:

Der Modellserver
: Der Hauptbestandteil ist der PyTorch-Modellserver selbst. Er verwaltet den Lebenszyklus von Modellen und kümmert sich um sämtliche Inferenzanfragen. Er stellt die Endpunkte für Modellverwaltung und Inferenz bereit. Dabei werden REST- und gRPC-Aufrufe unterstützt.

Model-Worker
: Dies sind unabhängige Prozesse, die Modelle laden und die Inferenz auf ihnen durchführen. Jeder Worker läuft von den anderen isoliert. Sie sind so entworfen, dass, sollte es in einer Multimodel-Umgebung zu Problemen mit einem Modell kommen, die übrigen Modelle weiter funktionieren.

Model-Handler
: Für den Umgang mit Preprocessing, Inferenz und Postprocessing für bestimmte Modelltypen gibt es eigene Python-Klassen. Wie Sie gleich selbst sehen werden, ergänzen die Model-Handler den Modellcode. Daher gilt es grundsätzlich als gute Praxis, die Handler in eigenen Klassen vorzuhalten.

Der Model-Store

Für die Bereitstellung von Modellen mit TorchServe werden sogenannte »Modellarchive« oder MAR-Archive für das Objekt verwendet, das letztlich an den Nutzer zurückgegeben wird. Sobald Ihr Modell trainiert ist, sollten Sie es in dieses Format konvertieren. Der Model-Store ist der Ort, an dem diese Dateien abgelegt werden.

Das Schaubild in Abbildung 13.1 zeigt die Architektur eines TorchServe-Systems.

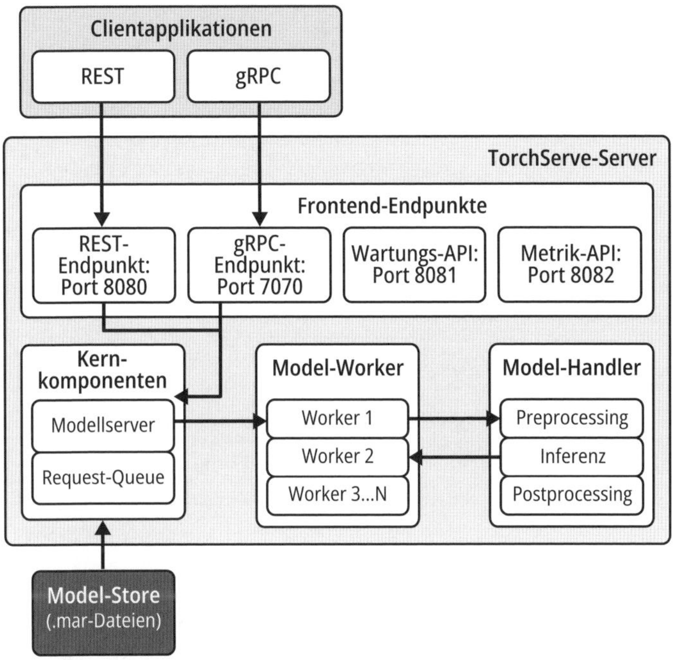

Abbildung 13.1: Die TorchServe-Serverinfrastruktur

Um eine Inferenz durchzuführen, ruft die Clientapplikation die Serverinfrastruktur via REST (Standardport 8080) oder gRPC (Standardport 7070) auf. Weitere Wartungsendpunkte sind über Port 8081 bzw. 8082 zugänglich.

Anschließend ruft der Endpunkt den Kern-Modellserver auf, der daraufhin eine passende Anzahl von Model-Worker-Prozessen startet. Die Model-Worker kommunizieren dann mit den Model-Handlern, die Preprocessing, Inferenz und Postprocessing durchführen. Das Modell selbst befindet sich im Model-Store. Sollte es nicht im Arbeitsspeicher liegen, nutzt der Modellserver eine Request-Queue (Warteschlange), um es zu laden.

Im folgenden Abschnitt beschäftigen wir uns mit der Einrichtung eines TorchServe-Servers und seinem Einsatz, um an dem ersten Modell, das Sie in Kapitel 1 erstellt haben, Inferenzen durchzuführen.

TorchServe einrichten

Meiner Meinung nach lernt man am besten, indem man etwas Schritt für Schritt in einem einfachen, aber repräsentativen Szenario durchgeht. Für TorchServe installieren wir daher zuerst die Umgebung und arbeiten uns dann weiter vor.

Die Umgebung vorbereiten

Ich empfehle Ihnen dringend, eine virtualisierte Umgebung zu verwenden. In diesem Kapitel setze ich hierfür `venv` ein, eine von der Python-Community entwickelte, frei verfügbare Virtualisierungsumgebung, zu finden in der Python-Dokumentation (*https://oreil.ly/FNsPt*).

Selbst wenn Sie bereits mit Virtualisierungsumgebungen gearbeitet haben, sollten Sie mit einer frischen Installation beginnen, damit die nötigen Abhängigkeiten korrekt und vollständig installiert werden.

Mit dem folgenden Befehl können Sie eine virtuelle Umgebung anlegen:

```
python3 -m venv chapter13env
```

Dann starten Sie die Umgebung wie hier gezeigt:

```
source chapter13env/bin/activate
```

Anschließend können Sie TorchServe installieren. Für den Anfang empfehle ich Ihnen, TorchServe, den Modell-Archiver und den Workflow-Archiver zu installieren, wie hier gezeigt:

```
pip install torchserve torch-model-archiver torch-workflow-archiver
```

Bei Bedarf können Sie später weitere Abhängigkeiten installieren. Eine Schwierigkeit bei der Arbeit mit TorchServe liegt darin, dass Fehler in den Logdateien nur schwer zu finden sind. Das macht es kompliziert, herauszufinden, welche Abhängigkeiten tatsächlich gebraucht werden. Ich habe festgestellt, dass, wenn ich mit einer frischen Installation beginne, zumindest ein JDK neuer als Version 11 und PyYAML nötig sind. Das muss bei Ihnen aber nicht zwingend auch so sein.

Sobald diese Schritte erledigt sind, können Sie in das Verzeichnis wechseln, in dem Sie arbeiten möchten und in dem Sie ein Unterverzeichnis namens *model_store* anlegen sollten:

```
mkdir model_store
```

Danach legen Sie als Erstes die Konfigurationsdatei für Ihren TorchServe-Server mit dem Namen *config.properties* an.

Die config.properties-Datei anlegen

Diese Datei enthält eine Menge wichtiger Details. Näheres hierzu finden Sie auf der PyTorch-Website (*https://oreil.ly/czQh5*). Die wichtigsten Einstellungen betreffen die Endpunkte für Inferenz und Verwaltung, die standardmäßig auf die IP-Adresse 0.0.0.0 und die Portnummern 8080 bzw. 8081 eingestellt sind (wie in Abbildung 13.1 gezeigt). Darüber hinaus ist es wichtig, das gerade eingerichtete Verzeichnis für den Model-Store (`model_store=model_store`) korrekt anzugeben. Ich habe außerdem festgelegt, Debug-Meldungen zu protokollieren (`log_level=DEBUG`), um Probleme mit Abhängigkeiten möglichst schnell zu erkennen.

```
# config.properties
inference_address=http://0.0.0.0:8080
management_address=http://0.0.0.0:8081
metrics_address=http://0.0.0.0:8082
number_of_netty_threads=32
job_queue_size=1000
model_store=model_store
default_response_timeout=120
default_workers_per_model=1
log_level=DEBUG
```

Stellen Sie sicher, dass sich alle Einstellungen in einer Datei mit dem Namen *config.properties* befinden.

Das Modell definieren

In Kapitel 1 haben Sie ein Modell erstellt, das die Beziehung zwischen zwei Zahlengruppen gelernt hat, wobei die Beziehung durch die Gleichung $y = 2x - 1$ beschrieben wurde. Bei der Bereitstellung des Modells über einen Server ist es sinnvoll, die Modelldefinition und das Modelltraining auf separate Dateien zu verteilen. Die Modelldefinition wird später von einer weiteren Python-Datei genutzt, die als *Handler* bezeichnet wird, wie Sie gleich sehen werden. Hierfür sollten Sie eine Modelldefinition wie diese erstellen:

```
import torch
import torch.nn as nn

class SimpleLinearModel(nn.Module):
    def __init__(self):
        super().__init__()
        self.linear = nn.Linear(1, 1)

    def forward(self, x):
        return self.linear(x)
```

Danach speichern Sie die Datei unter dem Namen *linear.py*, um sie anschließend mit folgendem Code laden und für das Training verwenden zu können. Beachten Sie hier auch die fett gedruckte `import`-Anweisung für `SimpleLinearModel`:

```
import torch
import torch.nn as nn
import torch.optim as optim
from linear import SimpleLinearModel

def train_model():
    model = SimpleLinearModel()
    optimizer = optim.SGD(model.parameters(), lr=0.01)
    criterion = nn.MSELoss()

    xs = torch.tensor([[-1.0], [0.0], [1.0], [2.0], [3.0], [4.0]],
                      dtype=torch.float32)
```

```
    ys = torch.tensor([[-3.0], [-1.0], [1.0], [3.0], [5.0], [7.0]],
                      dtype=torch.float32)

    for _ in range(500):
        optimizer.zero_grad()
        outputs = model(xs)
        loss = criterion(outputs, ys)
        loss.backward()
        optimizer.step()

    return model
# Modell speichern
model = train_model()
torch.save(model.state_dict(), "model.pth")
```

In diesem Codebeispiel ist vor allem die letzte Zeile wichtig, in der das Modell nach dem Training in *model.pth* gespeichert wird. In der letzten Zeile sehen Sie dieses Codestück: `model.state_dic()`. Hiermit wird das State-Dictionary gespeichert, das den aktuellen Zustand des trainierten Modells enthält. Meiner Erfahrung nach funktioniert diese Art, ein Modell zu speichern, mit TorchServe am besten.

Anschließend führen Sie diesen Code aus, um die Datei zu erzeugen. Sie wird später gebraucht, um eine *.mar*-Datei zu erstellen, die in Ihrem Model-Store abgelegt wird. Bevor wir uns das genauer ansehen, brauchen wir noch eine Handler-Datei, über die wir im folgenden Abschnitt sprechen.

Die Handler-Datei anlegen

Sobald das Modell trainiert und gespeichert ist, müssen Sie eine Handler-Datei anlegen. Der Handler übernimmt die Schwerarbeit bei der Bereitstellung der Inferenz. Er lädt das Modell, kümmert sich um das Preprocessing und führt die Inferenz sowie bei Bedarf auch das Postprocessing durch, um die abgeleiteten Werte in das vom Nutzer benötigte Format zurückzuverwandeln.

Diese Datei sollte von der `torch`-Klasse `base_handler` erben, wie hier gezeigt:

```
from ts.torch_handler.base_handler import BaseHandler
```

Danach müssen Sie ein Model-Handler-Klasse anlegen, die diese Basisklasse überschreibt und eine Reihe von Methoden implementiert:

Die Deklaration und die Initialisierung der Klasse sind recht einfach. Hier wird einfach nur eine Statusmeldung ausgegeben:

```
class ModelHandler(BaseHandler):
    def __init__(self):
        super().__init__()
        self.initialized = False
        logger.info("ModelHandler initialized")
```

Beachten Sie, dass die Eigenschaft `initialized` in diesem Code den Wert `False` hat. Das wirkt auf den ersten Blick vielleicht etwas seltsam. Die Idee ist, dass der Code die *Klasse* initialisiert. Sie ist aber erst benutzbar, *nachdem* die `initialize`-Funktion aufgerufen wurde. Die Funktion lädt daraufhin das Modell und bereitet es für die Inferenz vor. Erst danach setzen wir `self.initialized` auf `True`. Beachten Sie, dass das Modell als `SimpleLinearModel` initialisiert wird. Sie müssen es also auf die gleiche Weise importieren wie für das Training.

Hier der Code:

```
def initialize(self, ctx):
    self.manifest = ctx.manifest
    properties = ctx.system_properties
    model_dir = properties.get("model_dir")

    # Modell laden
    serialized_file = "model.pth"
    model_pt_path = os.path.join(model_dir, serialized_file)
    self.device = torch.device("cuda:" + str(properties.get
                                         ("gpu_id"))
                  if torch.cuda.is_available() else "cpu")

    # Modell initialisieren
    self.model = SimpleLinearModel()
    state_dict = torch.load(model_pt_path, weights_only=True)
    self.model.load_state_dict(state_dict)
    self.model.to(self.device)
    self.model.eval()

    self.initialized = True
    return self
```

Zu Beginn wird `ctx.manifest` gelesen. Dies sind Informationen in der *.mar*-Datei, die für die Verwendung des Modells gebraucht werden (beispielsweise der Speicherort des Modells). Sie werden gleich sehen, wie man eine solche Datei anlegt.

Der übrige Code ist recht einfach: Wir erstellen eine Instanz des Modells (wie im oben stehenden Code als `SimpleLinearModel` bezeichnet) und laden die in *model.pth* gespeicherten Gewichtungen. Danach können wir das Modell auf das gewünschte Gerät verschieben, auf dem die Inferenz durchgeführt wird (zum Beispiel eine GPU oder – falls verfügbar – CUDA). Danach versetzen wir das Modell in den Auswertungsmodus, um Inferenzen durchzuführen. Ich habe festgestellt, dass TorchServe am besten funktioniert, wenn Sie das Modell zusammen mit seinem State-Dictionary speichern. Vergessen Sie also nicht, es wie gezeigt mit zu laden.

Anschließend können wir `self.initialized` auf `True` setzen und mit der Inferenz beginnen!

Als Nächstes müssen wir die `preprocess`-Methode überschreiben. Sie übernimmt die Eingabedaten und wandelt sie in das vom Modell benötigte Format um. Für die Übergabe der Daten an den Backend-Server gibt es eine Vielzahl verschiedener Wege. Es ist die Aufgabe der Preprocessing-Methode, korrekt damit umzugehen. Sie könnten beispielsweise einfache Parameter nutzen oder den Nutzern ermöglichen, eine JSON-Datei hochzuladen. Die Flexibilität der TorchServe-Architektur bietet viele Möglichkeiten – die Entscheidung liegt letztlich bei Ihnen.

Um das Beispiel nicht noch komplizierter zu machen, übernimmt dieser Code nur einen einfachen Parameter:

```
def preprocess(self, data):
    # Den Wert direkt ohne Decodierung übernehmen
    value = float(data[0].get("body"))
    tensor = torch.tensor([value], dtype=torch.float32).view(1, 1)
    return tensor.to(self.device)
```

Wie Sie sehen, geht es hier nicht nur darum, die Parameter zu *übernehmen*, sondern auch, sie in das vom Modell benötigte Format *umzuwandeln*. Dieser Code übernimmt den Parameter aus dem Request, konvertiert ihn in einen eindimensionalen Tensor und gibt diesen zurück. Dieser Tensor wird in der Inferenzmethode verwendet.

Die nächste Methode, die überschrieben werden muss, ist die Inferenzmethode (`inference`). An dieser Stelle übergeben wir die Daten an das Modell und erhalten die Ergebnisse zurück. Hier der Code:

```
def inference(self, data):
    """Inferenz auf den vorverarbeiteten Daten durchführen"""
    with torch.no_grad():
        results = self.model(data)
    return results
```

Diese Methode übernimmt die vorverarbeiteten Daten aus dem vorherigen Schritt. Um die Ausgaben zurückzuerhalten, müssen wir sie einfach nur weiterreichen. Weil wir nur eine einfache Inferenz und keine Backpropagation brauchen, führen wir den Code mit `torch.no_grad()` aus.

Zum Schluss kommt das Postprocessing, die Nachbearbeitung. Der Endnutzer erwartet keinen Tensor als Ausgabe, sondern eher menschenlesbare Daten. Daher kehren wir das Preprocessing um und verwandeln das Ergebnis mit NumPy wieder in eine Fließkommazahl:

```
def postprocess(self, inference_output):
    """Inferenzergebnis zurückgeben"""
    return inference_output.tolist()
```

Wie Sie sehen, sind diese Schritte speziell auf unser Modell abgestimmt. Ich habe sie absichtlich auf das Wesentliche beschränkt, damit Sie den Ablauf besser mitverfolgen können. Die allgemeine Architektur bleibt aber auch für andere Modelle gleich, unabhängig von ihrer Komplexität. Mir geht es darum, Ihnen hier ein Standardverfahren für den Umgang mit diesem Problem zu zeigen. Code, der `BaseHandler` erweitert, erleichtert Ihnen, alle möglichen Aspekte der Serverinfrastruktur zu nutzen – nicht nur das Weiterreichen von Daten.

Das Modellarchiv anlegen

Liegt das trainierte Modell vor, können Sie die dazugehörige Archivdatei anlegen, indem Sie `torch-model-archiver` aufrufen – das Kommandozeilenwerkzeug, das TorchServe zu diesem Zweck beiliegt.

Auch hier gilt es ein paar Dinge zu beachten. Unten sehen Sie den Befehl; die Parameter besprechen wir gleich:

```
torch-model-archiver
  --model-name simple_linear
  --version 1.0
```

```
  --serialized-file model.pth
  --handler model_handler.py
  --model-file models/linear.py
  --export-path model_store
  --force
  --extra-files models/linear.py,models/__init__.py
```

Bevor Sie ihn ausführen, sollten Sie noch einmal überprüfen, ob das Verzeichnis zum Speichern der Modelle wirklich existiert. (Am Anfang des Kapitels haben wir das Verzeichnis *model_store* genannt.) Verwechseln Sie das nicht mit Ihrem Quellcode! Dies kann einfach ein Unterverzeichnis sein. Angegeben wird es mit dem Parameter `export-path`.

Der Parameter `model-name` gibt an, wie das Modell im Model-Store heißen soll. Sie können hier einen beliebigen Namen vergeben, es muss also nicht der Klassenname sein. In diesem Beispiel habe ich das Modell `single-linear` genannt.

Der Parameter `version` kann ebenfalls einen beliebigen Wert haben. Er dient zur Überwachung. Wenn Sie neue Versionen Ihres Modells für neue Szenarien oder zur Fehlerbeseitigung trainieren, wollen Sie sehr wahrscheinlich im Auge behalten, welche Version was tut. Das können Sie dem Server an dieser Stelle mitteilen.

Nach dem Training des Modells haben Sie die Gewichte und das State-Dictionary in einer Datei gespeichert. Den Namen dieser Datei geben Sie mit dem Parameter `serialized-file` an. Hier lautet er *model.pth*.

Die Handler-Datei wird mit dem Parameter `handler` angegeben.

Wenn sowohl die Datei für das Training des Modells als auch der Handler eine Modelldefinition enthalten, kommt es oft zu Problemen. TorchServe weiß in diesem Fall nicht, welche der beiden Definitionen es verwenden soll. Aus diesem Grund habe ich sie in unterschiedlichen Dateien abgelegt. Dabei ist es wichtig, anzugeben, wo sich die Modelldefinition befindet. Das machen Sie mit dem Parameter `model-file`. Zusätzlich sollten Sie den Speicherort der Modelldefinition auch im Parameter `extra-files` angeben. Um sicherzustellen, dass die Modelldatei vom vom Model-Training und vom Model-Handler als Package importiert werden kann, habe ich sie im Verzeichnis *models* abgelegt und dort eine leere Datei namens *__init__.py* hinzugefügt. Damit der Modell-Archiver beides berücksichtigt, habe ich beide Dateien im Parameter `extra-files` angegeben.

Der Parameter `force` überschreibt ein möglicherweise im Verzeichnis *model_store* schon vorhandenes Modellarchiv. Beim Lernen bewahrt Sie dieser Parameter davor, das Modellarchiv manuell entfernen zu müssen, wenn Sie verschiedene Möglichkeiten ausprobieren.

Nachdem diese Zeile korrekt ausgeführt wurde, sollte Ihr Verzeichnis *model_store* eine Datei namens *simple_linear.mar* enthalten.

Den Server starten

Sobald Sie Ihr Archiv angelegt haben, können Sie TorchServe starten und das Modell laden. Der Befehl könnte zum Beispiel so aussehen:

```
torchserve
  --start
```

```
    --model-store model_store
    --ts-config config/config.properties
    --disable-token-auth
    --models simple_linear=model_store/simple_linear.mar
```

Der Parameter `--start` weist TorchServe an, mit der Arbeit zu beginnen. Auf die gleiche Weise können Sie den Server mit dem Parameter `--stop` anhalten (und die umfangreichen Textausgaben im Terminal beenden).

Der Parameter `--model-store` sollte auf das Verzeichnis zeigen, in dem die vorhin erstellte *.mar*-Datei liegt.

Der Parameter `--ts-config` sollte auf die zuvor erstellte Datei mit den Konfigurationseinstellungen (*config.properties*) zeigen.

Beim Lernen und Testen können Sie den Parameter `--disable-token-auth` nutzen, damit an den Server gesendete Befehle nicht authentifiziert werden müssen. In Systemen für den produktiven Betrieb sollten Sie ihn dagegen möglichst nicht verwenden!

Der Parameter `--models` gibt eine Liste der Modelle an, die der Server Ihren Nutzern zur Verfügung stellen soll. In unserem Fall ist es nur eines: das zuvor definierte Modell `simple_linear`. Der Pfad entspricht dem Speicherort der *.mar*-Datei im Parameter `model-store`.

Wenn alles klappt, können Sie im Terminal mitverfolgen, wie TorchServe startet und einen ganzen Roman an Statusmeldungen ausgibt, wie in Abbildung 13.2 gezeigt.

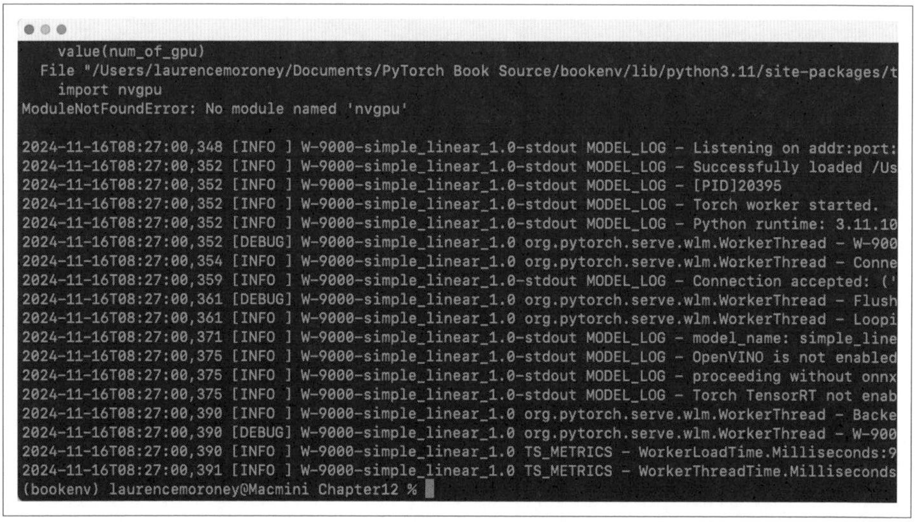

Abbildung 13.2: TorchServe starten

Sollte dieser Text immer weiterscrollen, gab es beim Start von TorchServe vermutlich einen Fehler. Aus Erfahrung vermute ich, dass es ein Problem mit den von TorchServe benötigten Abhängigkeiten gibt, die nicht installiert wurden (zum Beispiel PyYAML). Für solche Fälle haben wir in *config.properties* festgelegt, dass Debug-Meldungen in der Logdatei gespeichert werden sollen. Die Datei *models_log.log* im Verzeichnis *logs* sollte Hinweise auf das tatsächliche Problem enthalten.

Es können aber auch Fehler wie der in Abbildung 13.2 gezeigte auftreten. Hier konnte das nvgpu-Modul nicht gefunden werden. Es wird von TorchServe verwendet, um GPU-basierte Inferenzen mit einer Nvidia-GPU durchzuführen. Da ich den Code auf einem Mac ausgeführt habe, können Sie den Fehler schlicht ignorieren. Die Inferenz wird stattdessen auf der CPU ausgeführt, wie im Handler-Code festgelegt.

Inferenz testen

Sobald der Server läuft, können Sie ihn anhand des Befehls `curl` von einem anderen Terminal aus testen.

Um die Inferenz von einem Modell anzufordern, setzen Sie `curl` wie hier gezeigt ein:

```
curl -X POST http://127.0.0.1:8080/predictions/simple_linear -H
                              "Content-Type: text/plain" -d "5.0"
```

Wie Sie sehen, verwenden wir hier einen HTTP-POST-Request, der den Endpunkt für Vorhersagen (*Predictions*) aufruft. Wir geben an, dass wir das in der *.mar*-Datei definierte Modell `simple_linear` verwenden möchten. Danach definieren wir anhand des Parameters `-H`, dass die Antwort als reiner Text zurückgegeben werden soll. Schließlich geben wir per `-d` die Daten an, für die die Inferenz durchgeführt werden soll, hier `5.0`.

Wie Sie wissen, hat das Modell die lineare Beziehung $y = 2x - 1$ gelernt. In diesem Fall hat x den Wert 5. Das Ergebnis müsste also eine Zahl nahe 9 sein.

Die Rückgabe sollte in etwa so aussehen:

```
[
  8.997674942016602
]
```

Je nachdem, wie Ihr Modell trainiert wurde, kann der Rückgabewert leicht abweichen.

Rufen Sie den Wartungsendpunkt auf, können Sie sich einen Überblick über die vom Server bereitgestellten Modelle verschaffen:

```
curl http://localhost:8081/models
```

Die Antwort enthält den Namen und den Speicherort der *.mar*-Dateien für alle auf dem Server verfügbaren Modelle.

```
{
  "models": [
    {
      "modelName": "simple_linear",
      "modelUrl": "model_store/simple_linear.mar"
    }
  ]
}
```

Bei der gerade durchgeführten Inferenz haben Sie den Endpunkt `predictions` gefolgt vom Namen des gewünschten Modells angegeben (`simple_linear`). Verweist dieser Schlüssel nicht auf den Namen eines Modells in Ihrer Sammlung, kommt es zu einem Fehler.

Wollen Sie die Details zu einem bestimmten Modell erfahren, können Sie den Aufruf des Wartungsendpunkts um den Namen des gewünschten Modells erweitern (wie zuvor auf Port 8081):

```
curl http://localhost:8081/models/simple_linear
```

Der Server gibt daraufhin eine Reihe detaillierter Informationen über das Modell aus, die Ihnen möglicherweise beim Debugging helfen können. Hier ein Beispiel:


```
[
  {
    "modelName": "simple_linear",
    "modelVersion": "1.0",
    "modelUrl": "model_store/simple_linear.mar",
    "runtime": "python",
    "minWorkers": 1,
    "maxWorkers": 1,
    "batchSize": 1,
    "maxBatchDelay": 100,
    "responseTimeout": 120,
    "startupTimeout": 120,
    "maxRetryTimeoutInSec": 300,
    "clientTimeoutInMills": 0,
    "parallelType": "",
    "parallelLevel": 0,
    "deviceType": "gpu",
    "continuousBatching": false,
    "useJobTicket": false,
    "useVenv": false,
    "stateful": false,
    "sequenceMaxIdleMSec": 0,
    "sequenceTimeoutMSec": 0,
    "maxNumSequence": 0,
    "maxSequenceJobQueueSize": 0,
    "loadedAtStartup": true,
    "workers": [
      {
        "id": "9000",
        "startTime": "2024-11-16T08:26:59.394Z",
        "status": "READY",
        "memoryUsage": 0,
        "pid": 20395,
        "gpu": true,
        "gpuUsage": "failed to obtained gpu usage"
      }
    ],
    "jobQueueStatus": {
      "remainingCapacity": 1000,
      "pendingRequests": 0
    }
  }
]
```


Hier können Sie sehen, dass für `deviceType` der Wert `gpu` erwartet wird. Da mein System aber, wie oben erwähnt, über keine passende GPU verfügt, kann der Code dort auch nicht ausgeführt werden, was zu den gezeigten Fehlermeldungen geführt hat. Das ist bei lokalen

Entwicklungsumgebungen kein Problem. Sollten Sie den Code dagegen auf einem Produktionsserver ausführen, sollte dieser über eine passende GPU verfügen. Taucht diese Nachricht trotzdem auf, gibt es vermutlich ein Problem mit Ihrer Handler-Datei.

Weitere Schritte

In den vorherigen Abschnitten haben wir Ihnen ein stark vereinfachtes Beispiel gezeigt, damit Sie die Grundlagen der Funktionsweise von PyTorch besser verstehen. Dieses Grundmuster sollte auch für fortgeschrittenere Modelle und komplexere Daten anwendbar sein. Besonders die Aufteilung in Preprocessing, Inferenz und Postprocessing in der Handler-Datei ist dabei sehr hilfreich! Außerdem verfügt das PyTorch-Ökosystem über eine Reihe von Add-ons für häufig wiederkehrende Aufgaben. Dadurch müssen Sie den Preprocessing-Code in vielen Fällen nicht selbst schreiben. Wollen Sie beispielsweise eine Bildklassifizierung durchführen und haben Probleme mit der Umwandlung der Bilder in Tensoren für die Inferenz, können Sie die Klasse `ImageClassifier` nutzen. Basierend auf `BaseHandler`, übernimmt sie einen großen Teil dieser Aufgaben, ohne dass Sie einen eigenen Preprocessor schreiben müssen. Weitere Informationen zu diesem Thema finden Sie in den Open-Source-Beispielen im PyTorch-Repository. Ein Beispiel für die Erstellung eines Handlers für die MNIST-Bilder finden Sie übrigens auf dieser GitHub-Seite (*https://oreil.ly/YA4v4*).

Das Repository enthält eine Menge nützlicher Beispiele. Trotzdem empfehle ich Ihnen, zuerst die hier gezeigten Beispiele durchzuarbeiten, um einen Eindruck von der grundsätzlichen Funktionsweise zu bekommen. Sonst kann es leicht passieren, dass Sie sich in diesem Labyrinth aus Arbeitsschritten und Konzepten verlaufen.

Flask als Server nutzen

Eine einfach anzuwendende Alternative zum äußerst leistungsstarken TorchServe ist Flask. Hierbei handelt es sich um ein schlankes und flexibles Python-Web-Framework, das eine effiziente Entwicklung von Webapplikationen und APIs ermöglicht.

Mit Flask können Sie fast alles erstellen – von minimalen Diensten mit nur einem Endpunkt bis hin zu komplexen Webapplikationen. Und dafür sind nur wenige Zeilen Code nötig. Es ist die perfekte Unterstützung für PyTorch, weil Sie damit Modelle für die Inferenz bereitstellen können, wie Sie in diesem Abschnitt sehen werden.

Als Mikroframework stellt Flask die wesentlichen Bausteine für die Webentwicklung zur Verfügung: Routing, Request-Handling und Templating. Dabei lässt sich Flask bei Bedarf leicht um zusätzliche Funktionen erweitern. Für Dinge wie Backend-Datenbanken, Authentifizierung und so weiter steht eine vielfältige Auswahl an fertigen Erweiterungen zur Verfügung. Deshalb gilt Flask mittlerweile als Standardwerkzeug für die Webentwicklung mit Python, das als Grundlage für Applikationen in allen Branchen und Größenordnungen dient.

In diesem Kapitel sehen wir uns Flask aus der Hosting-Perspektive an. Trotzdem möchte ich Sie ermuntern, sich weiter mit dem Framework zu beschäftigen, wenn Sie über PyTorch hinaus auch andere Python-Applikationen im Web zur Verfügung stellen möchten.

Sehen wir uns noch einmal das Beispiel an, das wir gerade für TorchServe genutzt haben. Das wird Ihnen helfen, zu verstehen, wie einfach Flask die Bereitstellung von Web-Apps macht!

Eine Umgebung für Flask einrichten

Für den Einsatz müssen Flask und seine Abhängigkeiten zunächst installiert werden. Wenn Sie mit der gleichen Umgebung wie weiter oben in diesem Kapitel weiterarbeiten, können Sie diese einfach mit folgendem Befehl aktualisieren:

```
pip install flask
```

Anschließend müssen Sie sicherstellen, dass Sie eine Modelldefinition und eine Trainingsdatei haben – exakt die gleichen, die wir weiter oben im Kapitel verwendet haben – und dass Sie ein Modell trainiert und zusammen mit seinem State-Dictionary in einer Datei namens *model.pth* gespeichert haben.

Jetzt brauchen Sie nur noch eine einzige Python-Datei, die wir hier *app.py* nennen. Sie dient als primäre Serverapplikation, die Flask benutzt. Den Code in dieser Datei werden wir im folgenden Abschnitt genauer untersuchen.

Einen Flask-Server in Python erstellen

Um mit Flask einen Server zu erstellen, implementieren Sie mit folgendem Code eine App, die eine neue Flask-Instanz anlegt.

```
app = Flask(__name__)
```

Danach können Sie auf dem app-Objekt bestimmte Routen wie `predict` festlegen, um Modellvorhersagen zu erhalten. Für ihre Bereitstellung müssen Sie den Code für die Endpunkte dieser Routen implementieren. Hier ein Beispiel für einen vollständigen Flask-Server, der unsere einfache App umsetzt:

```
from flask import Flask, request, jsonify
import torch
from model_def import SimpleLinearModel

app = Flask(__name__)

# Das trainierte Modell laden
model = SimpleLinearModel()
model.load_state_dict(torch.load("model.pth"))
model.eval()

@app.route("/predict", methods=["POST"])
def predict():
    value = float(request.form.get('value', 0))
    input_tensor = torch.tensor([[value]], dtype=torch.float32)
    with torch.no_grad():
        prediction = model(input_tensor)

    return jsonify({
        "input": value,
```

```
        "prediction": prediction.item()
    })

if __name__ == "__main__":
    app.run(port=5001)
```

> In der Dokumentation und dem Beispielcode zu Flask wird üblicherweise Port 5000 verwendet. Wenn Sie einen Mac als Entwicklungsrechner nutzen, könnte es zu Problemen mit Ihrer App und dem Port kommen, der von Airplay genutzt wird. Um das zu vermeiden, haben wir in unserem Code Port 5001 verwendet.

In diesem Beispiel deklarieren wir das `SimpleLinearModel` und laden es zusammen mit seinem State-Dictionary. Danach versetzen wir es per `eval()` in den Auswertungsmodus, um Inferenzen vornehmen zu können.

Anschließend müssen wir nur noch eine Route anlegen, über die wir `predict` aufrufen und darin die Inferenz implementieren können. Wie Sie sehen, übernehmen wir den Wert aus dem HTTP-POST-Request und wandeln ihn in einen Tensor um. Dann übergeben wir ihn an das Modell und erhalten die Vorhersage zurück.

Um die Rückgabe etwas benutzerfreundlicher zu machen, habe ich hier `jsonify` verwendet, um sie in ein Schlüssel/Wert-Paar umzuwandeln. Wie Sie sehen, ist das deutlich einfacher als mit TorchServe. Der Preis der Einfachheit ist allerdings ein Verlust an Performance. Es gibt keine vorgefertigten Basisklassen für Pre- oder Postprocessing und so weiter. Soll skaliert werden oder werden mehrere Worker-Threads benötigt, müssen Sie das selbst implementieren.

Ich denke, Flask ist ein sehr nützlicher und leistungsfähiger Server für kleinere Umgebungen und zum Lernen der Bereitstellung von Modellen. Für Produktionsumgebungen im größeren Maßstab muss aber eine Menge zusätzliche Arbeit geleistet werden. Grundsätzlich ist Flask aber durchaus in der Lage, mit der Last umzugehen.

Um eine Inferenz durchzuführen, können Sie per `curl` einen POST-Request an das Modell schicken, wie hier gezeigt:

```
curl -X POST -d "value=5" http://localhost:5001/predict
```

Die Antwort kommt dann im JSON-Format zurück:

```
{"input":5.0,"prediction":8.993191719055176}
```

Neben TorchServe und Flask gibt es noch eine Reihe weiterer Serveroptionen wie ONNX und FastAPI.

Zusammenfassung

In diesem Kapitel haben Sie zwei beliebte Ansätze zur Bereitstellung von PyTorch-Modellen in Produktionsumgebungen kennengelernt. Zu Beginn haben wir uns TorchServe angesehen. Es galt noch bis vor Kurzem als offizielle PyTorch-Serverlösung. PyTorch stellt ein robustes Framework bereit, inklusive der Unterstützung für Modellversionierung, A/B-

Testing und Protokollierung von Kennzahlen. Es wurde so entworfen, dass es während der Laufzeit hoch skalierbar ist. Es besitzt eine Worker-Thread-Architektur, die an die Bedürfnisse Ihrer App angepasst werden kann. Und obwohl die Einrichtung von TorchServe mehr Aufwand bedeutet und Sie dessen Komponenten wie Model-Worker und Model-Handler verstehen müssen, lohnt es sich meiner Meinung nach, zu verstehen, wie die einzelnen Bestandteile zusammenarbeiten. Zu diesem Zweck haben Sie Schritt für Schritt untersucht, wie Sie das einfache Modell aus Kapitel 1 speichern, archivieren und mit einem Handler versehen können und schließlich einen Server mit den Modelldetails starten können.

Anschließend haben wir Ihnen Flask vorgestellt, das eine schlanke Alternative zu TorchServe darstellt, die sehr schnell und einfach eingerichtet und zum Laufen gebracht werden kann. Sie haben gesehen, wie sich Flask durch diesen minimalistischen Ansatz ideal für den Einsatz in kleineren Projekten und Proof-of-Concept-Diensten eignet. Dabei ist Flask nicht auf diese Einsatzbereiche beschränkt. Für einen Produktivbetrieb in großem Maßstab müssen Sie jedoch sehr wahrscheinlich mehr Code selbst implementieren. Das ist natürlich nicht unbedingt ein Nachteil, da es Ihnen eine wesentlich detailliertere Kontrolle über Ihre Serverumgebung ermöglicht.

Beide Ansätze haben in der Welt der ML-Server ihren Platz. TorchServe zeigt seine Stärken besonders in Unternehmensumgebungen, die eine umfassende Modellverwaltung benötigen, während die Schlichtheit von Flask es perfekt für kleinere Projekte oder für Lernumgebungen macht, die nach und nach in skalierbare Produktionssysteme übergehen sollen. Natürlich sind Sie nicht auf diese beiden Optionen beschränkt. Es kommen ständig neue Frameworks auf den Markt. Hierbei ist besonders FastAPI zu nennen, dessen Beliebtheit gerade stark anwächst. Am Ende hängt es davon ab, welche Anforderungen Sie an Skalierbarkeit, Überwachung und Komplexität der Bereitstellung haben.

In Kapitel 14 geht es um bereits vortrainierte Modelle von Drittanbietern, die Sie aus zentralen Sammlungen und Verzeichnissen wie *Hugging Face* beziehen können.

KAPITEL 14

Modelle von Drittanbietern und zentrale Modellverzeichnisse

Der Erfolg des Open-Source-Frameworks PyTorch hat zu einem Wachstum von ergänzenden Ressourcen geführt. In diesem Kapitel sehen wir uns verschiedene Optionen für vortrainierte Modelle und die dazugehörigen Werkzeuge und Ressourcen für Download, Instanziierung und Einsatz für die Inferenz an.

Dabei bildet das PyTorch-Framework die Grundlage für das Deep Learning. In diesem Umfeld hat die Community eine Vielzahl an Repositorys und zentrale Modellverzeichnisse (*Hubs*) aufgebaut, die direkt nutzbare und erweiterbare Modelle enthalten. Damit lassen sich vorhandene Projekte nutzen und erweitern, ohne dass Sie immer wieder bei null anfangen müssen. Ich nenne das »auf den Schultern von Riesen stehen«.[1]

Mit der Verbreitung generativer KI sind diese Hubs in ihrer Beliebtheit ständig gestiegen, und viele Anwendungsmöglichkeiten für generative ML-Modelle in bestimmten Arbeitsabläufen sind daraus entstanden. Entsprechend groß ist die Auswahl an vortrainierten Modellen, die direkt für die Inferenz eingesetzt werden können. Dabei profitieren Sie davon, dass die Modelle an sehr großen Datensätzen trainiert wurden, was Sie mit eigenen Mitteln kaum hätten bewerkstelligen können. Oder Sie nutzen eines dieser Modelle als Startpunkt für das Feintuning und die Anpassung an bestimmte Einsatzbereiche oder Aufgaben, während Sie die gelernten Features beibehalten. Eine Möglichkeit der Umsetzung ist der Einsatz einer *Low-Rank Adaptation* (LoRA), die wir in Kapitel 20 genauer besprechen werden.

Die Vorteile dieser vortrainierten Modelle reichen weit über die Einsparung von Rechenleistung und Zeit hinaus. Diese Modelle nutzen modernste Architekturen und wurden an vielfältigen Datensätzen mit besonders hoher Qualität trainiert, auf die Sie möglicherweise keinen direkten Zugriff haben.

Außerdem werden diese Modelle in der Regel mit einer umfangreichen Dokumentation sowie Leistungs-Benchmarks bereitgestellt und durch die Community unterstützt, was Ihnen direkt einen Vorsprung verschafft. Um einen verantwortungsvollen Umgang mit KI zu ermöglichen, liegen diesen Modellen oft *Model Cards* bei, die dokumentieren, welche Forschung und Arbeit an den Modellen durchgeführt wurde. Auf diese Weise können Sie einschätzen, ob ein verantwortungsvoller Einsatz möglich ist.

1 Anm. d. Ü.: Ein Ausdruck, der besonders durch Sir Isaac Newton bekannt wurde.

Allerdings gibt es nicht »das eine« zentrale Verzeichnis, in dem Sie alle KI- und ML-Modelle finden können. Daher ist es wichtig, zumindest die größten und wichtigsten Hubs zu kennen und zu verstehen, damit Sie eine möglichst gute Auswahl treffen können. Aus diesem Grund werden wir uns in diesem Kapitel einige der beliebtesten Plattformen ansehen.

Hugging Face gilt mittlerweile als Standardadresse für Transformer-Modelle, während auf dem PyTorch-Hub offiziell unterstützte Implementierungen zur Verfügung stehen. Auf Plattformen wie Kaggle gibt es Modelle, die Wettbewerbe gewonnen haben, und der GitHub-basierte TorchHub ermöglicht den direkten Zugriff auf Forschungsimplementierungen.

Ich glaube, es ist wichtig, diese Ressourcen zu verstehen, um sie effektiv nutzen zu können. Da sich der Bereich des Deep Learning ständig weiterentwickelt, spielen diese Hubs eine immer wichtigere Rolle beim Zugang zu modernen Modellen und einer beschleunigten Entwicklung von KI-Applikationen. Je mehr sich die Rolle des KI-Entwicklers festigt und je weiter sie wächst, desto größere Wachstumschancen sehe ich für Entwicklerinnen und Entwickler, die Modelle nicht mehr von Anfang an trainieren, sondern sich auf die Feinabstimmung bereits vorhandener Ressourcen konzentrieren. Ich hoffe, dieses Kapitel hilft Ihnen dabei, sich weiterzuentwickeln!

Der Hugging-Face-Hub

Besonders mit dem Aufkommen generativer KI entwickelte sich die Hugging-Face-Modellsammlung zu einer führenden Plattform zum Finden und Entdecken vortrainierter ML-Modelle, besonders im Bereich der NLP. Ein großer Teil des Nutzens (und ein besonderer Treiber des Erfolgs) liegt in der Verfügbarkeit zweier Dinge auf Open-Source-Basis: einer Transformer-Bibliothek (mit der vortrainierte Sprachmodelle sehr einfach nutzbar sind) und einer Diffuser-Bibliothek (die das Gleiche für generative Text-to-Image-Modelle wie StableDiffusion tut).

Was als Repository für Transformer-basierte Modelle begann, hat sich mittlerweile zu einem umfassenden Ökosystem entwickelt, das Computer Vision, Audioverarbeitung und Reinforcement-Learning-Modelle unterstützt. Der Hugging-Face-Hub gilt inzwischen als erste Anlaufstelle, die eine Versionierung der Modelle, Dokumentation und Model Cards zur Verfügung stellt. Und wegen der PyTorch-freundlichen Bibliotheken wie `transformers` und `diffusers` ist ein Einsatz dieser Modelle mit Ihren Python- und PyTorch-Fähigkeiten relativ einfach.

Einer der Schlüssel zum Erfolg von Hugging Face war schon immer die Zusammenarbeit. Mit wenigen Zeilen Code können Sie Modelle herunterladen, ausführen und auf Ihre Bedürfnisse abstimmen. Viele Entwicklerinnen und Entwickler sowie Organisationen stellen hier ihre Modelle und Anpassungen zur Verfügung. Zum Zeitpunkt der Übersetzung dieses Buchs lag die Zahl der verfügbaren Modelle bei über zwei Millionen! Es gibt also eine Menge Auswahl.

Den Hugging-Face-Hub benutzen

Bevor Sie die Ärmel hochkrempeln, um mit dem Hugging-Face-Hub zu programmieren, sollten Sie einen Account anlegen und sich ein API-Token besorgen.

Ein Hugging-Face-Token erhalten

In diesem Abschnitt zeigen wir Ihnen die *HuggingFace.co* (*http://huggingface.co*)-Benutzeroberfläche, wie sie beim Schreiben dieses Buchs gestaltet war. Eventuell hat sie sich verändert, wenn Sie dieses Buch lesen. Die Grundprinzipien gelten aber weiterhin.

Beginnen Sie mit dem Aufruf von *Huggingface.co* (*http://huggingface.co*). Falls Sie noch kein Benutzerkonto haben, können Sie über einen Klick auf *Sign Up* eines anlegen (siehe Abbildung 14.1).

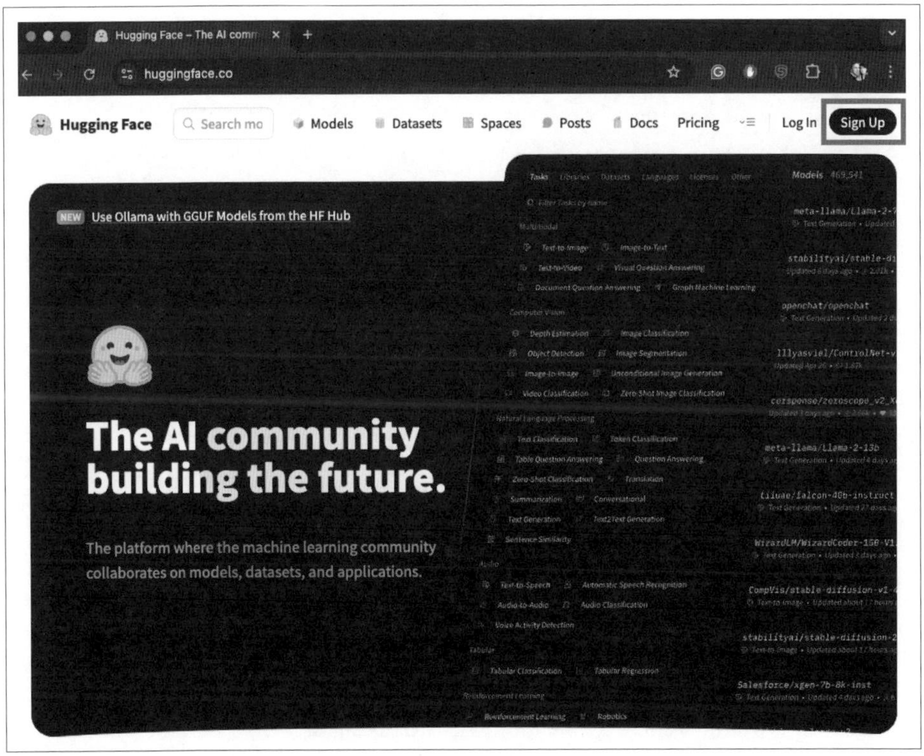

Abbildung 14.1: Ein Hugging-Face-Benutzerkonto anlegen

Sobald Sie das geschehen ist, können Sie sich anmelden. Oben rechts auf der Seite sehen Sie Ihren Avatar. Klicken Sie darauf, öffnet sich ein Drop-down-Menü. Dort finden Sie den Menüpunkt *Access Tokens*. Wählen Sie diese Option, um Ihre Zugangstokens anzusehen (siehe Abbildung 14.2).

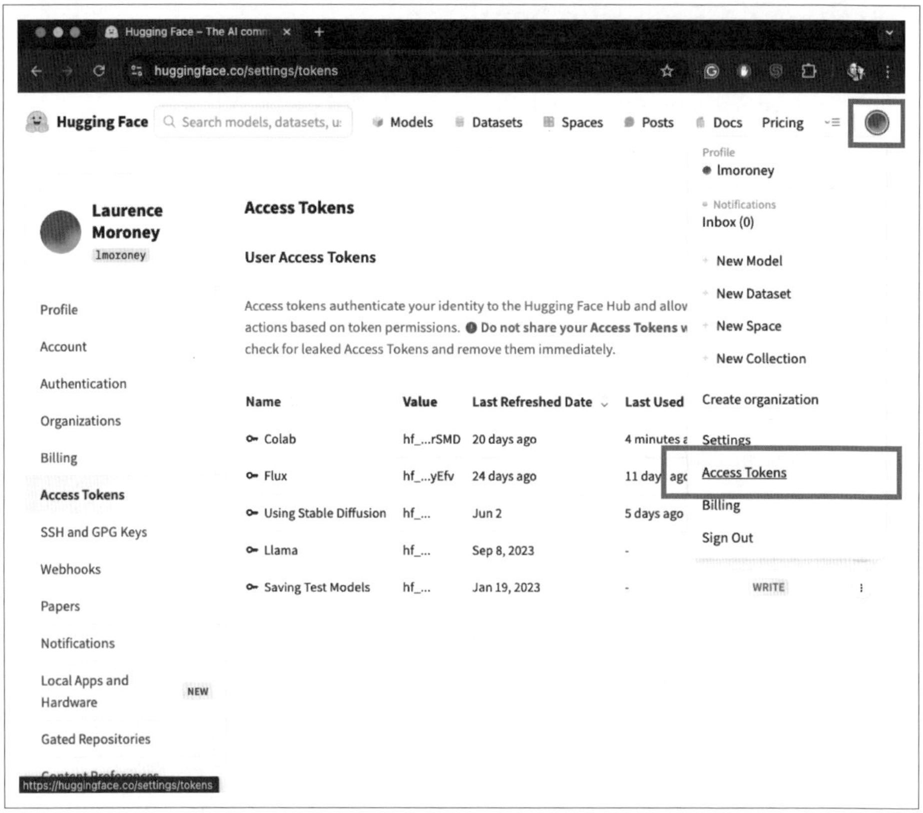

Abbildung 14.2: Zugangstokens

Auf dieser Seite (rechts oben unterhalb Ihres Avatar-Menüs) befindet sich der *Create new token*-Button. Klicken Sie auf diesen, wählen Sie auf der anschließend angezeigten Seite den *Read*-Tab und vergeben Sie einen Namen für das Token. In Abbildung 14.3 sehen Sie, dass ich ein neues Read-Token mit dem Namen »PyTorch Book« angelegt haben.

Anschließend wird ein Pop-up angezeigt, das Sie auffordert, Ihr Zugangstoken zu speichern, wie in Abbildung 14.4 gezeigt. Beachten Sie den Hinweis, dass das Token nach dem Schließen des Pop-up-Fensters nicht erneut angezeigt wird. Sie sollten das Token also unbedingt mit dem *Copy*-Button in die Zwischenablage kopieren und auf Ihrem Rechner speichern, damit es für die weitere Verwendung zur Verfügung steht.

Wenn Sie das Token vergessen, müssen Sie es auf der Seite mit der Token-Liste ungültig machen und es neu anlegen. Klicken Sie hierfür auf das Drei-Punkte-Menü rechts neben dem Eintrag für das Token und wählen Sie dort die Option *Invalidate and refresh* (siehe Abbildung 14.5).

Anschließend kehren Sie zum Dialog aus Abbildung 14.4 zurück, um einen neuen Wert für das Token zu erstellen. Vergessen Sie nicht, den Wert zu speichern, wenn Sie es weiterbenutzen wollen.

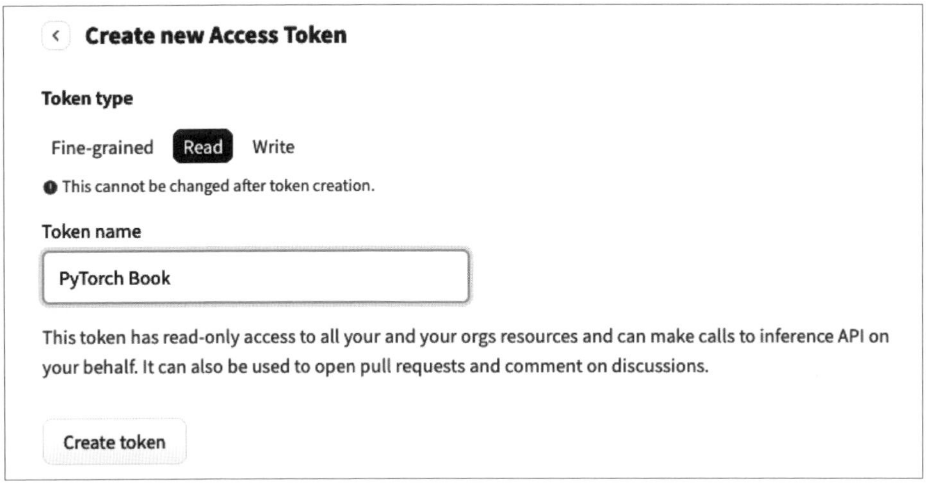

Abbildung 14.3: Ein Zugangstoken anlegen

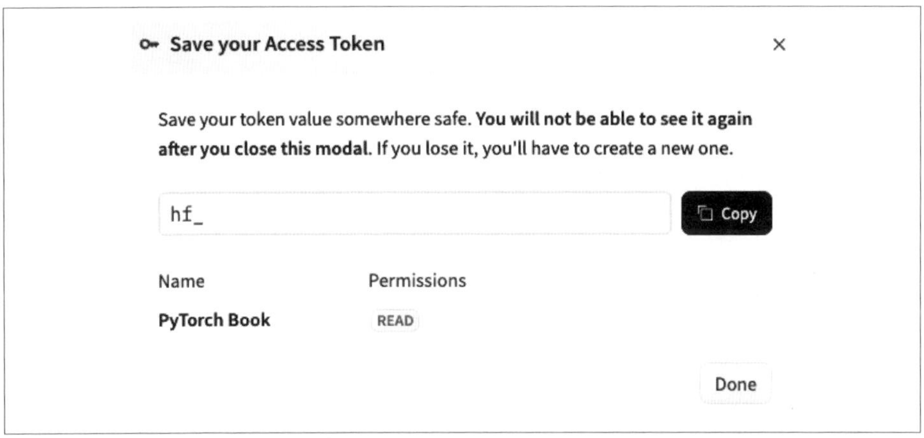

Abbildung 14.4: Das Zugangstoken speichern

Abbildung 14.5: Ein Token ungültig machen und neu anlegen

Nachdem Sie ein Token haben, können wir nun erforschen, wie Sie Colab einrichten müssen, um es zu nutzen.

Erlaubnis zur Benutzung von Modellen erhalten

Für viele Modelle auf Hugging Face werden zusätzliche Berechtigungen gebraucht, um sie nutzen zu können. In solchen Fällen sollten Sie grundsätzlich die Seite des Modells aufrufen und über den dort angezeigten Link um Nutzungserlaubnis bitten. Ihr Hugging-Face-Token wird verwendet, um die Erlaubnis zu überprüfen. Haben Sie keine Nutzungsgenehmigung, wird ein Fehler wie der folgende ausgegeben:

```
GatedRepoError: 401 Client Error.
(Request ID: [...])
Cannot access gated repo for url [...]
Access to model [...] is restricted.
You must have access to it and be authenticated to access it.
Please log in.
```

In diesem Fall ist es am einfachsten, anhand des Modellnamens die entsprechende Landing Page im Hugging-Face-Hub zu finden und die oben beschriebenen Schritte durchzuführen, um eine Genehmigung zu erhalten.

Colab für die Verwendung eines Hugging-Face-Tokens einrichten

Um Modelle von Hugging Face in Google Colab nutzen zu können, müssen Sie ein Colab-»Secret« einrichten, in dem der in Colab ausgeführte Code den Wert des Tokens speichert, ihn für Sie an Hugging Face sendet und Ihnen Zugang zu dem Objekt gewährt.

Das geht einfacher, als es klingt. Zuerst wählen Sie in Colab das Schlüssel-Icon im linken Fensterbereich (siehe Abbildung 14.6).

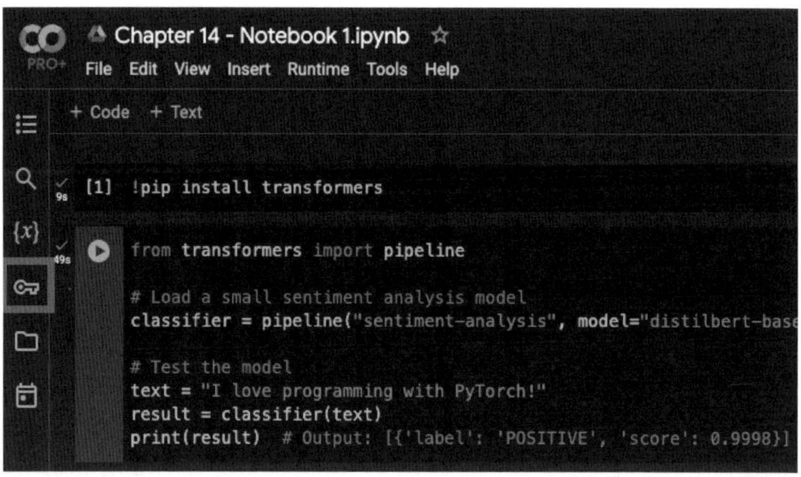

Abbildung 14.6: Colab-Secrets auswählen

Dort finden Sie eine Liste Ihrer *Secrets*, wie in Abbildung 14.7 gezeigt. Keine Sorge, wenn dort noch keine API-Schlüssel aufgeführt werden. Am unteren Ende der Liste gibt es einen Button mit der Beschriftung *Add new secret*, den Sie anklicken müssen.

Geben Sie »HF_TOKEN« in das Feld *Name* ein und fügen Sie anschließend den Schlüssel aus Ihrer Zwischenablage in das *Value*-Feld ein. Danach aktivieren Sie den Schalter links neben dem Eintrag (*Notebook access*), damit Colab das Secret verwenden kann (siehe Abbildung 14.8).

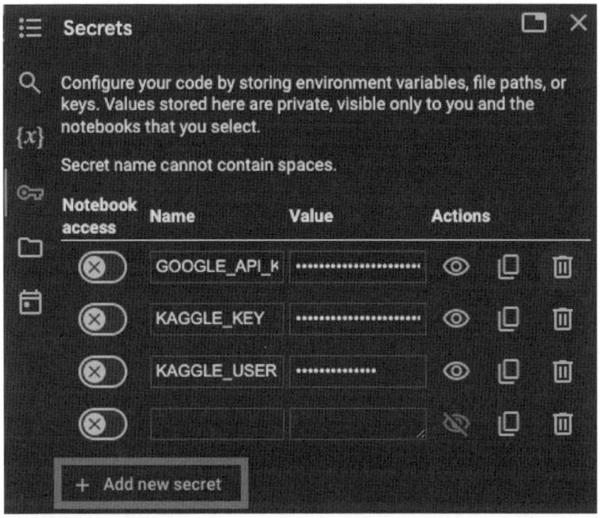

Abbildung 14.7: Liste der Colab-Secrets

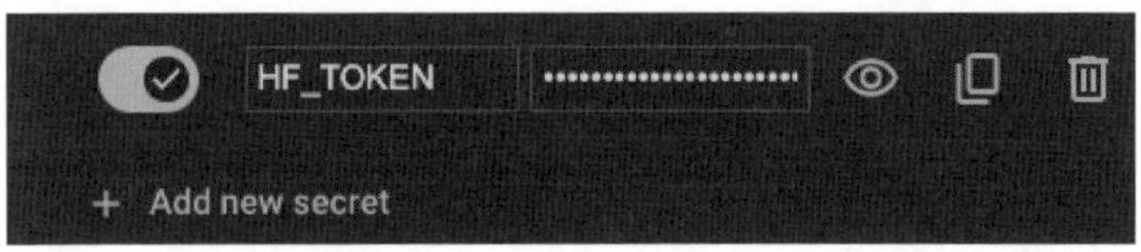

Abbildung 14.8: Das HF_TOKEN in Colab einrichten

Damit verwendet Ihr Colab-Code nun dieses Token, um auf Hugging Face zuzugreifen.

Das Hugging-Face-Token im Code verwenden

Wenn Sie das Token nur direkt in Ihrem Code verwenden möchten – in Colab oder woanders –, müssen Sie sich in Ihrem Code beim Hugging-Face-Hub anmelden und das Token »manuell« übergeben. Mit Unterstützung durch die Hugging-Face-Bibliotheken ist diese Anmeldung aber leicht umzusetzen.

Zu Beginn importieren Sie die Klasse `login`:

```
from huggingface_hub import login
```

Danach können Sie das Token an die `login`-Klasse übergeben und in Ihrer Python-Sitzung initialisieren, wie hier gezeigt:

```
login(token="HIER_KOMMT_IHR_TOKEN_HIN")
```

Anschließend verwenden die Hugging-Face-Klassen das Token für den weiteren Verlauf Ihrer Session.

Ein Modell von Hugging Face nutzen

Ist Ihr Token einmal eingerichtet, ist das Laden und die Benutzung eines Modells ganz einfach. Für diese Anleitung nutzen wir ein Sprachmodell zur Textklassifizierung und Sentiment-Analyse. Hierfür benötigen wir die `transformers`-Bibliothek, die Sie wie folgt installieren können:

```
pip install transformers
```

Die `transformers`-API stellt eine Funktion namens `pipeline` zur Verfügung, mit der Sie ein Modell auf Basis seines Namens im Hugging-Face-Repository herunterladen und nutzen können. Das hier gezeigte Modell wurde mit dem SST-Datensatz zur Stimmungsanalyse (Sentiment-Analyse) der Stanford University verfeinert:

```
# Ein kleines Modell zur Sentiment-Analyse laden
classifier = pipeline("sentiment-analysis",
             model="distilbert-base-uncased-finetuned-sst-2-english")
```

Dabei kann die `pipeline`-Funktion deutlich mehr, als nur Modelle herunterzuladen. Sie kapselt Funktionen, die häufig für die Arbeit mit Modellen gebraucht werden. Der erste Parameter, hier `"sentiment_analysis"`, beschreibt, welche Grundaufgabe Sie mit `pipeline` ausführen wollen. Dabei stellt die `transformers`-Bibliothek eine Vielzahl von Aufgabentypen zur Verfügung, inklusive der hier gezeigten Textklassifizierung, der Texterzeugung und vieles mehr.

Beim Einsatz von `pipeline` müssen hinter den Kulissen mehrere Schritte durchgeführt werden, unter anderem die folgenden:

Tokenisierung
: In diesem Schritt wird der Text in Tokens umgewandelt (wie in Kapitel 4 besprochen).

Verarbeitung der Eingabe
: Hier werden spezielle Tokens hinzugefügt, und der Text wird in Tensoren konvertiert.

Vorwärtspropagation des Modells (Foward Pass)
: In diesem Schritt werden die tokenisierten Eingaben durch die Schichten des Modells weitergereicht, um ein Ergebnis zu erhalten.

Verarbeitung der Ausgabe
: Hier werden die Ausgaben von Tensoren in die gewünschten Labels decodiert.

Den Ablauf sehen Sie in Abbildung 14.9.

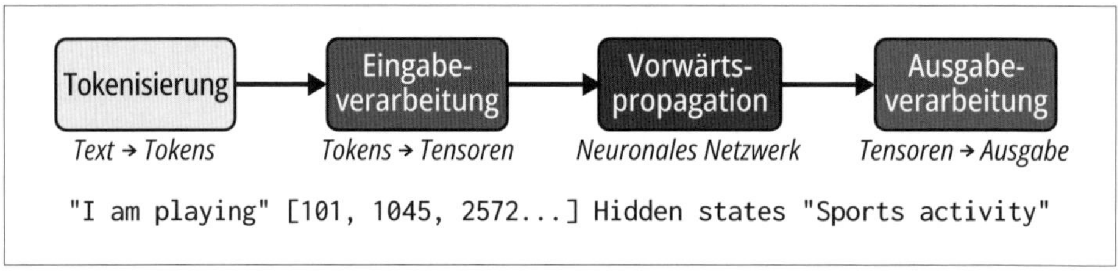

Abbildung 14.9: Ablauf einer NLP-Pipeline

Dadurch wird Ihnen ein Großteil der Programmierarbeit abgenommen. Sie können das Modell einfach verwenden, wie hier:

```
# Das Modell testen
text = "I love programming with PyTorch!"
result = classifier(text)
print(result)  # Ausgabe: [{'label': 'POSITIVE', 'score': 0.9998}]
```

Alle für Textklassifizierung und Sentiment-Analyse nötigen Schritte sind in diesem Fall gekapselt und abstrahiert, was Ihren Code stark vereinfacht!

So ähnlich funktioniert auch die `diffusers`-Bibliothek. Sie enthält eine Reihe von Pipelines, die oft mit einem bestimmten Modelltyp verbunden sind. Angenommen, Sie möchten das beliebte Stable-Diffusion-Modell zur Bilderzeugung aus Texten nutzen. Dann müssen Sie nur einen Prompt übergeben, und das Modell erzeugt auf Basis dieser Beschreibung ein Bild.

Sehen wir uns dazu ein Beispiel an.

Zuerst importieren Sie aus der `diffusers`-Bibliothek die Pipeline für die Unterstützung von Stable Diffusion:

```
from diffusers import StableDiffusionPipeline
```

Anschließend können Sie den Namen des Modells im Hugging-Face-Repository angeben und damit die Pipeline initialisieren:

```
import torch
from diffusers import StableDiffusionPipeline

model_id = "CompVis/stable-diffusion-v1-4"
device = "cuda"


pipe = StableDiffusionPipeline.from_pretrained(model_id,
                                               torch_dtype=torch.float16)
pipe = pipe.to(device)
```

Ähnlich wie im vorherigen Textbeispiel kapselt und abstrahiert die Pipeline viele der nötigen Schritte. Das heißt, Ihr Code ist relativ einfach, wie hier gezeigt:

```
prompt = "a cute colorful cartoon cat"
image = pipe(prompt).images[0]

image.save("cat.png")
```

Dabei wird eine Reihe von Schritten für Sie übernommen. Hierzu gehören:

1. In der Phase der Text-Encodierung nutzt Stable Diffusion eine Technik namens CLIP, um den Text-Prompt in Embeddings umzuwandeln, die das Modell versteht.
2. Anschließend wird aus Zufallsrauschen ein Startbild erzeugt.
3. Daraufhin werden die Embeddings an das Modell übergeben, das ein Verfahren zum Entrauschen des Bilds einsetzt, um Pixel und Merkmale zu erzeugen, die zu den Embeddings passen.
4. Zum Schluss werden die Ausgabe-Tensoren des Modells in ein RGB-Bild konvertiert.

Leider reicht der Platz in diesem Kapitel nicht aus, um Ihnen den gesamten Prozess der Bilderzeugung aus Text vorzustellen. Er wird allerdings in diesem Google-Research-Video (*https://oreil.ly/zNjUT*) sehr gut erklärt.

Vor allem sollten Sie beachten, dass jedes Bild, das Sie mit dem oben gezeigten Code erzeugen, anders aussieht, weil der Prozess der Bilderzeugung mit zufälligem Rauschen beginnt. Wundern Sie sich also nicht, wenn Sie nicht jedes Mal das gleiche Bild erhalten. Es gibt Möglichkeiten, dieses Rauschen durch einen sogenannten *Seed*-Wert zu steuern, wie wir weiter unten im Buch im Abschnitt »Die Hugging-Face-Diffusers-Bibliothek« auf Seite 382 erklären werden.

Der PyTorch-Hub

Einer der Hauptgründe für den Erfolg von PyTorch, speziell in der Forschung, ist die vorausschauende Erstellung einer Plattform, auf der Menschen ihre Modelle miteinander teilen können. Obwohl diese Rolle inzwischen in großen Teilen vom oben beschriebenen Hugging-Face-Hub übernommen wird, lohnt sich ein Blick auf die Plattform. Das liegt vor allem daran, dass hier viele neue und innovative Modelle wie YOLO geteilt (oder aktualisiert) werden.

> YOLO (*https://docs.ultralytics.com/de/tasks/detect/*) steht für *You Only Look Once*, ein beliebtes und effizientes Modell für die Erkennung von Objekten.

Wie bei Hugging Face liegt der größte Vorteil des PyTorch-Hubs darin, dass Sie Zugriff auf Modelle erhalten, die Sie vermutlich nicht auf dem eigenen Rechner hätten trainieren können, sei es aus Mangel an Rechenressourcen oder aus Mangel an Trainingsdaten. Im Kern dient der PyTorch-Hub als zentrales Repository, in dem Forscherinnen und Entwickler Modelle veröffentlichen, teilen und nutzen können, die an vielfältigen Datensätzen aus den unterschiedlichsten Fachbereichen trainiert wurden.

In diesem Abschnitt beschäftigen wir uns mit dem PyTorch-Hub und der API, über die Sie auf die bereitgestellten Modelle zugreifen können. Leider ist die API nicht so konsistent, wie sie sein sollte. Es kann gelegentlich schwierig sein, alles zu verstehen. Hoffentlich hilft Ihnen dieses Kapitel dabei.

Wir beginnen mit den PyTorch-Vision-Bibliotheken. Sie enthalten Modelle zur Bildklassifizierung, zur Objekterkennung und zu anderen Computer-Vision-Themen.

Die PyTorch-Vision-Modelle verwenden

Bevor Sie loslegen, müssen Sie sicherstellen, dass `torchvision` installiert ist. Falls nicht, können Sie das mit diesem Befehl nachholen:

```
pip install torchvision
```

Nachdem die Bibliothek installiert ist, wird die installierte Version angezeigt. Das ist bei der Verwendung des Hubs vor allem dann wichtig, wenn Sie eine Liste der verfügbaren Modelle ausgeben wollen. Die aktuellen Modellversionen finden Sie ansonsten auch auf GitHub (*https://oreil.ly/KIiFD*).

Mit folgendem Code können Sie eine Liste aller verfügbaren Modelle ausgeben:

```
models = torch.hub.list('pytorch/vision:v0.20.1')
for model in models:
        print(model)
```

Beachten Sie die Versionsnummer (die Sie auf der oben genannten GitHub-Seite finden).

Beim Schreiben dieses Buchs lag die Zahl der verfügbaren Modelle bei etwa 100. Beachten Sie, dass Ihre Version des Git-Tags mit Ihrer Version von `torchvision` übereinstimmen sollte. Bei Problemen können Sie den folgenden Code verwenden, um die aktuelle Version anzuzeigen:

```
print(torchvision.__version__)
```

Das nächste Beispiel zeigt, wie Sie ein Modell auswählen und in den Speicher laden können:

```
# Modell ResNet-50 vom PyTorch-Hub laden
model = torch.hub.load('pytorch/vision:v0.20.1', 'resnet50',
                       pretrained=True)

# Modell in den Auswertungsmodus versetzen
model.eval()
```

Anschließend wird das Modell heruntergeladen, gecacht und in den Auswertungsmodus versetzt.

Als Nächstes werden Daten für die Inferenz benötigt. Hierfür brauchen Sie etwas Fachwissen zu dem von Ihnen benutzten Modell. In unserem Beispiel ist dies `resnet50` (ResNet), ein sehr beliebtes CNN-basiertes Modell zur Klassifizierung von Bildern. Weitere Informationen hierzu finden Sie auf der PyTorch-Hub-Website (*https://pytorch.org/hub*).

Von hier aus können Sie tiefer in die Details des Modells eintauchen, etwa die Größe der gewünschten Ausgaben, die Labels, die es erkennen kann, und so weiter. Mit diesen Informationen können Sie anschließend den Inferenzcode für das Modell schreiben. Hier ein Beispiel:

```
# Bild laden und vorverarbeiten
image_path = "example.jpg"  # Pfad zu Ihrem Bild
image = Image.open(image_path).convert('RGB')

preprocess = transforms.Compose([
    transforms.Resize(256),
    transforms.CenterCrop(224),
    transforms.ToTensor(),
    transforms.Normalize(mean=[0.485, 0.456, 0.406],
                         std=[0.229, 0.224, 0.225]),
])
input_tensor = preprocess(image)
input_batch = input_tensor.unsqueeze(0)
```

Ähnlichen Code kennen Sie bereits aus den Kapiteln 3 und 4, in denen Sie mit der Erstellung eines eigenen Bild-Classifiers experimentiert haben. Dieser Code ändert die Bildgröße auf 256 × 256 Pixel und beschneidet es anschließend auf 224 × 224 Pixel, ausgehend vom Bildmittelpunkt. Typischerweise sind Bilder als 32-Bit-RGB codiert. Hierbei werden jeweils 8 Pixel für den Alpha-Kanal (Transparenz) und für die Rot-, Grün- und Blauwerte verwendet. Ein neuronales Netzwerk zur Bildklassifizierung erwartet dagegen typischerweise normalisierte Werte (die zwischen `0` und `1` liegen), die wir durch den Aufruf von `transform.Normalize()` erhalten.

Bei der Arbeit mit Modellen in PyTorch sollten Sie die benötigte Bildgröße kennen (hier: 224 × 224 Pixel). Außerdem müssen Sie die Bilder für die Inferenz in Batches aufteilen, auch wenn Sie nur ein einzelnes Bild verarbeiten. Aus diesem Grund fügen wir dem Eingabe-Tensor per `input_tensor.unsqueeze(0)` eine zusätzliche Dimension hinzu.

Es folgt die eigentliche Inferenz. Hierfür müssen Sie das Modell einfach auf das passende Gerät laden – also `cuda`, sofern Sie eine GPU haben, und ansonsten die CPU. Anschließend übergeben Sie den Batch an das Modell, um eine Ausgabe zu erhalten:

```
# Inferenz durchführen
device = torch.device("cuda" if torch.cuda.is_available() else "cpu")
model.to(device)
input_batch = input_batch.to(device)

with torch.no_grad():
    output = model(input_batch)

_, predicted_idx = torch.max(output, 1)
```

Die Variable `predicted_idx` enthält die Kategorie mit der höchsten Trefferwahrscheinlichkeit für das Eingabebild. Hier erhalten wir eine numerische Ausgabe wie `tensor([153])`. Wie Sie wissen, bestehen die Ausgabeschichten aus Neuronen, die dem Index des benötigten Labels entsprechen. Im Fall von ResNet steht der Index 153 für die Hunderasse Malteser (`Maltese_dog`).

Beim Decodieren hilft der folgende Code. Wenn Sie auf der Modellseite im PyTorch-Hub etwas genauer suchen, finden Sie die URL der Labels:[2]

```
# Klassifizierungslabels laden und auf Vorhersagen abbilden
url = "https://raw.githubusercontent.com/anishathalye/
imagenet-simple-labels/master/imagenet-simple-labels.json"
class_labels = json.load(urllib.request.urlopen(url))
predicted_label = class_labels[predicted_idx]
print("Predicted Label:", predicted_label)
```

Dieser Code gibt das zu `predicted_idx` passende Label aus. Für `tensor([153])` lautet das Label, wie oben gesagt, `Maltese_dog`. Vergessen Sie nicht, dass die Indizierung in Python mit 0 beginnt.

2 Eine Liste der Labels finden Sie außerdem in dieser Textdatei auf GitHub (*https://gist.github.com/stevericbey/3d87d581a8713e65ac6c2d0848151ff5*).

Verarbeitung natürlicher Sprachen (NLP)

Der NLP-Bereich des PyTorch-Hubs verweist auf zwei verschiedene Repositorys: auf die weiter oben in diesem Kapitel beschriebenen Hugging-Face-Transformer (*https://oreil.ly/j1w3-*) und diejenigen des fairseq-Forschungsteams von Facebook (*https://oreil.ly/mmQeY*).

Bei häufiger Verwendung der fairseq-Modelle gibt es eine Reihe von Fallstricken zu beachten. Daher empfehle ich Ihnen dringend, eine Umgebung mit Python 3.11 (keinesfalls neuer!) einzurichten.

Innerhalb dieser Umgebung können Sie anschließend fairseq2 installieren, wie hier gezeigt:

```
pip install fairseq2
```

Höchstwahrscheinlich benötigen Sie weitere Abhängigkeiten wie `hydra-core`, OmegaConf und `requests`.

Sobald das System vollständig eingerichtet ist, können Sie fairseq-Modelle verwenden, wie hier gezeigt:

```
import torch

en2de = torch.hub.load(
     'pytorch/fairseq','transformer.wmt19.en-de.single_model')

en2de.translate('Hello Pytorch', beam=5)
# 'Hallo Pytorch'
```

Beachten Sie, dass die Umgebung sehr wählerisch darin ist, welche Versionen von PyTorch, `pip` und diversen anderen Bibliotheken Sie nutzen können. Das macht die Verwendung etwas spröde. Sofern Sie die Modelle aus dem fairseq-Repository nicht unbedingt nutzen wollen (oder müssen), empfehle ich Ihnen daher, die entsprechenden Hugging-Face-Transformer-Versionen zu wählen.

Andere Modelle

Der PyTorch-Hub enthält außerdem ein Repository für eine Vielzahl weiterer Modelltypen wie Audio, Reinforcement Learning, generative KI und vieles mehr. Meiner Erfahrung nach ist es am besten, einfach im PyTorch-Hub (*https://pytorch.org/hub*) zu stöbern und die Links auf der Landing Page zu nutzen, um zu den entsprechenden GitHub-Seiten zu gelangen.

Zusammenfassung

In diesem Kapitel haben wir uns mit dem Ökosystem der vortrainierten Modelle und Modell-Repositorys für PyTorch beschäftigt. Dabei haben wir uns auf die zwei Plattformen Hugging Face und PyTorch-Hub konzentriert. Während der PyTorch-Hub der Urvater dieser Repositorys ist, mit dem alles begann, gilt mittlerweile der Hugging-Face-Hub als wichtigste Anlaufstelle für vortrainierte Modelle.

Wir haben uns die Transformer- und Diffuser-Bibliotheken von Hugging Face angesehen, die das Laden und die Instanziierung der Modelle kapseln. Damit haben Sie den Schlüssel zu über zwei Millionen möglicher Modelle. Zudem verfügen viele dieser Modelle über eine umfassende Dokumentation und Model Cards, wodurch ein schneller und verantwortungsvoller Einstieg möglich ist. Außerdem haben Sie in diesem Kapitel ein eigenes Hugging-Face-Benutzerkonto angelegt und die Authentifizierung anhand von Zugangstokens durchgeführt.

Die Hugging-Face-APIs stellen Pipelines zur Verfügung, die viele häufige Aufgaben bei der Verwendung von Modellen verkapseln. Hierzu gehören Dinge wie die Tokenisierung und Sequenzierung für NLP. Diese geschehen hinter den Kulissen, was Ihren Programmieraufwand deutlich verringert. Das haben wir in zwei Szenarien erforscht: einer Sentiment-Textanalyse und einer Bildklassifizierung.

Auch wenn der PyTorch-Hub kleiner ist und die enthaltenen Modelle im Vergleich etwas spröde sein können, lohnt sich ein Blick darauf, denn der Hub ist besonders in der Forschungsgemeinschaft immer noch sehr beliebt. Wir haben uns angesehen, wie man auf PyTorch-Vision-Modelle zugreift, Daten für Inferenz vorbereitet und Modellausgaben verarbeitet. Der Hub enthält außerdem eine Reihe praktischer Beispiele für den Einsatz vortrainierter Modelle, wie ResNet50 für die Bildklassifizierung.

Letztlich sollten Sie die Vorteile der Verwendung vortrainierter Modelle nicht außer Acht lassen. Viele der Modelle wurden von Forschern mit großer Sachkenntnis erstellt, die Zugriff auf teure Hardware und Datensätze von besonders hoher Qualität haben, die Sie ansonsten kaum selbst nutzen könnten. Daher könnten Sie zu dem Schluss kommen, dass es für Ihr Szenario sinnvoller ist, bereits vortrainierte Modelle fein abzustimmen, anstatt sie von Grund auf neu zu trainieren. Darum geht es in den folgenden Kapiteln, beginnend mit Kapitel 15, in dem wir uns intensiver mit den Hugging-Face-Transformern beschäftigen werden.

KAPITEL 15

Transformer und Transformers

Im Jahr 2017 veränderte die Arbeit »Attention Is All You Need« von Ashish Vaswani et al. (*https://oreil.ly/R7og7*) das Forschungsgebiet der KI für immer. Die Zusammenfassung deutet auf etwas Leichtes und Einfaches hin, eine Evolution der Architektur von Faltung und Rekurrenz (siehe die Kapitel 4 bis 9). Dennoch waren die Veränderungen durch diese Arbeit regelrecht – bitte entschuldigen Sie dieses Wortspiel – transformativ. Das Forschungspapier hat die KI, beginnend bei der NLP, revolutioniert. Obwohl die Autoren die Einfachheit dieses Ansatzes hervorhoben, war und ist seine Implementierung in Code von Natur aus komplex. Der Kern bestand in einem neuen Ansatz für die ML-Architektur, dem *Transformer*.

In diesem Kapitel untersuchen wir das Konzept der Transformer zunächst im Überblick und zeigen Ihnen die drei Hauptarchitekturen *Encoder*, *Decoder* und *Encoder-Decoder*. Bitte haben Sie Verständnis, dass wir hier nicht detailliert auf diese Technologien eingehen können. Dafür wären mehrere Bücher nötig, nicht nur ein einzelnes Kapitel!

Anschließend beschäftigen wir uns mit `Transformers`, das wir hier in Festbreitenschrift wiedergeben, um zu vermitteln, dass es sich hierbei um APIs und Bibliotheken von Hugging Face handelt, die die Arbeit mit Transformer-basierten Modellen erleichtern sollen. Bevor es `Transformers` gab, mussten Sie die entsprechenden Forschungsarbeiten lesen und meist selbst herausfinden, wie die Details implementiert werden. Die `Transformers`-Bibliothek von Hugging Face hat Transformer-basierte Modelle für einen deutlich größeren Personenkreis zugänglich gemacht.

> Nur zur Klärung: Im restlichen Kapitel bezeichne ich Architektur, Modelle und Konzepte als *Transformer* (in normaler Schrift) und die Hugging-Face-Bibliotheken als `Transformers` (in Festbreitenschrift), um Verwechslungen zu vermeiden.

Das Konzept der Transformer verstehen

Seit Veröffentlichung des oben genannten Forschungspapiers hat sich das Gebiet der Transformer beständig weiterentwickelt und ist enorm gewachsen. Das wesentliche Fundament ist dabei allerdings weitgehend gleich geblieben. Darum soll es in diesem Abschnitt gehen.

Wenn Sie irgendwo mit einem LLM arbeiten (nicht nur mit Hugging Face), werden Sie früher oder später die Begriffe *Encoder*, *Decoder* und *Encoder-Decoder* hören. Daher halte ich es für sinnvoll, Ihnen zunächst einen Überblick über diese Architekturen zu geben. Alle drei verfolgen unterschiedliche Ansätze bei der Arbeit mit Texten – sei dies die Verarbeitung, die Klassifizierung oder die Erzeugung von Texten. Sie verfügen je nach Szenario über bestimmte Stärken. Daher ist es wichtig, sie zu verstehen, um die richtige Architektur auszuwählen.

Encoder-Architekturen

Reine Encoder-Architekturen (wie BERT oder RoBERTa) verfügen in der Regel über ein ausgezeichnetes *Textverständnis*, weil sie Texte sehr sorgfältig verarbeiten. Von Natur aus sind sie bidirektional und können die Eingabesequenz als Ganzes »sehen«. Durch diese Form des Verstehens sind Encoder besonders effektiv bei Aufgaben, die ein tiefgehendes Verständnis und eine umfassende Interpretation des Texts und seiner Semantik erfordern. Sie eignen sich vor allem für Aufgaben wie Klassifizierung, Erkennung benannter Entitäten und der Extraktion von Bedeutung, zum Beispiel für die Beantwortung von Fragen. Ihre Stärke liegt darin, Text in reichhaltige, kontextbezogene Darstellungen umzuwandeln. Sie sind aber nicht dafür gedacht, neuen Text zu *generieren*.

Ein Schaubild einer Encoder-basierten Architektur sehen Sie in Abbildung 15.1.

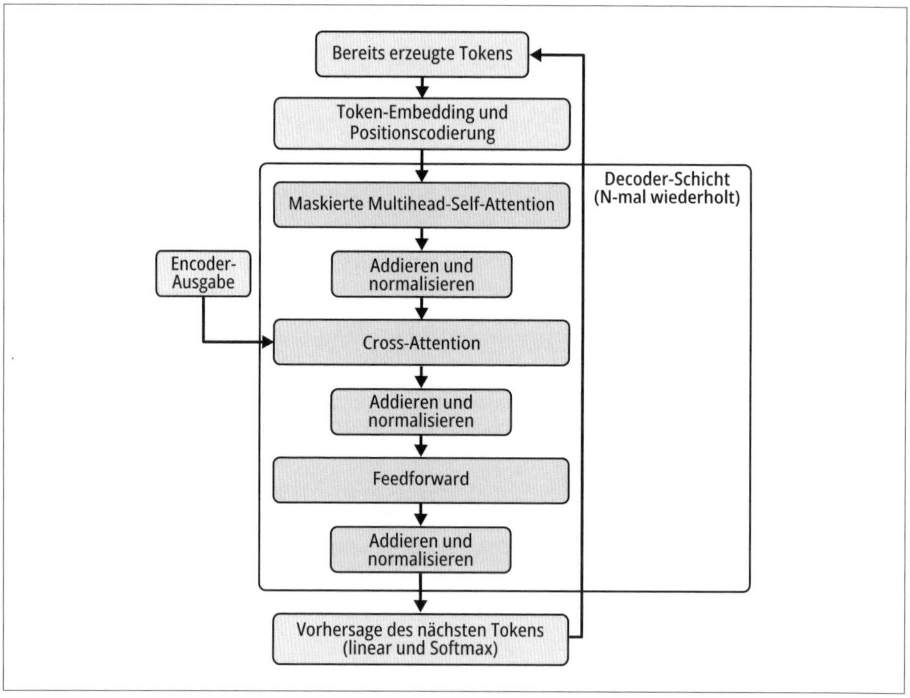

Abbildung 15.1: Encoder-basierte Architektur

Sehen wir uns diese Architektur etwas genauer an. Der Ablauf beginnt mit den tokenisierten Eingaben, die an die Self-Attention-Schicht weitergereicht werden.

Die Self-Attention-Schicht

Self-Attention (wörtlich: »Selbst-Aufmerksamkeit«) ist der Kernmechanismus, der es Tokens ermöglicht, andere Tokens in der Eingabesequenz zu »beachten«. Nehmen wir zum Beispiel den Satz »I went to high school in Ireland, so I had to study how to speak Gaelic.« Hier lautet das letzte Wort »Gaelic«, das effektiv durch das Wort »Ireland« weiter vorne im Satz seinen Kontext erhält. Wenn ein Modell den gesamten Satz berücksichtigt, kann es vorhersagen, dass auf »how to speak« wahrscheinlich das Wort »Gaelic« folgen muss. Betrachtet das Modell den Satz dagegen nicht als Ganzes, hätte es ihn vermutlich eher mit »politely« (höflich) oder einem anderen Adjektiv vervollständigt.

Der Self-Attention-Mechanismus kann den Kontext dagegen deutlich besser aufgelöst erfassen, weil er den gesamten Satz in seine Bewertung einbezieht. Das funktioniert, indem jedes Token im Satz mit drei Vektoren verknüpft wird. Dies sind der *Query*-(Abfrage-)Vektor (*Q*, also: »Nach welchen relevanten Informationen für dieses Token suche ich?«), der *Key*-(Schlüssel-)Vektor (*K*, also: »Welche Tokens könnten auf mich verweisen?«) und der *Value*-(Wert-)Vektor (*V*, also: »Welche Art von Information enthalte ich?«). Die Darstellungen dieser Vektoren werden im Laufe der Zeit auf ähnliche Weise gelernt, wie in den früheren Kapiteln dieses Buchs gezeigt. Daraus wird ein Attention-Score als Funktion dieser Vektoren berechnet. Mithilfe der Softmax-Funktion werden dann die Embeddings für die Wörter mit den Attention-Details aktualisiert. Dadurch nähern sich die Embeddings stärker aneinander an, wenn Ähnlichkeiten zwischen ihnen gelernt werden.

Beachten Sie, dass Self-Attention normalerweise bidirektional ist. Die Reihenfolge der Wörter spielt also keine Rolle.

Zusätzlich nutzt der Self-Attention-Mechanismus in der Regel den Kontext sogenannter *Heads*. Das sind im Prinzip mehrere parallele Instanzen der gerade besprochenen drei Vektoren *Q*, *K* und *V*, die unterschiedliche Repräsentationen lernen und sich dadurch auf verschiedene Aspekte der Eingabe spezialisieren können. Einen Überblick über diese Repräsentationen sehen Sie in Abbildung 15.2.

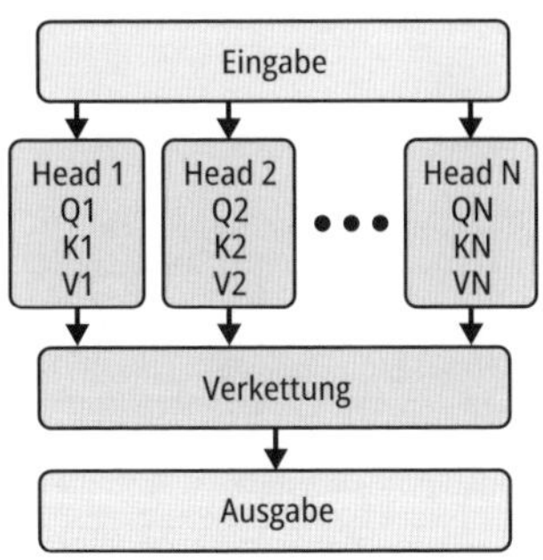

Abbildung 15.2: Multihead-Self-Attention-Instanz

Das heißt, jeder Head besitzt seinen eigenen Satz gelernter Gewichtungen für die Vektoren *Q*, *K* und *V*. Die Verarbeitung und das Lernen dieser Vektoren geschieht parallel, die Ergebnisse werden verkettet. Die abschließende Ausgabeprojektion ist am Ende eine Kombination der Informationen aus allen Heads. Einer der Gründe für das Wachstum der Modelle ist die steigende Zahl an Heads. So besitzt das Modell *BERT-base* 12 Heads, während *BERT-large* 16 Heads nutzt. Architekturen, die zusätzlich einen Decoder verwenden, wie GPT, sind ähnlich stark gewachsen. GPT-2 hatte 12 Attention-Heads, während die Anzahl bei GPT-3 bereits auf 96 angewachsen war!

Die in Abbildung 15.2 gezeigte Self-Attention-Instanz kann schließlich in das Self-Attention-Feld aus Abbildung 15.1 integriert werden. Seine Ausgaben werden an ein *Feedforward-Netzwerk* (FFN) weitergereicht, das oft etwas genauer als *positionsweises Feedforward-Netzwerk* bezeichnet wird.

Die Feedforward-Netzwerk-Schicht

Die FFN-Schicht spielt eine wesentliche Rolle bei der Unterstützung der Fähigkeit des Modells, komplexe Muster im Text zu lernen. Das geschieht, indem das Modell mit Nichtlinearität versehen wird.

Warum ist das wichtig? Dafür sollten wir uns zunächst den Unterschied zwischen Linearität und Nichtlinearität klarmachen. Bei einer *linearen Gleichung* ist der Wert relativ leicht vorherzusagen. Nehmen Sie beispielsweise eine Gleichung, die einen Hauspreis ermitteln soll. Eine lineare Version könnte aus dem Grundstückspreis plus einem bestimmten Quadratmeterpreis bestehen. Dabei folgt die Berechnung für jedes Haus der gleichen Formel. Wie wir wissen, sind Hauspreise aber deutlich komplexer – sie folgen (leider) keiner einfachen linearen Gleichung.

Beim Verständnis von Stimmungen (Sentiment-Analyse) ist es genauso. Angenommen, Sie wollen den Wörtern *good* und *not* Koordinaten in einem Koordinatensystem zuweisen (wie in Kapitel 7, wo wir Embeddings erklärt haben), wobei *good* den Wert `+1` und *not* den Wert `-1` hat. Dann würde uns eine lineare Beziehung beider Wörter das Ergebnis `0` liefern. Das ist ein neutrales Ergebnis, obwohl *not good* klar negativ ist. Um Stimmungen aufzuspüren und unseren Text richtig zu verstehen, brauchen wir also feiner abgestimmte (nichtlineare) Gleichungen. Und genau das ist die Aufgabe eines FFN. Es erreicht diese Nichtlinearität, indem es die Dimensionen seines Eingabevektors erweitert, darauf eine Transformation anwendet und anschließend negative Werte (und damit die Linearität) per ReLU »entfernt«, bevor der Vektor wieder in seine Ausgangsdimensionen zurückkonvertiert wird, wie in Abbildung 15.3 gezeigt.

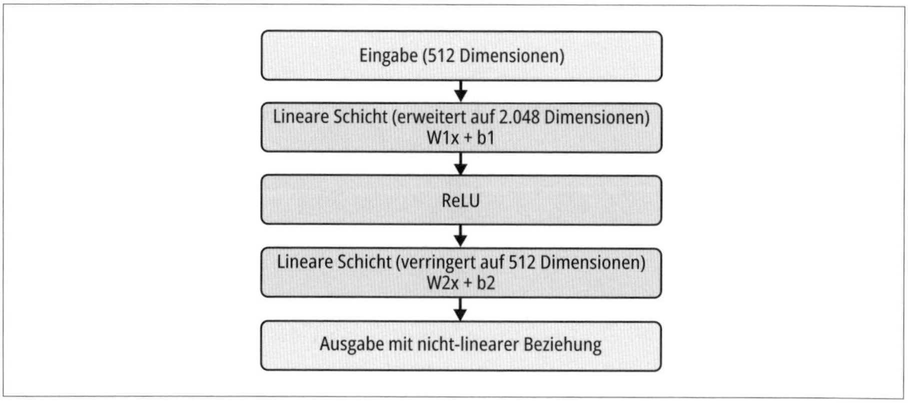

Abbildung 15.3: Ein Feedforward-Netzwerk

Die mathematischen und logischen Grundprinzipien dieses Verfahrens können wir hier leider nicht im Detail erklären, aber wir können sie anhand eines einfachen Beispiels untersuchen. Sehen Sie sich hierzu den folgenden Code an, der simuliert, was in Abbildung 15.3 passiert:

```
import torch
import torch.nn as nn

# Vereinfachtes Beispiel mit wenigen Dimensionen
d_model = 2  # Eingabe-/Ausgabedimensionen
d_ff = 4     # Versteckte Dimensionen

# Testeingaben erzeugen
x = torch.tensor([[-1.0, 2.0]])

# Erste lineare Schicht (2 → 4)
W1 = torch.tensor([
    [1.0, -1.0],
    [-1.0, 1.0],
    [0.5, 0.5],
    [-0.5, -0.5]
])
b1 = torch.tensor([0.0, 0.0, 0.0, 0.0])
layer1_out = torch.matmul(x, W1.t()) + b1
print("After first linear layer:", layer1_out)

# ReLU anwenden
relu_out = torch.relu(layer1_out)
print("After ReLU:", relu_out)
# Beachten Sie, wie negative Werte in 0 umgewandelt wurden.
# Dies ist die nichtlineare Operation!

# Zweite lineare Schicht (4 → 2)
W2 = torch.tensor([
    [1.0, -1.0, 0.5, -0.5],
    [-1.0, 1.0, 0.5, -0.5]
])
b2 = torch.tensor([0.0, 0.0])
final_out = torch.matmul(relu_out, W2.t()) + b2
print("Final output:", final_out)
```

Wir beginnen mit einem einfachen zweidimensionalen Tensor: `[-1.0, 2.0]`.

Die erste Schicht verwendet folgende Gewichte und Bias:

```
W1 = torch.tensor([
    [1.0, -1.0],
    [-1.0, 1.0],
    [0.5, 0.5],
    [-0.5, -0.5]
])
b1 = torch.tensor([0.0, 0.0, 0.0, 0.0])
```

Wenn wir unseren 2-D-Tensor durch diese Schicht leiten, um `layer1_out` zu erhalten, liefert uns die Matrizenmultiplikation eine 4-D-Ausgabe, die wie folgt aussieht:

```
After first layer: [-3.0, 3.0, 0.5, -0.5]
```

Diese Schicht enthält zwei negative Werte (`-3` und `-0.5`). Wenn wir diese durch die ReLU-Funktion leiten, werden sie auf `0` gesetzt, und die Matrix sieht nun so aus:

```
Output: [0.0, 3.0, 0.5, 0.0]
```

Dieser Prozess wird als *Bending* (»verbiegen«) bezeichnet. Indem wir diese Werte herausnehmen, versehen wir die Gleichung mit Nichtlinearität. Die Beziehungen zwischen den Werten wurden dadurch wesentlich komplexer. Das heißt, ein Prozess, der versucht, die Parameter dieser Beziehungen zu lernen, muss mit dieser Komplexität auch umgehen können. Ist er erfolgreich, wird er die Linearitätsfalle vermeiden.

Anschließend konvertieren wir die Werte wieder in einen 2-D-Tensor, indem wir ihn durch eine weitere Schicht mit den folgenden Gewichten und Bias leiten:

```
W2 = torch.tensor([
    [1.0, -1.0, 0.5, -0.5],
    [-1.0, 1.0, 0.5, -0.5]
])
b2 = torch.tensor([0.0, 0.0])
```

Hier die Ausgabe der folgenden Schicht:

```
Final output: [-2.75, 3.25]
```

Der Effekt des FFN liegt also darin, dass es einen Vektor übernimmt, die Linearität entfernt und ihn anschließend mit den gleichen Dimensionen wieder zurückgibt.

Das lässt sich mit unserem einfachen Codebeispiel nachverfolgen. Überlegen Sie, was passiert, wenn wir einfache lineare Änderungen auf unsere Eingabe anwenden. Indem wir beispielsweise die Eingabe `[-1.0, 2.0]` zu `[-2.0, 4.0]` verdoppeln, bedeutet die durch das FFN eingeführte Nichtlinearität, dass die Ausgabe keine einfache Verdopplung mehr ist. Wenn wir die Eingabe negieren, ist die Ausgabe entsprechend keine einfache Negation mehr:

```
Input: [-1.0, 2.0] → Output: [-2.75, 3.25]
Input: [-2.0, 4.0] → Output: [-5.5, 6.5]    # Keine einfache
                                            # Verdopplung!
Input: [1.0, -2.0] → Output: [2.75, -3.25]  # Keine einfache
                                            # Negation!
```

Mit der Zeit sollten die für Gewicht und Bias gelernten Parameter die Beziehungen zwischen den Tokens beibehalten. So kann das Netzwerk feiner abgestimmte nichtlineare Gleichungen lernen, die die Beziehungen zwischen den Tokens definieren.

Schicht-Normalisierung

Der nächste Schritt in Abbildung 15.1 ist die *Schicht-Normalisierung*. Hier geht es darum, die durch das neuronale Netzwerk geleiteten Daten zu stabilisieren, indem Ausreißer (*Outliers*) und hohe Varianzen entfernt werden. Hierfür werden bei der Schicht-Normalisierung Mittelwert und Varianz der Eingabe-Features berechnet. Die Ergebnisse werden anschließend normalisiert und skaliert/verschoben (*scale and shift*), bevor sie wieder ausgegeben werden (siehe Abbildung 15.4).

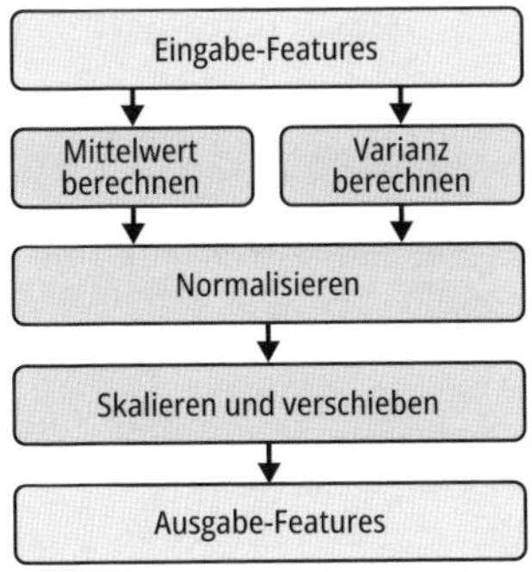

Abbildung 15.4: Schicht-Normalisierung

Aus statistischer Sicht ist die Nutzung von Mittelwert und Varianz sowie die anschließende Normalisierung ein einfacher Vorgang zur Entfernung von Ausreißern. Ich werde hier nicht weiter auf die statistischen Details eingehen, aber das ist allgemein das Ziel dieser Art von Berechnungen.

Es folgt der etwas rätselhafte Kasten, der mit *Skalieren und verschieben* (*Scale and shift*) beschriftet ist. Warum sollte man so etwas überhaupt tun? Wenn Sie sich etwas näher mit der Logik beschäftigen, geht es vor allem darum, dass die Normalisierung darauf abzielt, den Mittelwert einer Reihe von Werten Richtung 0 zu »schubsen« und die Standardabweichung Richtung 1. Existiert ein lernbarer Prozess, der die Varianz zu einem gewissen Grad wiederherstellt, können wir die Datenbereinigung durchführen, ohne die Daten zu verfälschen – also ohne das Kind mit dem Bade auszuschütten.

Wenn wir daher unsere Ausgaben mit lernbaren Parametern multiplizieren und anschließend etwas addieren, können wir eine zu starke Angleichung der Werte vermeiden. Diese lernbaren Werte heißen üblicherweise *Gamma* (γ, für die Multiplikation/Skalierung) und *Beta* (β, für die Addition/Verschiebung). Sie funktionieren wie kleine Gewichte und Bias. Am einfachsten lässt sich dieses Vorgehen wohl im Code zeigen.

Es folgt ein Beispiel, in dem wir ein Eingabe-Feature, das eine Reihe von Werten enthält, normalisieren. Hier können Sie erkennen, dass die normalisierten Werte einen Mittelwert von `0` und eine Standardabweichung von `1` haben:

```
import torch

# Beispielwerte für Features erzeugen
features = torch.tensor([5.0, 1.0, 0.1])
print("\nOriginal features:", features)
print("Original mean:", features.mean().item())
print("Original std:", features.std().item())

# Standardnormalisierung
mean = features.mean()
std = features.std()
normalized = (features - mean) / std
print("\nJust normalized:", normalized)
```

```
# Mittelwert:
print("Normalized mean:", normalized.mean().item())

# Standardabweichung:
print("Normalized std:", normalized.std().item())

# Mit lernbaren Werten für Skalierung und Verschiebung
gamma = torch.tensor([2.0, 0.5, 1.0])  # Gelernte Parameter
beta = torch.tensor([1.0, 0.0, -1.0])  # Gelernte Parameter
scaled_shifted = gamma * normalized + beta
print("\nAfter scale and shift:", scaled_shifted)
print("Final mean:", scaled_shifted.mean().item())
print("Final std:", scaled_shifted.std().item())
```

Wenn wir die Werte durch die Skalierung und Verschiebung mit Gamma- und Beta-Werten schicken, erhalten wir einen neuen Satz an Parametern. Obwohl hier die großen Varianzunterschiede (das »Rauschen«) entfernt wurden, bleibt eine enge Beziehung zu den Originalwerten erhalten. Die Ausgabe dieses Codes sollte in etwa so aussehen:

```
Original features: tensor([5.0000, 1.0000, 0.1000])
Original mean: 2.0333333015441895
Original std: 2.6083199977874756

Just normalized: tensor([ 1.1374, -0.3962, -0.7412])
Normalized mean: 0.0
Normalized std: 1.0

After scale and shift: tensor([ 3.2748, -0.1981, -1.7412])
Final mean: 0.44515666365623474
Final std: 2.5691161155700684
```

Wie beim FFN werden die Features auch hier auf eine intelligente Weise erst zerstört und dann rekonstruiert. In diesem Fall soll die Varianz verringert werden, was dazu führt, dass Features bei Bedarf verstärkt oder abgeschwächt werden, indem die Gesamtverteilung für die Aktivierungsfunktionen auf bessere Bereiche verschoben wird.

Ich vergleiche das gern mit der Feineinstellung eines Fernsehers. Manchmal müssen Kontrast oder Helligkeit angepasst werden, um ein besseres Bild zu bekommen. Wenn Sie die optimalen Werte für diese Einstellungen kennen, werden die wichtigen Details eines bestimmten Bilds deutlicher. Stellen Sie sich den Kontrast als Skalierung und die Helligkeit als Verschiebung vor. Kann ein Netzwerk diese Parameter für Ihre Eingabe-Features lernen, verbessert sich seine Fähigkeit, sie zu verstehen!

Wiederholte Encoder-Schichten

In Abbildung 15.1 ist zu sehen, dass Self-Attention, Feedforward und Normalisierungsschichten auch wiederholt vorkommen können. Typischerweise besitzen kleinere Modelle 12 Instanzen und größere 24. Je mehr Schichten das Modell hat, desto größer muss auch die Rechenleistung sein. Viele Schichten bieten mehr Leistungsfähigkeit zum Lernen komplexer Muster. Das bedeutet aber auch eine längere Trainingszeit, einen höheren Bedarf an GPU-Speicher und ein möglicherweise höheres Risiko für eine Überanpassung. Außerdem können sich größere Modelle auf die entsprechenden Datenanforderungen auswirken, was die Komplexität weiter erhöhen würde.

Meistens gibt es einen Kompromiss zwischen der Anzahl der Schichten (seiner »Tiefe«) und der Größe der einzelnen Schichten inklusive der Anzahl der Heads (seiner »Breite«). Manchmal können Modelle die gleiche Schicht mehrmals verwenden und so die Gesamtzahl der Parameter verringern. Ein Beispiel hierfür ist ALBERT, eine Weiterentwicklung des oben genannten BERT-Modells.

Die Decoder-Architektur

Während es bei der Encoder-Architektur darum geht, Texte zu verstehen, indem der gesamte Kontext der Eingabesequenz berücksichtigt wird, ist die Decoder-Architektur ein generatives Kraftwerk. Decoder wurden entwickelt, um sequenzielle Ausgaben elementweise zu erzeugen. Der Encoder verarbeitet alle Eingaben auf einmal (oder zumindest so viele, wie die Parallelisierung des Systems erlaubt). Der Decoder funktioniert dagegen autoregressiv. Er erzeugt jedes Ausgabetoken und berücksichtigt dabei nicht nur die encodierte Repräsentation der Eingabe, sondern auch die *bereits erzeugten* Ausgaben. Damit sollen Zusammenhang und kontextuelle Relevanz über den gesamten Prozess erreicht werden.

Ein Diagramm der Encoder-Architektur sehen Sie in Abbildung 15.5.

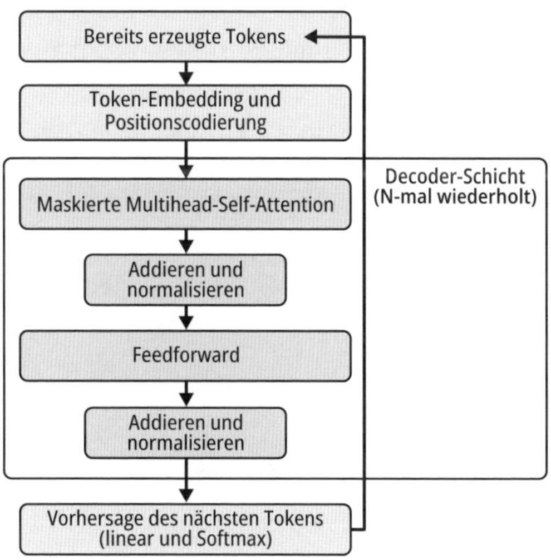

Abbildung 15.5: Die Decoder-Architektur

Am besten gehen wir die Abbildung von oben nach unten durch. Der erste Kasten enthält die bereits erzeugten Tokens. In einer reinen Decoder-Architektur ist dies eine Reihe von Tokens, die bereits erzeugt oder anderweitig zur Verfügung gestellt wurden. Im zweiten Fall werden sie üblicherweise als *Prompt* bezeichnet. Angenommen, Sie haben die folgenden Tokens:

```
["If", "you", "are", "happy", "and", "you", "know", "it"]
```

Sobald diese Tokens den Decoder durchlaufen haben, wird das Token für »clap« erzeugt und der bestehenden Liste angehängt:

```
["If", "you", "are", "happy", "and", "you", "know", "it", "clap"]
```

Diese Tokens werden an den Kasten für das Embedding und die Positionscodierung weitergeleitet.

Token-Embedding und Positionscodierung verstehen

In diesem Schritt wird jedes Token in eine Vektordarstellung namens *Embedding* (siehe Kapitel 5) umgewandelt. Hierbei liegen Wortcluster mit ähnlicher semantischer Bedeutung im Vektorraum nahe beieinander. Diese Embeddings werden im Laufe der Zeit gelernt.

Die Token-Embeddings für die Wörter *it* und *clap* am Ende der oben gezeigten Token-Liste könnten beispielsweise so aussehen:

```
"it" -> [0.2, -0.5, 0.7] (position 7)
"clap" -> [-0.3, 0.4, 0.1] (position 8)
```

Ich habe die Embeddings hier auf nur drei Dimensionen beschränkt, um sie leichter lesbar zu machen.

Der nächste Schritt ist die *Positionscodierung*, die eine enorme Neuerung in Transformern darstellt. Zusätzlich zur Encodierung im Vektorraum für Semantik und Bedeutung des Worts kommt eine innovative Methode zum Einsatz, die mit Sinus- und Kosinuskurven arbeitet. Hierdurch können die Position eines Worts und die Auswirkungen dieser Position auf seine Nachbarn encodiert werden.

Wenn wir (vereinfacht) 3-D-Vektoren für die Encodierung verwenden, nutzen wir Sinuswellen für die ungeraden Indizes und Kosinuswellen für die geraden Indizes, wie hier gezeigt:

```
Position 7 -> [sin(7), cos(7), sin(7)] = [.122, .992, .122]
Position 8 -> [sin(8), cos(8), sin(8)] = [.139, .990, .139]
```

Wenn wir das addieren, erhalten wir:

```
"it" -> [0.2+.122, -0.5+.992, 0.7+.122] = [0.322, 0.492, 0.822]
"clap" -> [-0.3+.139, 0.4+.990, 0.1+.139] = [-0.161, 1.390, 0.239]
```

Auch wenn dieses Verfahren auf den ersten Blick recht beliebig erscheint, basiert die Positionscodierung auf spezifischen Formeln:

```
# Für Dimensionen mit geraden Indizes
PE(pos, d) = sin(pos / 10000^(d/d_model))

# Für Dimensionen mit ungeraden Indizes
PE(pos, d) = cos(pos / 10000^(d-1/d_model))
```

Hier sehen Sie die Werte in tabellarischer Form (siehe Tabelle 15.1):

Tabelle 15.1: Positionscodierung

Position	Dimension 0	Dimension 1	Dimension 2	Dimension 3	Dimension 4	Dimension 5	Dimension 6	Dimension 7
0	0.000	1.000	0.000	1.000	0.000	1.000	0.000	1.000
1	0.841	0.540	0.100	0.995	0.010	1.000	0.001	1.000
2	0.909	–0.416	0.199	0.980	0.020	1.000	0.002	1.000
3	0.141	–0.990	0.296	0.955	0.030	1.000	0.003	1.000

Es geht darum, Positionsbeziehungen so abzubilden, dass sich in manchen Dimensionen weit auseinanderliegende Tokens einander annähern und eng beieinanderliegende etwas voneinander entfernen, wodurch das Modell relative Abstände besser unterscheiden kann.

Angenommen, Ihre Eingabesequenz besteht aus vier Tokens, die sich, wie in der Tabelle zu sehen, an den Indexpositionen 0 bis 3 befinden. Das Token an Position 3 ist am weitesten vom Token an Position 0 entfernt. Sie liegen an entgegengesetzten Enden des Satzes.

Durch die Positionscodierung ist es möglich, dass diese Tokens in manchen Dimensionen näher beieinanderliegen. In der ersten Spalte für Dimension 0 liegt Position 3 näher an Position 0 als für die übrigen Dimensionen, während sie in der Spalte für Dimension 2 weiter voneinander entfernt sind. So wird es möglich, Wörter zu Clustern zusammenzufassen, obwohl sie im Satz weit voneinander entfernt liegen.

Nehmen wir noch einmal den Satz »I went to high school in Ireland, so I had to study how to speak Gaelic.« als Beispiel. Hier war das letzte Token »Gaelic« am genauesten, weil es eine in »Ireland« (das sich weiter vorne im Satz befindet) gesprochene Sprache bezeichnet. Ohne die Positionscodierung hätten wir diesen Zusammenhang möglicherweise übersehen.

Außerdem werden die Positionscodierungen zu den Token-Embeddings *addiert*. Das sorgt für einen gewissen Druck, Wörter, die sich semantisch in unterschiedlichen Satzteilen befinden, zusammenzuhalten, ohne die Embeddings dabei komplett zu überschreiben.

Die Ergebnisse werden schließlich an die maskierte Multihead-Self-Attention-Schicht weitergereicht, um die es im folgenden Abschnitt geht.

Maskierte Multihead-Self-Attention verstehen

Weiter oben in diesem Kapitel haben Sie gesehen, wie die Vektoren *Q*, *K* und *V* für jedes Token gelernt werden, um die Embeddings für das jeweilige Wort mit einer »Wahrnehmung« der übrigen Wörter zu aktualisieren. Die Idee hinter der *Masked Attention* erweitert dieses Prinzip. Wörter, die keine Aufmerksamkeit bekommen sollen, werden ignoriert, hier also Wörter, die an *vorherigen* Positionen der Sequenz stehen.

Angenommen, Sie haben eine Sequenz mit acht Wörtern und das neunte Wort soll vorhergesagt werden. Bei der Verarbeitung des dritten Worts sollen also nur das zweite und erste Wort beachtet werden, aber nichts, was darauf folgt. Um das zu erreichen, können Sie eine Dreiecksmatrix wie diese hier einsetzen:

```
1 0 0
1 1 0
1 1 1
```

Für eine Folge von Wörtern könnte das so aussehen wie in Tabelle 15.2 für die Wörter *the*, *cat* und *sat*.

Tabelle 15.2: Einfache maskierte Attention (Aufmerksamkeitsmaske)

	the	cat	sat
the	1	0	0
cat	1	1	0
sat	1	1	1

Wenn wir das Wort *the* mit dieser Methode verarbeiten, können wir also nur das Wort *the* beachten. Bei der Verarbeitung von *cat* können wir *the* und *cat* beachten. Verarbeiten wir *sat*, sind alle drei Wörter, also *the*, *cat* und *sat*, »wahrnehmbar«.

Wie gesagt, die Vektoren K, Q und V ergänzen die Embeddings so, dass sich auch Wörter annähern können, die syntaktisch nicht eng verbunden sind, sich aber durch Attention gegenseitig beeinflussen (wie »Ireland« und »Gaelic« im Beispiel weiter oben). Die maskierte Attention-Schicht sorgt nun dafür, dass dieses Annähern nur bei denjenigen Wörtern stattfindet, auf die das Modell tatsächlich achten darf.

Wenn das mehrmals parallel über mehrere Heads ausgeführt und anschließend zusammengefasst wird, erhalten wir eine Anpassung der Attention für die Embeddings, die große Ähnlichkeit mit der Anpassung hat, die wir mit dem Encoder durchgeführt haben. Der Unterschied ist, dass die Maskierung verhindert, dass ein Token durch Wörter beeinflusst wird, die in der Sequenz *nach* ihm kommen – insbesondere durch bereits generierte.

Addition und Normalisierung

Im nächsten Schritt werden die Ausgaben der maskierten Attention-Schicht mit den ursprünglichen Eingaben addiert. Dieses Verfahren nennt man *Residualverbindung* (*Residual Connection*).

Der Prozess könnte beispielsweise so aussehen:

```
# Originaleingabe: (Embedding für "cat"),
# enthält Grundinformationen zu "cat":
[0.5, -0.3, 0.7, 0.1]

# Ausgabe der Attention-Schicht (gelernte Änderungen),
# enthält kontextuelle Aktualisierungen auf Basis anderer Wörter:
[0.2, 0.1, -0.1, 0.3]

# Nach der Addition (Endergebnis),
# ursprüngliche Bedeutung von "cat" PLUS Kontextinformationen:
[0.7, -0.2, 0.6, 0.4]
```

Hierbei können wir sehen, dass die Ausgangsinformationen nicht durch den Attention-Mechanismus *ersetzt* werden. Stattdessen werden die neu gelernten Embeddings aus dem Attention-Mechanismus addiert, und die Ausgangsinformationen bleiben erhalten. Im Laufe der Zeit hilft das dem Netzwerk beim Lernen. Sind manche Attention-Aktualisierungen nicht hilfreich, setzt das Netzwerk sie einfach durch die Backpropagation der Gradienten auf einen Wert nahe null.

Eine detailliertere Beschäftigung mit diesem Thema würde den Rahmen dieses Buchs sprengen. Sie finden die Details in den Forschungspapieren, die diesen Modellen zugrunde liegen. Letztlich geht es darum, das *Vanishing Gradients Problem* (das »Problem der verschwindenden Gradienten«) zu lösen. Bleiben die Ausgangsinformationen nicht erhalten, werden die Gradienten der Attention-Schicht in den folgenden Schichten immer kleiner, was die Zahl der verwendbaren Schichten begrenzt. Wenn Sie die Gradienten immer zur ursprünglichen Eingabe hinzuaddieren, gibt es einen unteren Grenzwert wie `[0.5, -0.3, 0.7, 0.1]` für den oben erwähnten Gradienten für *cat*. Dadurch verschieben kleine Änderungen aus den Attention-Gradienten diese Werte nicht näher Richtung null, und das Problem der Vanishing Gradients wird verhindert.

Das Ganze wird anschließend, wie im Encoder-Abschnitt dieses Kapitels beschrieben, an eine Schichten-Normalisierung übergeben, um Ausreißer zu entfernen, ohne hierbei das »Wissen« der Sequenz zu beeinträchtigen.

Die Feedforward-Schicht

Die Feedforward-Schicht funktioniert auf die gleiche Weise wie die entsprechenden Schichten in Encodern. Das Ziel ist eine Verringerung der linearen Abhängigkeiten in der Token-Sequenz. Die Ausgaben werden erneut zu den Originaldaten addiert und normalisiert. Die Idee dahinter ist, dass ein Entfernen der Ausreißer mit dem FFN ebenfalls verhindert, dass die Gradienten verschwinden. So bleiben wichtige Informationen erhalten. Die Normalisierung hält die Werte außerdem in einem stabilen Bereich, weil ein wiederholtes Addieren manche Werte deutlich über 1,0 oder unter –1,0 verschieben könnte. Außerdem eignen sich normalisierte Werte innerhalb dieser Bereiche besser für Matrizenberechnungen.

Diesen Prozess aus maskierter Attention → Addition und Normalisierung → Feedforward → Addition und Normalisierung können wir mehrmals wiederholen, bevor wir zur nächsten Schicht wechseln. Dort verwenden wir die gelernten Werte schließlich, um das nächste Token vorherzusagen.

Die linearen und Softmax-Schichten

Die linearen und Softmax-Schichten sind dafür zuständig, die Darstellungen des Decoders in Wahrscheinlichkeiten für das nächste Token umzuwandeln.

Die lineare Schicht lernt die Darstellungen für die einzelnen Wörter im Dictionary mit der transponierten Größe der Repräsentation des Decoders. Weil das ziemlich abstrakt klingt, bekommen Sie hier ein Beispiel:

Angenommen, unser Decoder ist eine 4-D-Darstellung, nachdem er alle Schichten durchlaufen hat, wie in Tabelle 15.3 gezeigt.

Tabelle 15.3: Simulierte Decoder-Ausgabe

0.2	−0.5	0.8	−0.3

Dann haben wir für jedes Wort in unserem Vokabular eine Gewichtungsmatrix, die während des Trainings gelernt wurde. Ein Beispiel hierfür sehen Sie in Tabelle 15.4.

Tabelle 15.4: Gewichtungsmatrix für Wörter in unserem Vokabular

cat	dog	sat	mat	the
1.0	0.5	2.0	0.3	0.7
-0.3	0.8	1.5	0.4	0.2
2.0	0.3	2.1	0.5	0.8
0.4	0.6	0.9	0.2	0.5

Beachten Sie, dass die Decoder-Darstellung die Form 1 × 4 hat und jede Matrix für jedes Wort die Form 4 × 1 hat. Dies ist die Transposition, und das Ausmultiplizieren ist jetzt einfach.

Für *cat* lautet das Ergebnis also:

$$(0.2 \times 1.0) + (-.5 \times -.3) + (0.8 \times 2.0) + (-0.3 \times 0.4) = 1.8$$

Daraus können wir die abschließenden Ergebnisse für jedes Wort ermitteln, wie in Tabelle 15.5 gezeigt:

Tabelle 15.5: Endergebnisse für die einzelnen Wörter

cat	dog	sat	mat	the
1.8	-0.2	1.1	0.2	0.5

Durch Anwendung der Softmax-Funktion können wir diese Werte in Wahrscheinlichkeiten umwandeln (siehe Tabelle 15.6).

Tabelle 15.6: Mit der Softmax-Funktion errechnete Wahrscheinlichkeiten

cat	dog	sat	mat	the
47.5 %	6.4 %	23.6 %	9.6 %	12.9 %

Anschließend können wir das Wort mit der höchsten Wahrscheinlichkeit als nächstes Token wählen, was als *Greedy Decoding* (»gierige Decodierung«) bezeichnet wird. Alternativ dazu können wir das sogenannte *top-k-Decoding* anwenden, bei dem einer aus *k* möglichen

Spitzenwerten gewählt wird, zum Beispiel indem wir einen Wert aus den drei größten Wahrscheinlichkeiten auswählen.

Das Ergebnis wird als neue Token-Liste in den obersten Kasten zurückgeleitet, damit der Prozess das folgende Token vorhersagen kann.

Damit haben wir die Funktionsweise von Decodern – zumindest im Überblick – beschrieben. Im folgenden Abschnitt sehen wir uns an, wie beide Architekturen in einer Encoder-Decoder-Architektur miteinander kombiniert werden können.

Die Encoder-Decoder-Architektur

Die *Encoder-Decoder Architektur* (EDA) oder *Sequenz-zu-Sequenz-Architektur* (*seq2seq*) ist eine Kombination aus den beiden zuvor behandelten Architekturtypen. Das geschieht, um die Aufgaben zu bewältigen, bei denen Transformationen zwischen Ein- und Ausgabesequenzen verschiedener Länge durchgeführt werden müssen. Dieses Verfahren ist erwiesenermaßen sehr effektiv für maschinelle Übersetzungen, kann aber auch in anderen Modellen für die Zusammenfassung von Texten und die Beantwortung von Fragen eingesetzt werden.

Wie Sie in Abbildung 15.6 sehen können, hat die Architektur große Ähnlichkeit mit der eines Decoders. Der Unterschied liegt in einer zusätzlichen Cross-Attention-Schicht, die die Ausgaben des Encoders übernimmt und in die Mitte des Arbeitsablaufs einspeist.

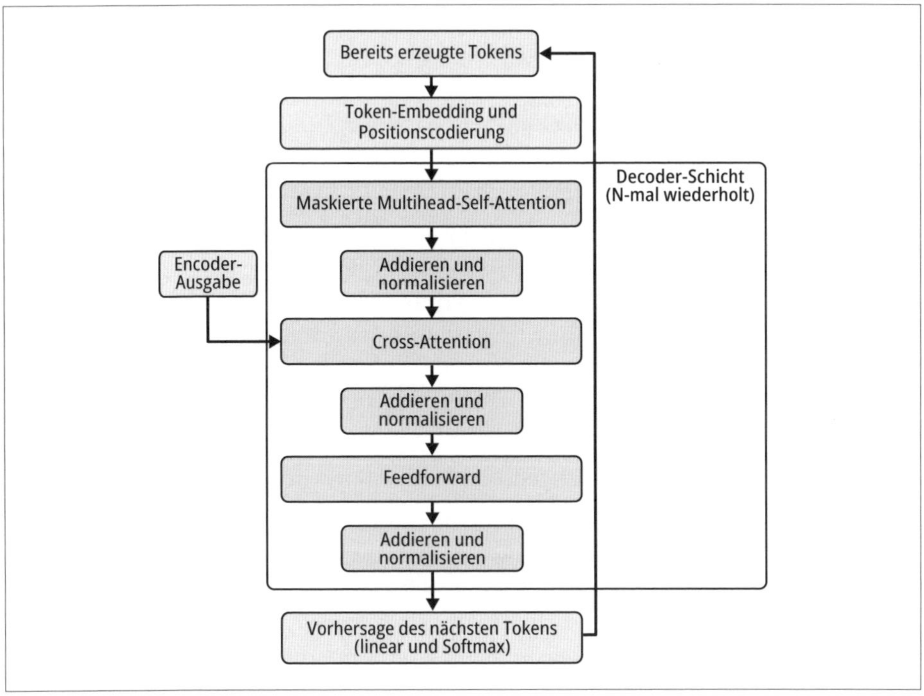

Abbildung 15.6: Die Encoder-Decoder-Architektur

Der Encoder verarbeitet die gesamte Eingabesequenz und erzeugt dabei eine reichhaltige kontextuelle Repräsentation, die die vollständige Bedeutung der Eingaben erfasst. Die Decoder-Schicht kann diese dann abfragen und mit ihren eigenen Repräsentationen kombinieren. So kann sich der Decoder bei der Erzeugung neuer Tokens zusätzlich auf die relevanten Teile der Eingabe konzentrieren.

Jetzt fragen Sie sich vielleicht, warum die EDA die Ausgaben des Encoders benötigt, die er mit der Cross-Attention zusammenführt. Warum kann die EDA die Maskierung dieser Ausgaben nicht in ihrem eigenen Self-Attention-Block entfernen? Das liegt hauptsächlich daran, dass dieses Vorgehen aus folgenden Gründen leistungsfähiger ist:

Trennung von Zuständigkeiten und Fokus auf Parameter
: Müsste der Self-Attention-Block des Decoders die Maskierung entfernen, müsste er die Eingaben verstehen *und gleichzeitig* die Ausgaben erzeugen. Das könnte zu Lernproblemen führen, weil es kein klar definiertes Ziel gibt. Durch die Trennung kann sich jeder Teil auf seine spezialisierte Rolle konzentrieren.

Qualität
: Durch die Trennung der Zuständigkeiten kann jede Rolle eine reichhaltige Repräsentation aufbauen, die für ihre Aufgabe geeignet ist. Insbesondere mit dem Decoder verfügen wir über eine Architektur für das künstliche Verstehen, von der wir wissen, dass sie funktioniert.

Hierbei ist die große Innovation der *Cross-Attention Block*. Diese Grundidee lässt sich anhand der Analogie eines menschlichen Übersetzers demonstrieren. Übersetzt eine Person einen Satz vom Französischen ins Englische, muss sie nicht erst den gesamten französischen Textkorpus memorieren, um auf Englisch schreiben zu können. Stattdessen sieht sie während des Schreibens auf Englisch aktiv die verschiedenen Teile des französischen Satzes an. Dabei konzentriert sie sich auf die Satzteile, die für das aktuell geschriebene Wort am relevantesten sind.

Die französische Formulierung »Le chat noir« heißt auf Englisch »The black cat«. Dabei sind Substantiv und Adjektiv vertauscht worden. Eine direkte Übersetzung wäre »The cat black«. Sofern der menschliche Übersetzer aufmerksam ist, weiß er dies und konzentriert sich auf andere Wörter im französischen Satz. Cross-Attention macht im Prinzip das Gleiche. Während der Decoder ein neues Wort erzeugt, zieht er das Quellmaterial hinzu, um herauszufinden, welches Wort als Nächstes erzeugt werden muss. Die zuvor generierten Wörter reichen hierfür möglicherweise nicht aus.

Das Schaubild in Abbildung 15.7 zeigt diesen Mechanismus in Aktion.

Letztlich erzeugt ein Encoder eine reichhaltige kontextuelle Darstellung der Eingaben, weil er den Quellsatz künstlich versteht. Cross-Attention ist ein selektives Schlaglicht, das die nach Ansicht des Modells relevantesten Teile dieses Verständnisses für jedes erzeugte Wort hervorhebt. Dieses Hervorheben macht das Modell effektiver bei der Erzeugung der richtigen Wörter. Es ist klar, dass sich diese Methode gut für maschinelle Übersetzungen eignet. Gleichzeitig ist es nicht schwer zu verstehen, warum sie auch für andere Aufgaben gut geeignet ist.

Der Mechanismus für die Cross-Attention funktioniert wie zuvor mit den Vektoren *K*, *Q* und *V*. Die Neuerung besteht darin, dass der *Q*-Vektor aus dem Decoder stammt, während *K* und *V* vom Encoder geliefert werden.

Damit beschließen wir unseren Überblick über Transformer und ihre Funktionsweise. Es gibt noch deutlich mehr Details – besonders dazu, *wie* Dinge gelernt werden, wie die Vektoren *Q*, *K* und *V*; Näheres dazu würde allerdings den Rahmen dieses Kapitels sprengen. Um mehr zu erfahren, empfehle ich Ihnen, die originalen Forschungsarbeiten zu lesen.

Und damit wollen wir uns der `Transformers`-API von Hugging Face zuwenden, die eine Arbeit mit Transformer-basierten Modellen im Code stark vereinfacht.

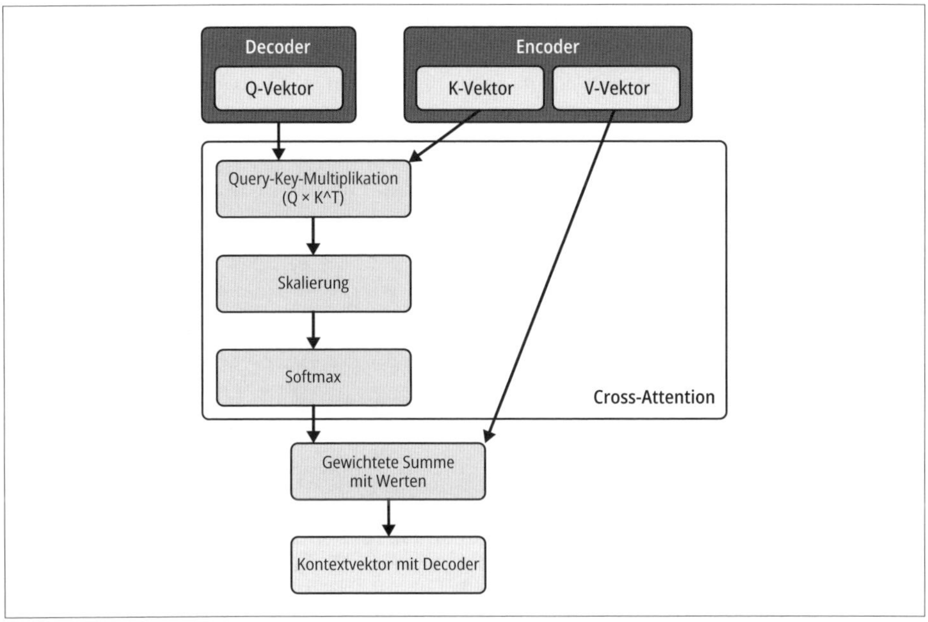

Abbildung 15.7: Cross-Attention

Die Transformers-API

Im Kern stellt die `Transformers`-Bibliothek eine API für die Arbeit mit vortrainierten Modellen auf Basis von Python und PyTorch zur Verfügung. Ihr Erfolg ist vor allem drei Innovationen zu verdanken: einer einfachen Schnittstelle für vortrainierte Modelle, einer umfassenden Sammlung dieser Modelle (die wir aus Kapitel 14 kennen) und einer lebendigen Community, die regelmäßig Verbesserungen durchführt und neue Modelle verfügbar macht.

Anfänglich für NLP-Anwendungen entwickelt, unterstützt die Bibliothek inzwischen die unterschiedlichsten Modelle inklusive solcher für Computer Vision, Audioverarbeitung und multimodale Aufgaben. Ursprünglich waren Transformer-basierte Architekturen dafür gedacht, effektiv zu lernen, wie eine Reihe von Tokens auf eine Reihe anderer Tokens folgt. Anschließend bauten neue Modelle auf dieser Idee auf, um Konzepte wie Klang als eine Reihe von Tokens auszudrücken, was dazu führte, dass Transformer nun auch Klangmuster lernen konnten.

Für Entwicklerinnen und Entwickler bietet `Transformers` mehrere Abstraktionsebenen. Auf oberster Ebene befindet sich die `pipeline`-API, mit der wir uns in Kapitel 14 befasst haben. Sie ermöglicht den sofortigen Einsatz von Modellen für häufig vorkommende Aufgaben. Spezialisiertere Schnittstellen ermöglichen eine feinere Kontrolle eigener Implementierungen. Dabei hilft das modulare Design der Bibliothek den Entwicklern, verschiedene Bausteine wie Tokenizer, Modelle und Optimizer nach Bedarf miteinander zu kombinieren.

Der vielleicht wichtigste Punkt ist aber, dass `Transformers` großen Wert auf Transparenz und Reproduzierbarkeit legt. Alle Modellimplementierungen sind Open Source und gut dokumentiert. Ihnen liegen Model Cards bei, die ihre Fähigkeiten, Einschränkungen und ethischen Überlegungen beschreiben. Es ist ein wunderbarer Prozess, die `Transformers`-Bibliothek auf GitHub zu öffnen und den Quellcode für beliebte Modelle wie GPT und Gemma zu erforschen.

Dieses Bekenntnis zur Offenheit macht die `Transformers`-API zu einem Werkzeug von unschätzbarem Wert. Es lohnt sich auf jeden Fall, die Zeit in das Lernen dieser API zu investieren!

Einstieg in Transformers

In Kapitel 14 haben wir gezeigt, wie Sie Modelle vom Hugging-Face-Hub nutzen können. Sie haben gesehen, wie einfach es ist, ein Modell zu instanziieren und mit verschiedenen Pipelines zu nutzen. In diesem Kapitel wollen wir etwas tiefer in das Thema eintauchen. Zu Beginn müssen wir aber noch die nötigen Bibliotheken installieren:

```
pip install transformers # Obacht! Hier Kleinschreibung!
pip install datasets     # Für die Arbeit mit Hugging-Face-Datasets
pip install tokenizers   # Für schnelle Tokenisierung
```

Für viele der über `Transformers` zugänglichen Modelle von Hugging Face benötigen Sie ein Authentifizierungstoken auf Hugging Face und eine Erlaubnis, das Modell zu nutzen. In Kapitel 14 haben wir gezeigt, wie Sie ein solches Zugangstoken erhalten können. Je nachdem, welches Modell Sie wählen, müssen Sie anschließend auf der Landing Page des Modells noch eine Nutzungserlaubnis einholen. Sie haben außerdem gelernt, wie Sie die `Transformers`-Bibliothek in Google Colab einsetzen können. Neben Colab gibt es natürlich noch viele andere Möglichkeiten, `Transformers` zu nutzen.

Sobald Sie ein Zugangstoken haben, können Sie das Modell wie folgt in Ihren Python-Code einbinden:

```
from huggingface_hub import login
login(token="hier_könnte_ihr_token_stehen")
```

Je nach Vorliebe können Sie alternativ dazu auch eine Umgebungsvariable setzen:

```
export HUGGINGFACE_TOKEN="hier_könnte_ihr_token_stehen"
```

Damit unterstützt Ihre Entwicklungsumgebung nun die Entwicklung mit `Transformers`. Im nächsten Abschnitt befassen wir uns mit einigen Grundkonzepten der Bibliothek.

Grundkonzepte

Beim Einsatz von `Transformers` gibt es verschiedene Grundkonzepte, die für Sie vorteilhaft sein können. Durch das einfache Design der Bibliothek bleiben diese Grundkonzepte verborgen, bis Sie sie brauchen. Am besten sehen wir uns einige davon etwas genauer an.

Wir beginnen mit den Pipelines, auf die wir bereits in Kapitel 14 eingegangen sind.

Pipelines

Die Klasse `pipeline` implementiert die nützlichste Abstraktion von `Transformers`, um komplexe Transformer-Operationen mit möglichst wenig Code zugänglich zu machen. Sie erhalten die Kernfunktionalität des Modells, indem Sie die passende Pipeline mit ihren Standardwerten verwenden. Diese können überschrieben werden, um eigene Funktionalität zu implementieren.

Pipelines abstrahieren die gesamte ML-Verarbeitung – vom Preprocessing der Daten über die Modellinferenz bis hin zur Formatierung der Ergebnisse – in einer einzigen Methode.

Um zu sehen, wozu Pipelines in der Lage sind, sehen Sie sich dieses Beispiel an:

```
from transformers import pipeline

# Einfache Sentiment-Analyse
classifier = pipeline("sentiment-analysis")
result = classifier("I love working with transformers!")
```

Hier geben wir kein spezielles Modell, sondern ein Szenario an (`sentiment-analysis`). Die Pipeline-Konfiguration wählt daraufhin das Standardmodell für die Sentiment-Analyse und übernimmt auch gleich die Initialisierung. Wie Sie aus den Kapiteln 5 und 6 wissen, müssen Sie Text tokenisieren und sequenzieren, um damit arbeiten zu können. Außerdem müssen Sie wissen, welcher Tokenizer von welchem Modell verwendet wurde, um sicherzustellen, dass Ihr Text auch richtig encodiert wurde und so die Konvertierung in Tensoren im korrekt normalisierten Format vorgenommen wird. Außerdem müssen Sie die Ausgaben parsen und eventuell de-tokenisieren. Trotz der vielen Arbeitsschritte sehen Sie hier keinen Code, der das explizit erledigt. Stattdessen geben Sie einfach an, dass Sie eine Sentiment-Analyse durchführen möchten, und sagen, wo die Pipeline den Text findet, der klassifiziert werden soll.

Dabei sind wir natürlich nicht nur auf die Sentiment-Analyse beschränkt. Wir können auch andere Formen der Klassifizierung, der Generierung, der Zusammenfassung und der Übersetzung von Texten durchführen. Weitere Szenarien wären beispielsweise die Erkennung bedeutungstragender Begriffe (Entitätserkennung) und die Beantwortung von Fragen. Es werden immer mehr multimodale Transformer-basierte Modelle online verfügbar gemacht, die in der Lage sind, Bildklassifizierungen und -segmentierungen, Objekterkennung, Bilderzeugung und Audioanwendungen wie Spracherkennung und -erzeugung durchzuführen.

Neben den vordefinierten Standardmodellen für bestimmte Szenarien (wie gerade gesehen) gibt es auch die Möglichkeit, diese Standardwerte zu überschreiben und das Modell mit eigenen Parametern zu versehen.

Für die Erzeugung von Texten können wir beispielsweise die Standardeinstellung nutzen wie hier:

```
generator = pipeline("text-generation")
text = generator("The future of AI is")
print(text)
```

Oder wir passen das Modell an, indem wir eigene Parameter übergeben, zum Beispiel für die Anzahl der zu erzeugenden Tokens (`max_length`), die »Temperatur« (das heißt, wie »kreativ« die Ergebnisse sein sollen) und die Anzahl der Tokens, die bei der Ausgabe eines neuen Tokens ausgewertet werden sollen (`top_k`).

```
# Texterzeugung mit selbst definierten Parametern
generator = pipeline(
    "text-generation",
    model="gpt2",
    max_length=50,
    temperature=0.7,
    top_k=50
)
text = generator("The future of AI is")
```

Das verschafft Ihnen die nötige Flexibilität, ein beliebiges Modell exakt an die eigenen Bedürfnisse anzupassen, indem Sie die Standardparameter mit eigenen Werten überschreiben. Dabei übernimmt die Abstraktion der Pipeline die wichtigsten Arbeitsschritte.

Noch einmal: Wenn Sie eine Pipeline nutzen, bekommen Sie nicht nur einen Modell-Download. Abhängig vom Szenario sind typischerweise auch die folgenden Arbeitsschritte enthalten:

Laden des Modells
: Wenn Sie einen Modellnamen angeben, lädt die `pipeline`-API das Modell, die dazugehörigen Werkzeuge und den Tokenizer automatisch herunter und speichert sie auf Ihrem Rechner (Caching).

Preprocessing/Vorverarbeitung
: Übernimmt Ihre unverarbeiteten, »rohen« Eingaben im ursprünglichen Datenformat (Strings, Bitmaps, *.wav*-Dateien und so weiter) und konvertiert sie in ein mit dem Modell kompatibles Format, selbst wenn dafür mehrere Arbeitsschritte nötig sind. So können Sie beispielsweise einen String übergeben, der daraufhin tokenisiert wird. Die resultierenden Tokens werden dann in Embeddings oder Tensoren umgewandelt.

Tokenisierung
: Wie bereits gesagt, hilft Ihnen das bei der Tokenisierungsstrategie, die für ein bestimmtes Modell notwendig ist. Es gibt nicht »das eine« Tokenisierungsschema, das für alle Modelle geeignet ist!

Batching
: Dieser Schritt abstrahiert die Notwendigkeit, optimale Batch-Größen zu berechnen. Er übernimmt das Batching auf effiziente Weise für Sie und beachtet dabei sogar mögliche Speicherbeschränkungen.

Postprocessing/Nachverarbeitung
: Modelle geben Tensoren der Wahrscheinlichkeiten aus. Die Pipeline wandelt sie in ein menschenlesbares Format um, mit dem Sie oder Ihr Code die Ausgaben weiterbearbeiten können.

Nach diesem kurzen Blick auf die Pipelines und ihre Möglichkeiten (die Sie in diesem Buch noch oft benutzen werden) wollen wir unsere Tour der Grundkonzepte fortsetzen und kommen nun zu den Tokenizern.

Tokenizer

Wir haben bereits viel über Tokenizer gesprochen und in den Kapiteln 5 und 6 sogar eigene Versionen erstellt. Aber auch vorgefertigte Tokenizer können bei der Erstellung eigener Apps sehr leistungsstarke und hilfreiche Werkzeuge sein. Hierfür enthält die `Transformers`-Bibliothek die Klasse `AutoTokenizer`. Sie kann die Arbeit mit Tokenizern stark erleichtern, weil sie viele der komplexen Aufgaben für Sie übernimmt. Selbst wenn Sie eigene Modelle erstellen und von Grund auf selbst trainieren wollen, ist der Einsatz von `AutoTokenizer` oft die bessere Wahl, als alles von Hand zu erledigen.

Hierbei ist der Tokenizer von wesentlicher Bedeutung, wenn es um die Verarbeitung von Text durch einen Transformer geht. Er ist der erste Schritt bei der Konvertierung Ihres Texts in ein Format, mit dem das Modell arbeiten kann. Oft wird dieser Punkt bei der Diskussion von Modellen übersehen, und das ist ein großer Fehler. Die Tokenisierungsstrategie ist für den Entwurf eines Systems äußerst wichtig, denn ein schlecht entworfener Tokenizer kann das gesamte Modell negativ beeinflussen. Daher ist es wichtig, für die aktuelle Aufgabe einen möglichst passenden Tokenizer zur Hand zu haben.

Die Hauptaufgabe des Tokenizers besteht darin, den Text in kleine numerische Einheiten namens Token zu unterteilen. Das können Wörter, Wortteile (sogenannte *Subwords*) oder sogar einzelne Zeichen sein. Um die richtige Strategie für die Tokenisierung zu finden, müssen Sie verschiedene Aspekte wie die Größe des Vokabulars, die Länge der in der Modellarchitektur verwendeten Token-Sequenzen, weitere Anforderungen und die Notwendigkeit, mit unüblichen Wörtern umzugehen, gegeneinander abwägen

Hierbei unterstützt die `Transformers`-Bibliothek verschiedene Herangehensweisen, wobei die Subword-Tokenisierung am häufigsten zum Einsatz kommt. Sie bietet ein gutes Gleichgewicht zwischen der Tokenisierung auf Zeichen- und auf Wortebene. Hierbei können auch selten vorkommende Wörter im Korpus verbleiben, weil sie aus häufig vorkommenden Subwords bestehen. Zum Beispiel wird das Wort *antidisestablishmentarianism* eher selten benutzt. Aber es besteht aus den Buchstabenkombinationen *anti*, *dis*, *est*, *ab*, *lish*, *ment*, *ari*, *an* und *ism*, die für sich genommen wieder recht häufig sind! Das Wort eignet sich außerdem gut für Experimente mit KI-Modellen zur Spracherkennung, um zu testen, ob sie in der Lage sind, das Wort für Sie zu vervollständigen.

Wie Sie sehen, kann das zu einer enormen *Vokabulareffizienz* führen, also der Fähigkeit, die Größe des Vokabulars im Griff zu behalten und trotzdem in der Lage zu sein, bedeutungsvolle Semantik zu erfassen. Die Subword-Tokenisierung kann außerdem effektiv mit *Out-*

of-Vocabulary-Szenarien umgehen, indem sie auch unbekannte Wörter in bekannte Subwörter auftrennt.

Hier ein sehr interessantes Beispiel: In der Frühzeit der Transformer (noch vor GPT) habe ich für ein Projekt einen Transformer erstellt. Diesen habe ich mit Drehbüchern der TV-Show *Stargate* trainiert. Dabei arbeitete ich mit den Produzenten und Schauspielern der Show zusammen, um eine Tischlesung (*Table Read*) eines KI-generierten Drehbuchs durchzuführen. Weil es sich um eine Science-Fiction-Show handelte, die viele ausgedachte Wörter enthält (das sogenannte »Technobabble«), verwendete ich einen Subword-Tokenizer in der Hoffnung, dass er neue Wörter für mich erfinden würde. Am Ende war dieser Ansatz leider etwas zu »kreativ«. Die Schwierigkeiten der Schauspieler beim Lesen des Drehbuchs wurden in diesem Video der Tischlesung (*https://oreil.ly/A42Ko*) festgehalten.

Als Nächstes wollen wir uns einige der häufiger benutzten Tokenizer und ihre Funktionsweisen ansehen. Bedenken Sie, dass Tokenizer mit ihrem Modelltyp verbunden sind. Das heißt, wenn Sie sich im Hugging-Face-Hub bestimmte Modelle ansehen (siehe Kapitel 14), können Sie auch die dazugehörigen Tokenizer finden. Sie müssen für jedes Modell den richtigen Tokenizer verwenden, damit das Modell Ihre Eingaben verstehen kann. Je nachdem, unter welcher Lizenz die Tokenizer verfügbar sind, können Sie sie auch für das Training eigener Modelle einsetzen, anstatt einen eigenen zu entwickeln, wie wir es in den Kapiteln 4 und 5 getan haben.

Der WordPiece-Tokenizer

Der häufig verwendete WordPiece-Tokenizer, der zum BERT-Modell gehört, kann hocheffizient mit Subwords umgehen. Er beginnt mit einem Grundvokabular und fügt dann iterativ die häufigsten Kombinationen, die er findet, hinzu. Die Subwords werden durch zwei Doppelkreuze (##) gekennzeichnet. Obwohl er eigentlich für Englisch entwickelt wurde, funktioniert er auch mit anderen Sprachen recht gut, die über klare Wortgrenzen verfügen, die an Leerzeichen und anderen Formen der Interpunktion erkennbar sind.

Hier ein Beispielsatz, der verschiedene komplexe Wörter enthält:

```
# Ein Satz, der verschiedene interessante Wörter für die
# Tokenisierung enthält.
text = "The ultramarathoner prequalified for the
        immunohistochemistry conference in neuroscience."
```

Um den Tokenizer zu laden, instanziieren Sie die Klasse `AutoTokenizer`, rufen auf der Instanz die `from_pretrained`-Methode auf und übergeben den Namen des gewünschten Tokenizers. Für den mit dem BERT-Modell verbundenen Tokenizer WordPiece können Sie als Name `bert-base-uncased` angeben:

```
from transformers import AutoTokenizer

# Den BERT-Tokenizer laden, der WordPiece verwendet
tokenizer = AutoTokenizer.from_pretrained('bert-base-uncased')
```

Um den Text zu tokenisieren, müssen Sie jetzt nur noch die `tokenize`-Methode aufrufen und Ihren String übergeben. Folgender Code gibt die Liste der Tokens aus:

```
# Den Text tokenisieren
tokens = tokenizer.tokenize(text)
print("Tokens:", tokens)
```

Die Ausgabe sieht aus wie folgt:

```
Tokens: ['the', 'ultra', '##mara', '##th', '##one', '##r', 'pre',
         '##qual', '##ified', 'for', 'the', 'im', '##mun', '##oh',
         '##isto', '##chemist', '##ry', 'conference', 'in',
         'neuroscience', '.']
```

Lange, aber seltene Wörter (wie *marathoner* und *immunohistochemistry*) werden in Subwords aufgetrennt, während andere (wie *conference* und *neuroscience*) als ganze Wörter erhalten bleiben. Die Grundlage hierfür ist der Trainingskorpus in BERT. Die Entscheidungen darüber, welche Wörter häufig genug vorkommen und welche nicht, wurden vom ursprünglichen Forscher getroffen (ich hätte beispielsweise erwartet, dass *qualified* als eher häufiges Wort gilt).

Wenn Sie die IDs dieser Tokens sehen wollen, können Sie sie mithilfe der `encode`-Methode auslesen:

```
# Token-IDs auslesen
token_ids = tokenizer.encode(text)
print("\nToken IDs:", token_ids)
```

Die Liste der IDs sehen Sie hier:

```
Token IDs: [101, 1996, 14357, 2108, 2339, 3840, 2837, 13462, 2005,
            1996, 19763, 2172, 3075, 7903, 5273, 13172, 1027, 2005,
            23021, 1012, 102]
```

Beachten Sie, dass das erste und das letzte Token, `101` und `102`, spezielle Tokens für den Anfang und das Ende des Satzes sind. Sie wurden vom Tokenizer eingefügt und werden vom Modell erwartet.

Angenommen, Sie haben die Liste der Token-IDs wieder in einen String konvertiert, wie hier:

```
# Decodieren, um spezielle Tokens anzuzeigen
decoded = tokenizer.decode(token_ids)
print("\nDecoded with special tokens:", decoded)
```

Dann erhalten Sie als Ergebnis den Ausgangssatz, dem die speziellen Tokens voran- bzw. nachgestellt sind:

```
Decoded with special tokens: [CLS] the ultramarathoner prequalified
                             for the immunohistochemistry
                             conference in neuroscience. [SEP]
```

Ich empfehle Ihnen, weiter mit dem Tokenizer zu experimentieren, um zu verstehen, wie er Text in allgemeine und spezielle Tokens umwandelt. Dieses Wissen ist oft nötig, um das Verhalten von Modellen debuggen zu können oder um Feinabstimmungen vornehmen zu können, die die Verwendung Ihres Vokabulars genauer festlegen.

Byte-Pair-Encoding

Die Familie der GPT-Modelle nutzt ein Format namens *Byte-Pair-Encoding* (BPE), einen Algorithmus zur Datenkompression und zur Tokenisierung gleichermaßen. Er beginnt mit dem Vokabular einzelner Zeichen und lernt nach und nach häufige Byte- oder Zeichenpaare, die zu neuen Tokens zusammengefasst werden.

Zu Beginn trennt der Algorithmus den Trainingskorpus in Zeichen auf und weist jedem ein Token zu. Anschließend fügt er iterativ die häufigsten Paare zu neuen Tokens zusammen und erweitert damit das Vokabular. Dieser Prozess wird für eine vordefinierte Anzahl von Zusammenfügungen durchgeführt. Im Laufe der Zeit werden oft vorkommende Muster in Wörtern als eigene Tokens gelernt. Das führt dazu, dass Wortanfänge mit häufigen Präfixen (wie *inter*) oder häufigen Suffixen (wie *er*) oftmals ein eigenes Token erhalten. Anstatt den Anfang eines Subwords mit *##* zu markieren, verwendet BPE ein Sonderzeichen (üblicherweise *Ġ)*.

Hier ist der Code, um den gleichen Satz mithilfe von BPE zu tokenisieren. Für dieses Beispiel nutzen wir den gpt2-AutoTokenizer von OpenAI:

```
from transformers import AutoTokenizer

# GPT-2 laden, der BPE verwendet
tokenizer = AutoTokenizer.from_pretrained('gpt2')

# Gleicher Satz wie zuvor
text = "The ultramarathoner prequalified for the immunohistochemistry
        conference in neuroscience."

# Text tokenisieren
tokens = tokenizer.tokenize(text)
print("Tokens:", tokens)
```

Hier die Ausgabe:

```
Tokens: ['The', 'Ġult', 'ram', 'ar', 'athon', 'er', 'Ġpre',
         'qualified', 'Ġfor', 'Ġthe', 'Ġimmun', 'oh', 'ist',
         'ochemistry', 'Ġconference', 'Ġin', 'Ġneuroscience', '.']
```

Im Laufe der Zeit ist zu bemerken, dass die Trennungen leicht unterschiedlich im Vergleich zu BERT ausfallen, was auf verschiedene Trainingsdatensätze hinweist. BERT wurde anhand von Wikipedia und dem Toronto Book Corpus trainiert, während für GPT-2 Texte aus dem Web verwendet wurden.

SentencePiece

Der vom T5-Modell genutzte SentencePiece ist ein besonderer Tokenizer. Er behandelt den gesamten Eingabetext als eine rohe Folge von Unicode-Zeichen, wodurch er sich besonders gut für nicht englische Sprachen eignet. Das bedeutet auch, dass er Whitespace-Zeichen (Leerzeichen, Tabulatoren etc.) wie normale »Buchstaben« behandelt. Das macht SentencePiece effektiv für die Arbeit mit Sprachen wie Japanisch oder Chinesisch, die nicht immer über klare Wortgrenzen verfügen. Außerdem entfällt dadurch die Notwendigkeit eines sprachenspezifischen Preprocessings. Tatsächlich hat dieser Tokenizer seine Subword-Einheiten bei seiner Erstellung direkt aus rohen Sätzen in mehreren Sprachen gelernt.

Er wird folgendermaßen verwendet:

```
from transformers import AutoTokenizer

# T5-Tokenizer laden, der SentencePiece verwendet
tokenizer = AutoTokenizer.from_pretrained('t5-base')

# Gleicher Satz wie zuvor
text = "The ultramarathoner prequalified for the immunohistochemistry
        conference in neuroscience."

# Text tokenisieren
tokens = tokenizer.tokenize(text)
print("Tokens:", tokens)
```

Das Ergebnis sind die folgenden Tokens:

```
Tokens: ['▁The', '▁ultra', 'marathon', 'er', '▁pre', 'qualified',
         '▁for', '▁the', '▁immun', 'oh', 'ist', 'ochemistry',
         '▁conference', '▁in', '▁neuroscience', '.']
```

Wie gesagt, dieses Verfahren ist für nicht englische Sprachen besonders effektiv. Nehmen wir zum Beispiel diesen Code:

```
# Versuchen wir es mit einem mehrsprachigen Beispiel
# und verschiedenen Schriften.
text2 = "Tokyo 東京 is beautiful! Preprocessing in 2024 costs $123.45"
tokens2 = tokenizer.tokenize(text2)
print("\nMultilingual example tokens:", tokens2)
```

Hier die Ausgabe:

```
Multilingual example tokens: ['▁Tokyo', '▁東', '京', '▁is',
                              '▁beautiful', '!',
                              '▁Pre', '-', 'processing', '▁in',
                              '▁2024',
                              '▁costs', '▁$', '123', '.', '45']
```

Beachten Sie, wie die japanischen Zeichen für Tokyo in mehrere Tokens aufgetrennt wurden, während die Zahlen ganz geblieben sind (zum Beispiel 123 und 45).

Da Transformer ursprünglich zur Verbesserung der maschinellen Übersetzung entwickelt wurden, lässt sich erkennen, dass SentencePiece, das noch vor generativen KI-Modellen wie GPT entstanden ist, mit Blick auf die Internationalisierung konzipiert wurde!

Zusammenfassung

In diesem Kapitel haben wir uns mit Transformern befasst, der Architektur, die die Grundlage für moderne LLMs bildet. Außerdem haben wir uns `Transformers` angesehen, die Bibliothek von Hugging Face, die den Einsatz von Transformer-Modellen stark vereinfacht.

Wir haben erläutert, wie die ursprüngliche Transformer-Architektur die KI durch ihre Verwendung von Attention-Mechanismen revolutioniert hat. Hierbei wurden Kontextvektoren für Wörter mithilfe gelernter Details erweitert, wobei die Sequenz auch andere Teile ihrer selbst »wahrnehmen« und einbeziehen konnte. Zudem haben wir uns Encoder angesehen, die hervorragend für das künstliche Textverständnis geeignet sind, sowie Decoder, die auf intelligente Weise Texte generieren können. Danach haben wir uns mit der Encoder-Decoder-Architektur befasst, die die Vorteile von Encoder und Decoder für »Sequence-to-Sequence«-Modelle in sich vereint. Wir haben außerdem einen Blick hinter die Kulissen geworfen, um zu verstehen, wie Attention, Feedforward, Normalisierung und so weiter mit den anderen Teilen der Architektur zusammenarbeiten.

Danach haben wir `Transformers` untersucht, einer von Hugging Face entwickelten Bibliothek, die den Download und die Instanziierung von Transformer-basierten Modellen (inklusive einer vollständigen Inferenz-Pipeline) extrem vereinfacht. Grundsätzlich gibt es zu diesem Thema noch deutlich mehr zu sagen. Hoffentlich war dies für Sie ein guter Einstieg.

Im folgenden Kapitel gehen wir noch einen Schritt weiter und erforschen, wie Sie LLM-Modelle an Ihre speziellen Bedürfnisse anpassen können, indem Sie anhand eigener Daten eine Feinabstimmung vornehmen oder die Modelle per Prompt-Tuning auf bestimmte Anwendungsfälle optimieren. Machen Sie sich bereit, die Theorie endlich in die Praxis umzusetzen!

KAPITEL 16

LLMs mit eigenen Daten verwenden

In Kapitel 15 haben wir uns mit Transformern beschäftigt und damit, wie ihre Encoder-, Decoder- und Encoder-Decoder-Architekturen funktionieren. Es ist unbestritten, dass sie das NLP revolutioniert haben. Danach haben wir uns die Python-Bibliothek `Transformers` von Hugging Face angesehen, die entwickelt wurde, um die Arbeit mit Transformern zu erleichtern.

Große Transformer-basierte Modelle, die an riesigen Textmengen trainiert wurden, sind sehr leistungsstark, aber nicht für alle Aufgaben oder Bereiche gleich gut geeignet. Daher sehen wir uns in diesem Kapitel an, wie Sie `Transformers` und andere APIs einsetzen können, um diese Modelle auf Ihre Bedürfnisse auszurichten.

Durch dieses Feintuning können Sie vortrainierte Modelle mithilfe Ihrer spezifischen Daten anpassen, zum Beispiel für die Erstellung eines Chatbots, um die Genauigkeit der Klassifizierung zu verbessern oder um eine Texterzeugung für ein besonderes Fachgebiet zu realisieren.

Hierfür gibt es verschiedene Verfahren, beispielsweise das traditionelle Feintuning, Anpassungen zur Steigerung der Parametereffizienz mit LoRA sowie das *Parameter-Efficient-Fine-Tuning* (PEFT). Zudem können Sie *Retrieval-Augmented Generation* (RAG) einsetzen, um noch mehr aus Ihren LLMs herauszuholen, wie wir in Kapitel 18 zeigen werden.

In diesem Kapitel erhalten einige Beispiele, die Sie selbst ausprobieren können. Wir beginnen mit dem traditionellen Feintuning.

Feintuning eines LLM

Wir wollen uns jetzt Schritt für Schritt damit beschäftigen, wie ein LLM wie BERT optimiert werden kann. Wir nehmen die IMDb-Datenbank und stellen das Modell so ein, dass es die Stimmungen in Filmkritiken besser erkennen kann. Hierfür sind mehrere Schritte nötig, die wir uns genauer betrachten werden.

Einrichtung und Abhängigkeiten

Wir beginnen damit, alles einzurichten, was für das Feintuning mit PyTorch gebraucht wird. Neben den Grundlagen gibt es drei neue Dinge, die importiert werden müssen:

Datasets
: Sie kennen die `datasets`-Bibliothek bereits aus Kapitel 4. Wir nutzen sie, um den IMDb-Datensatz zu laden und um die vordefinierte Trennung für Trainings- und Testdaten nutzen zu können.

Evaluate
: Diese Bibliothek stellt Metriken für die Messung der Systemlast zur Verfügung.

Transformers
: Wie in den Kapiteln 14 und 15 gezeigt, macht die `Transformers`-Bibliothek von Hugging Face die Arbeit mit LLMs deutlich einfacher.

Für diese Übung der Feinabstimmung werden wir einige Klassen aus der `Transformers`-Bibliothek nutzen. Dazu gehören:

AutoModelForSequenceClassification
: Diese Klasse lädt vortrainierte Modelle für Klassifizierungsaufgaben und fügt am Anfang des Basismodells einen Klassifizierungs-Head ein. Anstatt ein generisches Modell zu verwenden, wird dieser anschließend für Ihr besonderes Szenario optimiert. Wenn wir den Checkpoint-Namen[1] angeben, wird automatisch die benötigte Modellarchitektur geladen. Um das BERT-Modell mit einer linearen Klassifizierungsschicht zu nutzen, schreiben wir beispielsweise `bert-base-uncased`.

AutoTokenizer
: Diese Klasse initialisiert automatisch den passenden Tokenizer. Er konvertiert Text in das passende Token-Format und fügt die entsprechenden speziellen Tokens, Padding, Verkürzungen und so weiter ein.

TrainingArguments
: Mit dieser Klasse können Sie die Trainingseinstellungen, sämtliche Hyperparameter und Dinge wie das zu verwendende Gerät (CPU, GPU ...) konfigurieren.

Trainer
: Diese Klasse verwaltet für Sie die Trainingsschleife. Sie kümmert sich um die Aufteilung in Batches, die Optimierung, Verlustfunktionen, Backpropagation und alles andere, was für das Training des Modells nötig ist.

DataCollatorWithPadding
: Die Anzahl der Einträge in einem Datensatz lässt sich nicht immer auf die Größe der Batches abbilden. Daher erstellt diese Klasse auf effiziente Weise Batches in der richtigen Größe und kümmert sich außerdem um Details wie Attention-Masken und andere modellspezifische Eingaben.

---

1 A. d. Ü.: Der Begriff »Checkpoint« steht im Zusammenhang mit der Hugging-Face-`Transformers`-Bibliothek für den gespeicherten Zustand eines vortrainierten Modells, bestehend aus Architekturparametern, Gewichten und zugehörigen Metadaten. Der Checkpoint kann über einen eindeutigen Namen (den »Checkpoint-Namen«) geladen werden.

Im Code sieht das etwa so aus:

```
# 1. Einrichtung und Abhängigkeiten
import torch
from datasets import load_dataset
from transformers import (
    AutoModelForSequenceClassification,
    AutoTokenizer,
    TrainingArguments,
    Trainer,
    DataCollatorWithPadding
)
import evaluate
import numpy as np
```

Sobald alle Abhängigkeiten installiert sind, können wir die Daten laden.

Die Daten laden und untersuchen

Im nächsten Schritt laden wir unsere Daten mit der `datasets`-API. Dabei untersuchen wir auch die Größen der Datensätze für Training und Testing. Das geht mit folgendem Code:

```
# 2. Daten laden und untersuchen
# Filmkritiken für die Sentiment-Analyse:
dataset = load_dataset("imdb")
print(f"Train size: {len(dataset['train'])}")
print(f"Test size: {len(dataset['test'])}")
```

Die Ausgaben sehen dann in etwa so aus:

```
Train size: 25000
Test size: 25000
```

Als Nächstes müssen Modell und Tokenizer initialisiert werden.

Modell und Tokenizer initialisieren

Für dieses Beispiel haben wir uns entschieden, das Modell `bert-base-uncased` zu nutzen. Also müssen wir es unter Verwendung von `AutoModelForSequenceClassification` initialisieren und erhalten so den entsprechenden Tokenizer:

```
# 3. Modell und Tokenizer initialisieren
model_name = "bert-base-uncased"
tokenizer = AutoTokenizer.from_pretrained(model_name)
model = AutoModelForSequenceClassification.from_pretrained(
    model_name,
    num_labels=2
)
device = torch.device("cuda" if torch.cuda.is_available() else "cpu")
model = model.to(device)
```

Achten Sie darauf, `AutoModelForSequenceClassification` mit der Anzahl der Labels zu initialisieren, für die Sie die Klassifizierung durchführen wollen. Der oben stehende Code definiert einen neuen Klassifizierungs-Head mit zwei Labels. Das passt zur IMDb-Datenbank, die zwei Labels für positive und negative »Stimmungen« einer Filmkritik enthält. Genau darauf wollen wir unser Modell abstimmen.

An dieser Stelle ist es außerdem sinnvoll, anzugeben, auf welchem Gerät (`device`) das Modell ausgeführt werden soll. Das Training dieses Modells verursacht einen hohen Rechenaufwand. In Colab brauchen Sie wahrscheinlich eine GPU mit viel RAM, etwa eine A100. Das Training mit dieser GPU dauert ein paar Minuten. Auf einer CPU würde es dagegen mehrere Stunden laufen.

Preprocessing der Daten

Sobald die gewünschten Daten vorliegen, folgt das Preprocessing, um sie für das Training vorzubereiten. Der erste Schritt ist auch hier die Tokenisierung des Texts. Die `preprocess`-Funktion führt alle hierfür nötigen Schritte aus. Folgender Code definiert eine Sequenzlänge von 512 Zeichen mit Padding:

```
# 4. Preprocessing der Daten
def preprocess_function(examples):
   result = tokenizer(
       examples["text"],
       truncation=True,
       max_length=512,
       padding=True
   )
   # Der Trainer erwartet eine Spalte namens 'labels', also
   # erstellen wir eine Kopie von 'label'.
   result["labels"] = examples["label"]
   return result

tokenized_dataset = dataset.map(
   preprocess_function,
   batched=True,
   remove_columns=dataset["train"].column_names
)
```

Hierzu noch ein wichtiger Hinweis: Die Ausgangsdaten bestehen aus einer Spalte namens `text` für die jeweilige Filmkritik und einer `label`-Spalte mit den Werten `0` (negativ) oder `1` (positiv). Die Spalte `text` wird jedoch *nicht gebraucht*, um die Daten zu trainieren. Außerdem erwartet der Hugging-Face-Trainer, dass die Spalte mit den Labels `labels` (Plural) heißt. Aus diesen Gründen entfernen wir alle Spalten aus dem ursprünglichen Datensatz, während der tokenisierte Datensatz die tokenisierten Daten und, wie oben gesagt, eine Spalte namens `labels` anstelle von `label` (Singular) mit den Originalwerten enthält.

Die Daten zusammenführen

Wenn wir sequenzierte tokenisierte Daten in Batches an ein Modell übergeben, müssen möglicherweise unterschiedliche Batch- und Sequenzgrößen verarbeitet werden. In unserem Fall müssen wir uns keine Sorgen um die Sequenzgröße machen, weil wir einen Tokenizer verwendet haben, der (im vorherigen Datensatz) eine Sequenzlänge von 512 erzwingt. Die `collator`-Klassen aus der `Transformers`-Bibliothek können mit diesem Problem umgehen. Hier benutzen wir sie, um konsistente Batch-Größen sicherzustellen.

Im Grunde hat die Klasse DataCollatorWithPadding (»DatenZusammfasserMitPadding«) also die Aufgabe, mehrere Einträge (*Samples*) verschiedener Länge zu übernehmen, sie bei Bedarf mit Padding zu versehen, die Eingaben in Tensoren umzuwandeln und, falls nötig, Attention-Masken zu erstellen.

In diesem Beispiel nutzen wir nur die Umwandlung in Tensoren. Dennoch ist es sinnvoll, DataCollatorWithPadding zu verwenden, falls wir später Anpassungen im Tokenisierungsprozess vornehmen wollen.

Hier der Code:

```
# 5. Daten-Collator (»Zusammenfasser«)
data_collator = DataCollatorWithPadding(tokenizer=tokenizer)
```

Metriken definieren

Jetzt wollen wir ein paar Kennzahlen definieren, die wir beim Training des Modells erfassen möchten. Für dieses Beispiel messen wir nur die Genauigkeit (*Accuracy*), indem wir den vorhergesagten Wert mit dem tatsächlichen vergleichen. Hier ein Codeabschnitt, der das für uns erledigt:

```
# 6. Kennzahlen definieren
metric = evaluate.load("accuracy")

def compute_metrics(eval_pred):
    predictions, labels = eval_pred
    predictions = np.argmax(predictions, axis=1)
    return metric.compute(predictions=predictions, references=labels)
```

Dieser Code nutzt die evaluate.load-Methode aus der Hugging-Face-evaluate-Bibliothek, die eine einfache standardisierte Schnittstelle bereitstellt, die speziell für Aufgaben wie diesen Zweck entwickelt wurde. Anstatt unsere eigenen Messungen durchführen zu müssen, erledigt evaluate.load die Arbeit für uns. Für die nötigen Berechnungen müssen wir nur einen Satz an Vorhersagen und einen Satz Labels übergeben. Dabei kann die evaluate-Bibliothek eine Vielzahl verschiedener Metriken bereitstellen, wie f1, BLEU und viele mehr.

Das Training konfigurieren

Danach können wir das TrainingArguments-Objekt nutzen, um festzulegen, *wie* das erneute Training ablaufen soll. Es besitzt eine große Vielfalt an frei definierbaren Hyperparametern, inklusive solcher für die Lernrate, den Gewichtsverfall (*Weight Decay*, siehe Kapitel 6) und so weiter, die vom Optimizer und der Verlustfunktion verwendet werden. Das Objekt wurde so entworfen, dass Sie eine möglichst genaue Kontrolle über den Lernprozess haben, während die Komplexität abstrahiert wird.

Hier die Einstellungen, die ich beim Feintuning für die IMDb-Daten verwendet habe:

```
# 7. Training konfigurieren
training_args = TrainingArguments(
    output_dir="./results",
```

```
        learning_rate=2e-5,
        per_device_train_batch_size=32,
        per_device_eval_batch_size=8,
        num_train_epochs=3,
        weight_decay=0.01,
        logging_dir='./logs',
        logging_steps=500,
        evaluation_strategy="epoch",
        save_strategy="epoch",
        load_best_model_at_end=True,
        metric_for_best_model="accuracy",
        push_to_hub=False,
        gradient_accumulation_steps=4,
        gradient_checkpointing=True,
        report_to="none",
        fp16=True
    )
```

Um andere (und bessere) Ergebnisse zu bekommen, sollten Sie sich die Werte der Hyperparameter notieren und verschiedene Varianten durchprobieren. Neben den bereits erwähnten Angaben für den Optimizer kann es außerdem sinnvoll sein, mit verschiedenen Batch-Größen zu experimentieren. Zudem ist es möglich, verschiedene Parameter für Training und Inferenz anzugeben.

Ein sehr nützlicher Parameter – besonders bei Trainingssessions, die länger als drei Epochen laufen – ist `load_best_model_at_end`. Anstatt immer den letzten Checkpoint zu nehmen, sorgt dieser Parameter dafür, dass immer der beste Checkpoint anhand der angegebenen Kennzahl (`metric_for_best_model="accuracy"`) mitverfolgt und am Ende geladen wird. Und da ich hier für `evaluation_strategy` und `save_strategy` jeweils den Wert `epoch` angegeben habe, wird diese Aufgabe immer nur am Ende einer Epoche ausgeführt.

Standardmäßig nutzt der `report_to`-Parameter übrigens *Weights and Biases* (Parameterwert `wandb`) als Backend-Tool für die Berichtserstellung. Ich habe `report_to` hier den Wert `none` gegeben, um das Reporting abzuschalten. Wollen Sie es trotzdem nutzen, benötigen Sie einen *Weights and Biases*-API-Key. Dieser ist sehr leicht über das Statusfenster oder die Weights and Biases (*https://oreil.ly/yMX1A*)-Website erhältlich. Beim Training werden Sie dann aufgefordert, Ihren API-Schlüssel einzugeben. Machen Sie das auf jeden Fall, bevor Sie das Modell sich selbst überlassen, besonders wenn Sie für Recheneinheiten (*Compute Units*) zahlen.[2]

Es gibt eine Vielzahl von Parametern, mit denen Sie experimentieren können. Die Möglichkeit, Dinge anhand dieser Parameter zu steuern, erleichtert außerdem eine neuronale Architektursuche mit Werkzeugen wie Ray Tune (*https://oreil.ly/fDAhG*).

Den Trainer initialisieren

Neben den Trainingsparametern stellt `Transformers` Ihnen eine `trainer`-Klasse zur Verfügung, die Sie zusätzlich nutzen können, um einen vollständigen Trainingszyklus zu kapseln.

2 Während der Übersetzung dieses Buchs lag der Preis für eine Recheneinheit bei ungefähr 0,11 Euro. Die aktuellen Preise finden Sie unter *https://colab.research.google.com/signup*.

Die Klasse wird mit dem Modell, den Trainingsargumenten, den Daten, dem Collator und der zuvor eingerichteten Metrikstrategie initialisiert. Alle vorherigen führen zu diesem Schritt hin. Hier der dafür nötige Code:

```
# 8. Trainer initialisieren
trainer = Trainer(
    model=model,
    args=training_args,
    train_dataset=tokenized_dataset["train"],
    eval_dataset=tokenized_dataset["test"],
    tokenizer=tokenizer,
    data_collator=data_collator,
    compute_metrics=compute_metrics,
)
```

Training und Auswertung

Sobald die Vorbereitungen abgeschlossen sind, reicht der Aufruf der `train()`-Methode auf dem `trainer`, um das Training durchzuführen, und der `evaluate()`-Methode, um die Auswertung vorzunehmen.

Hier ist der Code:

```
# 9. Trainieren und Auswerten
train_results = trainer.train()
print(f"\nTraining results: {train_results}")

eval_results = trainer.evaluate()
print(f"\nEvaluation results: {eval_results}")
```

Es ist zwar grundsätzlich möglich, dieses Modell mit den kostenlosen Angeboten in Google Colab zu trainieren, der Zeitaufwand kann allerdings sehr unterschiedlich ausfallen. Nutzen Sie nur die CPU, kann das Training durchaus mehrere Stunden dauern. Ich habe dieses Modell mit der T4-High-RAM-GPU trainiert, was 1,6 Recheneinheiten (etwas mehr als 0,17 €) pro Stunde kostet. Der gesamte Trainingsprozess dauerte etwa 50 Minuten. Ich habe die Zeit hier aufgerundet, um den Aufwand für Download und Einrichtung zu berücksichtigen. Sie könnten aber auch eine deutlich schnellere A100-GPU nutzen (das Training dauerte damit gerade einmal zwölf Minuten), mit 6,8 Recheneinheiten pro Stunde ist dieses Training jedoch deutlich teurer.

Nach dem Training sahen die Ergebnisse so aus:

```
Training results:
TrainOutput(global_step=585,
            training_loss=0.18643947177463108,
            metrics={'train_runtime': 597.9931,
            'train_samples_per_second': 125.42,
            'train_steps_per_second': 0.978,
            'total_flos': 1.968912649469952e+16,
            'train_loss': 0.18643947177463108,
            'epoch': 2.9923273657289})
Evaluation results:
            {'eval_loss': 0.18489666283130646,
            'eval_accuracy': 0.93596,
```

```
'eval_runtime': 63.8406,
'eval_samples_per_second': 391.601,
'eval_steps_per_second': 48.95,
'epoch': 2.9923273657289}
```

Schon nach drei Epochen zeigt der Auswertungsdatensatz eine ziemlich hohe Genauigkeit (ungefähr 94 %), was ein gutes Zeichen ist. Allerdings kann es auch hier zu einer Überanpassung kommen, die eine separate Auswertung erfordert. Dennoch sind wir schon nach zwölf Minuten Feinabstimmung des LLM klar auf dem richtigen Weg!

Das Modell speichern und testen

Nach dem Training ist es sinnvoll, das Modell für zukünftige Anwendungen zu speichern. Mit dem `trainer`-Objekt ist das ganz einfach:

```
# 10. Modell speichern
trainer.save_model("./final_model")
```

Sobald das Modell gespeichert ist, können wir es nutzen. Hierfür erstellen wir eine Hilfsfunktion, die eine Texteingabe übernimmt, tokenisiert und die Tokens in eine Reihe von Ausgabevektoren aus Schlüsseln (*keys*, *k*) und Werten (*values*, *v*) umwandelt:

```
# 11. Verwendungsbeispiel
def predict_sentiment(text):
    inputs = tokenizer(
        text,
        truncation=True,
        padding=True,
        return_tensors="pt"
    )
    inputs = {k: v.to(device) for k, v in inputs.items()}
```

Anschließend können wir PyTorch einsetzen, um die Ausgaben für den Eingabetext zu bekommen und diese in Vorhersagen zu konvertieren:

```
    with torch.no_grad():
        outputs = model(**inputs)
        predictions = torch.nn.functional.softmax(outputs.logits,
                                                  dim=-1)
```

Die Vorhersagen werden in Form eines zweidimensionalen Tensors zurückgegeben. Neuron 0 steht für die Wahrscheinlichkeit, dass die Vorhersage negativ ist, und Neuron 1 steht für eine positive Vorhersage. Wir können also die positive Wahrscheinlichkeit untersuchen und eine Stimmung (`sentiment`) sowie einen Wert für die »Zuversicht« (`confidence`) des Modells für diesen Wert zurückgeben. Das Gleiche hätten wir auch mit dem negativen Wert erreichen können. Die Entscheidung ist vollkommen willkürlich:

```
    positive_prob = predictions[0][1].item()
    return {
        'sentiment': 'positive' if positive_prob >
                        0.5 else 'negative',
        'confidence': positive_prob if positive_prob >
                        0.5 else 1 - positive_prob
    }
```

Mit folgendem Code können wir die Vorhersage testen:

```
# Vorhersage testen
test_text = "This movie was absolutely fantastic! The acting was
            superb."
result = predict_sentiment(test_text)
print(f"\nTest prediction for '{test_text}':")
print(f"Sentiment: {result['sentiment']}")
print(f"Confidence: {result['confidence']:.2%}")
```

Die Ausgaben sehen dann in etwa so aus:

```
Test prediction for 'This movie was absolutely fantastic!
                     The acting was superb.':
Sentiment: positive
Confidence: 99.16%
```

Diese Aussage ist also mit ziemlicher Sicherheit positiv.

Im hier gezeigten Prozess können Sie Schritt für Schritt sehen, wie ein vortrainiertes LLM mit neuen Daten an die eigenen Bedürfnisse angepasst wird, um es als Klassifizierungs-Engine zu nutzen. Oft ist dieser Aufwand aber deutlich übertrieben (und das Training eines eigenen Modells kann wesentlich schneller und billiger sein). Dennoch lohnt es sich, diese Vorgehensweise genau zu kennen. Manchmal reicht ein unangepasstes LLM für Klassifizierungen schon aus. Dabei führt meiner Erfahrung nach der Einsatz von LLMs mit »Allgemeinverständnis« zur Erstellung deutlich effektiverer Classifier mit stärkeren Ergebnissen.

Ein LLM per Prompt-Tuning optimieren

Eine weniger aufwendige Alternative zum Finetuning ist das *Prompt-Tuning*, mit dem Sie ein Modell für eine bestimmte Aufgabe anpassen können. Anstatt die Modellgewichte selbst zu verändern, stellen Sie jeder Eingabe trainierbare *Soft-Prompts* voran. Diese werden dann beim Training optimiert.

Soft-Prompts sind gelernte Anweisungen, die das Verhalten des Modells leiten. Im Gegensatz zu ausdrücklichen Text-Prompts (wie »Klassifiziere die Stimmung«), existieren Soft-Prompts als beständige Vektoren in den Embeddings des Modells. Wenn Sie beispielsweise den Satz »This movie was great« verarbeiten, sähe das Modell etwas wie »[V1][V2]... [V20]This movie was great.« Dabei sind [V1][V2]...[V20] Vektoren, die dabei helfen, das Modell in Richtung der gewünschten Klassifizierung zu lenken.

Der Hauptvorteil liegt hierbei in der Effizienz. Anstatt ein aufwendiges Finetuning für das Modell durchzuführen, seine Gewichte für jede Aufgabe genau zu justieren und das Modell zur Wiederverwendung zu speichern, müssen Sie beim Prompt-Tuning nur die Vektoren für den Soft-Prompt speichern. Diese sind deutlich kleiner und können helfen, ein Repertoire an Soft-Prompts aufzubauen, mit denen Sie das Modell leicht für eine bestimmte Aufgabe anleiten können, ohne verschiedene Modelle verwalten zu müssen.

Dabei sind die Ergebnisse des Prompt-Tunings mit denen eines Feintunings durchaus vergleichbar, oder sie übertreffen sie sogar – besonders bei großen Modellen. Außerdem ist das Prompt-Tuning deutlich effizienter.

In den folgenden Abschnitten wollen wir sehen, wie ein Prompt-Tuning des BART-LLM mit dem IMDb-Datensatz im direkten Vergleich mit dem weiter oben beschriebenen Feintuning abschneidet.

Die Daten vorbereiten

Auch hier beginnen wir mit der Vorbereitung unserer Daten. Wir laden sie aus dem IMDb-Datensatz und richten unsere virtuellen Tokens ein. Hier der benötigte Code:

```
# Daten vorbereiten
dataset = load_dataset("imdb")
tokenizer = AutoTokenizer.from_pretrained("bert-base-uncased")
max_length = 512
num_virtual_tokens = 20

def tokenize_function(examples):
    return tokenizer(
        examples["text"],
        padding="max_length",
        truncation=True,
        max_length=max_length - num_virtual_tokens
    )
```

Damit werden auch die eingehenden Datenpunkte (unsere Filmkritiken) tokenisiert. Dabei müssen Sie bedenken, dass die maximale Länge für jeden Datenpunkt durch die Anzahl der virtuellen Tokens beschränkt wird. Wenn wir für BERT eine maximale Länge von 512 festlegen und 20 virtuelle Tokens nutzen wollen, kann die Länge der Sequenz selbst nur noch 492 betragen.

Wir laden nun eine Untermenge der Daten und arbeiten zunächst mit 5.000 Einträgen anstelle von 25.000. Sie können mit diesen Zahlen experimentieren und kleinere Datenmengen für ein schnelleres Training gegen größere Datenmengen für eine bessere Genauigkeit abwägen.

Zuerst erstellen wir die Indizes der Einträge, die wir aus dem Datensatz für das Training verwenden möchten, und testen diese. Stellen Sie sich das wie Verweise auf die Einträge vor, die wir hier nutzen möchten. Wir wählen sie nach dem Zufallsprinzip aus:

```
# Nur 5.000 zufällig ausgewählte Einträge für das Training verwenden
train_size = 5000
np.random.seed(42)
train_indices = np.random.choice(len(dataset["train"]), train_size,
                                               replace=False)
test_indices = np.random.choice(len(dataset["test"]), train_size,
replace=False)

tokenized_train = dataset["train"].map(tokenize_function,
                                        batched=True)
tokenized_test = dataset["test"].map(tokenize_function, batched=True)
```

Die letzten beiden Zeilen definieren eine Mapping-Funktion, die Werte aus dem Datensatz übernimmt und tokenisiert. Was dabei passiert, erklären wir im folgenden Abschnitt.

Die DataLoader anlegen

Die tokenisierten Trainings- und Testdaten wollen wir nun in DataLoader umwandeln. Hierfür wählen wir zunächst die unbearbeiteten Einträge aus den Ausgangsdaten aus, die auf den Inhalt unserer Indizes passen:

```
# Untermenge für das Training erstellen
tokenized_train = tokenized_train.select(train_indices)
tokenized_test = tokenized_test.select(test_indices)
```

Anschließend geben wir das Format der gewünschten Daten an. Ein Datensatz kann sehr viele Spalten enthalten, die aber nicht alle für das Training gebraucht werden. Wir benötigen hier die `input_ids`, die auf die tokenisierten Versionen unserer Eingabetexte verweisen. Die `attention_mask` ist eine Menge von Vektoren, die angibt, an welchen Tokens der `input_ids` wir interessiert sind (das führt dazu, dass Padding oder andere nicht semantische Tokens ausgefiltert werden). Zum Schluss kommt dann noch das Label.

```
tokenized_train.set_format(type="torch", columns=["input_ids",
                                          "attention_mask", "label"])
tokenized_test.set_format(type="torch", columns=["input_ids",
                                         "attention_mask", "label"])
```

Damit können wir einen DataLoader anlegen, der die Trainings- und Testdaten übernimmt. Ich habe hier recht große Batches verwendet, weil ich mit einer 40Gb-GRAM-GPU in Colab getestet habe. Möglicherweise müssen Sie die Werte Ihrer Umgebung entsprechend anpassen:

```
train_dataloader = DataLoader(tokenized_train, batch_size=64,
                              shuffle=True)
eval_dataloader = DataLoader(tokenized_test, batch_size=128)
```

Nachdem die Daten verarbeitet und in den DataLoader geladen sind, können wir uns dem nächsten Schritt zuwenden: der Definition des Modells.

Das Modell definieren

Zuerst wollen wir sehen, wie das Modell instanziiert wird. Danach kümmern wir uns wieder um die eigentliche Definition. Typischerweise wollen wir nach der Einrichtung der DataLoader eine Instanz des Modells anlegen, wie hier gezeigt:

```
# Das Modell definieren
model = PromptTuningBERT(num_virtual_tokens=num_virtual_tokens,
                         max_length=max_length)

device = torch.device('cuda' if torch.cuda.is_available() else 'cpu')

model.to(device)
```

Dadurch bleibt der Code schön einfach, und das zugrunde liegende BERT-Modell wird in einer Version für das Prompt-Tuning gekapselt. Leider enthält `Transformers` keine Klasse für diesen Zweck, also schreiben wir selbst eine.

Wie bei jeder PyTorch-Klasse, die ein Modell definiert, nutzen wir hierfür eine `__init__`-Methode für die Einrichtung und eine `forward`-Methode, die während der Vorwärtspropagation von der PyTorch-Trainingsschleife aufgerufen wird. Beginnen wir mit der `__init__`-Methode und der Klassendefinition:

```
class PromptTuningBERT(nn.Module):
    def __init__(self, model_name="bert-base-uncased",
                 num_virtual_tokens=50,
                 max_length=512):
        super().__init__()
        self.bert = AutoModelForSequenceClassification.
                     from_pretrained(
                       model_name,
                       num_labels=2)
        self.bert.requires_grad_(False)

        self.n_tokens = num_virtual_tokens
        self.max_length = max_length - num_virtual_tokens

        vocab_size = self.bert.config.vocab_size
        token_ids = torch.randint(0, vocab_size,
                                  (num_virtual_tokens,))
        word_embeddings = self.bert.bert.embeddings.word_embeddings
        prompt_embeddings = word_embeddings(token_ids).unsqueeze(0)
        self.prompt_embeddings = nn.Parameter(prompt_embeddings)
```

Hier passieren viele Dinge. Am besten unterteilen wir den Code etwas mehr. Die Parameter `num_virtual_tokens` und `max_length` haben die Standardwerte 50 bzw. 512. Diese werden verwendet, wenn beim Instanziieren der Klasse keine anderen Werte angegeben wurden. Alternativ können Sie eigene Werte übergeben. Hier setzt der aufrufende Code `num_virtual_tokens` auf 20 und belässt `max_length` bei 512.

Im nächsten Schritt wird die `transformers`-Klasse `AutoModelForSequenceClassification` angewiesen, BERT zu laden:

```
        self.bert = AutoModelForSequenceClassification.
                     from_pretrained(
                       model_name,
                       num_labels=2)
```

Wie beim Feintuning für die IMDb-Daten wollen wir das Modell dazu bringen, zwei Labels zu erkennen, hier ausgedrückt mit `num_labels=2`. Ein Unterschied zum Feintuning besteht darin, dass wir innerhalb des BERT-Modells keine Gewichte verändern. Daher geben wir an, dass wir keine Gradienten benötigen, und »frieren sie ein«, wie hier gezeigt:

```
self.bert.requires_grad_(False)
```

Die geheime Zutat der Soft-Prompts steht am Ende der `__init__`-Methode. Wir legen einen Vektor an, der die Zahl der virtuellen Tokens enthält. Ich habe sie hier einfach mit zufälligen Tokens aus dem Vokabular initialisiert. Das geht sicher auch anders, um das Training im Laufe der Zeit noch effizienter zu machen, aber aus Gründen der Einfachheit bleiben wir bei diesem Vorgehen:

```
token_ids = torch.randint(0, vocab_size, (num_virtual_tokens,))
```

Das über die Transformers-Bibliothek zugängliche BERT-Modell enthält bereits Embeddings. Diese können wir nutzen, um unsere Liste mit Zufallstokens ebenfalls in Embeddings umzuwandeln:

```
word_embeddings = self.bert.bert.embeddings.word_embeddings
prompt_embeddings = word_embeddings(token_ids).unsqueeze(0)
```

Hierbei ist es wichtig, anzugeben, dass die prompt_embeddings Parameter des neuronalen Netzwerks sind. Das wird später noch eine Rolle spielen, wenn wir den Optimizer definieren. Wir haben vorhin angegeben, dass alle BERT-Parameter »eingefroren« werden sollen. Diese Parameter gehören allerdings nicht dazu und bleiben daher »aufgetaut«, das heißt, sie werden beim Training durch den Optimizer angepasst.

```
self.prompt_embeddings = nn.Parameter(prompt_embeddings)
```

Damit ist die Initialisierung der anpassbaren BERT-Unterklasse abgeschlossen. Wir haben angegeben, dass die Gradienten nicht erweitert werden sollen, und eine Reihe von Soft-Prompts erstellt, mit denen die einzelnen Datenpunkte beim Training angereichert werden. Dabei verlassen wir uns für die Feinabstimmung der Ausgabeneuronen allein auf die Soft-Prompts.

Und damit kommen wir zur forward-Funktion, die im Training während des Forward Pass aufgerufen wird. Ist alles Nötige eingerichtet, ist die Funktion selbst recht einfach:

```
def forward(self, input_ids, attention_mask, labels=None):
    batch_size = input_ids.shape[0]
    input_ids = input_ids[:, :self.max_length]
    attention_mask = attention_mask[:, :self.max_length]

    embeddings = self.bert.bert.embeddings.word_embeddings(input_ids)
    prompt_embeddings = self.prompt_embeddings.expand(batch_size,
                                                      -1, -1)
    inputs_embeds = torch.cat([prompt_embeddings, embeddings], dim=1)

    prompt_attention_mask = torch.ones(batch_size, self.n_tokens,
                                       device=attention_mask.device)
    attention_mask = torch.cat([prompt_attention_mask,
                                attention_mask], dim=1)

    return self.bert(
        inputs_embeds=inputs_embeds,
        attention_mask=attention_mask,
        labels=labels,
        return_dict=True
    )
```

Auch forward sehen wir uns am besten schrittweise an. Während des Forward Pass werden dieser Funktion beim Training die Daten-Batches übergeben. Wir müssen also verstehen, wie groß diese Batches sind, und dann die input_ids (die Tokens für die aus dem Datensatz gelesenen Werte) und die Attention-Mask für die jeweilige ID extrahieren:

```
batch_size = input_ids.shape[0]
input_ids = input_ids[:, :self.max_length]
attention_mask = attention_mask[:, :self.max_length]
```

Außerdem müssen wir die input_ids in Embeddings umwandeln:

```
embeddings = self.bert.bert.embeddings.word_embeddings(input_ids)
```

Unsere Soft-Prompts bestehen ebenfalls aus tokenisierten Sätzen. Diese wurden ursprünglich mit zufälligen Wörtern initialisiert, aber wir werden sehen, dass sie sich im Laufe der Zeit zunehmend anpassen. Für diesen Schritt müssen die Tokens auch in Embeddings konvertiert werden:

```
prompt_embeddings = self.prompt_embeddings.expand(batch_size, -1, -1)
```

Die expand-Methode erweitert die Prompt-Embeddings einfach auf die Batch-Größe. Bei der Definition der Klasse wussten wir noch nicht, wie groß die jeweiligen Batches sein werden (dabei ist der Code so geschrieben, dass Sie diesen Wert an den verfügbaren Arbeitsspeicher anpassen können). Mit der Anweisung expand(batch_size, -1, -1) wird der Vektor der Prompt-Embeddings, der zuvor die Form [1, num_prompt_tokens, embedding_dimensions] hatte, in [batch_size, num_prompt_tokens, embedding_dimensions] umgewandelt.

Bei der Modellanpassung mit Soft-Prompts werden die Soft-Embeddings den Embeddings für die eigentlichen Eingabedaten vorangestellt. Das geschieht mit folgendem Schritt:

```
inputs_embeds = torch.cat([prompt_embeddings, embeddings], dim=1)
```

BERT nutzt eine attention_mask, um die Tokens auszufiltern, die uns beim Training oder während der Inferenz nicht interessieren, also die Tokens, die für das Padding eingefügt wurden. Trotzdem soll BERT alle Soft-Prompt-Tokens berücksichtigen. Daher besteht die Attention-Mask für sie nur aus Einsen, um die wir die bereits vorhandenen Attention-Masks erweitern. Hier der Code:

```
prompt_attention_mask = torch.ones(batch_size, self.n_tokens,
                                   device=attention_mask.device)

attention_mask = torch.cat([prompt_attention_mask, attention_mask],
                           dim=1)
```

Damit sind die Anpassungen abgeschlossen, und wir können dem Modell die Daten übergeben, damit es die Optimierung und die Berechnung der Verluste durchführen kann:

```
    return self.bert(
        inputs_embeds=inputs_embeds,
        attention_mask=attention_mask,
        labels=labels,
        return_dict=True
    )
```

Im nächsten Abschnitt zeigen wir, wie diese Daten in der Trainingsschleife zum Einsatz kommen.

Das Modell trainieren

Der Schlüssel für das Training liegt darin, dass wir eine vollständige, normale Trainingsschleife ausführen – aber unter besonderen Umständen. Hierfür haben wir alle Parameter im BERT-Modell eingefroren *außer* denen für die in den Modellparametern definierten Soft-Prompts. Angenommen, wir definieren nun einen Optimizer wie diesen:

```
optimizer = AdamW(model.parameters(), lr=1e-2)
```

Wir verwenden Standardcode und weisen den Optimizer an, die Modellparameter anzupassen. In unserem Fall sind das aber nur die Soft-Prompts. Die Sache sollte also recht schnell gehen.

Beachten Sie, dass der Wert für die Lernrate ziemlich groß ist. Das hilft dem System, schnell zu lernen. In einem echten System würden Sie wahrscheinlich einen kleineren Wert wählen oder ihn zumindest anpassbar machen. So können Sie mit einem großen Wert beginnen, der im Verlauf der Epochen immer kleiner wird.

Und damit kommen wir zum Training selbst. Zuerst richten wir die Trainingsschleife ein:

```
num_epochs = 3

# Training durchführen
for epoch in range(num_epochs):
    model.train()
    total_train_loss = 0
```

Daten-Batches verwalten

Für jeden Batch erhalten wir die Spalten (`input_ids` und `attention_masks`) und die Labels und übergeben sie an das Modell:

```
for batch in tqdm(train_dataloader,
                  desc=f'Training Epoch {epoch + 1}'):
    batch = {k: v.to(device) for k, v in batch.items()}
    labels = batch.pop('label')
    outputs = model(**batch, labels=labels)
```

Dieser Code unterscheidet sich etwas von früheren Beispielen in diesem Buch, er macht aber fast das Gleiche. Die `tqdm`-Anweisung gibt nur einen Statusbalken aus, weil wir gerade trainieren. Wir lesen die Daten zwar batchweise ein, trotzdem müssen sie sich auf demselben Gerät befinden wie das Modell. Läuft das Modell also auf einer GPU, soll es auch auf die Daten im Arbeitsspeicher der GPU zugreifen. Hierfür iteriert diese Zeile über die Spalten, liest den Schlüssel (`k`) und übergibt den Wert (`v`) an das Gerät:

```
batch = {k: v.to(device) for k, v in batch.items()}
```

Um sicherzustellen, dass sich die Daten auf demselben Gerät befinden wie das Modell, wird der eingelesene Batch hier neu definiert. Dabei sollen die Labels nicht im Batch liegen, weil das Modell erwartet, dass sie separat übergeben werden. Also entfernen wir die Labels mithilfe der `pop()`-Methode.

```
labels = batch.pop('label')
```

Anschließend können wir die Kurzschreibweise `**batch` verwenden, um die Eingabewerte (hier also `input_ids` und `attention_mask`) an die `forward`-Methode des Modells zu übergeben und das Dictionary zusammen mit den Labels zu entpacken:

```
outputs = model(**batch, labels=labels)
```

Mit dem Verlust umgehen

Der Forward Pass leitet die Daten durch das Modell und erhält einen Verlustwert zurück. Damit aktualisieren wir den Gesamtverlust und können anschließend die Backpropagation durchführen:

```
loss = outputs.loss
total_train_loss += loss.item()

loss.backward()
```

Nachdem die Gradienten vorliegen, kann der Optimizer seine Arbeit tun.

Optimierung für den Verlust

Mit der Information im Hinterkopf, dass `model.parameters()` nur die *trainierbaren*, aber nicht die *eingefrorenen* Parameter verwaltet, können wir nun den Optimizer aufrufen. Ich habe hier eine Technik namens *Gradient Clipping* eingefügt, die das Training etwas effizienter macht. Der Rest des Codes besteht einfach aus dem Aufruf des nächsten Optimizer-Schritts und dem Zurücksetzen der Gradienten auf null, damit wir sie im nächsten Durchlauf wiederverwenden können.

```
# Gradient Clipping:
clip_grad_norm_(model.parameters(), max_grad_norm)

optimizer.step()
optimizer.zero_grad()
```

Der Grundgedanke beim *Gradient Clipping* ist, dass die Gradienten während der Backpropagation zu groß werden und der Optimizer dadurch sehr große Schritte durchführt. Das kann zu dem Problem der *explodierenden Gradienten* führen, bei denen Änderungen der Werte die Feinheiten des Gelernten verdecken können. Durch das Clipping werden die Gradienten herunterskaliert, wenn ihre Werte zu groß werden. Hier werden sie möglicherweise gar nicht gebraucht.

Auswertung während des Trainings

Wir haben außerdem einen Satz mit Testdaten, damit wir auswerten können, wie leistungsfähig das Modell während des Trainings ist. Für jede Epoche versetzen wir das Modell in den Auswertungsmodus, nachdem Forward und Backward Pass (Vorwärts- und Rückwärtspropagation) durchgeführt und die Modellparameter zurückgesetzt wurden. Danach leiten wir die Testdaten durch das Modell, um eine Inferenz durchzuführen. Außerdem vergleichen wir die Inferenzergebnisse mit den tatsächlichen Labels, um die Genauigkeit zu berechnen.

```
model.eval()
val_accuracy = []
total_val_loss = 0
```

Der Code für die Auswertung hat Ähnlichkeit mit dem Trainingscode. Diesmal lesen wir allerdings die Auswertungs-Batches, wandeln sie in Ausgaben mit Labels um und erhalten die Vorhersagen und Verlustwerte vom Modell zurück:

```
with torch.no_grad():
    for batch in tqdm(eval_dataloader, desc='Validating'):
        batch = {k: v.to(device) for k, v in batch.items()}
        labels = batch.pop('label')

        outputs = model(**batch, labels=labels)
        total_val_loss += outputs.loss.item()

        predictions = torch.argmax(outputs.logits, dim=-1)
        val_accuracy.extend((predictions == labels).cpu().numpy())
```

Sobald diese Werte berechnet sind, können wir sie am Ende jeder Epoche zusammen mit dem Trainingsverlust ausgeben.

Trainingskennzahlen ausgeben

Während des Trainings haben wir für jede Epoche den Trainingsverlust berechnet. Daraus berechnen wir den Mittelwert für alle Einträge. Das Gleiche können wir für den Validierungsverlust und natürlich auch die Validierungsgenauigkeit tun und die Ergebnisse anschließend ausgeben:

```
avg_train_loss = total_train_loss / len(train_dataloader)
avg_val_loss = total_val_loss / len(eval_dataloader)
val_accuracy = np.mean(val_accuracy)

print(f"\nEpoch {epoch + 1}:")
print(f"Average training loss: {avg_train_loss:.4f}")
print(f"Average validation loss: {avg_val_loss:.4f}")
print(f"Validation accuracy: {val_accuracy:.4f}")
```

Wenn wir das Training für drei Epochen ausführen, erhalten wir die folgenden Ausgaben:

```
Training Epoch 1: 100%|██████████| 79/79 [01:01<00:00, 1.28it/s]
Validating: 100%|██████████| 40/40 [00:27<00:00, 1.44it/s]

Epoch 1:
Average training loss: 0.6559
Average validation loss: 0.6037
Validation accuracy: 0.8036
Training Epoch 2: 100%|██████████| 79/79 [01:01<00:00, 1.28it/s]
Validating: 100%|██████████| 40/40 [00:27<00:00, 1.44it/s]

Epoch 2:
Average training loss: 0.6112
Average validation loss: 0.5854
Validation accuracy: 0.8386
Training Epoch 3: 100%|██████████| 79/79 [01:01<00:00, 1.28it/s]
Validating: 100%|██████████| 40/40 [00:27<00:00, 1.44it/s]

Epoch 3:
Average training loss: 0.5799
Average validation loss: 0.5270
Validation accuracy: 0.8736
```

Diese Werte stammen von einer A100-GPU mit 40 GB GRAM in Colab. Das Training pro Epoche dauerte gerade einmal eine Minute, die Auswertungen sogar nur 30 Sekunden.

Am Ende ist der durchschnittliche Trainingsverlust von 0,65 auf 0,58 gesunken, während die Genauigkeit bei 0,8736 lag. Das ist ein starkes Indiz für eine Überanpassung, zumal wir nur für drei Epochen trainiert haben.

Die Prompt-Embeddings speichern

Ein Vorteil dieses Ansatzes ist, dass Sie die Prompt-Embeddings nach getaner Arbeit einfach speichern können. Wie Sie im nächsten Abschnitt sehen werden, können Sie die Werte für spätere Inferenz auch wieder laden:

```
torch.save(model.prompt_embeddings, "imdb_prompt_embeddings.pt")
```

Besonders cool finde ich die relativ geringe Dateigröße (61 KB) und dass es nicht nötig ist, das zugrunde liegende Modell in irgendeiner Weise zu erweitern. Dadurch ist es möglich, in einer Applikation mehrere dieser Prompt-Tuning-Dateien vorzuhalten, die bei Bedarf im laufenden Betrieb gegeneinander ausgetauscht werden können. Dadurch können Sie mehrere Modelle parallel betreiben, was wiederum die Grundlage für agentenbasierte Lösungen bildet.

Inferenz mit dem Modell durchführen

Um mit einem per Prompt-Tuning optimierten Modell Inferenz durchzuführen, definieren Sie das Modell mit den Soft-Prompts. Dabei laden Sie die Soft-Prompts einfach wieder von der Festplatte, anstatt sie erneut zu trainieren. Genau darum geht es in diesem Abschnitt. Wenn Sie kein eigenes Modell trainieren wollen, finden Sie die Soft-Prompts einer Version des Modells, das für 30 Epochen (anstatt nur für drei) trainiert wurde, in den Downloads zu diesem Buch (*https://github.com/lmoroney/PyTorch-Book-FIles*).

Für eine bessere Kapselung habe ich eine Klasse (`PromptTunedBERTInference`) geschrieben, die ähnlich aufgebaut ist wie die für das Training verwendete, wobei diese nur für die Inferenz benutzt wird. Hier die Initialisierung:

```
class PromptTunedBERTInference:
    def __init__(self, model_name="bert-base-uncased",
                       prompt_path="imdb_prompt_embeddings.pt"):
        self.tokenizer = AutoTokenizer.from_pretrained(model_name)
        self.model =
                 AutoModelForSequenceClassification.from_pretrained(
                                          model_name, num_labels=2)
        self.model.eval()
        self.prompt_embeddings = torch.load(prompt_path)
        self.device =
           torch.device('cuda' if torch.cuda.is_available()
                                else 'cpu')
        self.model.to(self.device)
```

Dieser Code hat große Ähnlichkeit mit dem Initialisierer für die trainierbare Version. Allerdings gibt es auch einige wichtige Unterschiede. Der erste ist, dass ich das Modell direkt in den Auswertungsmodus versetzt habe, weil wir damit nur Inferenz betreiben wollen:

```
self.model.eval()
```

Der zweite Unterschied besteht darin, dass wir die Embeddings nicht trainieren, also die damit verbundenen Aufgaben nicht durchführen müssen. Stattdessen laden wir die Embeddings einfach aus dem angegebenen Dateipfad:

```
self.prompt_embeddings = torch.load(prompt_path)
```

Und das ist auch schon alles. Wie Sie sehen, ist der Code nicht sehr umfangreich und recht einfach. Er besitzt keine `forward`-Funktion, weil wir kein Training durchführen. Stattdessen wollen wir eine `predict`-Funktion (»vorhersagen«) integrieren, um die Inferenz zu kapseln.

Die predict-Funktion

Die `predict`-Funktion hat die Aufgabe, den oder die Strings zu übernehmen, für die wir Inferenzen durchführen wollen, sie zu tokenisieren und sie dann zusammen mit den ergänzten Soft-Tokens an das Modell zu übergeben. Den dazugehörigen Code gehen wir wieder Schritt für Schritt durch.

Zu Anfang definieren wir die Funktion und legen fest, dass sie den Text entgegennehmen soll, der anschließend tokenisiert wird:

```
def predict(self, text):
    inputs = self.tokenizer(text, padding=True,
                    truncation=True,
                    max_length=512-self.prompt_embeddings.shape[1],
                    return_tensors="pt")
    inputs = {k: v.to(self.device) for k, v in inputs.items()}
```

Dieser Text wird dann bis zur angegebenen Maximallänge (`max_length`) abzüglich der Größe des Soft-Prompts tokenisiert. Danach werden die einzelnen Elemente in einem Dictionary gespeichert. Beachten Sie, dass der Tokenizer eine große Zahl an Spalten für den Text zurückgeben wird – normalerweise die Tokens und die Attention-Mask. Wir folgen diesem Ansatz, um sie in Schlüssel/Wert-Paare zu konvertieren, mit denen wir später gut weiterarbeiten können.

Wenn unsere Eingaben vorbereitet sind, können wir sie an das Modell übergeben. Wir beginnen, indem wir `torch` in den `no_grad()`-Modus versetzen, weil wir hier keine Gradienten trainieren möchten. Anschließend erhalten wir die Embeddings für die einzelnen Tokens:

```
with torch.no_grad():
    embeddings = self.model.bert.embeddings.word_embeddings(
                                            inputs['input_ids'])

    batch_size = embeddings.shape[0]

    prompt_embeds = self.prompt_embeddings.expand(
                        batch_size, -1, -1).to(self.device)

    inputs_embeds = torch.cat([prompt_embeds, embeddings], dim=1)
```

Für die vom Tokenizer erzeugten Eingaben gibt es bereits eine Attention-Mask, für den Soft-Prompt dagegen noch nicht. Das holen wir jetzt nach. Dann fügen wir die neue Maske der Attention-Mask für die Eingaben hinzu:

```
attention_mask = inputs['attention_mask']
prompt_attention = torch.ones(batch_size,
self.prompt_embeddings.shape[1],device=self.device)
attention_mask = torch.cat([prompt_attention, attention_mask], dim=1)
```

Sobald das alles erledigt ist, können wir unsere Daten an das Modell übergeben, um unsere Inferenzen zurückzuerhalten:

```
outputs = self.model(inputs_embeds=inputs_embeds,
                    attention_mask=attention_mask)
```

Die Logits der beiden Neuronen bilden die Ausgaben, wobei je ein Neuron für eine positive und das andere für eine negative Stimmung steht. Dann können wir die Ausgaben per Softmax behandeln, um die eigentliche Vorhersage zu erhalten:

```
probs = torch.nn.functional.softmax(outputs.logits, dim=-1)
return {"prediction": outputs.logits.argmax(-1).item(),
       "confidence": probs.max(-1).values.item()}
```

Anwendungsbeispiel

Die Einsatz dieser Klasse zur Erzeugung einer Vorhersage ist ziemlich einfach. Wir erstellen eine Instanz der Klasse, übergeben ihr einen String und erhalten die Ergebnisse zurück. Diese enthalten eine Vorhersage mit einem Wert für die Zuversicht (*Confidence*), die wir nun ausgeben können:

```
# Anwendungsbeispiel
if __name__ == "__main__":
    model = PromptTunedBERTInference()
    result = model.predict("This movie was great!")
    print(f"Prediction: {'Positive'
                          if result['prediction'] == 1
                          else 'Negative'}")
    print(f"Confidence: {result['confidence']:.2f}")
```

Noch ein Hinweis: Beim Prompt-Tuning kann es passieren, dass niedrige Zuversichtswerte zu falschen Vorhersagen führen. Das gilt besonders für binäre Classifier wie unseren. Daher ist es sinnvoll, Ihre Inferenz genau unter die Lupe zu nehmen, um sicherzustellen, dass sie korrekt funktioniert. Daneben gibt es weitere Techniken, die Ihnen helfen können, von den Logits die gewünschten Werte zurückzubekommen. Hierzu gehört die Definition einer »Temperatur« für die Softmax-Funktion, die Verwendung einer höheren Zahl an Prompt-Tokens, um das Modell leistungsfähiger zu machen, und die Initialisierung der Prompt-Tokens mit Sentiment-bezogenen Wörtern (anstelle von zufälligen Tokens wie in unserem Beispiel).

Zusammenfassung

In diesem Kapitel haben Sie verschiedene Methoden zur Anpassung von LLMs mit eigenen Daten kennengelernt. Dabei haben wir uns besonders mit zwei Hauptvorgehensweisen beschäftigt: dem traditionellen Feintuning und dem Prompt-Tuning.

Anhand des IMDb-Datensatzes haben wir gezeigt, wie Sie das BERT-Modell gezielt für die Sentiment-Analyse anpassen können. Dabei haben wir sämtliche Schritte betrachtet: von der Vorbereitung der Daten über die Konfigurierung des Modells bis zum Training und der Auswertung. In nur wenigen Epochen hat das Modell eine eindrucksvolle Genauigkeit von 95 % bei der Klassifizierung von Stimmungen erreicht.

Allerdings ist das Feintuning wahrscheinlich nicht für jedes Szenario die beste Wahl. Daher haben wir anschließend mit dem Prompt-Tuning eine leicht umsetzbare Alternative vorgestellt. Anstatt die Gewichte des Modells zu verändern, wurden den Eingaben trainierbare Soft-Prompts vorangestellt, die während des Trainings optimiert wurden. Dieser Ansatz bietet deutliche Vorteile, weil er wesentlich schneller ist und das zugrunde liegende Modell nicht verändert werden muss. Außerdem konnten die angepassten Prompts gespeichert werden (und waren dabei nur wenige KB groß). Später konnten sie wieder geladen werden, um das Modell auf die gewünschte Aufgabe abzustimmen. Auch hierzu haben wir Ihnen eine vollständige Implementierung gezeigt – inklusive der Erstellung, dem Training, der Speicherung und dem späteren Laden der Soft-Prompts, um damit Inferenzen durchzuführen.

Im folgenden Kapitel erforschen wir, wie Sie LLMs, inklusive selbst angepasster Versionen, produktiv bereitstellen können. Ich werde erklären, wie Sie das mithilfe von Ollama, einem leistungsstarken Werkzeug für die Bereitstellung und Verwaltung von LLMs, für Ihre eigenen Daten umsetzen können. Sie lernen außerdem, wie Sie Ihre Modelle in Dienste umwandeln können und wie Sie Ollama einrichten, damit es über HTTP mit Modellen in Ihrem Rechenzentrum kommunizieren kann.

KAPITEL 17

LLMs mit Ollama bereitstellen

Bisher haben wir `Transformers` eingesetzt, um ein Modell herunterzuladen und eine einfache Pipeline zu implementieren, um damit Inferenzen durchzuführen oder das Modell per Feintuning zu optimieren. Es wäre allerdings nachlässig von mir, wenn ich Ihnen nicht auch das Open-Source-Projekt *Ollama* zeigen würde. Es stellt einen Wrapper um ein LLM bereit, das alle Einzelteile in einer Umgebung versammelt. Mit dem Modell können Sie entweder über ein Terminal chatten oder es als Server einsetzen, mit dem Sie via HTTP kommunizieren können.

Technologien wie Ollama sind der Vorreiter einer neuen Generation von LLMs, mit denen Sie dedizierte Server in Ihrem Rechenzentrum oder dedizierte Prozesse auf dem eigenen Computer realisieren können und die vollkommen privat genutzt werden können.

Im Kern ist Ollama ein Open-Source-Projekt, das den Prozess des Herunterladens, Ausführens und der Verwaltung von LLMs auf Ihrem Computer stark vereinfacht. Dabei kümmert es sich auch um die nicht funktionalen, aber schwer zu erfüllenden Anforderungen, wie Speicherverwaltung und Modelloptimierung. Zudem verfügt es über standardisierte Schnittstellen für die Interaktion, wie beispielsweise die Möglichkeit, Requests per HTTP-POST an Ihre Modelle zu senden.

Ollama ist außerdem ein Schlüsselwerkzeug, das die Lücke zwischen Cloud-basierten Drittanbieterdiensten wie GPT, Claude und Gemini und lokal bereitgestellten Diensten überbrücken kann. Anstelle einer einfachen lokalen Entwicklungsumgebung erhalten Sie eine Plattform, die beispielsweise in Ihrem eigenen Rechenzentrum genutzt werden kann, um das Modell mehreren internen Nutzern gleichzeitig zugänglich zu machen.

Durch die lokale Ausführung der Modelle können Sie den vollständigen Schutz Ihrer Daten gewährleisten, die Netzwerklatenz verringern und quasi offline arbeiten. Das ist besonders wichtig, wenn es um sensible Daten oder Applikationen geht, die konsistente Antworten mit möglichst kurzen Antwortzeiten erfordern.

Ollama unterstützt eine wachsende Zahl beliebter Open-Source-Modelle wie Llama, Mistral oder Gemma, aber auch Modelle, die für besondere Aufgaben optimiert wurden. Ähnlich der Funktionsweise von Docker kann jedes Modell mit einfachen Befehlen geladen und ausgeführt werden. Dabei kümmert sich die Plattform automatisch um die Modellquantisierung, wodurch die Modelle so optimiert werden, dass sie auch auf Consumer-Hardware noch effizient laufen und gute Leistungen bringen.

In diesem Kapitel erforschen wir drei Aspekte von Ollama: Zunächst geht es um die Installation und dann um den Einstieg in die Arbeit mit Ollama. Dabei sehen wir uns an, wie Sie bestimmte Modelle instanziieren und nutzen können. Als Drittes untersuchen wir die REST-APIs, mit denen Sie LLM-Applikationen erstellen können, die die Privatsphäre sichert.

Installation und Einstieg in die Arbeit mit Ollama

Das Ollama-Projekt finden Sie unter ollama.com (*http://ollama.com*). Die Einrichtung ist recht einfach. Auf der Startseite finden Sie die Download-Optionen für macOS, Linux und Windows. Beachten Sie, dass für den Einsatz unter Windows zusätzlich das *Windows Subsystem for Linux* (WSL) benötigt wird. In diesem Kapitel verwenden wir die macOS-Version.

Wenn Sie die Website aufrufen, werden Sie freundlich dazu eingeladen, Ollama herunterzuladen (siehe Abbildung 17.1).

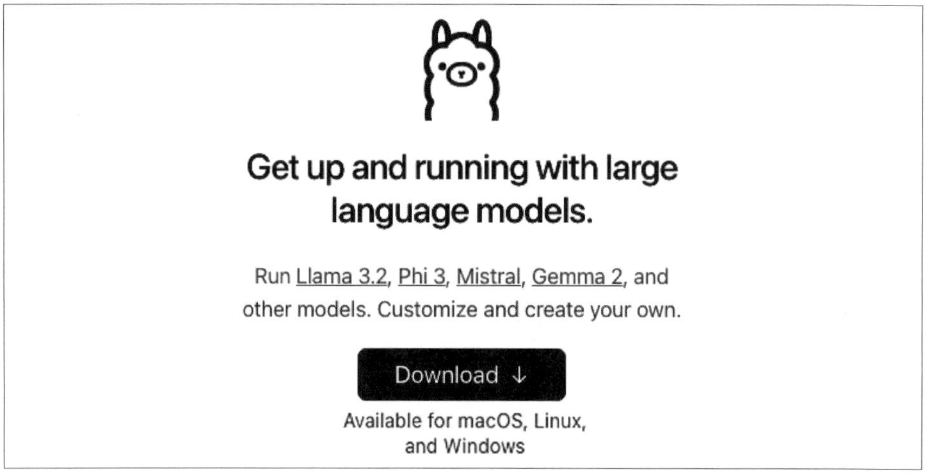

Abbildung 17.1: Die Ollama-Startseite mit Download-Button

Nach Download und Installation können Sie das Programm starten, und die entsprechende Menüleiste wird angezeigt. In diesem Kapitel werden wir Ollama hauptsächlich über die Kommandozeile steuern.[1]

Um ein Modell nutzen zu können, müssen Sie es zunächst herunterladen. Um beispielsweise Gemma von Google einzusetzen, verwenden Sie wie hier gezeigt den Befehl `ollama run [MODELLNAME]`:

```
>ollama run gemma2:2b
```

1 In der aktuellen Version bringt Ollama außerdem ein einfach zu nutzendes Chatfenster à la ChatGPT mit, über das Sie Modelle installieren und mit ihnen interagieren können.

Dabei sollten Sie sich über die verwendeten Parameter informieren, die Sie in der Modelldokumentation auf der Ollama-Website (*https://oreil.ly/VMLKO*) finden können. Zwar quantisiert Ollama Modelle für die lokale Ausführung, es kann aber keine Wunder vollbringen. Das heißt, die Systemressourcen, besonders der Arbeitsspeicher, müssen für das gewünschte Modell ausreichen. Für dieses Beispiel habe ich das Modell `gemma2:2b` (zwei Milliarden Parameter) verwendet. Es benötigte ungefähr 8 GB GPU-RAM. Unter macOS funktioniert der auf Apple-Silicon-basierten Macs gemeinsam genutzte Arbeitsspeicher (*Unified Memory*) recht gut. Auf einem M1-Rechner mit 16 GB RAM lief Gemma 2B unter Ollama schnell und flüssig.

In Abbildung 17.2 sehen Sie einen Chat zwischen mir und Gemma. Auf einem zwei Jahre alten Laptop kamen die Antworten in unter einer Sekunde.

```
laurencemoroney — ollama run gemma2:2b — 80×27
Last login: Mon May  5 07:01:53 on ttys000
laurencemoroney@mac ~ % ollama run gemma2:2b
>>> What is the capital of Brazil?
The capital of Brazil is **Brasília**.


>>> What is the average flight speed of an african swallow?
This is a classic trick question!

There's no single answer to "what is the average flight speed of an
African swallow" because:

* **Swallows are diverse:** There are many different species of swallows
(e.g., Tree Swallows, Barn Swallows), each with varying wingspans and
flight patterns.
* **Flight speeds vary:** Factors like wind conditions, destination, prey,
and even individual birds' energy levels all influence their speed.

**To give you an idea:** A general estimate for a swallow in ideal
conditions might be around **20-30 miles per hour (32-48 kilometers per
hour)**.


Let me know if you have other bird trivia questions! 😊


>>> Send a message (/? for help)
```

Abbildung 17.2: Ollama auf der Kommandozeile nutzen

Solch ein lokalisierter Chat kann sehr nützlich sein. Dabei haben Sie die Möglichkeit, mit verschiedenen Modellen zu experimentieren, inklusive multimodaler Modelle wie *Llama 3.2*.

Angenommen, Sie geben den folgenden Befehl ein:

```
ollama run llama3.2-vision
```

Nach dem Download des Modells können Sie multimodale Abfragen durchführen. Wenn Ihr Terminal das unterstützt, könnten Sie per Drag and Drop ein Bild auf das Terminal ziehen und das Modell anschließend fragen, was es in dem Bild erkennt. Durch seine multimodalen Fähigkeiten könnte Llama das Bild parsen, während Ollama sich hinter den Kulissen um die technischen Details kümmert.

Ich musste nur einen Prompt eingeben und das Bild anschließend in das Fenster ziehen. Hier der Prompt:

```
Please give me a detailed analysis of what's in this image.
Call out any major or minor features and tell me everything you know
about it.
Are there any interesting and fun facts?
Maybe even estimate when this picture was taken.
```

Deutsch:

```
Bitte gib mir eine detaillierte Analyse der Dinge, die du in
diesem Bild siehst.
Nenne alle großen und kleineren Merkmale und sag mir alles,
was du darüber weißt.
Gibt es irgendwelche interessanten oder unterhaltsamen Tatsachen?
Vielleicht kannst du sogar abschätzen, wann das Bild aufgenommen wurde.
```

Anschließend habe ich das Bild einfach in das Chatfenster gezogen, und Ollama hat den Rest erledigt.

Abbildung 17.3 zeigt, wie detailliert die Ergebnisse waren. Das Bild ist ein Foto der Burg Ōsaka, das ich 2018 morgens beim Joggen aufgenommen habe. Llama konnte zwar nicht das genaue Aufnahmedatum ermitteln, aber es war in der Lage, anhand der Blätter im Bild die Jahreszeit zu schätzen. Alle Informationen waren korrekt und sehr detailliert.

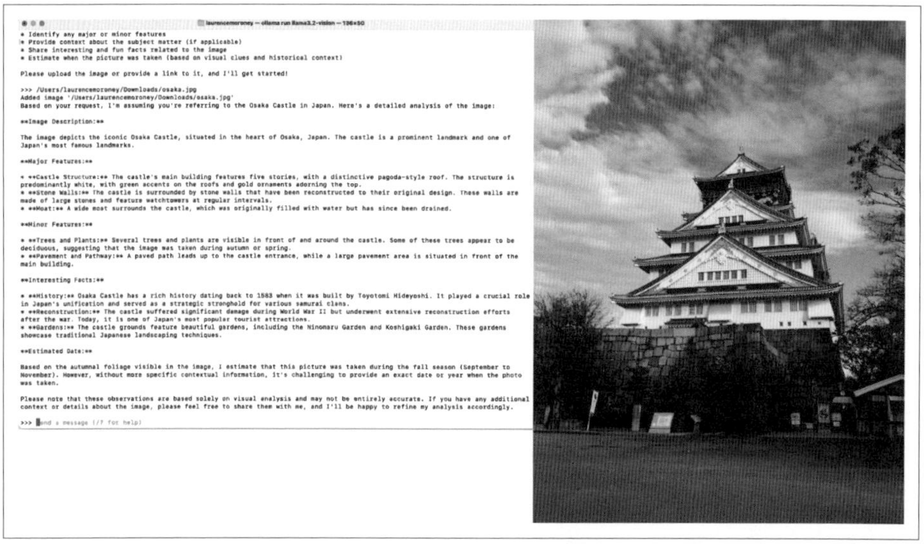

Abbildung 17.3: Einsatz von Ollama mit einem multimodalen Modell

Das wirklich Coole an einem lokalen LLM ist die Möglichkeit, mit dem Modell zu chatten, ohne dafür Ihre Privatsphäre aufgeben zu müssen. Die wahre Stärke von Ollama liegt meiner Ansicht nach aber darin, es als Server einzusetzen, der als Grundlage für eine Applikation dient. Um dieses Thema geht es im nächsten Abschnitt.

Ollama als Server betreiben

Um Ollama im Servermodus zu betreiben, müssen Sie nur den folgenden Befehl eingeben:

```
ollama serve
```

Danach ist der Server standardmäßig auf Port 11434 erreichbar. Über einen `curl`-Befehl können Sie ihn testen.

Wichtig ist, dass der `curl`-Befehl in einem separaten Terminalfenster eingegeben werden muss. Hier ein Beispiel:

```
curl http://localhost:11434/api/generate -d '{
  "model": "gemma2:2b",
  "prompt": "Why is the sky blue?",
  "stream": false
}'
```

Beachten Sie den `stream`-Parameter. Wenn Sie ihn auf `true` setzen, erhalten Sie eine aktive Serververbindung, die die Antwort Wort für Wort zurückschickt. Dadurch wird die Antwortzeit für das erste Wort verkürzt, was für Chatanwendungen sinnvoll sein kann. Da die Antwort wortweise erscheint, aber schneller, als der Nutzer normalerweise liest, kann sich die Interaktion für den Nutzer »flüssiger« anfühlen.

Wenn Sie `stream` dagegen auf `false` setzen, wie in meinem Beispiel, dauert es länger, bis eine Antwort erscheint. Dafür wird die vollständige Antwort auf einmal zurückgegeben. Die Zeit bis zum letzten Token entspricht in etwa der Zeit beim Streaming. Da es aber ein wenig dauert, bis die Antwort kommt, kann es sich insgesamt langsamer anfühlen.

Die obige `curl`-Abfrage an Gemma lieferte die folgende Antwort zurück:

```
{"model":"gemma2:2b","created_at":"2024-12-09T18:10:05.711484Z",
    "response":"The sky appears blue because ... phenomena! \n",
    "done":true,
    "done_reason":"stop",
    "context":[106,1645,108,4385,603,573,...,235248,108],
    "total_duration":7994972625,
    "load_duration":820325334,
    "prompt_eval_count":15,
    "prompt_eval_duration":2599000000,
    "eval_count":282,
    "eval_duration":4573000000}%
```

Ich habe den Antworttext (`response`) und den Kontext (`context`) etwas gekürzt. Letztlich würden Sie eine solche Antwort in einer Applikation weiterverarbeiten. Um zu zeigen, wie Sie robustere Applikationen erstellen können, habe hier alle vom Modell zurückgelieferten Informationen gezeigt.

Besonders beim Streaming ist es sinnvoll, den Parameter `done_reason` auf mögliche Fehlermeldungen zu überprüfen. Wurde die Antworterzeugung normal abgeschlossen, lautet der Wert in der Regel `stop`. In anderen Fällen könnte er beispielsweise `length` lauten, was bedeutet, dass ein Token-Limit überschritten wurde, `canceled`, wenn der Nutzer die Abfrage abbricht (indem er beispielsweise das Streaming unterbricht), oder `error`.

Auch die Zählerparameter können helfen, die Nutzung der Tokens zu verwalten oder auszugeben. Der Wert von `prompt_eval_count` sagt Ihnen, wie viele Tokens in Ihrem Prompt verwendet wurden – in diesem Beispiel also 15. Analog dazu gibt `eval_count` aus, wie viele Tokens für die Antwort benötigt wurden. Hier waren es 282. Die verschiedenen `_duration`-Parameter werden in Nanosekunden angegeben. Hier können wir sehen, dass die Gesamtlaufzeit 0,8 Sekunden betrug (oder genau `820325334` Nanosekunden).

Wollen Sie zusammen mit Ihrer `curl`-Abfrage eine Datei übertragen (zum Beispiel um den Inhalt eines Bilds zu analysieren), können Sie die Datei (das Bild) im Base-64-Format codieren und dann im `images`-Array übergeben.

Für das Bild der Burg Ōsaka aus Abbildung 17.3 hätte ich also schreiben können:

```
curl -X POST \
  -H "Content-Type: application/json" \
  -d "{\"model\":\"llama3.2-vision\",
      \"prompt\":\"What is in this image?\",
      \"images\":[\"$(cat ./osaka.jpg | base64 | tr -d '\n')\"],
      \"stream\":false}" \
      http://localhost:11434/api/generate
```

Um das Bild zu übertragen, muss es zunächst Base-64-codiert werden. Anstatt das Bild im Binärformat hochzuladen, wird es dabei in eine Art Textstring umgewandelt, der leicht im JSON-Format weitergegeben werden kann. Der exakte Code hängt dabei von Ihrem Betriebssystem ab. Der von mir gegebene Befehl – `$(cat ./osaka.jpg | base64 | tr -d '\n')` – basiert auf der Funktionsweise von Base-64 unter macOS. Andere Systeme erzeugen möglicherweise andere Base-64-Codierungen, was zu Fehlern im Backend führen kann.

Die gekürzte Antwort sehen Sie hier:

```
{
    "model":"llama3.2-vision",
    "created_at":"2024-12-10T17:15:06.264497Z",
    "response":"The image depicts Osaka Castle...",
    "done":true,
    "done_reason":
    "stop",
    "context":[128006,882,128007,271,58,...],
    "total_duration":88817301209,
    "load_duration":21197292,
    "prompt_eval_count":19,
    "prompt_eval_duration":84560000000,
    "eval_count":56,
    "eval_duration":4050000000
}%
```

Wenn Sie das auf Ihrem Entwicklungsrechner testen, werden Sie bemerken, dass der Vorgang zu Beginn langsam erscheint, weil das Modell zunächst in den Arbeitsspeicher geladen werden muss. Das kann ein oder zwei Minuten dauern. Sobald das Modell geladen ist, werden die Inferenzen deutlich schneller ablaufen.

Applikationsentwicklung mit einem Ollama-LLM

Es ist zwar ganz nett, mit einem lokalen Modell zu chatten oder es per `curl` abzufragen – wie gerade gesehen –, aber es gibt noch mehr Möglichkeiten. Der nächste Schritt wäre die Applikationsentwicklung auf Basis eines lokalen LLM im eigenen Netzwerk, um die Inferenzen ohne die Beteiligung Dritter durchzuführen.

In Abbildung 17.4 sehen Sie die Architektur einer typischen Applikation, die eine API für die Kommunikation mit einem LLM wie *Gemini*, *GPT* oder *Claude* verwendet. Hierbei interagiert der Nutzer mit einer Applikation, die mithilfe einer API über das Internet auf ein LLM zugreift.

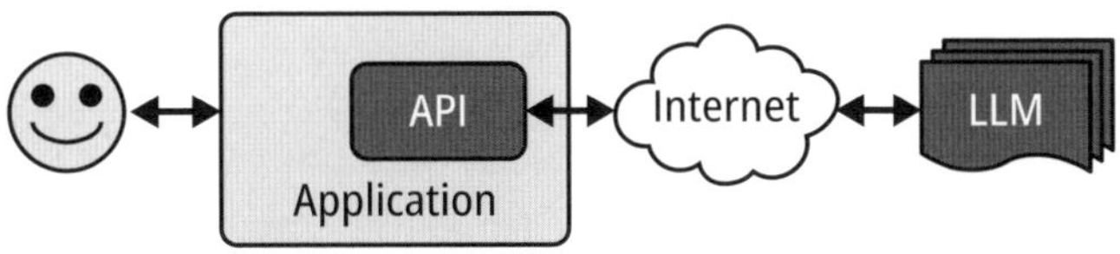

Abbildung 17.4: Zugriff auf ein LLM anhand einer API über das Internet

Ein anderes Muster funktioniert ähnlich: Ein Anbieter stellt einen Backend-Webserver zur Verfügung. Dieser nutzt dann in Ihrem Auftrag die LLM-Funktionalität. Letztlich wird aber auch hier das LLM über einen Drittanbieter bereitgestellt (siehe Abbildung 17.5).

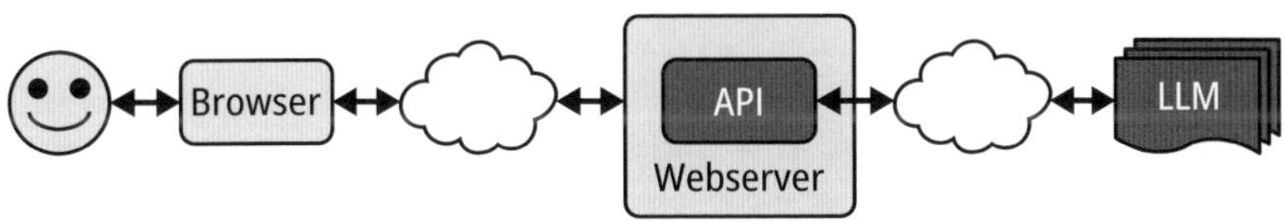

Abbildung 17.5: Zugriff auf ein LLM mithilfe eines Backend-Webservers

Das Problem besteht darin, dass Nutzer vertrauliche Daten (in den blauen Kästen) mit Ihnen teilen, die in den obigen Beispielen über das Internet an Dritte (in den grünen Kästen) weitergegeben werden. Durch die mangelnde Privatsphäre ist die Applikation dadurch für die Nutzerinnen und Nutzer nur noch eingeschränkt sinnvoll. Es gibt Szenarien, in denen es einfach keine Lücken im Datenschutz geben darf oder in denen geistiges Eigentum geschützt werden muss. In der Frühzeit von ChatGPT haben viele Unternehmen die Nutzung aus genau diesen Gründen verboten. Die Gefahr, dass ein Unternehmen sein geistiges Eigentum, zum Beispiel Quellcode, an einen Mitbewerber zur Analyse übergibt, war einfach zu groß.

Dieses Risiko lässt sich mit Lösungen wie Ollama deutlich verringern. Hierfür wird die Architektur so verändert, dass die Daten nicht über das Internet verschickt werden müssen. Stattdessen befinden sich die API und der Server für das LLM in Ihrem lokalen Heim- oder Unternehmensnetzwerk, wie in Abbildung 17.6 gezeigt.

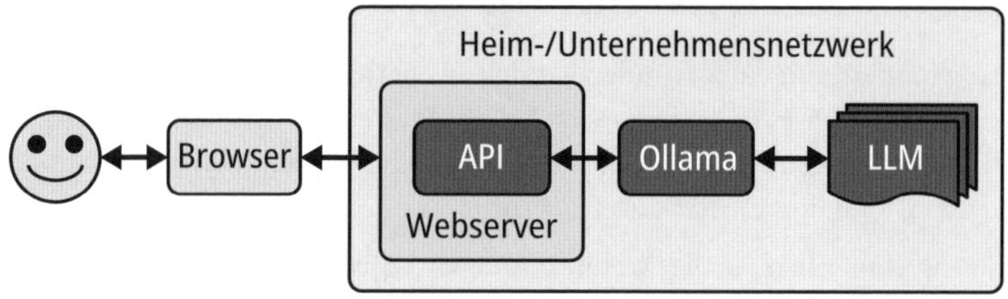

Abbildung 17.6: Ein LLM im eigenen Rechenzentrum betreiben

Dadurch fallen die Datenschutzbedenken beim Teilen der Daten mit Drittanbietern weg. Außerdem haben Sie die Kontrolle darüber, welche Version eines Modells genutzt wird, was Regressionsprobleme der API verhindern kann. Wie Sie in den Abbildungen 17.4 und 17.5 sehen können, besteht beim Zugriff auf LLMs über das Internet eine große Abhänggkeit von einer bestimmten Version des LLM. Geht man davon aus, dass LLMs nicht deterministisch sind, bedeutet das letztlich, dass heutige Prompts morgen vielleicht nicht mehr nutzbar sind.

Mit Ollama als LLM-Server können Sie dagegen das in Abbildung 17.6 gezeigte Konzept umsetzen. In der Entwicklungsumgebung und dem weiteren Verlauf gibt es kein dediziertes Rechenzentrum. Der Ollama-Server läuft einfach auf Ihrem Rechner (erreichbar unter dem Hostnamen `localhost`). Um über das lokale Netzwerk auf den Server zuzugreifen, reicht es, die Serveradresse entsprechend anzupassen.

Das Szenario

Als Beispiel für ein einfaches Szenario wollen wir die Grundlage für eine App erstellen, die ein lokales Llama-Modell zur Analyse von Büchern nutzt. Eine Nutzerin übergibt ein Buch (der Einfachheit halber hier als Textdatei). Dies wird mit einer Abfrage an ein LLM kombiniert, das die Analyse des Buchs durchführt. Kern der App ist also größtenteils ein Prompt an das Backend. Eine solche App könnte beispielsweise von einem Verlag eingesetzt werden, um einem Autor Feedback zu geben, oder von einer Literaturagentin, um dem Autor zu helfen, sein Buch besser zu verkaufen. Wie Sie sich vorstellen können, ist der Inhalt des Buchs kostbares geistiges Eigentum. Es sollte daher nicht zur Analyse an einen Drittanbieter übergeben werden.

Nehmen wir beispielsweise den folgenden Prompt:

```
You are an expert storyteller who understands story structure,
nuance, and content. Attached is a novel, so please evaluate
this novel for storylines and suggest improvements that could
be made in character development, plot, and emotional
content. Be as verbose as needed to provide an in-depth
analysis that would help the author understand how their work
would be accepted.
```

Deutsch:

```
Du bist ein Experte für Storytelling mit tiefem Verständnis für
Dramaturgie, Nuancen und Inhalte.
```

```
Im Anhang findest du einen Roman. Bitte analysiere diesen Roman
hinsichtlich seiner Handlungsstränge und schlage konkrete
Verbesserungen vor - insbesondere in den Bereichen
Figurenentwicklung, Plot/Struktur und emotionale Wirkung.
Sei so ausführlich wie nötig, um eine fundierte, tiefgehende Analyse
zu liefern, die der Autorin/dem Autor dabei hilft, zu verstehen,
wie das Werk voraussichtlich aufgenommen wird.
```

Wenn Sie diesen Prompt zusammen mit dem Text an ein LLM übergeben, sollte eine Analyse des Texts zurückgegeben werden. Diese basiert auf dem *künstlichen Verständnis* des Textinhalts und den generativen Fähigkeiten des Transformer-basierten Modells, die vom Prompt geleiteten Ausgaben zu erzeugen.

Auf der GitHub-Seite zu diesem Buch finden Sie den Volltext eines Romans (*https://oreil.ly/pytorch_ch18*), den ich vor einigen Jahren geschrieben habe und dessen Rechte vollständig bei mir liegen. Ich stelle ihn zur Verfügung, damit Sie den Prompt mit einem echten Buch ausprobieren können. Je nachdem, welches Modell Sie verwenden, kann das Kontextfenster für einen vollständigen Roman allerdings zu klein sein.

Um die Machbarkeit zu beweisen, gehe ich gern so vor, dass ich eine einzelne Python-Datei anlege, die ich auf meinem lokalen Rechner testen kann. Hierbei gibt es zwar einige Einschränkungen, aber wir können zumindest sehen, ob das Konzept an sich umsetzbar ist.

Ein Python-Skript als Machbarkeitsstudie

Sehen wir uns nun das Python-Skript für die Analyse an.

Wir beginnen damit, den Inhalt der Datei zu lesen:

```
# Dateiinhalt lesen
with open(filepath, 'r', encoding='utf-8') as file:
    file_content = file.read()
```

Im Backend setzen wir Ollama ein. Dafür definieren wir die nötigen Details, wie die URL und die nötigen Header:

```
# Abfrage vorbereiten
url = "http://localhost:11434/api/generate"
headers = {"Content-Type": "application/json"}
```

Anschließend bereiten wir die »Nutzlast« vor, die an das Backend übergeben werden soll. Sie enthält den Namen des Modells (im Parameter `model`), den Prompt (in `prompt`) und das `stream`-Flag. In diesem Fall sollen die Ergebnisse als Ganzes zurückgegeben werden, daher setzen wir hier den Wert `false`.

```
payload = {
    "model": model,
    "prompt": f"You are an expert storyteller who understands
                story structure, nuance, and content. Attached is a
                novel, please evaluate this novel for storylines, and
                suggest improvements that could be made in character
                development, plot, and emotional content. Be as
                verbose as needed to provide an in-depth analysis
```

```
                     that would help the author understand how their work
                     would be accepted: {file_content}",
        "stream": false
    }
```

Beachten Sie, dass wir den Inhalt der Datei (in `file_content`) direkt an den Prompt (`prompt`) anhängen.[2]

Für den `model`-Parameter können Sie einen beliebigen Wert angeben. In diesem Experiment habe ich per `gemma2:2b` das sehr kleine Modell Gemma 2b (zwei Milliarden Parameter) gewählt.

Damit können wir jetzt unsere Abfrage per HTTP-POST an Ollama übergeben, wie hier gezeigt:

```
try:
    # Request übergeben:
    response = requests.post(url, headers=headers, json=payload)

    # Löst bei einem fehlerhaften HTTP-Status (z. B. 500)
    # eine Exception aus:
    response.raise_for_status()

    # Antwort parsen:
    result = response.json()['response']

    # Antworttext von Ollama zurückgeben:
    return result

except requests.exceptions.RequestException as e:
    raise Exception(f"Error making request to Ollama: {str(e)}")
except json.JSONDecodeError as e:
    raise Exception(f"Error parsing Ollama response: {str(e)}")
```

Hier läuft der Prozess vollständig synchron ab, weil wir die Daten übergeben und danach alles blockieren, bis wir die Ergebnisse zurückerhalten. In einer Applikation im produktiven Betrieb würden Sie diesen Teil sehr wahrscheinlich asynchron ausführen. Aus Gründen der Einfachheit verzichte ich hier darauf.

Die Antwort wird im JSON-Format zurückgegeben. Dabei enthält das Feld `response` den Antworttext, wie weiter oben in diesem Kapitel bereits gezeigt. Es hat den Datentyp `dict`.

Anschließend können wir den gesamten Code mit einer Funktionsdefinition (`analyze_file`) umgeben, die folgende Signatur hat:

```
def analyze_file(filepath: str, model: str = "gemma2:2b") -> dict:
```

Danach können wir sie wie folgt aufrufen:

```
result = analyze_file(str(input_path))
```

2 A. d. Ü.: Das funktioniert, weil wir hier einen f-String verwenden und den Variablennamen mit geschweiften Klammern umgeben haben.

Trotz seiner geringen Größe liefert Gemma beeindruckende Antworten! Meine lokale via Ollama zugängliche Instanz konnte das gesamte Buch verarbeiten und innerhalb weniger Sekunden eine detaillierte Analyse zurückgeben. Hier ein Auszug (aber Vorsicht, falls Sie das Buch noch nicht gelesen haben: Er enthält einige Spoiler!):

```
**Strengths:**

* **Intriguing Premise:** The concept of a deadly plague originating
from space with potentially disastrous consequences is both
suspenseful and timely, appealing to a wider audience.
* **Realistic Characters:**  The characters feel grounded despite
being involved in extraordinary events, and their personalities shine
through (Aisha's determination, Soo-Kyung's wisdom). Their connection
adds emotional weight.
* **Suspenseful Tone:** The story builds suspense gradually. You
expertly use cliffhangers like the three-year deadline for the plague
to leave readers wanting more.
* **Worldbuilding Potential:**  The mention of the moon base and
potential interstellar jumps introduces a rich world with
possibilities for further exploration.
```

Deutsch:

```
**Stärken:**

* **Fesselnde Prämisse:** Das Konzept einer tödlichen
Weltraumseuche mit möglicherweise katastrophalen Folgen ist
sowohl spannend als auch zeitgemäß und spricht ein breites
Publikum an.
* **Realistische Charaktere:**  Die Figuren wirken trotz ihrer
Beteiligung an außergewöhnlichen Ereignissen geerdet, und ihre
Persönlichkeiten treten klar hervor (Aishas Entschlossenheit,
Soo-Kyungs Weisheit). Ihre Verbindung verleiht der Geschichte
zusätzliches emotionales Gewicht.
* **Spannungsreiche Atmosphäre:** Die Geschichte baut die Spannung
schrittweise auf. Der geschickte Einsatz von Cliffhangern wie der
Drei-Jahres-Frist, bevor die Seuche die Erde verlässt, sorgt dafür,
dass Leser weiterlesen wollen.
* **Potenzial für Worldbuilding:** Die Erwähnung der Mondbasis
und möglicher interstellarer Sprünge deutet auf eine reich
ausgearbeitete Welt mit vielen Möglichkeiten für weitere
Erkundungen hin.
```

Diese Analyse von Gemma ist ziemlich beeindruckend. Abgesehen von ein paar Formatierungsproblemen (die Analyse enthält sehr viele *-Zeichen, die Gemma möglicherweise eingebaut hat, weil es sich um Science-Fiction handelt) haben wir es hier mit ziemlich gutem Content zu tun. Es lohnt sich also, die Integration in eine App weiterzuverfolgen. Daher wollen wir uns im folgenden Abschnitt mit der Erstellung einer vollwertigen Web-App beschäftigen, zu der ich meine Dateien hochladen kann, um eine Buchanalyse von der Website zurückzubekommen.

Eine Web-App für Ollama erstellen

In diesem Beispiel erstellen wir eine `node.js`-App, die eine lokale Website bereitstellt, zu der eigene Texte hochgeladen werden können, um anschließend im Browser eine Analyse zurückzubekommen, wie in Abbildung 17.7 gezeigt.

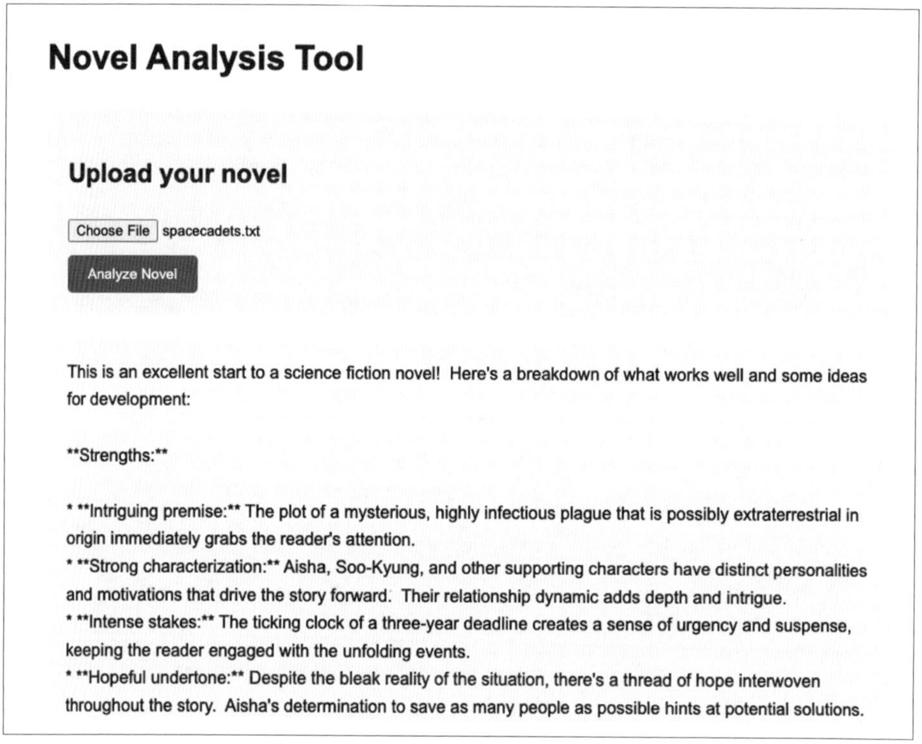

Abbildung 17.7: Das browserbasierte Gemma-Analysewerkzeug

Wenn Sie nicht wissen, was `node.js` ist und wie es installiert wird, finden Sie die nötigen Anleitungen auf der Node-Website (*http://nodejs.org*). Den Aufbau einer einfachen *node*-App sehen Sie in Abbildung 17.8.

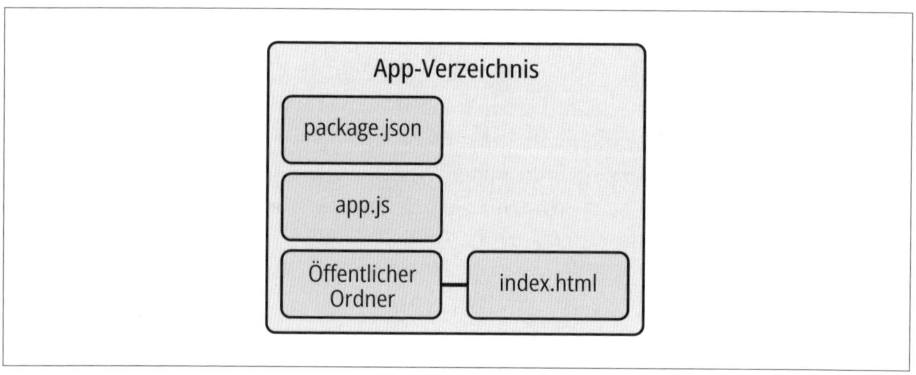

Abbildung 17.8: Verzeichnisstruktur einer einfachen node-App

In ihrer einfachsten Form besteht eine *node*-App aus einem Verzeichnis, in dem sich eine JavaScript-Datei namens *app.js* befindet. Sie enthält die Hauptbestandteile der Applikationslogik. Die Details zu den Abhängigkeiten liegen in *package.json*, während die *index.html* als Schablone für die Ausgaben der App dient.

Die Datei app.js

Diese Datei enthält die Kernlogik für unseren Dienst. Eine `node.js`-App läuft typischerweise auf einem Server, wobei sie an einem bestimmten Port (hier Port 3000) auf Anfragen wartet. Sie beginnt mit diesem Code:

```
const PORT = process.env.PORT || 3000;
app.listen(PORT, () => {
  console.log(`Server running on port ${PORT}`);
});
```

Um ein Buch zu analysieren, können Sie einen Endpunkt definieren, an den ein Nutzer das Buch mithilfe der Funktion `app.post` an `node.js` schickt:

```
app.post('/analyze', upload.single('novel'), async (req, res) => {
  try {
    if (!req.file) {
      return res.status(400).send('No file uploaded');
    }
```

Diese Funktion ist asynchron und übernimmt eine Datei. Konnte die Datei im Upload nicht gefunden werden, wird eine Fehlermeldung zurückgegeben.

Läuft der Code weiter, ist offensichtlich eine Datei vorhanden. Dieser Code startet einen neuen Job (wodurch der Server mehrere Prozesse parallel ausführen kann), der die Datei hochlädt, den Text in der Variablen `fileContent` speichert und dann aufräumt (d. h., die hochgeladene Datei, deren Inhalt sich jetzt in `fileContent` befindet, wird per `unlink` wieder vom Server gelöscht):

```
// Einmalige ID für den Job anlegen
const jobId = Date.now().toString();

// Jobstatus speichern
analysisJobs.set(jobId, { status: 'processing' });

// Analyse im Hintergrund starten
const fileContent = await fs.readFile(req.file.path, 'utf8');

// Hochgeladene Datei entfernen
await fs.unlink(req.file.path);
```

Die Analyse des Romans ist ein lang laufender Prozess. Darin wird der Dateiinhalt an den Prompt angehängt und an Ollama übertragen. Ollama reicht die Daten an Gemma weiter, das seinerseits ein Ergebnis zurückgibt, sobald es mit der Analyse fertig ist. Zum Analysecode kommen wir gleich. Der Wrapper, der diese Aufgabe im Hintergrund ausführt, sieht so aus:

```
// Im Hintergrund verarbeiten
analyzeNovel(fileContent)
```

```
  .then(result => {
    analysisJobs.set(jobId, {
      status: 'completed',
      result: result
    });
  })
  .catch(error => {
    analysisJobs.set(jobId, {
      status: 'error',
      error: error.message
    });
  });
```

Er ruft die Methode `analyzeNovel` auf und übergibt den Dateiinhalt. War der Prozess erfolgreich, erhält das Feld `jobId` den Wert `complete`, ansonsten enthält es Informationen zum Fehler. Bei Erfolg wird das Ergebnis an `analysisJobs` übergeben. Wenn wir uns gleich mit dem Webclient befassen, werden wir sehen, dass dieser nach dem Hochladen des Inhalts wiederholt den Status des Jobs abfragt, bis er den Status `completed` oder eine Fehlermeldung erhält. Sobald ein Ergebnis vorliegt, kann der Client die entsprechende Ausgabe vornehmen.

Die Funktion `analyzeNovel` hat Ähnlichkeit mit unserem Python-Code. Zu Beginn erstellen wir den Request-Body mit dem Prompt. Dabei enthält `model` die ID des Modells (hier: `gemma2:2b`), den Prompt einschließlich des angehängten Romantexts und den `stream`-Parameter, der hier den Wert `false` hat.

```
async function analyzeNovel(text) {
  try {
    console.log('Sending request to Ollama...');
    const requestBody = {
      model: 'gemma2:2b',
      prompt: `You are an expert storyteller who understands
      story structure, nuance, and content. Attached is a novel.
      Please evaluate this novel for storylines and suggest
      improvements that could be made in character development, plot,
      and emotional content. Be as verbose as needed to provide an
      in-depth analysis that would help the author understand how
      their work would be accepted:\n\n${text}`,
      stream: false
    };
```

Diese Anfrage übergibt die Funktion nun an das Ollama-Backend und wartet auf eine Antwort. Sobald diese eintrifft, wird sie mithilfe von `JSON.stringify` in einen String umgewandelt:

```
const response = await fetch(OLLAMA_URL, {
  method: 'POST',
  headers: {
    'Content-Type': 'application/json',
  },
  body: JSON.stringify(requestBody)
});
```

Enthält die Funktion einen Fehler, wird dieser im Browser angezeigt. Ansonsten lesen wir die JSON-Daten aus der HTTP-Antwort und filtern das `response`-Feld heraus, das die

Textantwort unseres LLM enthält. Beachten Sie, dass das Wort »response« hier eine doppelte Bedeutung hat. Lassen Sie sich davon nicht verwirren! Das eine ist das response-Objekt (die HTTP-Antwort, also response.ok, response.status oder response.json). Das andere ist das gleichnamige JSON-Feld, das die erzeugten Ausgaben des LLM enthält (data.response).

```
if (!response.ok) {
  throw new Error(`HTTP error! status: ${response.status}`);
}

const data = await response.json();
return data.response;
```

Die Datei index.html

In unserem App-Verzeichnis befindet sich außerdem die Datei *index.html*. Sie dient als Schablone für die Antwort unseres node.js-Servers. Wenn Sie die App auf Ihrem Entwicklungsrechner ausführen, ist dieser standardmäßig über die Adresse localhost:3000 erreichbar. Dabei enthält *index.html* sämtlichen Code, um die Benutzerschnittstelle der App aus Abbildung 17.7 darzustellen.

Sie kommuniziert über ein Formular mit dem Backend, dessen Inhalt über einen HTTP-POST-Request übermittelt wird. Der HTML-Code für das Formular sieht so aus:

```
<h1>Novel Analysis Tool</h1>
<div class="upload-form">
  <h2>Upload your novel</h2>
  <form id="uploadForm">
    <input type="file" name="novel" accept=".txt" required>
    <br>
    <button type="submit"
            class="submit-button">Analyze Novel</button>
  </form>
</div>
```

Das Formular trägt hier den Namen uploadForm. Durch die Vergabe des Namens können Sie Code schreiben, der ausgeführt wird, wenn die Nutzerin den *Abschicken*-Button anklickt. Das könnte beispielsweise so aussehen:

```
document.getElementById('uploadForm')
        .addEventListener('submit', async (e) => {e.preventDefault();
```

Die Magie passiert, wenn der Code die angehängte Datei (aus FormData) übernimmt und an den Endpunkt /analyze des Backends übergibt, den wir in der Funktion app.post der Datei *app.js* definiert haben (wie weiter oben gezeigt).

```
// Datei hochladen
const formData = new FormData(form);
const response = await fetch('/analyze', {
  method: 'POST',
  body: formData
});
```

Sobald das erledigt ist, erhält der Code die jobId vom Server zurück, deren Status immer wieder abgefragt wird. Sobald jobId den Status completed hat, gibt der Server die Analyseergebnisse zurück. Enthält jobId dagegen einen Fehlerstatus, wird eine entsprechende Meldung ausgegeben.

```
if (!response.ok) throw new Error('Upload failed');

const { jobId } = await response.json();

// Status von jobId abfragen
while (true) {
  const statusResponse = await fetch(`/status/${jobId}`);
  if (!statusResponse.ok) throw new Error('Status check failed');

  const status = await statusResponse.json();

  if (status.status === 'completed') {
    result.textContent = status.result;
    result.style.display = 'block';
    loading.style.display = 'none';
    break;
  } else if (status.status === 'error') {
    throw new Error(status.error);
  }

  // Pause vor erneuter Abfrage
  await new Promise(resolve => setTimeout(resolve, 1000));
}
```

Der setTimeout-Code am Ende dieses Abschnitts sorgt dafür, dass einmal pro Sekunde der Status abgefragt wird. Sie können auch ein längeres Intervall wählen, um die Serverlast zu verringern.

Um die App auszuführen, wechseln Sie in das entsprechende Verzeichnis und geben auf der Kommandozeile folgenden Befehl ein:

```
node app.js
```

Und das ist auch schon alles. Ein voll funktionsfähiges Codebeispiel finden Sie in den Downloads zu diesem Buch. Dort liegt außerdem eine komplette Kopie des Romans als Textdatei, damit Sie die Analyse auch selbst durchführen können.

Zusammenfassung

In diesem Kapitel haben wir uns mit dem Open-Source-Werkzeug Ollama beschäftigt. Damit lässt sich ein LLM in einer leicht zu nutzenden API verpacken, die als Basis für die Entwicklung eigener Applikationen dienen kann. Wir haben gesehen, wie Ollama installiert wird, und uns dann ein paar mögliche Anwendungsfälle angesehen. Sie haben außerdem Modelle heruntergeladen und genutzt, zum Beispiel das einfache Modell *Gemma* von Google und das sehr leistungsstarke multimodale Modell *Llama3.2-vision* von Meta. Sie haben nicht nur gelernt, wie man sich mit den Modellen unterhält, sondern auch, wie man Dateien zur Analyse hochladen kann. Den von Ollama bereitgestellten HTTP-Endpunkt haben wir anhand eines `curl`-Befehls demonstriert, mit dem wir eine manuelle Abfrage durchgeführt haben. Zum Schluss haben Sie einen Prototyp für eine echte LLM-basierte Applikation erstellt, die den Inhalt von Büchern analysieren kann – zuerst als einfaches Python-Skript für eine Machbarkeitsstudie und anschließend als fortgeschrittene webbasierte Applikation in `node.js`, die im Hintergrund ein Ollama-Backend und das *Gemma*-LLM für die komplizierten Aufgaben verwendete.

Im folgenden Kapitel werden wir dieses Wissen zugrunde legen und die Konzepte von RAG (*Retrieval-Augmented Generation*) erforschen. Dafür erstellen Sie Apps, die lokale Vektordatenbanken nutzen, um das »Wissen« von LLMs zu erweitern.

KAPITEL 18

Einführung in RAG

Erinnern Sie sich noch an Ihren ersten Chat mit einem LLM wie ChatGPT und wie viel Ahnung es von Dingen hatte, die Sie nicht erwartet haben? Ich habe lange vor der Veröffentlichung von ChatGPT mit LLMs und an Projekten mit LLM-Unterstützung gearbeitet. Und selbst *mich* hat es überrascht, wozu die Modelle in der Lage waren. Vor einiger Zeit gab es eine berühmte Google-Präsentation, in der der CEO ein Gespräch mit dem Planeten Pluto führte. Das war eine der grundlegenden Veränderungen in der Wahrnehmung von KI und ihren Möglichkeiten, die wir *immer noch* erforschen und die sich beständig weiterentwickeln.

Aber trotz dieses Glanzes hat KI weiterhin Beschränkungen, und je mehr wir uns – ich und andere – mit LLMs beschäftigen, desto mehr davon entdecken wir. Die in Kapitel 15 behandelte Transformer-Architektur war großartig darin, Textdaten zu erfassen, QKV-Zuordnungen (Query, Key, Value) zu erstellen und im Ergebnis die Semantik von Texten »verstehen« zu lernen. Aber trotz der enormen Textmengen, die für die Schaffung dieser Verknüpfungen nötig waren, gab es immer schon einen blinden Fleck, der auch nicht verschwinden wird: private Daten. Das gilt besonders, wenn Sie mit Daten arbeiten möchten, an denen das Modell nicht trainiert wurde, denn hier ist das Risiko von Halluzinationen besonders groß!

Das Erlernen von Fähigkeiten, um diesen blinden Fleck zu verringern, ist möglicherweise das Wertvollste, was Sie als Softwareentwickler tun können.

In diesem Kapitel möchte ich, dass Sie eine *andere* Sichtweise von KI-Modellen – insbesondere von LLMs – entwickeln. Betrachten Sie die Modelle nicht als intelligent und wissend, sondern als Hilfsmittel, die Sie dabei unterstützen, Ihre Daten besser zu parsen. Stellen Sie sich das Gelernte nicht als eigenständige Wissensbasis vor, sondern als Möglichkeit, durch umfangreiches Lesen ein allgemeines Verständnis von Sprache zu erlangen.

Ich nenne das *künstliches Verstehen* im Sinne einer unterstützenden Technologie zur KI.

Sobald Sie anfangen, Ihr Lieblings-LLM als Werkzeug für künstliches Verstehen zu betrachten, können Sie beginnen, ihm beizubringen, auch Ihre privaten Texte zu verstehen, also Dinge, die nicht in den Trainingsdaten vorlagen. Durch künstliches Verstehen kann das LLM Ihren Text auf neue und interessante Weise verarbeiten.

Das wollen wir anhand eines Szenarios genauer untersuchen. Stellen Sie sich vor, Sie diskutieren mit einer KI über Ihren Lieblings-Science-Fiction-Roman. Sie möchten dem Modell Fragen zu Figuren, Handlung etc. stellen. Das Modell hat Schwierigkeiten mit den Details und gibt nur allgemeine Antworten oder halluziniert sogar. Ein Beispiel hierfür sehen Sie in Abbildung 18.1. Hier habe ich mich mit ChatGPT über eine Figur in einem Roman namens *Space Cadets*[1] unterhalten.

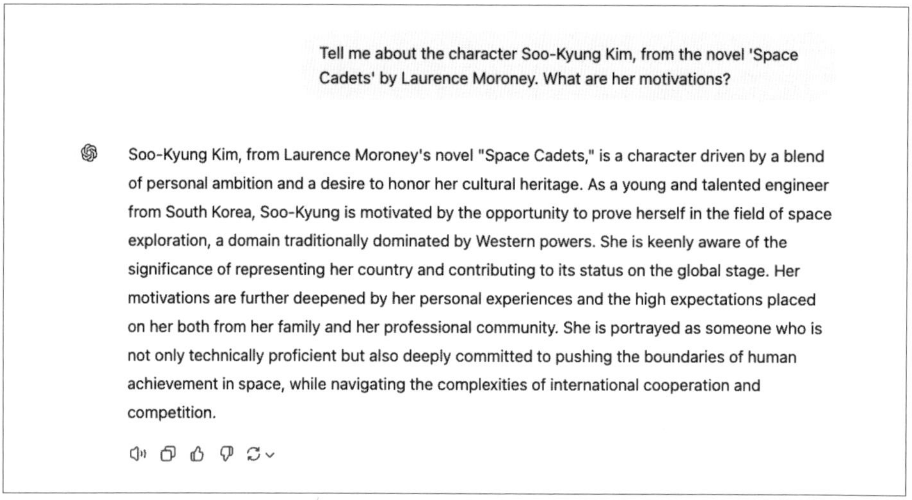

Abbildung 18.1: Unterhaltung mit ChatGPT über eine Romanfigur

Das ist alles ganz interessant – aber leider falsch. Zuallererst: Die Figur kommt aus Nordkorea und nicht aus *Südkorea*.

ChatGPT scheint von seiner Version überzeugt, obwohl es klar falsch liegt. Warum? Weil der Roman nicht Teil seiner Trainingsdaten war. Ich habe das Buch 2014 geschrieben, und es wurde von einem kleinen Verlag veröffentlicht, der schon wenige Monate später aufgeben musste. Das Buch ist also ziemlich unbekannt und damit ein ideales Beispiel für die Erforschung von RAG. In diesem Kapitel werden Sie Ihre PyTorch-Fähigkeiten einsetzen, um eine Applikation zu erstellen, die diesen Roman wesentlich besser verstehen kann – inklusive der oben genannten Figur (Soo-Kyung Kim). Und ja, für diese Aufgabe stelle ich Ihnen den vollständigen Roman zur Verfügung!

Eine kleine Randnotiz: Als ich zum ersten Mal ein LLM für eine solche Aufgabe nutzte, war ich begeistert. Seine Fähigkeit, den Inhalt und den Kontext meiner eigenen Texte künstlich zu verstehen, fühlte sich an, als hätte ich einen Partner neben mir sitzen, der meine Arbeit mit konstruktiver Kritik unterstützt. Er half mir, tief in die Figuren und Handlungsstränge einzutauchen. Das Buch endet mit einem Cliffhanger, leider habe ich es nie geschafft, eine Fortsetzung zu schreiben. Aber die Gespräche mit einem LLM über die Charakterentwicklung geben mir völlig neue Ideen dazu, wie die Geschichte weitergehen könnte.

1 A. d. Ü.: Nicht zu verwechseln mit dem Roman »Space Cadet« von Robert A. Heinlein.

Dabei sind Sie natürlich nicht auf fiktionale Texte beschränkt. Fast jedes Unternehmen besitzt einen internen Wissensschatz, der sich in Dokumenten verbirgt, die Menschen niemals in Gänze lesen, indizieren, mit Querverweisen versehen und verstehen können, um Fragen dazu zu beantworten. Die Fähigkeit eines LLM, diese Texte künstlich zu verstehen und so verborgenes Wissen zu bergen und nutzbar zu machen, ist unübertroffen.

Aus diesem Grund begeistert mich RAG so sehr, und ich hoffe, Ihnen geht es nach dem Lesen dieses Kapitels auch so.

Was ist RAG?

Das Akronym *RAG* (*Retrieval-Augmented Generation*, durch Informationsabrufe angereicherte Generierung) dient als Brücke zwischen den Trainingsdaten des LLM und privaten Daten, für die das Modell keine Zuordnungen besitzt. Hierbei übergeben wir mit dem Prompt (»Erzähle mir etwas über die Romanfigur ...«) zusätzliche Informationen aus dem lokalen Datenspeicher. Wollen wir mehr über die Figur erfahren, könnten die lokalen Daten Dinge enthalten wie ihre Heimatstadt, ihr Lieblingsessen, ihre Werte und ihre Ausdrucksweise. Wenn wir diese Daten *zusammen* mit der Abfrage an das LLM übergeben, befindet sich eine Menge weiterführender Informationen dazu in dessen Trainingsdaten. Es kann also wesentlich genauer Auskunft über die Figur geben. Dadurch kann nicht nur der in Abbildung 18.1 gezeigte Fehler abgemildert werden. Wenn das LLM die Heimatstadt der Romanfigur kennt, kann es daraus auf das richtige Heimatland schließen.

Abbildung 18.2 zeigt, wie eine typische Abfrage an ein LLM abläuft: Sie übergeben den Prompt, dann arbeiten sich die Transformer durch das vom LLM gelernte Wissen, um QKV-Werte (Query, Key, Value) zu erzeugen, die schließlich zur Erzeugung einer Antwort führen.

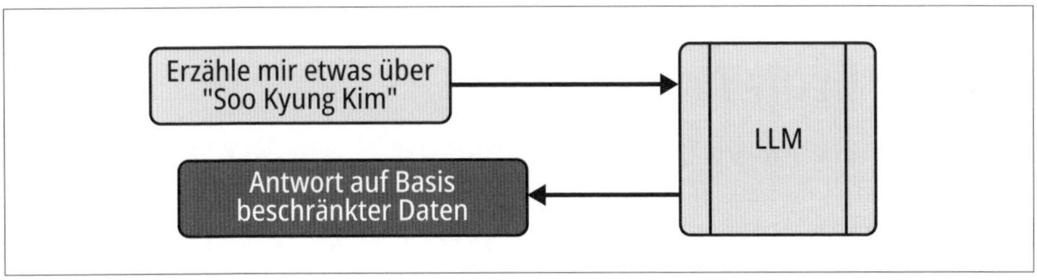

Abbildung 18.2: Typischer Ablauf einer Abfrage an ein LLM

Sie haben gesehen, was passiert, wenn ein LLM nicht genug Wissen hat: Es füllt die Lücken, so gut es kann, und das meistens sogar recht gut. Obwohl es die Staatsangehörigkeit im Beispiel aus Abbildung 18.1 falsch angab, konnte es zumindest ableiten, dass es sich um einen koreanischen Namen handelt.

Beim Einsatz von RAG verändern wir diesen Ablauf, um die Abfrage durch zusätzliche Informationen anzureichern, die wir mit dem Prompt bündeln (siehe Abbildung 18.3). Hierfür verwenden wir eine lokale Datenbank, die das Buch enthält. Anschließend suchen wir nach Dingen, die *Ähnlichkeiten* mit der Abfrage aufweisen. Wie das im Einzelnen funktioniert, werden wir gleich sehen.

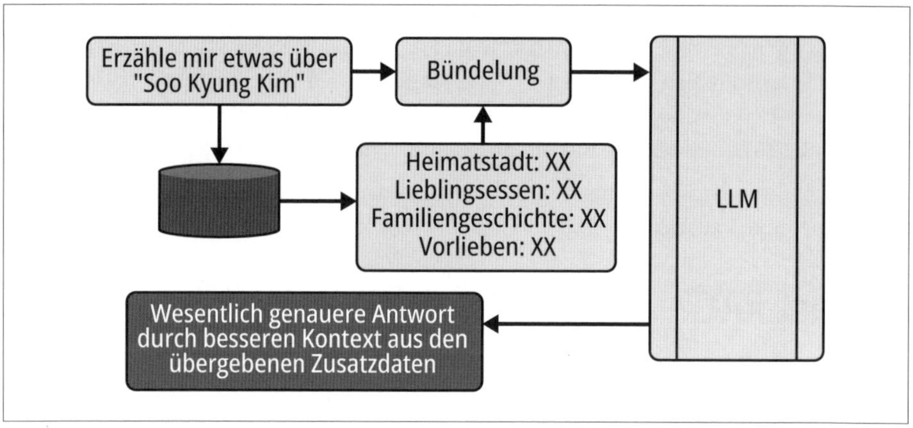

Abbildung 18.3: Typischer Ablauf einer RAG-Abfrage eines LLM

Das Ziel besteht darin, den Original-Prompt zur Romanfigur mit einer Menge zusätzlichem Kontext anzureichern. So kann es sein, dass ihr Heimatort, ihre Familiengeschichte, ihr Lieblingsessen, ihre Vorlieben und so weiter in den Szenen des Buchs zu finden sind. Wenn wir diese Informationen zusammen mit der Abfrage übergeben, hat das LLM deutlich mehr Material zur Verfügung, inklusive der Dinge, *die es gelernt hat*. Dadurch wird seine Interpretation der Romanfigur wesentlich genauer, weil das LLM ein *künstliches Verständnis* des Inhalts besitzt.

Die Kunst besteht natürlich darin, die bestmöglichen Informationen auszuwählen, die mit der Abfrage an das LLM übergeben werden, um besonders gute Ergebnisse zu erzielen. Dafür speichern Sie den Inhalt des Quellmaterials (hier des Buchs) so, dass darin nach semantisch relevanten Informationen gesucht werden kann, üblicherweise in einem *Vector Store* (»Vektorspeicher«), mit dem wir uns im folgenden Abschnitt beschäftigen wollen.

Einstieg in die Arbeit mit RAG

Zunächst müssen wir wissen, wie eine Vektordatenbank angelegt wird. Hierfür benötigen Sie eine Datenbank-Engine, die Vektoren und eine Ähnlichkeitssuche unterstützt.

Die Grundidee ist dabei, Text als Vektoren zu speichern, die den Text in Form von Embeddings abbilden. Das Konzept kennen Sie bereits aus Kapitel 6. Um das Beispiel einfach zu halten, beginnen wir mit einem vortrainierten Satz an Embeddings von OpenAI über eine von *LangChain* bereitgestellte API. Diese wird mit einer kostenlosen Open-Source-Vektordatenbank namens *Chroma* kombiniert.

Hierfür müssen wir zunächst die folgenden Importe vornehmen:

```
from langchain_community.document_loaders import PyPDFLoader
from langchain.text_splitter import RecursiveCharacterTextSplitter
from langchain_community.embeddings import OpenAIEmbeddings
from langchain_community.vectorstores import Chroma
```

Der `PyPDFLoader` dient, wie sein Name sagt, der Arbeit mit PDF-Dateien in Python. Das ist nötig, weil mein Buch im PDF-Format vorliegt.

Der `RecursiveCharacterTextSplitter` ist eine große Hilfe beim Aufteilen des Buchs in Textblöcke. Die Größe dieser Blöcke und die Überschneidungen zwischen ihnen können frei gewählt werden, wie wir gleich sehen werden.

Über die Klasse `OpenAIEmbeddings` erhalten wir Zugriff auf die Embeddings, die OpenAI beim Training von ChatGPT gelernt hat. Uns dient sie hier als hübsche Abkürzung, denn dadurch müssen für diese Anwendung keine eigenen Embeddings gelernt werden. Solange unser Text als Embeddings vorliegt und unser Prompt die gleichen Embeddings verwendet, können wir sie für die Ähnlichkeitssuche nutzen. Alternativen finden Sie beispielsweise auf Hugging Face.

Die `Chroma`-Datenbank gibt uns schließlich die Möglichkeit, Text auf der Basis von Ähnlichkeiten zu speichern und zu durchsuchen.

Ähnlichkeit verstehen

Inzwischen haben wir das Prinzip der Ähnlichkeit bereits mehrfach erwähnt, aber nicht, warum sie bei unserer Aufgabe nützlich sein kann. In Kapitel 6 wurde gezeigt, wie man Wörter mithilfe von Embeddings in Vektoren umwandeln kann. Eine einfache Darstellung dieses Konzepts sehen Sie in Abbildung 18.4.

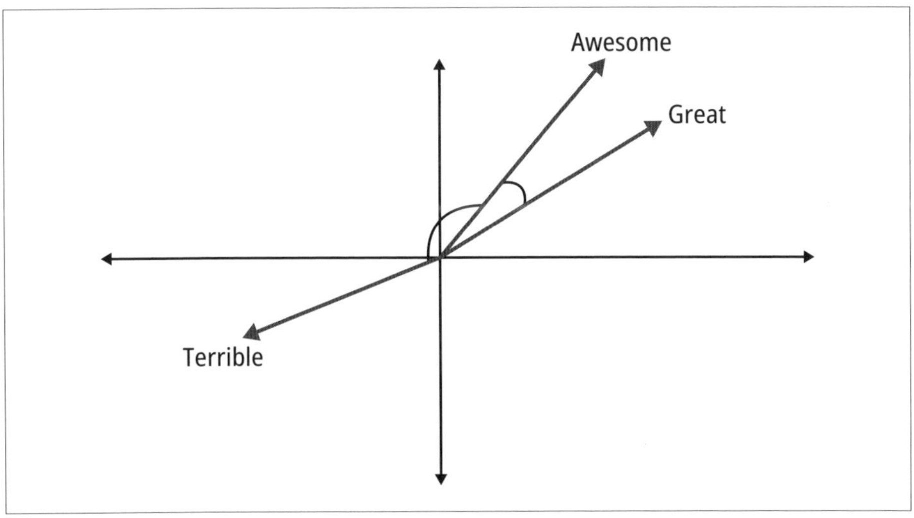

Abbildung 18.4: Wörter als Vektoren

Diese Abbildung zeigt die Wörter *Awesome* (fabelhaft), *Great* (großartig) und *Terrible* (furchtbar) auf Basis ihrer gelernten Vektoren. Die Darstellung ist stark vereinfacht und verwendet nur zwei Dimensionen. Um das Grundkonzept zu erläutern, sollte es aber reichen. Hier können Sie sehen, dass *Awesome* und *Great* sich ähnlich sind, weil sie im Vektorraum nahe beieinanderliegen. Die Nähe der Wörter zueinander lässt sich anhand des Winkels zwischen ihnen bestimmen. Mithilfe einer Funktion dieses Winkels, zum Beispiel seines Kosinus, können wir das ziemlich gut ermitteln. Im Vergleich dazu ist der Winkel zwischen *Awesome* und *Terrible* sehr groß, was zeigt, dass diese Wörter keine große Ähnlichkeit besitzen.

Dieser Prozess wird als *Kosinus-Ähnlichkeit* (*Cosine Similarity*) bezeichnet. Er kommt zur Anwendung, wenn wir unser RAG erstellen. Hierfür unterteilen wir das Buch in Blöcke (*Chunks*), berechnen die entsprechenden Embeddings und speichern sie in der Datenbank. Mit dem Vektorspeicher (hier ist es ChromaDB) können wir eine Suche auf Basis der Kosinus-Ähnlichkeit durchführen, was uns den Schlüssel für unser RAG liefert.

Neben der Kosinus-Ähnlichkeit gibt es noch weitere Verfahren zur Ähnlichkeitsberechnung. Ein Blick lohnt sich, wenn Sie Ihre RAG-Lösung weiter verfeinern möchten. In diesem Kapitel werde ich aber aufgrund ihrer Einfachheit bei der Kosinus-Ähnlichkeit bleiben.

Die Datenbank anlegen

Um den Vektorspeicher anzulegen, werden wir den Prozess Schritt für Schritt betrachten: die PDF-Datei laden, sie in Blöcke aufteilen, die Embeddings für die Blöcke berechnen und sie schließlich in der Datenbank speichern.

Zu Beginn verwenden wir `PyPDFLoader`, um die PDF-Datei zu laden:

```
# PDF-Datei laden
loader = PyPDFLoader(pdf_path)
documents = loader.load()
```

Es folgen die Definitionen für den Text-Splitter. Ein wichtiger Teil Ihrer Applikation besteht darin, die korrekten Größen für diese Textblöcke festzulegen:

```
# Dokumente in Textblöcke auftrennen
text_splitter = RecursiveCharacterTextSplitter(
    chunk_size=1000,
    chunk_overlap=200,
    length_function=len,
    add_start_index=True,
)
```

In diesem Beispiel wird der Text in Blöcke mit jeweils etwa 1.000 Zeichen (`chunk_size`) aufgeteilt. Hierfür nutzt der Splitter ein rekursives Verfahren, das die Positionen für die Trennung ermittelt. Dabei wird versucht, die Trennungen an Wortgrenzen vorzunehmen, anstatt stumpf alle 1.000 Zeichen das Messer anzusetzen. Zunächst wird möglichst an Zeilenumbrüchen (`\n`) getrennt, anschließend an Interpunktionszeichen und schließlich bei Leerzeichen. Erst als letztes Mittel wird mitten im Wort getrennt.

Der Parameter `chunk_overlap` gibt an, dass der nächste Block nicht direkt am folgenden Zeichen beginnt, sondern ungefähr 200 Zeichen weiter vorne. Durch diese Überschneidungen sind manche Textteile doppelt in den Daten enthalten – und das ist gut so. So bleibt auch bei einer Trennung mitten im Satz der Kontext erhalten. Es lohnt sich, verschiedene Werte für `chunk_size` und `chunk_overlap` zu testen, um die besten Einstellungen für Ihr Szenario zu finden. Größere Blöcke sind schneller durchsuchbar, weil es insgesamt weniger gibt als bei einer geringen Größe. Außerdem verringern größere Blöcke die Wahrscheinlichkeit, dass die Blöcke Ähnlichkeit mit Ihrem Prompt haben.

Wenn Sie die Länge der Blöcke anders bestimmen wollen, können Sie außerdem eine eigene `length`-Funktion angeben. Hier ist es Pythons Standardfunktion `len`. Für ein RAG wie unseres ist es normalerweise nicht nötig, die `len`-Funktion zu überschreiben. Es geht darum, dass verschiedene Modelle und Encoder die Tokens auf unterschiedliche Weise zählen. So betrachtet GPT 3.5 den String *lol* als einzelnes Token, während ein Emoji aus vier Tokens bestehen kann.

Der Parameter `add_start_index` versieht jeden Block mit Metadaten, die seine Position im Ausgangstext bezeichnen. Das ist nützlich, weil Sie beim Debugging zurückverfolgen können, woher die einzelnen Blöcke stammen, oder um zum Beispiel Quellenangaben zu machen.

Sobald Sie diese Einstellungen vorgenommen haben, können Sie das PDF in mehrere Textblöcke aufteilen:

```
texts = text_splitter.split_documents(documents)
```

Mithilfe der Klasse `OpenAIEmbeddings` können Sie nun die einzelnen Textblöcke in Embeddings konvertieren. Außerdem können Sie angeben, dass Sie aus den Textblöcken mithilfe von Chroma einen Vektorspeicher anlegen möchten:

```
# OpenAI-Embeddings initialisieren
# Stellen Sie sicher, dass hierfür die Umgebungsvariable
# OPENAI_API_KEY gesetzt ist.
embeddings = OpenAIEmbeddings()

# Vektorspeicher anlegen und persistent machen
vectorstore = Chroma.from_documents(
    documents=texts,
    embedding=embeddings,
    persist_directory=persist_directory
)
```

Wie oben gezeigt, übergeben Sie einfach die Textblöcke und Embeddings sowie ein Verzeichnis, in dem sie gespeichert werden. Um den Vektorspeicher dauerhaft auf der Festplatte zu speichern, schreiben Sie:

```
# Vektorspeicher dauerhaft speichern
vectorstore.persist()
```

> Um die Klasse `OpenAIEmbeddings` nutzen zu können, muss Ihr API-Schlüssel in der Umgebungsvariablen `OPENAI_API_KEY` abgelegt sein. Den Schlüssel erhalten Sie auf der OpenAI-Website (*https://oreil.ly/41hwI*). Dort finden Sie die nötigen Anweisungen für die Einrichtung auf Ihrem Betriebssystem. Stellen Sie sicher, dass der API-Schlüssel exakt so lautet, wie auf der Website angegeben.

Die zugrunde liegende Datenbank basiert auf SQLite3 (siehe Abbildung 18.5).

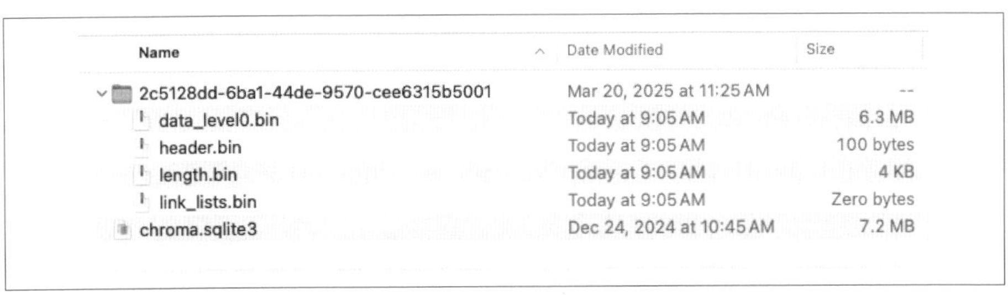

Abbildung 18.5: Das Verzeichnis mit den ChromaDB-Inhalten

Dadurch können Sie die Datenbank mit allen Werkzeugen untersuchen, die mit SQLite kompatibel sind, zum Beispiel mit dem DB Browser for SQLite (*https://sqlitebrowser.org*) (siehe Abbildung 18.6).

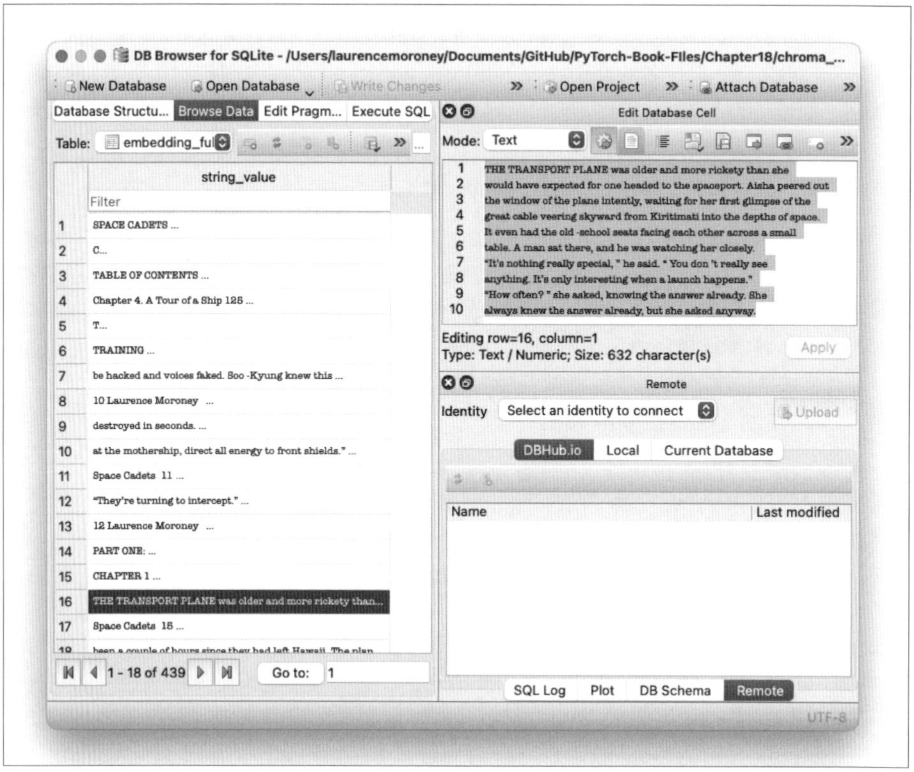

Abbildung 18.6: Die Daten in einem SQL-Browser betrachten

Nachdem unser Vektorspeicher angelegt ist, können wir erforschen, was passiert, wenn wir nach ähnlichem Text suchen wollen.

Eine Ähnlichkeitssuche durchführen

Nach der Einrichtung des Vektorspeichers ist eine Suche darin ganz einfach.

Hier eine Funktion, mit der Sie eine Ähnlichkeitssuche in einem Vektorspeicher durchführen können:

```
def search_vectorstore(vectorstore, query, k=3):
    results = vectorstore.similarity_search(query, k=k)
    return results
```

Wenn Sie wollen, können Sie Teile der Funktionalität mit optionalen Parametern überschreiben, zum Beispiel:

Search_type (Suchtyp)
: Der Standardwert ist `similarity`. Alternativ können Sie aber auch den Wert `mmr` für *Maximum Marginal Relevance* (MMR) angeben. Es lohnt sich, damit zu experimentieren, wenn Sie Produktivsysteme erstellen. MMR ist besonders nützlich, wenn Sie redundante Ergebnisse vermeiden möchten.

Distance_metric (Abstandsmetrik)
: Hier lautet der Standardwert `cosine` (Kosinus), wie weiter oben beschrieben. Sie können aber auch `l2` angeben, was für die gradlinige *Entfernung* zwischen zwei Vektoren im Embedding-Raum steht. Alternativ funktioniert `ip` (*inner product*), das eine sehr schnelle Berechnung der Entfernung auf Kosten der Genauigkeit ermöglicht.

Lambda_mult (Gewichtungsfaktor)
: Dies ist ein optionaler Wert zwischen `0` und `1`, mit dem Sie festlegen können, wie streng die Messung der Entfernung vorgenommen werden soll. Ein Wert von `1.0` gibt nur hoch relevante Ergebnisse zurück, während sie bei `0.0`deutlich vielfältiger ausfallen.

Wenn Sie eigene Systeme erstellen, empfehle ich Ihnen, verschiedene Ansätze zu testen, um herauszufinden, was für Ihr Szenario am besten funktioniert.

Die Einzelteile zusammensetzen

Jetzt können Sie zum Beispiel den folgenden Code verwenden, um Ihr PDF in Blöcke aufzuteilen, als Vektoren in der Datenbank zu speichern und Abfragen darauf durchzuführen:

```
# Pfad zur PDF-Datei
pdf_path = "space-cadets-2020-master.pdf"

# Vektorspeicher anlegen
vectorstore = create_vectorstore(pdf_path)

# Beispielsuche
query = "Give me some details about Soo-Kyung Kim.
         Where is she from, what does she like, tell me all about
         her?"
results = search_vectorstore(vectorstore, query, 5)
```

Als Ausgabe erhielt ich detaillierte Informationen zu meiner Romanfigur. Hier ein paar Ausschnitte:

```
"I think we are going to be good friends," said Soo-Kyung. "I like
how you are straightforward. I am too, but that intimidates some
people."
"So where are you from?"
"I am from a small village called Sijungho," continued Soo -
Kyung. "There's not much to see there."
"Sounds Korean," said Aisha. "You from South Korea?"
"North Korea," corrected Soo -Kyung. "I've never even been to
South Korea."
```

Wenn wir jetzt eine Anfrage zu der Romanfigur an ein LLM stellen, können wir auch die zusätzlichen Inhalte nutzen. Wie das geht, sehen Sie im folgenden Abschnitt.

RAG-Inhalte mit einem LLM nutzen

Nachdem der Vektorspeicher erstellt und das Buch darin abgelegt ist, können wir erkunden, wie Sie auf einzelne Blöcke aus dem Speicher zugreifen, sie einem Prompt hinzufügen und die Daten zurückerhalten können. Um diesen Teil einfach zu halten, nutzen wir einen lokalen Ollama-Server. Weitere Informationen zu Ollama finden Sie in Kapitel 17.

Zuerst laden wir den im ersten Schritt erstellten Vektorspeicher:

```
def load_vectorstore(persist_directory="./chroma_db"):
    embeddings = OpenAIEmbeddings()

    # Vektorspeicher laden
    vectorstore = Chroma(
        persist_directory=persist_directory,
        embedding_function=embeddings
    )

    return vectorstore
```

Dabei ist es *zwingend notwendig*, die gleichen Embeddings wie bei der Erstellung des Vektorspeichers zu verwenden. Ansonsten kommt es bei dem Versuch, Ihren Prompt und die Suche nach ähnlichen Dingen zu encodieren, zu Unstimmigkeiten.

Wie weiter oben erklärt, verwende ich hier `OpenAIEmbeddings`. Letztlich liegt die Entscheidung aber vollkommen bei Ihnen. Eine große Auswahl an Embeddings finden Sie beispielsweise auf Hugging Face, oder Sie nutzen Dinge wie das in Kapitel 6 vorgestellt GloVE.

ChromaDB hat unsere Embeddings in einer SQLite-Datenbank in einem bestimmten Verzeichnis gespeichert. Übergeben Sie den Verzeichnispfad (`./chroma_db`) und die gewünschte Embedding-Funktion (`OpenAIEmbeddings`) an Chroma, um eine Referenz auf die Datenbank zurückzubekommen.

Um den Vektorspeicher zu durchsuchen, können Sie den Code von vorhin nutzen:

```
def search_vectorstore(vectorstore, query, k=3):
    results = vectorstore.similarity_search(query, k=k)
    return results
```

Jetzt können Sie eine Abfrage eingeben, zum Beispiel diese:

```
query = "Please tell me all about Soo-Kyung Kim."
```

Und damit haben Sie alle Bestandteile zusammen, die für eine RAG-Abfrage nötig sind und die Sie wie folgt ausführen können:

```
# Beispielabfrage
query = "Please tell me all about Soo-Kyung Kim."

# RAG-Abfrage durchführen
answer, sources = rag_query(vectorstore, query, num_contexts=10)
```

Jetzt wollen wir eine Hilfsfunktion erstellen, die die Abfrage und den Vektorspeicher übergibt. Sie enthält außerdem einen Parameter, der angibt, wie viele Elemente im Vektorspeicher gefunden werden sollen. Die App gibt die Antwort des LLM und eine Liste der Datenquellen zurück, mit denen sie die Abfrage angereichert hat.

Das wollen wir uns jetzt genauer ansehen:

```
def rag_query(vectorstore, query, num_contexts=3):
    # Relevante Dokumente abrufen
    relevant_docs = search_vectorstore(vectorstore, query,
                                       k=num_contexts)

    # Kontext aus abgerufenen Dokumenten hinzufügen
    context = "\n\n".join([doc.page_content for doc in
                           relevant_docs])

    # Antwort mithilfe von Ollama erzeugen
    response = query_ollama(query, context)

    return response, relevant_docs
```

Wir beginnen, indem wir mit dem oben gezeigten Code eine Suche im Vektorspeicher durchführen. Dadurch erhalten Sie die decodierten Blöcke aus der Datenbank als Strings. Diese nennen wir `relevant_docs`.

Anschließend erstellen wir den Kontextstring, indem wir die einzelnen Blöcke durch Newline-Zeichen (`\n`) miteinander verketten. So erhalten wir einen String, der pro Zeile einen Block enthält. So einfach geht das.

Danach benutzen wir den Kontext in einem Aufruf von Ollama. Schauen wir mal, wie das geht.

Zuerst definieren wir folgende Funktion:

```
def query_ollama(prompt, context, model="llama3.1:latest",
                                  temperature=0.7):

    ollama_url = "http://localhost:11434/api/chat"
```

Hier legen wir fest, dass die Funktion den Prompt und den Kontext entgegennehmen soll. Ich habe noch einige weitere Parameter eingebaut, die Standardwerte verwenden, sofern sie keinen expliziten Wert erhalten. Der erste ist das gewünschte Modell. Um eine Liste der verfügbaren Modelle zu erhalten, geben Sie einfach den Befehl `ollama list` auf der Kommandozeile ein. Der Parameter `temperature` gibt an, wie deterministisch Ihre Antwort sein soll. Je kleiner die Zahl, desto »strenger« ist die Antwort, je höher der Wert, desto »kreativer« ist sie. Ich habe hier als Standardwert `0.7` gewählt, was dem Modell die Flexibilität gibt, natürlich klingende Antworten zu geben, ohne irrelevant zu sein. Wenn Sie dagegen kleinere Modelle in Ollama nutzen (wie das oben gezeigte *llama3.1*), steigt allerdings die Wahrscheinlichkeit von Halluzinationen.

Außerdem müssen Sie für `ollama_url` den API-Endpunkt angeben, wie in Kapitel 17 gezeigt.

Jetzt können Sie die Nachricht zusammensetzen, die für die Interaktion mit dem Modell benötigt wird.

Die Struktur der Interaktion mit dem Modell sieht typischerweise aus wie in Abbildung 18.7. Dem Modell kann optional eine Systemnachricht übergeben werden, die Anweisungen zum Verhalten des Modells enthält. Danach wird die erste Nachricht an den Nutzer ausgegeben, zum Beispiel: »Willkommen im Chat. Wie kann ich helfen?« Der Nutzer antwortet daraufhin mit einem Prompt und bittet das Modell, etwas zu tun.

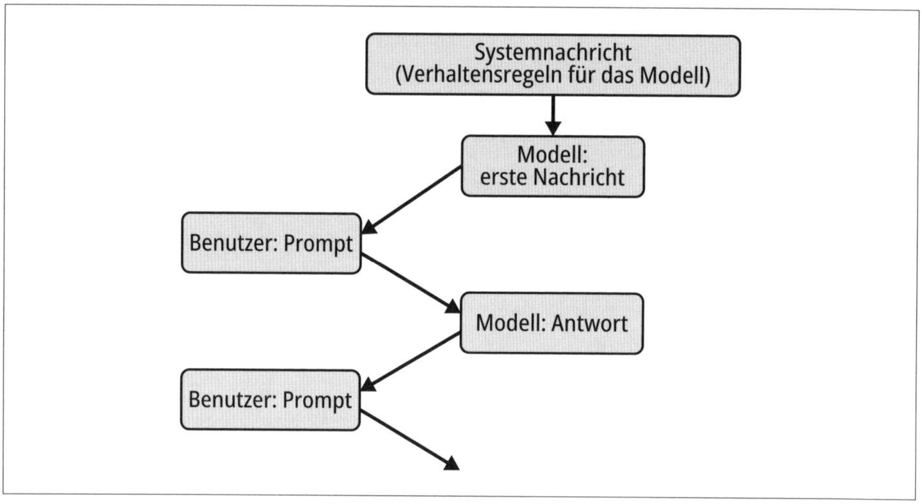

Abbildung 18.7: Ablauf einer Konversation mit einem LLM

Das *Gedächtnis* dieser Konversation ist ein JSON-Dokument, in dem die Rollen jeweils über einen `role`-Wert angegeben werden. Die erste Nachricht hat die Rolle `system`, die folgenden Nachrichten des Modells haben die Rolle `model` und die Nachrichten des Nutzers die Rolle `user`.

Um für unsere einfache RAG-App eine Instanz einer solchen Konversation zu erzeugen, in der die Systemnachricht und die erste Nutzernachricht enthalten sind, können wir folgende Prompt-Schablone definieren:

```
messages = [
    {
        "role": "system",
        "content": "You are a helpful AI assistant.
                    Use the provided context to answer questions.
                    If you cannot find the answer in the context, say so.
                    Only use information from the provided context."
    },
    {
        "role": "user",
        "content": f"Context:\n{context}\n\nQuestion: {prompt}"
    }
]
```

Der Prompt für die Rolle `system` hat großen Einfluss auf das Verhalten des Modells. Hier habe ich einen Prompt formuliert, der das Modell anweist, sich stark am bereitgestellten Kontext zu orientieren. Diese Angabe ist zwar nicht zwingend notwendig, aber wenn Sie mit diesem Prompt arbeiten, kann das zu deutlich besseren Ergebnissen führen.

Die user-Nachricht ist leicht umzusetzen. Es wird einfach ein String erzeugt, der einen Context:- und einen Question:-Teil enthält, in die Sie Ihren Kontext und Ihren Prompt einfügen können.

Dies dient uns als Grundlage für die JSON-Daten, die an Ollama übergeben werden. Sie enthalten das gewünschte Modell (model), die Nachrichten (messages), die Temperatur (temperature) und den Wert für stream (false, sofern eine einzelne Antwort zurückgegeben werden soll):

```
payload = {
    "model": model,
    "messages": messages,
    "stream": False,
    "temperature": temperature
}
```

Beachten Sie, dass das gewünschte Modell vorher in Ollama installiert werden muss. Ansonsten erhalten Sie eine Fehlermeldung. Eine Anleitung finden Sie in Kapitel 17.

Hier ist der Code für die Abfrage an Ollama inklusive der Fehlerbehandlung:

```
try:
    response = requests.post(ollama_url, json=payload)
    response.raise_for_status()
    return response.json()["message"]["content"]
except requests.exceptions.RequestException as e:
    return f"Error querying Ollama: {str(e)}"
```

Danach können Sie einen einfachen HTTP-POST-Request an die URL des Ollama-Endpunkts schicken und die vorbereiteten Daten übergeben. Sobald Sie die Antwort erhalten haben, können Sie die zurückgegebene Nachricht weiterverarbeiten.

Und weil wir das Modell mit zusätzlichen Informationen versorgt haben, fallen auch die Antworten deutlich besser aus. Hier ein Beispiel auf Basis von Llama 3.1:

```
Based on the provided context, here's what can be gathered about Soo-
Kyung Kim:

1. She is from North Korea.
2. She has been trained in various skills, including science,
technology, martial arts, languages, piloting, and strategy.
3. Her family name "Kim" is significant, as it is the name of the
ruling family of the Democratic People's Republic of Korea (North
Korea).
4. Soo-Kyung's presence on the space academy may be related to her
exceptional abilities, but there is also a suggestion that she was
chosen for other reasons.
...
```

Ihre Ergebnisse werden abhängig davon, welche Werte Sie für die Temperatur, die Größe der einzelnen Textblöcke und andere Parameter gewählt haben, davon abweichen.

Eine Sache ist noch erwähnenswert: Selbst wenn wir ein sehr kleines Modell wie Gemma2b verwenden, erhalten wir noch sehr gute Ergebnisse. Allerdings kann das Kontextfenster eines so kleinen Modells zu Problemen führen, wenn Sie Ihre Abfrage mit besonders vielen Zusatzinformationen anreichern. Weiter oben in diesem Kapitel haben wir Blöcke mit einer

Größe von 1.000 Zeichen genutzt und daraus diejenigen zehn Blöcke gewählt, die dem Prompt am nächsten liegen. Das sind bereits 10.000 Zeichen mit entsprechend vielen Tokens. Gehen wir davon aus, dass das Kontextfenster von Gemma2b nur 2.000 Tokens umfasst, könnte es hier zu Problemen kommen. Halten Sie die Augen auf!

Gehostete Modelle nutzen

Im vorherigen Beispiel haben wir nur mit kleineren Modellen wie Llama und Gemma gearbeitet, um RAG auf einem lokalen Ollama-Server zu nutzen. Wollen Sie größere gehostete Modelle wie GPT einsetzen, ist der Prozess im Prinzip der gleiche. Am System-Prompt würde ich allerdings eine Änderung vornehmen. Da diese Modelle über eine riesige Zahl an Parametern verfügen, die eine Menge gelernt haben, ist es sinnvoll, die Fesseln ein wenig zu lösen und nicht zu erwarten, dass sie sich nur auf den bereitgestellten Kontext beschränken.

Um beispielsweise GPT zu nutzen, können Sie die für die Unterstützung nötigen OpenAI-Klassen wie folgt importieren:

```
from langchain_openai import ChatOpenAI
```

Um diese Klasse zu instanziieren, schreiben Sie:

```
chat = ChatOpenAI(
    model=model,
    temperature=temperature
)
```

Der Wert für `model` ist ein String, der den Namen des Modells enthält, zum Beispiel `gpt-3.5-turbo` oder `gpt-4`. Eine Liste der aktuell verfügbaren Modellversionen finden Sie in der OpenAI-API-Dokumentation (*https://oreil.ly/SVBXr*).

Das anschließende Anlegen eines Prompts ist sehr einfach. Zuerst erstellen Sie wieder, wie oben gezeigt, eine Prompt-Schablone, die System- und User-Prompt enthält:

```
# Prompt-Schablone anlegen
prompt_template = ChatPromptTemplate.from_messages([
    ("system", "You are a helpful AI assistant.
                Use the following context to answer questions. "
               "Please provide as much detail as possible in a
                comprehensive answer."),
    ("system", "Context:\n{context}"),
    ("user", "{question}")
])
```

Anschließend können Sie den formatierten Prompt mit den Details für den Kontext (`context`) und die Frage (`question`) erstellen:

```
# Prompt mit Kontext und der Frage (question) formatieren
formatted_prompt = prompt_template.format(
    context=context,
    question=prompt
)
```

Danach können Sie den GPT-Chat mit dem formatierten Prompt aufrufen und erhalten die Antwort zurück:

```
# Antwort erhalten
response = chat.invoke(formatted_prompt)
return response.content
```

Solange Sie sicherstellen, dass die Umgebungsvariable `OPENAI_API_KEY` Ihren OpenAI-API-Schlüssel enthält, können Sie RAG sogar mit GPT verwenden! Bitte achten Sie darauf, dass bei der Nutzung von OpenAI-Modellen zusätzliche Kosten anfallen können.

Zusammenfassung

In diesem Kapitel haben wir Ihnen einen kurzen Einblick in das Konzept von RAG gegeben. Damit haben Sie ein leistungsstarkes Verfahren kennengelernt, um die Fähigkeiten von LLMs zu erweitern, indem Sie diese für ein allgemeines »Verstehen« mit lokalen, privaten Daten kombiniert haben. Sie haben die Funktionsweise von RAG kennengelernt, indem Sie eine Vektordatenbank mit dem Inhalt eines Buchs angelegt und diese nach Informationen durchsucht haben, die für Ihre Abfrage relevant sind.

Außerdem haben wir erforscht, wie eine Abfrage zu einer der Romanfiguren ablaufen kann, um mehr über sie zu erfahren. Und obwohl Modelle wie Llama und GPT nicht mit dem Inhalt über die Figur trainiert wurden, konnten sie den Text künstlich verstehen, ausführliche Informationen bereitstellen und Analysen durchführen.

Zusätzlich haben wir Werkzeuge wie ChromaDB (für die Vektorspeicherung) und vortrainierte Embeddings (wie die von OpenAI) genutzt, um eine Vektorcodierung von Text durchzuführen, wodurch Ähnlichkeitssuchen möglich wurden. Außerdem haben Sie verschiedene größere und kleinere lokale Modelle (wie Llama und Gemma mit Ollama) und größere gehostete Modelle (wie GPT mit der OpenAI-API) untersucht, die mithilfe von RAG »angereichert« werden können. Hierfür sind wir den gesamten Arbeitsablauf durchgegangen: von der Aufteilung des Texts in Blöcke, der Encodierung, der Speicherung und der Suche auf Basis von Ähnlichkeiten bis hin zur Verbindung der Daten mit einem Prompt, um eine RAG-Abfrage durchzuführen.

Im folgenden Kapitel werden wir uns einem anderen spannenden Aspekt der KI zuwenden: den generativen Bildmodellen. Dabei lernen Sie verschiedene Modelle kennen, die aus Text-Prompts Bilder generieren können, und geben einen Überblick über ihre Funktionsweise.

## KAPITEL 19

Einsatz generativer Modelle mit Hugging-Face-Diffusers

In den vorherigen Kapiteln haben wir uns mit Inferenz auf generativen Modellen beschäftigt und dabei vor allem LLMs (»Text-zu-Text«-Modelle) eingesetzt, um verschiedene Szenarien zu erforschen. Generative KI ist aber nicht auf die Erzeugung von Texten beschränkt. Eine weitere wichtige Innovation ist natürlich die KI-Bilderzeugung (»Text-zu-Bild«). Dabei basieren die meisten aktuellen Modelle zur Bilderzeugung auf einem Prozess, der als *Diffusion* bezeichnet wird und als Namensgeber der `Diffusers`-API von Hugging Face zur Erzeugung von Bildern aus Text-Prompts dient. In diesem Kapitel wollen wir erforschen, wie Diffusion-Modelle funktionieren und wie Sie Ihre eigenen Apps erstellen können, um Bilder aus Prompts zu erzeugen.

Was sind Diffusion-Modelle?

Inzwischen kennen die meisten von uns Bilder, die mit KI erzeugt wurden. Wir sind wahrscheinlich fasziniert davon, wie schnell sich aus abstrakten, unförmigen Darstellungen nahezu fotorealistische Bilder entwickeln, die auf Basis unserer Texteingaben erzeugt werden. Da die Modelle immer längere und detaillierte Prompts zulassen und deutlich größere Mengen an Trainingsdaten zur Verfügung stehen, ist ein fast endloser Strom an Verbesserungen bei den Möglichkeiten der KI-Bilderzeugung zu beobachten.

Aber wie funktioniert das überhaupt? Alles beginnt mit dem Konzept der Diffusion.

Sie können diesen Prozess anstoßen, indem Sie einen Datensatz mit Bildern erzeugen, die zunehmend verrauscht sind, wie in Abbildung 19.1 zu sehen.

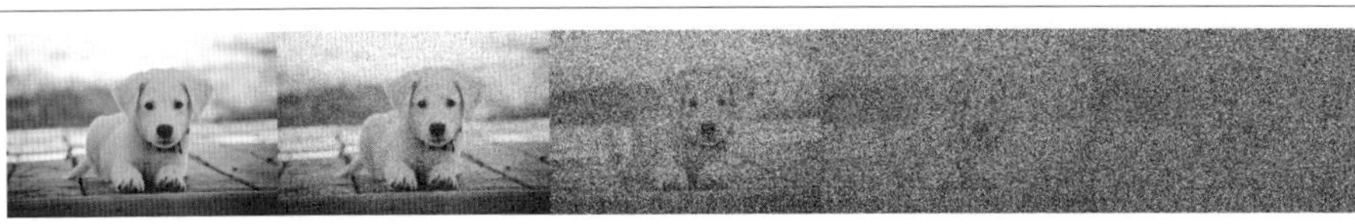

Abbildung 19.1: Ein Bild verrauschen

Sobald Sie einen solchen Bilder-Datensatz haben, können Sie ein Modell darauf trainieren, das Rauschen wieder zu entfernen, um das Bild in seinen Ausgangszustand zu versetzen. Stellen Sie sich hierzu das Rauschen als Daten und das Ausgangsbild als Label vor. Im Fall von Abbildung 19.1 dient das Rauschen auf der rechten Seite also als Daten und das Bild des Hundewelpen als Label. Damit können Sie ein Modell so trainieren, dass es, wenn es das Rauschen »sieht«, herausfindet, wie es daraus wieder ein Bild erstellen kann. Der nächste logische Schritt besteht nun darin, dass Sie das Rauschen erzeugen und dass das Modell herausfindet, wie es daraus ein Bild erzeugen kann, das einem der Bilder aus Ihren Trainingsdaten ähnelt.

Was passiert nun, wenn Sie beim Verrauschen der Bilder eine sehr ausführliche Beschreibung des Bilds hinzufügen? Dann besitzt Ihr verrauschtes Bild zusätzlich ein Text-Label (in Form von Embeddings, siehe Abbildung 19.2).

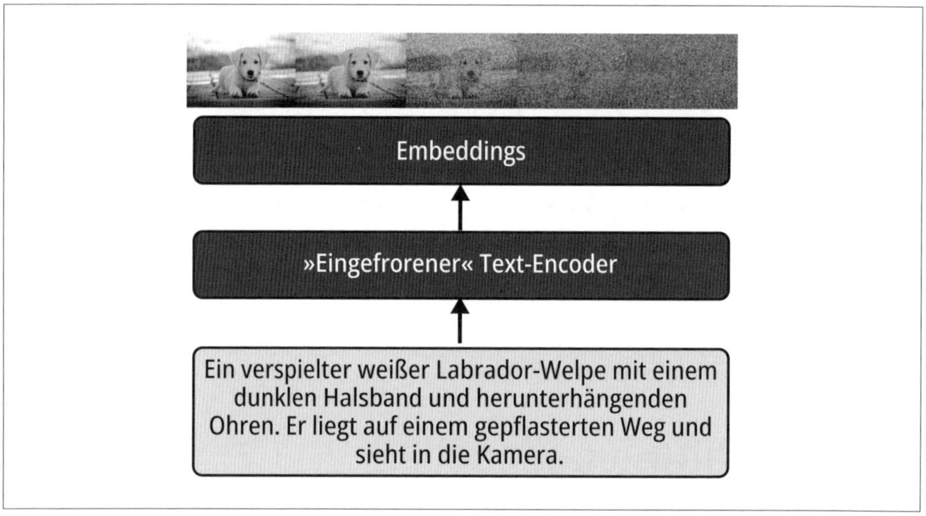

Abbildung 19.2: Den Diffusionsprozess um eine textbasierte Beschreibung des Bilds erweitern

Jetzt besitzt das verrauschte Bild Embeddings, die es beschreiben. Diese zusätzlichen Daten können den Prozess dabei unterstützen, wie das Bild entrauscht wird, um das Ausgangsbild des Hundewelpen wiederherzustellen. Wenn Sie das Modell also mit dem Rauschen, den Embeddings als Daten und dem Ausgangsbild als Label trainieren, kann das Modell effektiver lernen, wie das Rauschen und die Embeddings wieder in das Ausgangsbild zurückverwandelt werden können.

Sie können sich vermutlich schon denken, wo das hinführt. Sobald das Modell trainiert ist, kann man ihm einen Text-Prompt übergeben, der in Embeddings umgewandelt wird. Anschließend wird ein Bild mit Zufallsrauschen erzeugt, und das Modell kann, geführt vom Text, versuchen, das Rauschen zu entfernen und daraus ein Bild zu erzeugen, das der Beschreibung im Prompt entspricht. Als Ergebnis wird das Modell grundsätzlich ein komplett neues Bild erzeugen (siehe Abbildung 19.3).

Unser Ausgangsmaterial ist dabei reines Zufallsrauschen und ein Prompt, der sich in dieser Form sehr wahrscheinlich nicht in den Trainingsdaten wiederfindet. Es gibt keine bekannten Bilder von Teddybären, die auf der Marsoberfläche Pizza essen (außer KI-generierten natürlich).

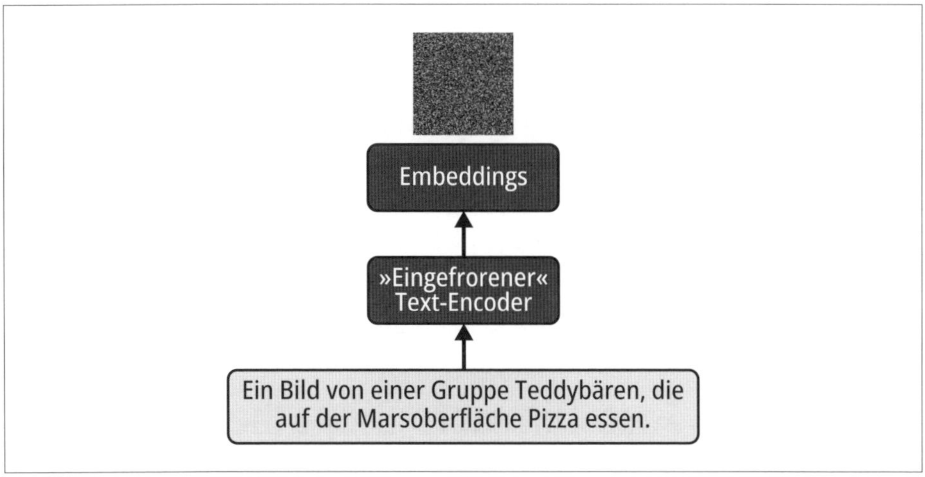

Abbildung 19.3: Beginn des Entrauschungsprozesses eines Bilds

Dabei findet das Entrauschen meist über mehrere Schritte statt. Am Anfang steht das Zufallsrauschen, im zweiten Schritt beginnt das Modell damit, das Rauschen mit dem Prompt in Einklang zu bringen, der dritte Schritt kommt dem Prompt schon etwas näher und so weiter.

Diesen Ablauf sehen Sie in Abbildung 19.4. Hier wird gezeigt, wie das Bild in verschiedenen Schritten der beliebten *Stable-Diffusion*-Modelle aussieht.

Abbildung 19.4: Ein Bild wird auf Basis eines Prompts schrittweise entrauscht.

Hier habe ich ein Diffusion-Modell mit dem Prompt aus Abbildung 19.3 (Teddybären auf dem Mars) verwendet. Den Code hierzu zeige ich Ihnen etwas später in diesem Kapitel.

Schritt 0 zeigt reines Rauschen, in Schritt 1 übernimmt das Modell bereits einige der besonders starken Eigenschaften aus dem Prompt – die Marsoberfläche – und einen sehr roten Farbton. In Schritt 10 sehen wir bereits Teddybären und Pizza, während Schritt 40 die Bären tatsächlich beim Pizzaessen zeigt. Die Beleuchtung hat sich verändert, vermutlich weil es Zeit zum Abendessen ist.

Dabei hängt die *Größe* des Bilds vom verwendeten Modell ab. Viele früheren Modelle oder solche, die auf herkömmlicher Hardware laufen sollen, erzeugen kleinere Bilder, die anschließend hochskaliert werden, um die gewünschte Ausgabe zu erhalten. Die hier gezeigten

Bilder wurden mit Stable Diffusion 3.5 erzeugt, das standardmäßig eine Bildgröße von 1.024 × 1.024 Pixeln verwendet.

> Auch wenn wir uns in diesem Kapitel auf Diffusion-Modelle konzentrieren, ist dies nicht die einzige Möglichkeit, Bilder zu erzeugen. So gibt es auch *autoregressive Modelle* (wie das von OpenAI am 16. Dezember 2025 veröffentlichte *GPT Image 1.5*), die Zuordnungen zwischen den Texttokens in der Bildbeschreibung und den Tokens lernen, die den visuellen Bildinhalt darstellen. Mit einer ausreichend großen Menge an Beispielen für diese Zuordnungen können Sie damit ein Modell trainieren. Wenn Sie dem Modell dann etwas Text geben, ist es in der Lage, die Tokens für diesen Text vorherzusagen und wieder zu einem Bild zusammenzufügen.

Die Hugging-Face-Diffusers-Bibliothek

Neben der in Kapitel 15 vorgestellten `Transformers`-Bibliothek stellt Hugging Face auch eine `Diffusers`-Bibliothek zur Verfügung, um Ihnen den Einsatz von Diffusion-Modellen zu erleichtern. Die Bibliothek abstrahiert die komplexen Dinge bei der Verwendung verschiedener Modelle in einer leicht benutzbaren API.

Um `Diffusers` nutzen zu können, müssen wir es erst einmal installieren, wie hier gezeigt:

```
pip install -U diffusers
```

Die `Diffusers`-Bibliothek verwaltet die Pipelines für die Modellinferenz auf die gleiche Weise, wie wir das von `Transformers` kennen. Um ein Modell dazu zu bringen, auf Basis eines Prompts ein Bild zu rendern, sind viele Einzelschritte nötig: Der Prompt muss in Form von Embeddings encodiert werden, die Embeddings müssen zusammen mit eventuell nötigen Hyperparametern an das Modell übergeben werden, die Ausgabe-Tensoren müssen übernommen werden und anschließend in ein Bild umgewandelt werden. Diese Schritte kapselt `Diffusers` in einer Pipeline. Dabei stellt es eine Reihe verschiedener Pipelines für unterschiedliche Modelle zur Verfügung.

Für das Bild der Teddybären auf dem Mars habe ich beispielsweise Stable Diffusion 3.5 Medium eingesetzt, das Sie auf der Hugging-Face-Website (*https://oreil.ly/liUY-*) finden können.

Der Zugriff auf das Modell ist beschränkt. Daher müssen Sie oben auf der Hugging-Face-Seite ein Formular ausfüllen und eine Nutzungsgenehmigung beantragen. Außerdem müssen Sie Ihren Hugging-Face-»Secret Key« in Colab einrichten (sofern Sie Colab nutzen). Wie das geht, haben wir in Kapitel 14 gezeigt.

Wenn Sie Colab nicht nutzen, müssen Sie sich in Ihrem Code bei der Hugging-Face-API anmelden. Das geht wie folgt:

```
from huggingface_hub import login

login(token="<HIER STEHT IHR TOKEN>")
```

Sobald Sie angemeldet sind (oder ein Modell verwenden, für das keine Anmeldung nötig ist), erfolgt die Bilderzeugung in diesen Schritten:

1. Ein Generatorobjekt anlegen, mit dem Sie einen Seed-Wert angeben können.
2. Eine Instanz der passenden Pipeline für das gewählte Modell erstellen.
3. Die Pipeline an den passenden Beschleuniger übergeben.
4. Anhand der übergebenen Parameter ein Bild mit der Pipeline erzeugen.

Das wollen wir uns jetzt Schritt für Schritt ansehen.

Zuerst instanziieren Sie mithilfe von `torch.Generator` den Generator. Hier geben Sie den Beschleuniger an (zum Beispiel `cuda`) sowie den Seed-Wert, mit dem anhand eines bestimmten Grads an Determinismus das anfängliche Rauschen erzeugt wird. Wenn Sie die erzeugten Bilder später exakt *replizieren* möchten, müssen Sie jeweils denselben Seed-Wert angeben, damit das gleiche Zufallsrauschen erzeugt wird. Das Rauschen ist also nur pseudozufällig, weil es einen deterministischen Seed-Wert gibt. Geben Sie diesen Wert nicht explizit an, wird stattdessen ein Zufallswert verwendet. Hier ein Beispiel:

```
# Seed-Wert festlegen
seed = 123456  # Ein beliebiger ganzzahliger Wert

# Mit diesem Seed einen Generator erstellen
generator = torch.Generator("cuda").manual_seed(seed)
```

Danach geben Sie die Pipeline an und instanziieren sie mit einem Modell:

```
pipe = StableDiffusion3Pipeline.from_pretrained(
        "stabilityai/stable-diffusion-3.5-medium",
        torch_dtype=torch.bfloat16)
pipe = pipe.to("cuda")
```

Hier verwenden wir Stable Diffusion 3.5 Medium, das die Klasse `StableDiffusion3Pipeline` nutzt. Die `Diffusers`-API selbst ist Open Source, und es kommen ständig neue Pipelines hinzu. Einen Überblick finden Sie auf GitHub (*https://oreil.ly/uYGnJ*).

Eine Liste der verfügbaren Modelle finden Sie außerdem auf der Hugging-Face-Website (*https://oreil.ly/R4dKT*). Oft enthalten die Landing Pages der einzelnen Modelle Informationen und Quellcodebeispiele, die zeigen, welche Pipeline benötigt wird und wie das Modell adressiert werden muss.

Sobald die Pipeline eingerichtet ist, können Sie mit der Erstellung von Bildern beginnen. Hierfür müssen Sie einen Prompt und weitere modellspezifische Parameter eingeben, die Sie in der Modelldokumentation finden. Für Stable Diffusion benötigen Sie beispielsweise die Anzahl der Inferenzschritte und den zuvor definierten Generator. Außerdem sollten Sie angeben, wo die Pipeline ausgeführt werden soll (hier ist es, wie im vorherigen Codebeispiel gezeigt, `cuda`, das den GPU-Beschleuniger in Colab verwendet).

```
image = pipe(
    "A photo of a group of teddy bears eating pizza on the surface
     of mars",
    num_inference_steps=40,
    generator=generator  # Hier Generator hinzufügen
).images
image[0].save("teddies.png")
```

Meiner Erfahrung nach ist es am besten, hiermit zu experimentieren, um den Quellcode der Pipeline und die unterstützten Parameter kennenzulernen. So kann für die Stable-Diffusion-Pipeline ein *negativer Prompt* angegeben werden, mit dem Sie definieren, was das Bild *nicht* enthalten soll. Oft kann das Bild dadurch verbessert werden. Sie haben vielleicht gehört, dass Bildgeneratoren, besonders die früheren Versionen, sehr schlecht darin waren, Hände zu zeichnen. Hier könnte der negative Prompt »deformierte Hände« oder etwas Ähnliches helfen.

Sie können auch trivialere Dinge angeben, die nicht im Bild erscheinen sollen. So aßen die Bären in jedem von mir erzeugten Bild Pepperoni-Pizza. Das konnte ich mit folgendem Code verhindern:

```
image = pipe(
    "A photo of a group of teddy bears eating pizza on the surface
     of mars",
    negative_prompt="pepperoni",
    num_inference_steps=40,
    generator=generator  # Hier Generator hinzufügen
).images
```

Das Ergebnis sehen Sie in Abbildung 19.5.

Der linke Teddybär scheint davon nicht gerade begeistert zu sein, die anderen sehen aber deutlich zufriedener aus!

In diesem Beispiel haben wir die Bilder per Text-zu-Bild erstellt. Inzwischen sind Diffusion-Modelle aber deutlich weiter fortgeschritten und bieten unter anderem auch *Bild-zu-Bild*-Funktionen. Mit solchen Add-ons können Sie anstelle von Zufallsrauschen ein bereits vorhandenes Bild als Ausgangspunkt nehmen. Beim sogenannten *Inpainting* kann das Modell neue Details in ein existierendes Bild einfügen. Diese Technik sehen wir uns im folgenden Abschnitt an.

Abbildung 19.5: Teddybären mögen keine Pepperoni-Pizza.

Bild-zu-Bild mit Diffusers

Wenn Sie sich den Quellcode für die letzte Pipeline genauer angesehen haben, ist Ihnen vielleicht die Klasse `StableDiffusion3Img2ImgPipeline` aufgefallen.

Wie der Name schon sagt, beginnen Sie mit einem bestehenden Bild, um daraus ein neues Bild zu erstellen. Die Initialisierung funktioniert so ähnlich wie bei der Text-zu-Bild-Pipeline:

```
from diffusers import StableDiffusion3Img2ImgPipeline

# Seed-Value festlegen
seed = 123456

# Mit dem Seed einen Generator instanziieren
generator = torch.Generator("cuda").manual_seed(seed)

# Das Modell laden
pipe = StableDiffusion3Img2ImgPipeline.from_pretrained(
    "stabilityai/stable-diffusion-3.5-medium",
     torch_dtype=torch.bfloat16)

pipe = pipe.to("cuda")
```

Anschließend können Sie ein Quellbild angeben:

```
from PIL import Image
# Quellbild laden und Preprocessing anwenden
init_image = Image.open("puppy1.jpg").convert("RGB")
```

Ich beginne hier mit dem Bild eines Hundewelpen (siehe Abbildung 19.6).

Abbildung 19.6: Quellbild eines Hundewelpen

Dieses Bild nutzen wir zur Initialisierung der Bild-zu-Bild-Pipeline mit folgendem Code. Beachten Sie, dass der Prompt angibt, dass ein sehr detailreiches Foto eines Baby*drachen* erzeugt werden soll:

```
# Das Bild erzeugen
image = pipe(
    prompt="A highly detailed photograph of a baby dragon",
    image=init_image,
    strength=0.7,
    num_inference_steps=100,
    generator=generator
).images
```

Der Parameter `strength` gibt an, wie eng das erzeugte Bild dem Quellbild folgen soll. Bei einem Wert von `0.0` würde das Modell nichts tun, und die Ausgabe entspräche der Eingabe. Bei einem Wert von `1.0` würde das Modell das Quellbild dagegen komplett *ignorieren* und einfach als Text-zu-Bild-Modell arbeiten.

Hinter den Kulissen passiert dabei Folgendes:

In unserem Beispiel haben wir den Wert `0.7` angegeben. Das bedeutet, 70 % der Bildpixel werden durch Rauschen ersetzt (es bleiben also noch 30 % der Ausgangswerte erhalten).

Daraufhin führt das Modell 70 Entrauschungsschritte durch (70 % von 100 angegebenen), und wir erhalten ein Bild wie in Abbildung 19.7.

Abbildung 19.7: Nutzung des Bild-zu-Bild-Verfahrens, um einen Hundewelpen in einen Drachen zu verwandeln

Wenn Sie einen Wert zwischen `0.2` und `0.4` verwenden, wird der allgemeine Bildstil größtenteils übernommen, und es werden nur kleinere Änderungen durchgeführt. Bei Werten zwischen `0.5` und `0.7` bleibt die grundsätzliche Bildkomposition erhalten, aber es werden größere Bildelemente verändert, wie der Wechsel vom Hundewelpen zum Drachenbaby. Werte über `0.8` führen meist zu einer kompletten Neuerstellung des Bilds, die nur noch geringe Einflüsse des Quellbilds zeigt.

Wie Sie sehen, wurde die grundsätzliche Pose beibehalten, aber der Computer hat gemäß der Anweisung ein Drachenbaby statt des Hundewelpen ausgegeben. Zum Vorder- und Hintergrund haben wir keine Angaben gemacht. Trotzdem ist eine große Ähnlichkeit mit dem Original zu erkennen.

Für die Erstellung des Bilds in Abbildung 19.8 habe ich einen `strength`-Wert von `0.4` gewählt. Hier wurde zwar die grundsätzliche Form des Hundewelpen beibehalten, aber er ist deutlich drachenartiger und hat nun eine schuppige Haut und Ansätze von Krallen.

Abbildung 19.8: Bild-zu-Bild mit »strength=0.4« für die Umwandlung eines Hundewelpen in einen Drachen

Diese Technik kann sehr hilfreich sein, wenn Sie bereits vorhandene Bilder als Ausgangspunkt für die Erstellung neuer Kunstwerke nutzen möchten. Ich habe diese Methode zum Beispiel beim Filmemachen eingesetzt. Als Ausgangspunkt diente ein Video, das an einem einfachen, billigen Drehort entstand und das dann frameweise mit dem Bild-zu-Bild-Verfahren bearbeitet wurde, um ein neues Ergebnis zu bekommen. Dieses Vorgehen ist deutlich günstiger, als Spezialeffekte in der Postproduction hinzuzufügen!

Inpainting mit Diffusers

Ein weiteres Verfahren, das von einigen Modellen, inklusive Stable Diffusion, unterstützt wird, ist das sogenannte *Inpainting*. Hierbei wird ein Teil des Ausgangsbilds durch KI-erzeugte Inhalte ersetzt. So könnten wir das Bild des Hundewelpen aus Abbildung 19.6 so verändern, dass er sich auf dem Mond befindet, wie in Abbildung 19.9 gezeigt.

Abbildung 19.9: Durch Inpainting befindet sich der Hundewelpe nun auf dem Mond.

Das funktioniert ähnlich wie bei den vorherigen Methoden. Zuerst legen Sie die Pipeline für das Inpainting an:

```
from diffusers import StableDiffusion3InpaintPipeline

# Inpainting-Pipeline laden
pipe = StableDiffusion3InpaintPipeline.from_pretrained(
    "stabilityai/stable-diffusion-3.5-medium",
    torch_dtype=torch.bfloat16
)
pipe = pipe.to("cuda")
```

Die Parameter zur Initialisierung der Pipeline sind die gleichen wie vorhin. Als Nächstes benötigen Sie den Generator:

```
# Seed für Reproduzierbarkeit definieren
generator = torch.Generator("cuda").manual_seed(42)
```

Danach geben Sie das Quellbild an, in diesem Fall das Originalbild des Hundewelpen:

```
# Ausgangsbild laden
original_image = Image.open("puppy.jpg").convert("RGB")
```

Hier kommt der komplizierte Schritt, in dem Sie die *Maske* für das Bild definieren:

```
# Maske laden
mask_image = Image.open("puppymask.png").convert("L")
```

Eine *Maske* ist einfach ein Bild, das dem Originalbild entspricht. Die Teile, die *ersetzt* werden sollen, sind weiß, während die schwarzen Bildbestandteile *erhalten* bleiben. Abbildung 19.10 zeigt die Bildmaske für unseren Hundewelpen. Ich stelle mir das gern wie das Greenscreen-Verfahren beim Filmemachen vor. Der weiße Bildteil ist der grüne Hintergrund, der schwarze Teil sind die Dinge, die sich davor befinden. Das Modell sorgt dann dafür, dass die weißen Teile entsprechend Ihrem Prompt ersetzt werden.

Abbildung 19.10: Die Bildmaske

Es gibt viele Wege, Masken zu erstellen. Ich habe hier das Werkzeug *Acorn 8* für macOS verwendet. Damit können Sie Bildhintergründe entfernen und weiß einfärben. Die übrigen Pixel können anschließend mit einem Zauberstab-Werkzeug ausgewählt und schwarz gefärbt werden. Jedes Werkzeug geht hier anders vor. Die Details finden Sie normalerweise in der jeweiligen Dokumentation.

Sobald das Ausgangsbild und die Maske vorliegen, können Sie die Pipeline nutzen, damit das Modell das Inpainting entsprechend den weißen Bereichen in der Maske durchführt. Da der Hundewelpe bereits vorhanden ist, habe ich ihn im Prompt nicht erwähnt, sondern nur die Formulierung »on the surface of the moon« (auf der Mondoberfläche), um das Bild in Abbildung 19.9 zu erzeugen.

```
# Inpainting-Bild erstellen
image = pipe(
    prompt="on the surface of the moon",
    image=original_image,
    mask_image=mask_image,
    num_inference_steps=50,
    generator=generator,
    strength=0.99  # Intensität des Inpainting
).images[0]
```

Wie Sie sehen, ermöglicht die `Diffusers`-API einen sehr einheitlichen Ansatz für die Bilderzeugung – entweder direkt über einen Text-Prompt, ausgehend von einem Quellbild, oder per Inpainting eines bestimmten Bildbereichs.

Zusammenfassung

In diesem Kapitel haben Sie gelernt, wie generative Modelle für die Bilderzeugung mit der Hugging-Face-`Diffusers`-Bibliothek genutzt werden können. Zuerst haben wir die Grundkonzepte erklärt und gezeigt, wie das Entrauschen eingesetzt werden kann, um neue Inhalte zu erzeugen.

Außerdem haben wir uns mit der Praxis der codebasierten Implementierung von Bilderzeugungsmodellen mit der `Diffusers`-API beschäftigt und uns dabei auf drei Hauptansätze konzentriert:

1. Sie haben Text-zu-Bild-Verfahren untersucht, indem Sie mit dem Modell Stable Diffusion 3.5 Text-Prompts direkt in Bilder umgesetzt haben. Dabei haben Sie gesehen, wie Sie diesen Prozess mithilfe von Parametern wie dem Seed-Wert und der Zahl der Inferenzschritte genauer steuern können.
2. Sie haben gesehen, wie beim Bild-zu-Bild-Verfahren aus Ausgangsbildern neue Bilder erzeugt werden können. Dabei haben Sie gelernt, wie besonders der Hyperparameter `strength` die Umwandlung von einem Bild zum anderen beeinflusst.
3. Und schließlich haben Sie sich mit Inpainting befasst, bei dem Teile des Ausgangsbilds maskiert werden, wodurch nur die nicht maskierten Elemente durch KI-generierte Inhalte ersetzt werden können.

Anhand von praxisbezogenen Codebeispielen für diese drei Ansätze haben Sie außerdem gelernt, wie die Pipelines eingerichtet, der passende Generator initialisiert und wichtige Parameter angepasst werden können. Außerdem haben wir gezeigt, wie *negative* Prompts dabei helfen können, Bilder noch stärker an Ihre Vorstellungen anzupassen.

Im nächsten Kapitel geht es um LoRA (Low-Rank Adaptation), mit der Sie Diffusion-Modelle noch genauer steuern können, um Bilder an Ihre Anforderungen anzupassen. LoRA ist ein leistungsfähiges Verfahren, mit dem ein Modell durch die Definition weniger Parameter auf bestimmte Stile, Motive oder künstlerische Vorgaben abgestimmt werden kann. Sie werden sehen, wie Sie LoRA mit der `Diffusers`-Bibliothek implementieren können, und Sie werden diese Modelle anpassen, um die Bildgeneratoren genau auf Ihre Anforderungen *auszurichten*.

KAPITEL 20

Generative Bildmodelle mit LoRA und Diffusers optimieren

In Kapitel 19 haben Sie das Konzept der Diffusers kennengelernt und wie Modelle, die mit Diffusionstechniken trainiert wurden, Bilder anhand von Text-Prompts erzeugen können. Auf die gleiche Weise wie textbasierte Modelle (siehe Kapitel 16) können auch Text-zu-Bild-Modelle für bestimmte Aufgaben optimiert werden. Allein zur Architektur von Diffusionsmodellen und ihrer Feinabstimmung könnte man ein ganzes Buch schreiben. Daher werden wir Ihnen in diesem Kapitel nur einen Überblick über diese Konzepte geben können. Für das Feintuning gibt es verschiedene Techniken wie *DreamBooth, Textinversion* und das recht neue *LoRA*-Verfahren (*Low-Rank Adaptation*), das wir uns in diesem Kapitel genauer betrachten werden. Mit LoRA können Sie Modelle schon mit sehr wenigen Daten auf ein bestimmtes Motiv oder einen spezifischen Stil anpassen.

Wie `Transformers` ist auch die `Diffusers`-Bibliothek von Hugging Face so entworfen, dass sie den Einsatz und die Anpassung an eigene Anforderungen möglichst einfach macht. Zu diesem Zweck liegt ihr eine Reihe von Skripten bei, die Sie direkt verwenden können.

Um Ihnen den gesamten Ablauf zu demonstrieren, werden wir einen Datensatz für eine fiktive Influencerin namens Misato erstellen. Anschließend nutzen wir LoRA und `Diffusers`, um das Text-zu-Bild-Modell Stable Diffusion 2 auf Bilder von Misato zu optimieren. Wenn wir damit fertig sind, führen wir mehrere Text-zu-Bild-Inferenzen aus, um zu zeigen, wie Sie eigene Bilder von Misato erstellen können (siehe Abbildung 20.1).

Abbildung 20.1: LoRA-optimierte Stable-Diffusion-2-Bilder

LoRA mit Diffusers trainieren

Um LoRA mit `Diffusers` zu trainieren, müssen Sie die folgenden Schritte ausführen. Zuerst benötigen Sie den Quellcode der Bibliothek, um an die vorgefertigten Trainingsskripte zu gelangen. Dann können Sie einen Datensatz für die Optimierung herunterladen oder selbst erstellen. Sobald die Daten vorliegen, führen Sie die Skripte aus, um Ihr Stable-Diffusion-Modell feiner abzustimmen. Nach dem Hochladen dieser Abstimmung zu Hugging Face können Sie die LoRA-optimierte Inferenz auf dem Basismodell ausführen. Damit sollten Sie in der Lage sein, Bilder wie in Abbildung 20.1 selbst zu erstellen. Am besten gehen wir die Schritte der Reihe nach durch.

Diffusers laden

Für den Einstieg in die Arbeit mit LoRA ist es meiner Erfahrung nach am besten, zuerst den Quellcode für `Diffusers` zu klonen, um an die Trainingsskripte zu gelangen.

Hierfür reicht ein einfaches `git clone`. Anschließend wechseln Sie in das Verzeichnis und führen dort den Befehl `pip install` aus, wie hier gezeigt:

```
git clone https://github.com/huggingface/diffusers
cd diffusers
pip install .
```

Wenn Sie Colab oder ein anderes gehostetes Jupyter Notebook verwenden, können Sie diese Schreibweise verwenden:

```
!git clone https://github.com/huggingface/diffusers
%cd diffusers
!pip install .
```

Damit erhalten Sie eine lokal nutzbare Version von `Diffusers`. Die Skripte für die LoRA-Feinabstimmung finden Sie im Verzeichnis */diffusers/examples/text_to_image*. Die hierfür nötigen Abhängigkeiten müssen Sie folgendermaßen installieren:

```
%cd /content/diffusers/examples/text_to_image # oder das von Ihnen
                                              # gewählte Verzeichnis
!pip install -r requirements.txt
```

Teil dieser Abhängigkeiten sind bestimmte Versionen von Werkzeugen wie `accelerate`, `transformers` und `torchvision`. Auch hier ist es gut, sich den Quellcode der Werkzeuge per `git clone` zu besorgen, damit Sie die aktuelle Version von *requirements.txt* erhalten, was Ihr Leben deutlich erleichtern kann.

Zum Schluss brauchen Sie noch die `xformers`-Bibliothek, die `Transformers` effizienter macht und so den gesamten Prozess beschleunigt. Sie erhalten sie über folgenden Befehl (im Notebook):

```
!pip install xformers
```

Damit steht Ihnen eine `Diffusers`-Umgebung zur Verfügung, die Sie für die Feinabstimmung nutzen können. Im folgenden Schritt holen wir uns die nötigen Daten.

Daten zur Feinabstimmung von LoRA laden

In diesem Kapitel werden wir eine LoRA auf *Stil* und für ein bestimmtes *Motiv* optimieren. Für Ersteres besorgen wir uns eine Reihe von Bildern in einem bestimmten Stil, damit das Modell diesen nach dem Training reproduzieren kann. Hierbei sollten Sie allerdings vorsichtig vorgehen, weil viele Künstler mit diesem Stil ihren Lebensunterhalt verdienen. Das sollten Sie respektieren. Ähnliches gilt für das Training des Modells mit kommerziellen Stilen. Leider gehen nur wenige Anleitungen, die ich gesehen habe, auf diesen Punkt ein. Ein solches Vorgehen verschlechtert den Ruf der KI allgemein und befördert das Narrativ, KI sei nicht *kreativ*, sondern basiere auf *gestohlenem geistigem Eigentum*. Seien Sie also vorsichtig!

Wenn es um das Motiv geht, gibt es viele Anleitungen, die einfach eine Google-Bildersuche nach irgendeinem Promi durchführen und die gefundenen Bilder als Basis für eine LoRA verwenden. Ich rate Ihnen *dringend* davon ab. Bitte erstellen Sie eine LoRA nur für Personen, wenn Sie deren Erlaubnis haben.

Damit Sie etwas haben, das Sie nutzen *dürfen*, habe ich einen Datensatz der fiktiven digitalen Influencerin Misato erstellt – benannt nach meiner Lieblingsfigur in einem populären Anime. Alle Bilder wurden mit der beliebten 3-D-Rendering-Software Daz 3D erstellt.

Sie finden den Datensatz auf der Hugging-Face-Website (*https://oreil.ly/Y1qeY*).

Wenn Sie einen ähnlichen Datensatz selbst anlegen wollen, empfehle ich Ihnen, Bilder derselben Figur aus verschiedenen Blickwinkeln zu verwenden, die sich außerdem auf bestimmte Bildbereiche konzentrieren. Die folgende Liste kann Ihnen als Startpunkt dienen:

- drei bis vier Porträtfotos (Ausweisbilder)
- drei bis vier Dreiviertelporträts von jeder Seite
- drei bis vier Bilder im Profil, die die Seiten des Gesichts zeigen
- drei bis vier Ganzkörperbilder

Für jedes dieser Bilder benötigen Sie außerdem einen passenden Prompt. Dieser dient beim Training dazu, das Bild mit Kontext zu versehen und festzulegen, wie es dargestellt werden soll.

So zeigt Abbildung 20.2 beispielsweise ein Porträtbild, das ich für Misato erstellt habe.

Abbildung 20.2: Porträtbild für Misato aus dem Datensatz

Dieses Bild wird mit folgendem Prompt kombiniert: »Photo of (lora-misato-token), high-quality portrait, clear facial features, neutral expression, front view, natural lighting«.

Beachten Sie, dass wir mit »(lora-misato-token)« das Bildmotiv beschreiben. Wenn wir später neue Prompts für die Bilderstellung schreiben, können wir das gleiche Token für die Erzeugung neuer Bilder verwenden, zum Beispiel »(lora-misato-token) in food ad, billboard sign, 90s, anime, Japanese pop, Japanese words, front view, plain background«. Dieser Prompt erzeugt das Bild in Abbildung 20.3, eine vollkommen neue Bildkomposition, in der Misato in einer Fast-Food-Werbung auftritt.

Sobald die Bilder vorliegen, müssen Sie eine Datei namens *metadata.jsonl*[1] erstellen, in der die Bilder mit den entsprechenden Prompts in einem Standardformat aufgelistet werden, die Sie später für die Feinabstimmung nutzen können. Sie enthält pro Zeile einen Link zu einer Bilddatei und den dazugehörigen Prompt. Sie finden die Datei für Misato auf der Hugging-Face-Website (*https://oreil.ly/MfmGh*).

Abbildung 20.3: Inferenz aus einem LoRA-Token

Hier ein Ausschnitt aus der Datei *metadata.jsonl*:

```
{ "file_name": "rightprofile-smile.png",
              "prompt": "photo of (lora-misato-token),
              right side profile, high quality, detailed features,
              smiling, professional photo "}
```

1 A. d. Ü.: Die Dateiendung »jsonl« steht für »JSON lines«, eine JSON-Erweiterung, die Arrays mit JSON-Objekten speichert, wobei pro Zeile je ein Objekt enthalten ist.

```
{ "file_name": "rightprofile-neutral.png",
             "prompt": "photo of (lora-misato-token),
             right side profile, high quality, detailed features,
             professional photo "}
```

Und das ist eigentlich schon alles, was Sie brauchen. Ich habe festgestellt, dass es für das Training mit `Diffusers` am einfachsten ist, wenn Sie Ihren Datensatz auf Hugging Face veröffentlichen. Hierfür loggen Sie sich auf der Hugging-Face-Website (*https://oreil.ly/Ez3Gp*) ein. Dort können Sie den Namen des neuen Datensatzes angeben und festlegen, ob er öffentlich sein soll oder nicht. Danach können Sie die Dateien über das Web-Interface hochladen, wie in Abbildung 20.4 gezeigt.

Sobald dieser Schritt abgeschlossen ist, steht Ihr Datensatz unter einer URL wie *https://huggingface.co/datasets/<Ihr-Benutzername>/<Name-des-Datensatzes>* zur Verfügung. Mein Nutzername lautet beispielsweise »lmoroney« (siehe Abbildung 20.4), und der Datensatz hat den Namen »misato«. Sie können also über die Adresse *https://huggingface.co/datasets/lmoroney/misato* darauf zugreifen.

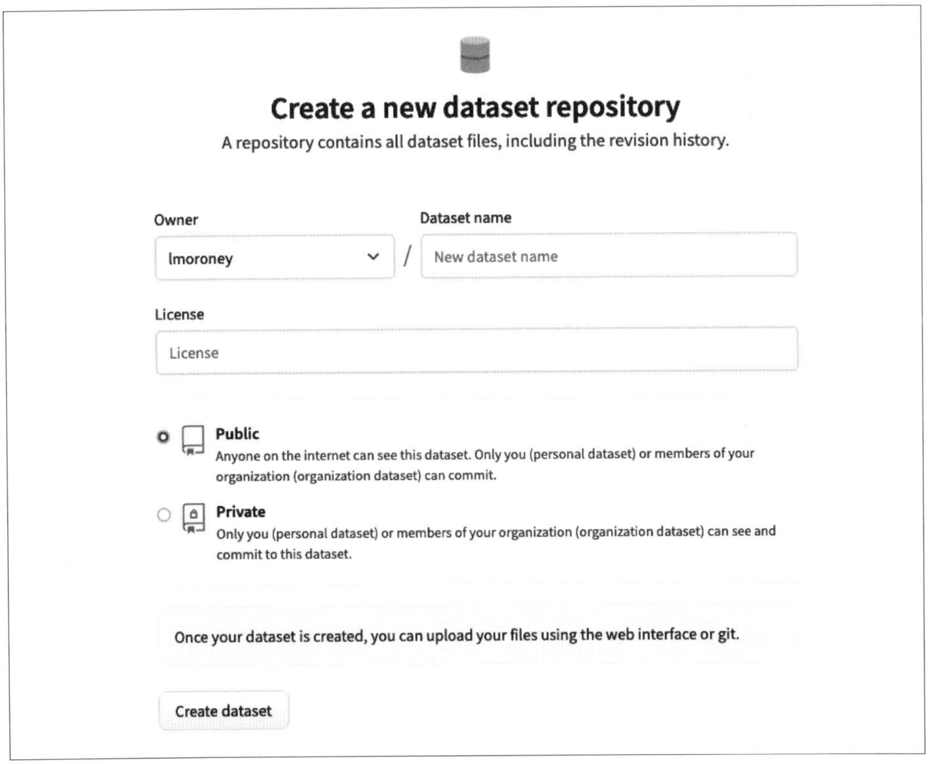

Abbildung 20.4: Einen neuen Datensatz auf Hugging Face anlegen

Ein Modell mit Diffusers optimieren

Wie bereits gesagt, erhalten Sie durch das Klonen des `Diffusers`-Repository Zugriff auf eine Reihe von Skripten, die Ihnen bei verschiedenen Aufgaben weiterhelfen können. Eine davon ist das Training der Text-zu-Bild-LoRA. Vor der Ausführung des Skripts ist es allerdings sinnvoll, die `accelerate`-Bibliothek einzubinden. Sie abstrahiert die im Hintergrund verwendete Beschleunigerhardware inklusive der Verteilung auf mehrere Chips. Mit `accelerate` können Sie eine Konfiguration definieren. Die Details hierzu finden Sie ebenfalls auf der Hugging-Face-Website (*https://oreil.ly/TnaII*).

Aus Gründen der Klarheit sehen Sie hier ein einfaches `accelerate`-Profil für die Einrichtung und Nutzung mit Colab:

```
from accelerate.utils import write_basic_config

write_basic_config()
```

Sobald diese Konfiguration vorliegt, können Sie das Trainingsskript per `accelerate launch` starten. Hier ein Beispiel:

```
!accelerate launch train_text_to_image_lora.py \
  --pretrained_model_name_or_path="stabilityai/stable-diffusion-2" \
  --dataset_name="lmoroney/misato" \
  --caption_column="prompt" \
  --resolution=512 \
  --random_flip \
  --train_batch_size=1 \
  --num_train_epochs=1000 \
  --checkpointing_steps=5000 \
  --learning_rate=1e-04 \
  --lr_scheduler="constant" \
  --lr_warmup_steps=0 \
  --seed=42 \
  --output_dir="/content/lm-misato-lora"
```

Die Ausführung dieses Skripts ist sehr rechenintensiv. Mit dem oben stehenden Satz an Hyperparametern (die ich gleich erkläre) hat das Training in Google Colab auf einer A100-GPU etwa zwei Stunden (oder 17 Recheneinheiten) benötigt. Recheneinheiten kosten Geld (während der Übersetzung dieses Buchs ungefähr 0,11 € pro Einheit). Seien Sie sich also im Klaren darüber, wie alles funktioniert und dass es Geld kostet!

Das Skript übernimmt die folgenden Hyperparameter:

pretrained_model_name_or_path
: Dies kann entweder ein lokales Verzeichnis (zum Beispiel */content/model*) oder die Hugging-Face-Adresse sein.

dataset-name
: Ähnlich wie beim vorherigen Parameter kann auch hier ein lokales Verzeichnis mit dem Datensatz oder die Adresse auf *huggingface.co* angegeben werden. Ich verwende an dieser Stelle den »misato«-Datensatz.

caption_column
: Dies ist der Name der Spalte in der *jsonl*-Datei mit den Bildbeschreibungen (Prompts).

resolution
: Die Auflösung, für die wir die Bilder trainieren, in unserem Fall 512 × 512.

random_flip
: Dieser Parameter gibt an, ob eine Image Augmentation (wie in Kapitel 3 beschrieben) vorgenommen werden soll. Da der Misato-Datensatz bereits eine Reihe von Blickwinkeln enthält, ist das hier wahrscheinlich nicht nötig.

train_batch_size (Batchgröße für Training)
: Dieser Parameter definiert die Anzahl der Bilder pro Batch. Es ist sinnvoll, mit 1 zu beginnen und den Wert nach und nach anzupassen. Mit der A100-GPU in Colab ist mir aufgefallen, dass nur etwa 7 GB des verfügbaren Arbeitsspeichers von 40 GB genutzt wurden. Ich konnte den Wert also ohne Probleme erhöhen, um das Training zu beschleunigen.

num_training_epochs
: Anzahl der Epochen, für die trainiert werden soll.

checkpointing_steps
: Gibt an, wie oft ein Checkpoint gespeichert werden soll.

learning_rate
: Der Hyperparameter für die Lernrate.

lr_scheduler
: Wenn Sie eine variable Lernrate verwenden wollen, können Sie hier einen Scheduler angeben. Die beste Lernrate für einen späteren Zeitraum im Training ist nicht unbedingt die gleiche wie am Anfang. Durch eine variable Lernrate können Sie diesen Parameter im Verlauf des Trainings durch den Scheduler anpassen lassen.

lr_warmup_steps
: Die Anzahl der Schritte, die genutzt werden, um den Anfangswert der Lernrate zu erreichen.

seed
: Dies ist der Seed-Wert für das Zufallsrauschen.

output_dir
: Gibt an, wo die Checkpoints während des Trainings gespeichert werden sollen.

Beim Training sehen Sie Statusmeldungen wie diese:

```
Resolving data files: 100% 22/22 [00:00<00:00, 74.14it/s]
12/30/2024 19:23:48 - INFO - __main__ - ***** Running training *****
12/30/2024 19:23:48 - INFO - __main__ -   Num examples = 21
12/30/2024 19:23:48 - INFO - __main__ -   Num Epochs = 1000
12/30/2024 19:23:48 - INFO - __main__ -   Instantaneous batch size per device...
12/30/2024 19:23:48 - INFO - __main__ -   Total train batch size (w. parallel...
12/30/2024 19:23:48 - INFO - __main__ -   Gradient Accumulation steps = 1
12/30/2024 19:23:48 - INFO - __main__ -   Total optimization steps = 1000
Steps:  10% 103/1000 [05:03<44:00,  2.94s/it, lr=0.0001, step_loss=0.227]
```

Sobald das Modell trainiert ist, hat der Modellordner etwa die in Abbildung 20.5 gezeigte Struktur:

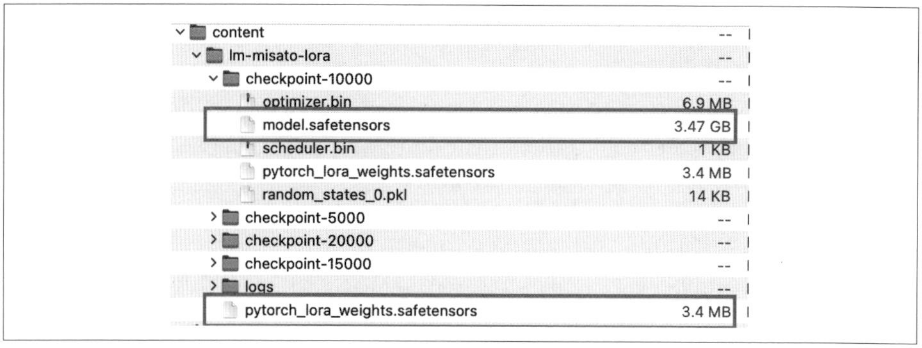

Abbildung 20.5: Ein trainiertes Verzeichnis

Wir haben das Ausgangsmodell `model.safetensors` hervorgehoben. Wie Sie sehen, ist es 3,47 GB groß. Die optimierte LoRA ist mit gerade einmal 3,4 MB deutlich kleiner.

Diese Dateien können Sie im folgenden Schritt nutzen, um das Modell in das Hugging-Face-Repository hochzuladen, was seine Nutzung für die Inferenz stark erleichtert.

Das Modell veröffentlichen

Das beim Training gespeicherte Verzeichnis mit den optimierten Daten enthält deutlich mehr Informationen, als Sie tatsächlich brauchen, inklusive einiger Klone des Ausgangsmodells. Versuchen Sie, das Modell in diesem Zustand zu veröffentlichen, braucht der Vorgang deutlich länger, weil Sie viele Gigabytes an unnötigen Daten hochladen müssten.

Daher sollten Sie die Verzeichnisstruktur etwas ausdünnen, indem Sie die *model.safetensors*-Dateien aus den Checkpoint-Verzeichnissen entfernen und nur den Rest behalten.

Nachdem Sie sich bei Hugging Face eingeloggt haben, können Sie die Adresse *huggingface.co/new* (*http://huggingface.co/new*) aufrufen, um ein neues Modell-Repository anzulegen (siehe Abbildung 20.6).

Folgen Sie diesen Schritten und wählen Sie unter *License* aus, unter welcher Lizenz Ihr Modell veröffentlicht werden soll. Wenn das Formular ausgefüllt ist, können Sie Ihr Modell im nächsten Schritt über das Web-Interface hochladen. Danach sollte Ihr Bildschirm in etwa so aussehen wie der in Abbildung 20.7. Ich habe meinem Modell den Namen »finetuned-misato-sd2« gegeben, um anzuzeigen, dass ich für die Optimierung des Modells Stable Diffusion 2 (sd2) und den »misato«-Datensatz verwendet habe.

Auf der Hugging-Face-Website (*https://huggingface.co/lmoroney/finetuned-misato-sd2/tree/main*) können Sie sich selbst einen Überblick über die von mir hochgeladenen Dateien verschaffen.

Sobald Datensatz und Modell auf Hugging Face veröffentlicht sind, ist die Durchführung einer Inferenz mit `Diffusers` ganz einfach. Wie das geht, sehen wir im nächsten Schritt.

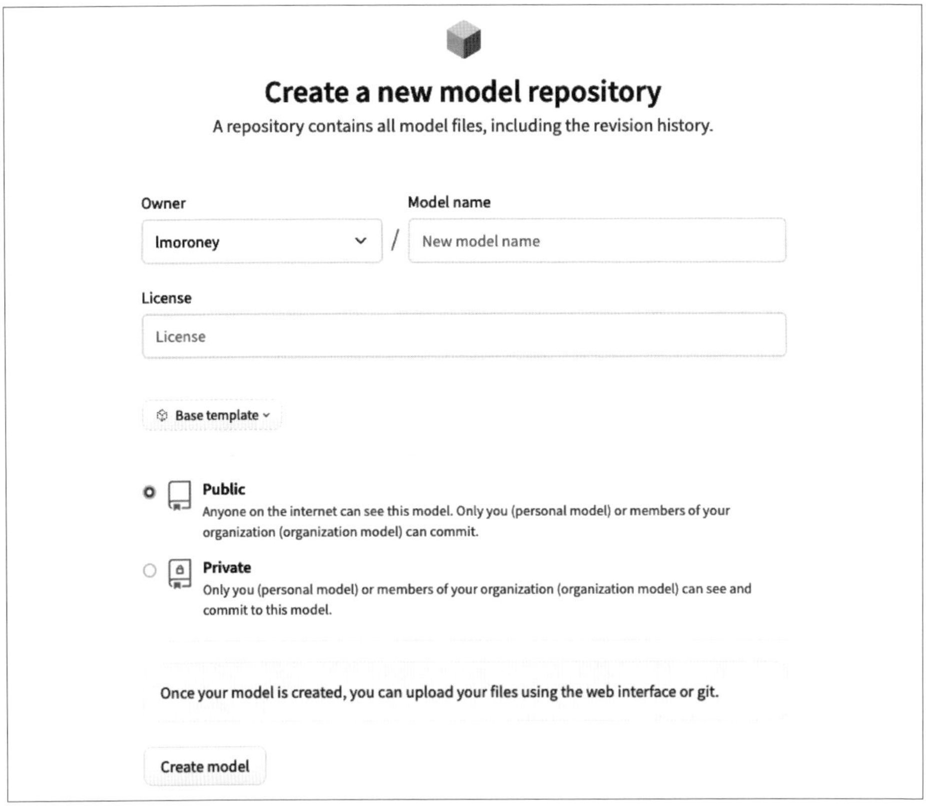

Abbildung 20.6: Ein neues Repository anlegen

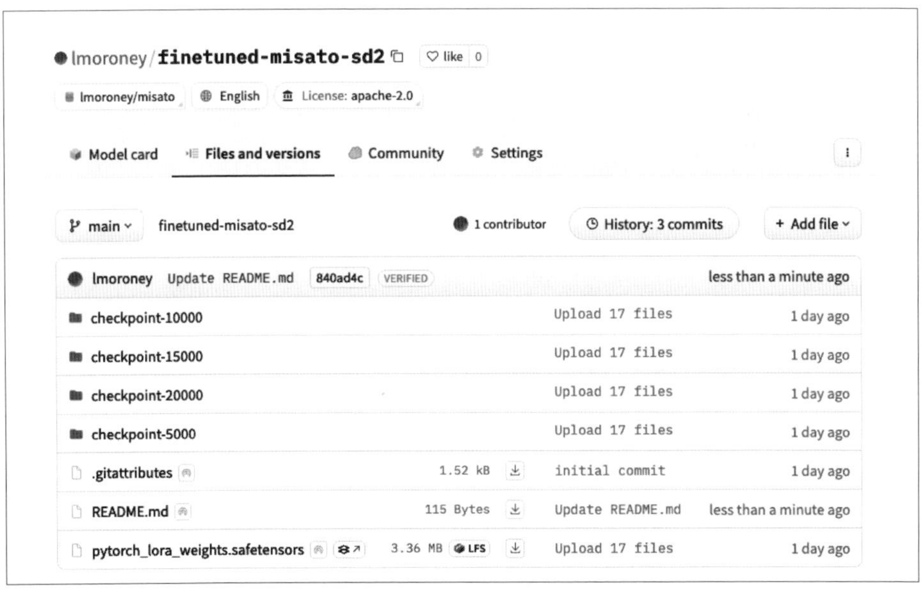

Abbildung 20.7: Die optimierte Misato-LoRA für Stable Diffusion 2

Mit optimierter LoRA ein Bild erzeugen

Um mit der optimierten LoRA ein Bild zu erzeugen, müssen wir einen ähnlichen Prozess durchlaufen wie in Kapitel 19. Auch hier verwenden Sie die `Diffusers`-Bibliothek, um eine Pipeline anzulegen. Diesmal wird zusätzlich aber ein Scheduler hinzugefügt. In Stable Diffusion beeinflusst der Scheduler, wie sich aus dem Zufallsrauschen das fertige Bild entwickelt. Nicht alle Scheduler funktionieren mit LoRA. Sie müssen also sicherstellen, dass Ihr Scheduler auch mit dem gewählten Basismodell funktioniert.

Eine Auswahl möglicher Scheduler finden Sie auf der Hugging-Face-Website (*https://oreil.ly/SUlZl*). Wir haben uns hier für den `EulerAncestralDiscreteScheduler` entschieden:

```
import torch
from diffusers import (
    StableDiffusionPipeline,
    EulerAncestralDiscreteScheduler,
)
```

Anschließend geben Sie als Wert für `model_id` an, welches Modell eingesetzt werden soll, und definieren im selben Codeabschnitt die gewünschte Version des Schedulers:

```
model_id = "stabilityai/stable-diffusion-2"

# Den Beschleuniger (Device) wählen
device = "cuda" if torch.cuda.is_available() else "cpu"

# 1. Den Scheduler wählen
scheduler = EulerAncestralDiscreteScheduler.from_pretrained(
    model_id,
    subfolder="scheduler"
)
```

Im zweiten Schritt erstellen Sie die Pipeline (eine Instanz der Klasse `StableDiffusionPipeline`) und laden sie in den Beschleuniger:

```
# 2. Pipeline in den gewählten Beschleuniger laden
pipe = StableDiffusionPipeline.from_pretrained(
    model_id,
    scheduler=scheduler,
    torch_dtype=torch.float16
).to(device)
```

Der dritte Schritt besteht darin, die neuen LoRA-Gewichte zuzuweisen. Dies sind die neu trainierten Schichten, die das Verhalten des Modells beeinflussen:

```
# 3. (Optional:) LoRA-Gewichte laden
pipe.load_lora_weights("lmoroney/finetuned-misato-sd2")
```

Stable Diffusion unterstützt sowohl reguläre als auch *negative* Prompts. Mit Ersterem geben Sie an, was im Bild zu sehen sein soll, mit dem zweiten, was es *nicht* enthalten soll. Hier ein Beispiel:

```
# 4. Prompts und Parameter definieren
prompt = "(lora-misato-token) in food ad, billboard sign, 90s, anime,
         japanese pop, japanese words, front view, plain background"
```

```
negative_prompt = (
    "(deformed, distorted, disfigured:1.3), poorly drawn, bad
     anatomy, wrong anatomy, "
    "extra limb, missing limb, floating limbs, (mutated hands and
     fingers:1.4), "
    "disconnected limbs, mutation, mutated, ugly, disgusting, blurry,
     amputation"
)
```

Der negative Prompt hilft Ihnen dabei, einige Probleme bei KI-generierten Bildern zu vermeiden, wie etwa deformierte Hände und Gesichter.

Der zweite Teil dieses Schritts besteht in der Definition der Hyperparameter, wie der Anzahl der Inferenzschritte, der Bildgröße und des Seed-Werts. Einer dieser Parameter ist `guidance_scale`, der kontrolliert, wie »kreativ« das Modell sein soll. Ein Wert unter 5 gibt dem Modell zwar größere kreative Freiheit, es kann aber sein, dass es Ihrem Prompt dann nicht mehr folgt. Ein Wert über 7 sorgt dagegen dafür, dass sich das Modell sehr streng an Ihren Prompt hält. Das kann auf der anderen Seite aber zu seltsamen Artefakten führen. Daher stellt der Wert in der Mitte, 6, einen guten Kompromiss zwischen Freiheit und Einhaltung der Vorgaben dar. Experimentieren lohnt sich:

```
num_inference_steps = 50
guidance_scale = 6.0
width = 512
height = 512
seed = 1234567
```

In Schritt 5 wird wie gewohnt das Bild erzeugt:

```
# 5. Generator für reproduzierbare Ergebnisse erstellen
generator = torch.Generator(device=device).manual_seed(seed)

# 6. Pipeline ausführen
image = pipe(
    prompt,
    negative_prompt=negative_prompt,
    width=width,
    height=height,
    num_inference_steps=num_inference_steps,
    guidance_scale=guidance_scale,
    generator=generator,
).images[0]

# 7. Ergebnis speichern
image.save("lora-with-negative.png")
```

Als Experiment können Sie versuchen, ähnliche Ergebnisse mit einem anderen Scheduler, aber den gleichen Hyperparametern zu erzeugen (siehe Abbildung 20.8):

```
# DPMSolver als Scheduler verwenden:
from diffusers import DPMSolverMultistepScheduler

scheduler = DPMSolverMultistepScheduler.from_pretrained(model_id,
            subfolder="scheduler", algorithm_type="dpmsolver++")
```

Abbildung 20.8: Gleicher Prompt und gleiche Hyperparameter mit verschiedenen Schedulern

Beachten Sie, dass der Text im Bild vollkommen frei erfunden ist. Da der Prompt eine Werbetafel (*Billboard*) erwähnte, ist der Ton in beiden Bildern ähnlich. Im Bild auf der linken Seite sind unter anderem die Zeichen für »Einsamkeit« und »Nein« zu sehen, während der Text im rechten Bild in etwa lautet: »Ehemann Trennung?«

Am erstaunlichsten ist jedoch die Konsistenz bei der Darstellung der Person. Betrachten Sie zum Beispiel die Bilder in Abbildung 20.9, in denen Misato im Stil von Monet und Picasso dargestellt wurde. Wir können sehen, dass die von LoRA gelernten Features konsistent genug waren, um die Stiländerungen (größtenteils) zu überleben.

Abbildung 20.9: Figurenkonsistenz (Character Consistency) über verschiedene Stile hinweg

In diesem Beispiel haben wir Stable Diffusion 2 verwendet. Trotz seines Alters lässt es sich sehr gut mit LoRA verfeinern. Mit fortgeschritteneren Modellen erhalten Sie auch deutlich bessere Ergebnisse – allerdings sind hier auch der Zeit- und der Kostenaufwand entsprechend höher. Ich empfehle Ihnen daher, mit einem einfachen Modell wie diesem anzufangen und an Ihren Fertigkeiten zu arbeiten. Von diesem Ausgangspunkt aus können Sie sich zu fortgeschritteneren Modellen vorarbeiten.

Das im Original verwendete Modell Stable Diffusion 2 war zum Zeitpunkt der Übersetzung nicht mehr verfügbar. Der Autor empfiehlt als Ersatz die Verwendung von Stable Diffusion 3.5 Medium.

Da Misato eine künstlich erzeugte Figur ist, wurden beim Retraining von LoRA verschiedene Eigenschaften hervorgehoben. Das hat dazu geführt, dass die Bilder synthetisch und schlecht aufgelöst erscheinen. Während die Bilder für das menschliche Auge nahezu fotorealistisch waren, war dies für das Modell eindeutig nicht der Fall. Es hat ein LoRA gelernt, das es klar als computergeneriert erkannt hatte und das eine geringere Auflösung als die Bilder im Trainingsdatensatz hatte.

Zusammenfassung

In diesem Kapitel haben wir Ihnen Schritt für Schritt gezeigt, wie Sie ein Text-zu-Bild-Modell wie Stable Diffusion mithilfe von LoRA und der `Diffusers`-Bibliothek optimieren können. Durch diese Technik können Sie das Modell anhand einer kleinen Datei auf ein bestimmtes Motiv oder einen spezifischen Stil anpassen. In diesem Beispiel habe ich als Modell Stable Diffusion 2 für eine künstlich erzeugte Figur verwendet. Sie haben gesehen, welche Arbeitsschritte im Einzelnen nötig sind – vom Klonen von `Diffusers` bis hin zur Erstellung einer Trainingsumgebung, die einen komplett neu erstellten Datensatz enthielt. Sie haben gelernt, wie Sie mit den Trainingsskripten auf Basis der künstlichen Figur Misato ein neues LoRA-System erstellen können und wie Sie das angepasste Modell auf Hugging Face veröffentlichen können. Am Schluss haben wir gezeigt, wie Sie LoRA während der Inferenz auf das Modell anwenden können, um neue Bilder von unserer Figur Misato zu erzeugen!

Index

A

B

C

D

E

F

G

H

I

J

K

L

M

N

O

P

R

S

T

U

V

W

Y

Z

Über den Autor

Laurence Moroney ist ein mehrfach ausgezeichneter Forscher und erfolgreicher Autor. Er ist seit vielen Jahren in der Software- und Machine-Learning-Branche tätig und hat über 20 Bücher veröffentlicht, darunter viel gelesene Programmiertitel, Science-Fiction-Romane und Comics mit Filmbezug. Gemeinsam mit Andrew Ng von DeepLearning.ai unterrichtet er auf Coursera KI-Spezialisierungskurse für ein weltweites Publikum. Als international gefragter Sprecher engagiert er sich dafür, künstliche Intelligenz und Machine Learning für Softwareentwicklerinnen und -entwickler verständlich und zugänglich zu machen.

Über den Übersetzer

Jørgen W. Lang lebt und arbeitet als freier Autor und Übersetzer in Oldenburg/Niedersachsen. Mitte der Neunzigerjahre des vergangenen Jahrhunderts begann er, sich mit dem damals noch jungen World Wide Web und seinen Möglichkeiten zu beschäftigen. Pünktlich zur Jahrtausendwende erschien seine erste Übersetzung für den O'Reilly Verlag. Mittlerweile ist der Umfang seiner Übersetzungen auf mehr als 10.000 Seiten angewachsen.

Das zweite Standbein von Jørgen Lang ist die Musik. Außerhalb der Welt der semantischen Elemente, Selektoren und Objekte hat er sich einen Namen als hervorragender Gitarrist, Sänger, Komponist und Arrangeur gemacht und kann auf eine Vielzahl veröffentlichter Alben und mehrere Hundert Konzerte in aller Welt (z.B. für die UNESCO in Seoul) zurückblicken.

Kolophon

Das Tier auf dem Cover von *PyTorch für KI und ML* ist ein Baumfalke (*Falco subbuteo*). Diese Falken, die in weiten Teilen Großbritanniens, Europas, Afrikas und Asiens vorkommen, sind kleine, schnelle und opportunistische Jäger, bekannt für ihre Wendigkeit und ihre ausgeprägten Fähigkeiten als Beutegreifer.

Baumfalken werden häufig mit Mauerseglern verwechselt, lassen sich jedoch durch ihr charakteristisches Erscheinungsbild gut unterscheiden. Ausgewachsene Tiere erreichen eine Körperlänge von etwa 28 bis 36 Zentimetern bei einer Flügelspannweite von 68 bis 84 Zentimetern und einem Gewicht zwischen 131 und 340 Gramm. Ihr Gefieder ist auf Rücken und Kopf schiefergrau, die Kehle ist weiß, die Unterseite ist stark gestrichelt und geht an den Schenkeln in rötlich braune »Hosen« über. Die langen, spitzen Flügel und der kurze Schwanz verleihen ihnen ihre außergewöhnliche Wendigkeit und machen sie zu geschickten Verfolgern bei hoher Geschwindigkeit.

Baumfalken jagen tagsüber und sind vor allem in den Morgen- und Abendstunden aktiv. Ihre Nahrung besteht überwiegend aus größeren Insekten wie Libellen, Motten und Käfern, gelegentlich auch aus Vögeln wie Schwalben oder kleinen Watvögeln. Sie sind bekannt für ihre spektakulären Sturzflüge bei der Jagd. Insekten können sie sogar im Flug mit den Fängen greifen, an den Schnabel weiterreichen und noch während des Fliegens fressen.

Baumfalken sind sehr anpassungsfähig und besiedeln unterschiedliche Lebensräume, darunter offene Landschaften mit kleinen Waldflächen, landwirtschaftlich genutzte Gebiete mit Baumbestand und sogar städtische Regionen mit baumreichen Parks. Als Zugvögel verbringen sie die Brutzeit häufig in Großbritannien und ziehen im Winter nach Afrika. Ihr Schutzstatus wird von der International Union for Conservation of Nature (IUCN) derzeit als »nicht gefährdet« eingestuft, dennoch sind sie Bedrohungen wie illegaler Bejagung ausgesetzt.

Viele der Tiere auf den Covern von O'Reilly-Büchern sind vom Aussterben bedroht. Doch jedes einzelne von ihnen ist für den Erhalt unserer Erde wichtig.

Die Umschlagillustration stammt von Monica Kamsvaag und basiert auf einem historischen Stich aus *Animate Creation*. Das Design der Buchreihe wurde von Edie Freedman, Ellie Volckhausen und Karen Montgomery entwickelt. Den Umschlagentwurf haben Susan Brown und Michael Oréal erstellt.